모든 교재 정보와 다양한 이벤트가 가득!
EBS 교재사이트 book.ebs.co.kr

본 교재는 EBS 교재사이트에서
eBook으로도 구입하실 수 있습니다.

2026학년도 수능 연계교재

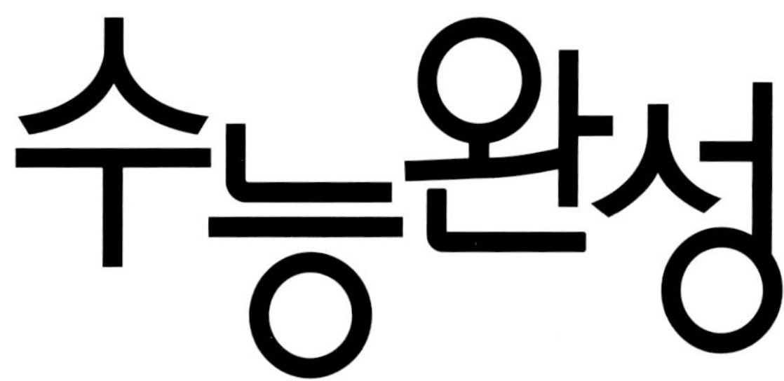

사회탐구영역 | **세계사**

기획 및 개발
이영진
김은미
박 민
박빛나리

감수
한국교육과정평가원

책임 편집
서민정

본 교재의 강의는 TV와 모바일 APP, EBS*i* 사이트(www.ebs*i*.co.kr)에서 무료로 제공됩니다.

발행일 2025. 5. 26. **1쇄 인쇄일** 2025. 5. 19. **신고번호** 제2017-000193호 **펴낸곳** 한국교육방송공사 경기도 고양시 일산동구 한류월드로 281
표지디자인 디자인싹 **내지디자인** 다우 **내지조판** 글사랑 **인쇄** 팩컴코리아㈜ **사진** 게티이미지코리아, ㈜아이엠스톡, 이미지파트너스
인쇄 과정 중 잘못된 교재는 구입하신 곳에서 교환하여 드립니다. 신규 사업 및 교재 광고 문의 pub@ebs.co.kr

정답과 해설 PDF 파일은 EBS*i* 사이트(www.ebs*i*.co.kr)에서 내려받으실 수 있습니다.

교재 내용 문의 교재 및 강의 내용 문의는 EBS*i* 사이트 (www.ebs*i*.co.kr)의 학습 Q&A 서비스를 활용하시기 바랍니다.

교재 정오표 공지 발행 이후 발견된 정오 사항을 EBS*i* 사이트 정오표 코너에서 알려 드립니다. 교재 → 교재 자료실 → 교재 정오표

교재 정정 신청 공지된 정오 내용 외에 발견된 정오 사항이 있다면 EBS*i* 사이트를 통해 알려 주세요. 교재 → 교재 정정 신청

고2~N수, 수능 집중

구분	수능 입문		> 기출/연습 >	연계 + 연계 보완		> 고난도	> 모의고사
국어	윤혜정의 개념/패턴의 나비효과		윤혜정의 개념의 나비효과	수능특강 문학 연계 기출	수능특강 사용설명서	하루 3개 1등급 국어독서	FINAL 실전모의고사
	기본서 수능 빌드업				수능완성 사용설명서		만점마무리 봉투모의고사 시즌1
영어	수능특강 Light	강의노트 수능 개념	수능 기출의 미래	수능연계교재의 VOCA 1800		하루 6개 1등급 영어독해	만점마무리 봉투모의고사 시즌2
				수능연계 기출 Vaccine VOCA 2200	수능 영어 간접연계 서치라이트		
수학	수능 감(感)잡기		수능 기출의 미래 미니모의고사	수능 연계교재: 수능특강 | 수능완성		수능연계완성 3주 특강	만점마무리 봉투모의고사 고난도 Hyper
한국사 사회	수능 스타트		수능특강Q 미니모의고사	eBook 전용: 수능완성R 모의고사 | 수능 등급을 올리는 변별 문항 공략		박봄의 사회·문화 표 분석의 패턴	수능 직전보강 클리어 봉투모의고사
과학							

구분	시리즈명	특징	난이도	영역
수능 입문	윤혜정의 개념/패턴의 나비효과	윤혜정 선생님과 함께하는 수능 국어 개념/패턴 학습		국어
	수능 빌드업	개념부터 문항까지 한 권으로 시작하는 수능 특화 기본서		국/수/영
	수능 스타트	2028학년도 수능 예시 문항 분석과 문항 연습		사/과
	수능 감(感) 잡기	동일 소재·유형의 내신과 수능 문항 비교로 수능 입문		국/수/영
	수능특강 Light	수능 연계교재 학습 전 가볍게 시작하는 수능 도전		영어
	수능개념	EBSi 대표 강사들과 함께하는 수능 개념 다지기		전 영역
기출/연습	윤혜정의 개념의 나비효과	윤혜정 선생님과 함께하는 까다로운 국어 기출 완전 정복		국어
	수능 기출의 미래	올해 수능에 딱 필요한 문제만 선별한 기출문제집		전 영역
	수능 기출의 미래 미니모의고사	부담 없는 실전 훈련을 위한 기출 미니모의고사		국/수/영
	수능특강Q 미니모의고사	매일 15분 연계교재 우수문항 풀이 미니모의고사		국/수/영/사/과
	수능완성R 모의고사	과년도 수능 연계교재 수능완성 실전편 수록		수학
연계 + 연계 보완	수능특강	최신 수능 경향과 기출 유형을 반영한 종합 개념 학습		전 영역
	수능특강 사용설명서	수능 연계교재 수능특강의 국어·영어 지문 분석		국/영
	수능특강 문학 연계 기출	수능특강 수록 작품과 연관된 기출문제 학습		국어
	수능완성	유형·테마 학습 후 실전 모의고사로 문항 연습		전 영역
	수능완성 사용설명서	수능 연계교재 수능완성의 국어·영어 지문 분석		국/영
	수능 영어 간접연계 서치라이트	출제 가능성이 높은 핵심 간접연계 대비		영어
	수능연계교재의 VOCA 1800	수능특강과 수능완성의 필수 중요 어휘 1800개 수록		영어
	수능연계 기출 Vaccine VOCA 2200	수능-EBS 연계와 평가원 최다 빈출 어휘 선별 수록		영어
고난도	하루 N개 1등급 국어독서/영어독해	매일 꾸준한 기출문제 학습으로 완성하는 1등급 실력		국/영
	수능연계완성 3주 특강	단기간에 끝내는 수능 1등급 변별 문항 대비		국/수/영
	박봄의 사회·문화 표 분석의 패턴	박봄 선생님과 사회·문화 표 분석 문항의 패턴 연습		사회탐구
	수능 등급을 올리는 변별 문항 공략	EBSi 선생님이 직접 선별한 고변별 문항 연습		수/영
모의고사	FINAL 실전모의고사	EBS 모의고사 중 최다 분량 최다 과목 모의고사		전 영역
	만점마무리 봉투모의고사 시즌1/시즌2	실제 시험지 형태와 OMR 카드로 실전 연습 모의고사		전 영역
	만점마무리 봉투모의고사 고난도 Hyper	고난도 문항까지 국·수·영 논스톱 훈련 모의고사		국·수·영
	수능 직전보강 클리어 봉투모의고사	수능 직전 성적을 끌어올리는 마지막 모의고사		국/수/영/사/과

2026학년도 수능 연계교재

수능완성

사회탐구영역 | **세계사**

이 책의 차례 CONTENTS

이 책의 **구성과 특징** STRUCTURE

테마별 내용 정리

주제별 핵심 개념을 쉽게 이해할 수 있도록 표 등을 활용하여 체계적이고 일목요연하게 정리하였습니다.

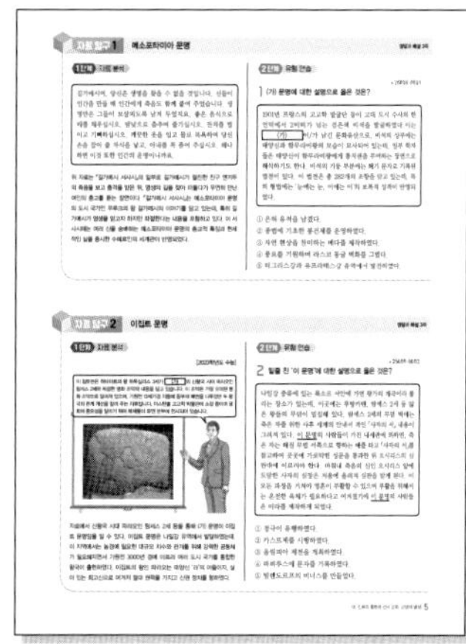

자료 탐구

1단계에서는 수능 모의평가 및 수능의 기출 자료(자료 상단 별도 표기)를 비롯한 다양한 자료를 제시하여 분석하고, 2단계에서는 이에 대한 응용 문제를 수록하여 해당 주제에 대해 심도 깊은 이해가 가능하도록 하였습니다.

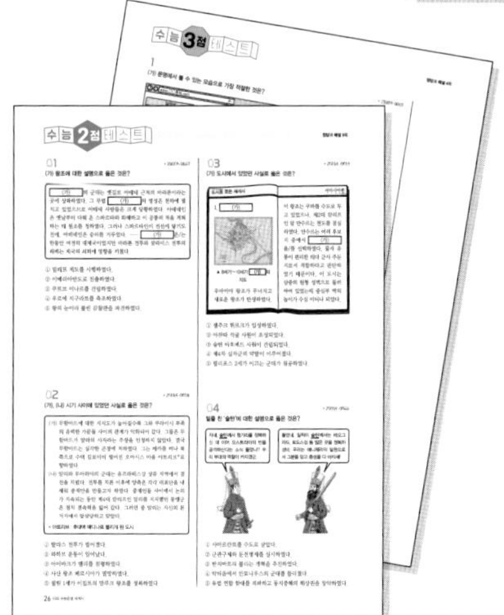

2점 테스트와 3점 테스트

수능 출제 경향 분석에 근거하여 개발한 다양한 유형의 문제들을 수록하였으며, 3점 테스트 코너에는 난이도 높은 문제들을 소개하였습니다.

실전 모의고사

학습 내용을 최종 점검하여 실력을 테스트하고, 수능에 대한 실전 감각을 기를 수 있도록 수능 시험 형태로 구성하였습니다.

정답과 해설

정답 도출 과정과 교과의 내용을 연결하여 설명하고, 오답을 분석함으로써 유사 문제 및 응용 문제에 대한 대비가 가능하도록 하였습니다.

학생

인공지능 DANCHOQ
푸리봇 문|제|검|색

EBS*i* 사이트와 **EBS*i* 고교강의 APP** 하단의 **AI 학습도우미 푸리봇**을 통해 문항코드를 검색하면 푸리봇이 해당 문제의 해설과 해설 강의를 찾아 줍니다. **사진 촬영으로도 검색**할 수 있습니다.

문제별 문항코드 확인 · 문항코드 검색

[25059-0001]
1. 아래 그래프를 이해한 내용으로 가장 적절한 것은?

25059-0001

사진 촬영 검색

선생님

EBS 교사지원센터
교재 관련 자|료|제|공

교재의 문항 한글(HWP) 파일과 교재이미지, 강의자료를 무료로 제공합니다.

한글다운로드 · 교재이미지 · 강의자료

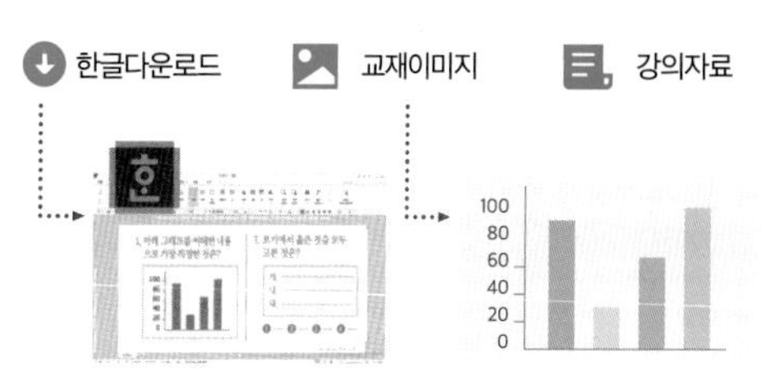

- 교사지원센터(teacher.ebsi.co.kr)에서 '교사인증' 이후 이용하실 수 있습니다.
- 교사지원센터에서 제공하는 자료는 교재별로 다를 수 있습니다.

인류의 출현과 선사 문화, 문명의 발생

1 인류의 출현과 선사 문화

(1) 인류의 출현

인류	출현 시기	특징
오스트랄로피테쿠스	약 400만 년 전	최초의 인류, 두 발로 서서 걷고 간단한 도구 사용
호모 에렉투스	약 180만 년 전	불과 언어 사용
호모 네안데르탈렌시스	약 40만 년 전	시체 매장(사후 세계 관념)
호모 사피엔스	약 20만 년 전	현생 인류의 조상, 크로마뇽인 등, 동굴 벽화 등을 남김

(2) 구석기 시대와 신석기 시대

① 구석기 시대

도구	뗀석기 사용(주먹도끼, 찍개 등)
특징	동굴·바위 그늘 등에서 거주, 이동 생활, 사냥·어로·채집 생활
예술 활동	알타미라 동굴과 라스코 동굴의 벽화(사냥 성공 기원), 빌렌도르프의 비너스(다산과 풍요 기원)

② 신석기 시대

도구	간석기(갈돌과 갈판 등)와 토기 사용
특징	움집에서 거주, 정착 생활, 농경과 목축 시작(신석기 혁명), 의복 제작
신앙	거석 숭배, 애니미즘
사회 변화	혈연적인 씨족 사회, 재산 공동 소유 및 생산물 공동 분배 → 신석기 시대 후기 일부 지역에서 부족 성립

2 문명의 발생

(1) 문명의 발생 과정

① 관개 농업 발달 : 큰 강 유역에서 치수와 관개 사업을 위한 노동력 필요 → 부족 간 통합, 지배자 등장, 도시 국가 발생

② 사회 변화 : 청동제 무기 사용으로 정복 활동 촉진, 농업 생산량 및 인구 증가 → 도시 발전, 빈부 격차 심화, 직업 분화, 문자 사용

(2) 문명의 발상지 : 메소포타미아 지역의 티그리스강과 유프라테스강 유역, 이집트의 나일강 유역, 인도의 인더스강 유역, 중국의 황허강 유역

3 메소포타미아 문명과 이집트 문명

구분	메소포타미아 문명	이집트 문명
위치	티그리스강과 유프라테스강 사이의 메소포타미아 지역	나일강 유역의 비옥한 충적지
정치	• 신권(신정) 정치 • 지배 세력 교체(수메르인 → 아카드인 → 아무르인의 바빌로니아 왕국 등)	• 파라오의 신권 정치 • 장기간 통일 왕국 지속(고왕국 → 중왕국 → 신왕국)
종교	현세를 중시하는 세계관(『길가메시 서사시』)	내세적 세계관(미라, 피라미드, 「사자의 서」)
문화	• 쐐기 문자 사용(점토판 등에 기록) • 태음력과 60진법 사용 • 지구라트 건립, 점성술 발달, 함무라비 법전 편찬	• 상형 문자 사용(파피루스 등에 기록) • 태양력과 10진법 사용 • 피라미드 건립, 기하학과 측량술 발달

4 지중해 연안의 문명

(1) 히타이트 : 소아시아(아나톨리아)에서 성립, 철제 무기와 전차를 이용한 정복 활동

(2) 페니키아 : 지중해와 흑해를 무대로 해상 무역 전개, 카르타고를 비롯한 여러 도시 건설, 표음 문자 제작(그리스 세계에 전해져 알파벳의 발전에 기여)

(3) 헤브라이

① 가나안(현재의 팔레스타인)에 정착하여 왕국 건설

② 솔로몬왕 때 번영, 솔로몬왕 사후 이스라엘과 유대로 분열

③ 유일신 숭배 사상과 유대교의 발전 : 크리스트교와 이슬람교 형성에 영향

5 인도 문명

인더스 문명	• 성립 : 인더스강 유역 • 특징 : 모헨조다로와 하라파 건설(계획도시 – 벽돌로 쌓은 성벽, 포장도로, 주택, 배수 시설, 공중목욕탕 등을 갖춤), 청동기와 상형 문자 사용, 동물 모양을 새긴 인장 사용, 메소포타미아 지역과 교류
아리아인의 이동	• 이동 : 중앙아시아에서 유목 생활 → 인더스강 유역의 펀자브 지방에 정착 → 갠지스강 유역으로 진출 • 특징 : 브라만교 성립, 자연 현상 등을 찬미하는 『베다』 제작, 철기 사용, 카스트제 형성

6 중국 문명

신석기 문화	황허강 유역 등에서 발달, 채도·흑도 등 토기 사용
하 왕조	청동기 사용, 기록상의 왕조
상 왕조	• 정치 : 점을 쳐서 신의 뜻을 알고 국가의 일을 결정하는 신권(신정) 정치 • 특징 : 은허 유적(갑골문, 청동기), 태음력 사용, 순장의 풍습
주 왕조	• 성립 : 상을 멸망시키고 호경에 도읍 • 봉건제 실시 : 왕이 직할지 통치, 나머지 지역은 왕족과 공신을 제후로 삼아 봉토를 분배하여 다스리게 함 • 특징 : 종법(혈연적 질서) 중시, 천명사상 강조 • 쇠퇴 : 기원전 8세기경 견융의 침입을 받아 낙읍(뤄양) 천도

자료 탐구 1 메소포타미아 문명

정답과 해설 3쪽

1단계 자료 분석

> 길가메시여, 당신은 생명을 찾을 수 없을 것입니다. 신들이 인간을 만들 때 인간에게 죽음도 함께 붙여 주었습니다. 생명만은 그들이 보살피도록 남겨 두었지요. 좋은 음식으로 배를 채우십시오. 밤낮으로 춤추며 즐기십시오. 잔치를 벌이고 기뻐하십시오. 깨끗한 옷을 입고 물로 목욕하며 당신 손을 잡아 줄 자식을 낳고, 아내를 꼭 품어 주십시오. 왜냐하면 이것 또한 인간의 운명이니까요.

위 자료는 『길가메시 서사시』의 일부로 길가메시가 절친한 친구 엔키두의 죽음을 보고 충격을 받은 뒤, 영생의 길을 찾아 떠돌다가 우연히 만난 여인의 충고를 듣는 장면이다. 『길가메시 서사시』는 메소포타미아 문명의 도시 국가인 우루크의 왕 길가메시의 이야기를 담고 있는데, 특히 길가메시가 영생을 얻고자 하지만 좌절한다는 내용을 포함하고 있다. 이 서사시에는 여러 신을 숭배하는 메소포타미아 문명의 종교적 특징과 현세적인 삶을 중시한 수메르인의 세계관이 반영되었다.

2단계 유형 연습

▸ 25059-0001

1 (가) 문명에 대한 설명으로 옳은 것은?

> 1901년 프랑스의 고고학 발굴단 등이 고대 도시 수사의 한 언덕에서 2미터가 넘는 검은색 비석을 발굴하였다. 이는 (가) 이/가 남긴 문화유산으로, 비석의 상부에는 태양신과 함무라비왕의 모습이 묘사되어 있는데, 일부 학자들은 태양신이 함무라비왕에게 통치권을 부여하는 장면으로 해석하기도 한다. 비석의 기둥 부분에는 쐐기 문자로 기록된 법전이 있다. 이 법전은 총 282개의 조항을 담고 있는데, 특히 형법에는 '눈에는 눈, 이에는 이'의 보복적 성격이 반영되었다.

① 은허 유적을 남겼다.
② 종법에 기초한 봉건제를 운영하였다.
③ 자연 현상을 찬미하는 베다를 제작하였다.
④ 풍요를 기원하며 라스코 동굴 벽화를 그렸다.
⑤ 티그리스강과 유프라테스강 유역에서 발전하였다.

자료 탐구 2 이집트 문명

정답과 해설 3쪽

1단계 자료 분석

[2023학년도 수능]

자료에서 신왕국 시대 파라오인 람세스 2세 등을 통해 (가) 문명이 이집트 문명임을 알 수 있다. 이집트 문명은 나일강 유역에서 발달하였는데, 이 지역에서는 농경에 필요한 대규모 치수와 관개를 위해 강력한 공동체가 필요해지면서 기원전 3000년 경에 이르러 여러 도시 국가를 통합한 왕국이 출현하였다. 이집트의 왕인 파라오는 태양신 '라'의 아들이자, 살아 있는 최고신으로 여겨져 절대 권력을 가지고 신권 정치를 행하였다.

2단계 유형 연습

▸ 25059-0002

2 밑줄 친 '이 문명'에 대한 설명으로 옳은 것은?

> 나일강 중류에 있는 룩소르 서안에 가면 왕가의 계곡이라 불리는 장소가 있는데, 이곳에는 투탕카멘, 람세스 2세 등 많은 왕들의 무덤이 밀집해 있다. 람세스 2세의 무덤 벽에는 죽은 자를 위한 사후 세계의 안내서 격인 「사자의 서」 내용이 그려져 있다. <u>이 문명</u>의 사람들이 가진 내세관에 의하면, 죽은 자는 해질 무렵 서쪽으로 향하는 배를 타고 「사자의 서」를 참고하여 곳곳에 가로막힌 성문을 통과한 뒤 오시리스의 심판대에 이르러야 한다. 마침내 죽음의 신인 오시리스 앞에 도달한 사자의 심장은 저울에 올려져 심판을 받게 된다. 이 모든 과정을 거쳐야 영혼이 부활할 수 있으며 부활을 위해서는 온전한 육체가 필요하다고 여겨졌기에 <u>이 문명</u>의 사람들은 미라를 제작하게 되었다.

① 경극이 유행하였다.
② 카스트제를 시행하였다.
③ 올림피아 제전을 개최하였다.
④ 파피루스에 문자를 기록하였다.
⑤ 빌렌도르프의 비너스를 만들었다.

01

▸ 25059-0003

(가) 문명에 대한 설명으로 옳은 것은?

> **독서 기록장**
>
> 3학년 ○반 ○○번 이름 : ○○○
>
> ▣ 작품명 : 『길가메시 서사시』
>
> ▣ 주요 내용 : 우루크의 왕 길가메시는 영생을 얻기 위해 모험을 떠났지만, 결국 인간의 삶이 유한하다는 점을 깨닫고 우루크로 돌아오게 된다.
>
> ▣ 느낀 점 : 나는 이 책을 통해 현세적인 삶을 중시한 (가) 사람들의 세계관을 확인해 볼 수 있었다. 티그리스강과 유프라테스강 유역에서 발전한 (가) 에서는 잦은 홍수와 외침을 겪으면서 내세보다는 현세의 문제를 중요시하였다고 한다.

① 스톤헨지를 남겼다.
② 지구라트를 축조하였다.
③ 쿠트브 미나르를 세웠다.
④ 올림피아 제전을 개최하였다.
⑤ 계획도시인 하라파를 건설하였다.

02

▸ 25059-0004

밑줄 친 '이 문명'에 대한 설명으로 옳은 것은?

> **화폐로 보는 세계사**
>
> 
>
>
> 위 지폐에는 <u>이 문명</u>의 대표적 문화유산인 스핑크스가 도안되어 있는데, 스핑크스는 파라오의 무덤인 피라미드를 지키는 수호신으로 알려져 있다. <u>이 문명</u>에서 파라오는 종교적 권위를 바탕으로 신권 정치를 펼쳤는데, 피라미드 등의 대형 건축물의 규모나 제작 기간을 고려하면 당시 파라오의 권력이 매우 강하였음을 짐작할 수 있다.

① 콜로세움을 세웠다.
② 함무라비 법전을 편찬하였다.
③ 태양력과 10진법을 사용하였다.
④ 유일신을 숭배하는 유대교를 성립시켰다.
⑤ 자연 현상을 찬미하는 베다를 제작하였다.

03

▸ 25059-0005

밑줄 친 '이들'에 대한 설명으로 옳은 것은?

> 중앙아시아 일대에서 유목 생활을 하던 <u>이들</u>은 인더스강 유역으로 남하하여 서북 인도 지방에 정착하였고, 이후 점차 동쪽으로 이동하였다. <u>이들</u>은 우세한 힘을 바탕으로 정복 활동을 전개하였으며, 철제 도구를 이용하여 토지를 개간하고 농사를 지으면서 국가를 형성하였다. 또한 자신들의 특권을 유지하고 원주민을 지배하기 위하여 브라만, 크샤트리아, 바이샤, 수드라 등으로 계급을 구분한 카스트제를 만들었다.

① 앙코르 와트를 건설하였다.
② 윈강 석굴 사원을 조성하였다.
③ 갠지스강 유역으로 진출하였다.
④ 공소와 회관을 각지에 설치하였다.
⑤ 갑골에 점복의 내용을 기록하였다.

04

▸ 25059-0006

(가) 왕조에 대한 설명으로 옳은 것은?

> (가) 의 무왕이 이끄는 군대는 순조롭게 황허강을 건넜으며, 별다른 저항을 받지 않았다. 얼마 후 상의 도읍지 인근의 목야에 무왕의 군대가 도착하자 상의 왕은 황급히 군사를 이끌고 응전에 나섰다. 『시경』에서 "상의 군대가 숲처럼 모였다."라고 언급한 것처럼 상의 군대는 수적으로 우위에 있었다. 그러나 전투는 결국 무왕의 승리로 끝났고, 상의 마지막 왕 제신(帝辛)은 죽고 말았다. 목야 전투의 패배 이후 상은 멸망하였고, 이로써 (가) 이/가 화북의 새로운 지배자로 자리잡았다.

① 군국제를 시행하였다.
② 호경을 도읍으로 삼았다.
③ 변방에 절도사를 파견하였다.
④ 흉노를 몰아내고 만리장성을 축조하였다.
⑤ 동중서의 건의로 유교를 통치 이념으로 삼았다.

1

▸ 25059-0007

(가) 문명에서 볼 수 있는 모습으로 가장 적절한 것은?

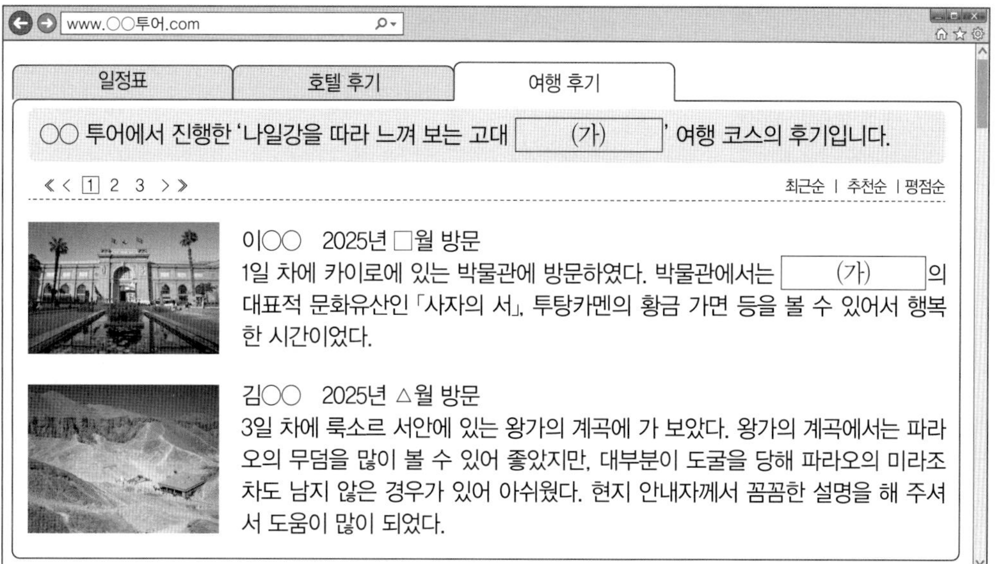

① 카르타고를 건설하는 페니키아인
② 예니체리 병사들을 격려하는 술탄
③ 파르테논 신전 공사를 담당하는 인부
④ 파피루스에 상형 문자를 기록하는 학자
⑤ 아라베스크 무늬로 장식된 모스크에서 예배하는 신도

2

▸ 25059-0008

(가) 문명이 발생한 지역을 지도에서 옳게 고른 것은?

> (가) 이/가 발달하였던 지역은 지형이 개방적이고, 이민족의 침입이 잦아 수많은 국가가 난립하는 양상을 보였다. 이 지역은 …… 금속을 이용한 도구를 개발하여 초기 기술 진보의 터전을 마련하였으며, 그 결과 금속의 사용이 문명의 지표처럼 받아들여지게 되었다. 금속의 사용과 문자의 발명으로 다른 지역보다 앞선 문명이 발아했으며, 우르, 라가시 같은 도시 국가들이 생겨나서 인류의 초기 문명 실험을 성공적으로 이끌었다. …… (가) 의 도시는 중심부에 지구라트라는 신전을 세우고, 주변은 벽돌담으로 둘러싼 형태였다.
>
> – 『인류본사』 –

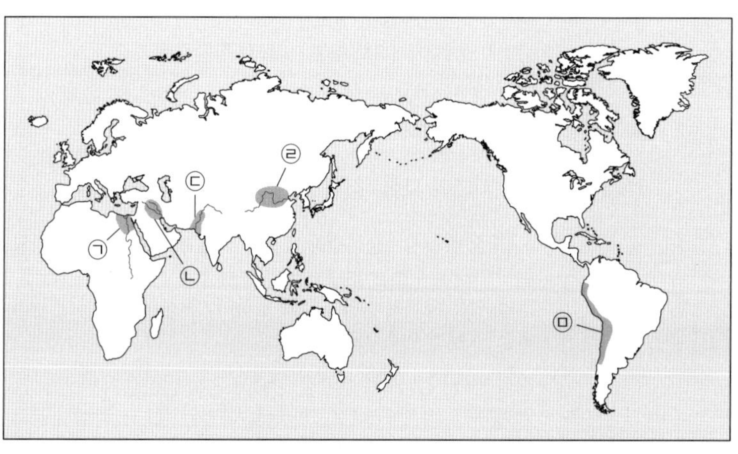

① ㉠ ② ㉡ ③ ㉢ ④ ㉣ ⑤ ㉤

THEME 02

동아시아 세계의 형성

1 춘추 전국 시대

(1) 춘추 전국 시대의 성립과 변화

성립	기원전 8세기경 견융의 침입 → 주가 수도를 호경에서 낙읍(뤄양)으로 옮김(동주 성립). 이후 진(秦)이 통일할 때까지를 춘추 전국 시대라고 함
변화	• 춘추 시대 : 춘추 5패가 주 왕실을 받들고 오랑캐를 물리친다는 명분을 내세우며 세력 확대 • 전국 시대 : 전국 7웅이 약소 제후국을 병합하며 패권을 다투는 약육강식의 치열한 경쟁 전개 • 정치 : 각국은 영토 국가로 발전, 점차 군현제를 통한 지방 통제 강화 • 경제 : 철제 농기구와 우경 보급으로 농업 생산량 증가, 토지 사유화 진전, 상업과 수공업(제철, 직물 등) 발달, 도시 성장, 화폐 유통(도전, 포전 등) • 사회 : 소농민 가족이 사회의 기초 단위가 됨, 사농공상 개념 등장, 철제 무기의 사용으로 전쟁의 규모 확대, 전쟁의 양상이 기병과 보병 중심으로 변화

(2) 춘추 전국 시대의 학문과 사상

특징	제후국들이 부국강병을 이루기 위해 유능한 인재 등용, 사(士) 계층 성장 → 제자백가 출현
유가	공자에 의해 형성(가족 윤리 중시, 인과 예를 중심으로 한 도덕 정치 주장) → 맹자·순자로 계승
도가	노자·장자에 의해 형성(무위자연 주장)
법가	상앙·한비자 등이 대표적, 군주의 권위 존중, 법률에 따른 엄격한 통치 주장
묵가	묵자가 대표적, 차별 없는 사랑(겸애) 주장, 검소한 생활 강조

2 진·한 제국의 성립과 발전

(1) 진(秦)의 중국 통일(기원전 221)

배경	법가 사상을 바탕으로 한 개혁으로 국력 증대
진시황제의 정책	군현제 실시, 화폐·도량형·문자·수레바퀴의 폭 등 통일, 분서갱유(사상 통제를 꾀함), 흉노 축출 후 만리장성 축조, 광둥 지역까지 영토 확대
멸망	가혹한 법치와 대규모 토목 공사, 진시황제 사후 진승·오광의 난 등 각지에서 반란 → 멸망(기원전 206)

(2) 한의 건국과 발전

① 성립 : 유방(한 고조)이 장안에 도읍(기원전 202)

② 한 고조 : 군국제 실시(군현제와 봉건제 절충), 흉노에 물자 제공으로 평화 유지

③ 한 무제의 활동

- 중앙 집권 체제 강화 : 군현 확대, 동중서의 건의에 따라 유교 통치 이념 확립(유교의 관학화, 오경박사 설치, 태학 설립 등)
- 대외 확장 : 흉노 토벌, 장건을 대월지에 파견, 남월(남비엣)과 고조선 정복
- 잦은 대외 원정으로 인한 재정 악화 → 소금·철 전매제, 균수법·평준법 실시, 오수전 주조·유통

④ 쇠퇴 : 한 무제 사후 외척의 세력 확대 → 외척 왕망이 신을 건국(전한 멸망), 왕토 사상에 따른 토지 국유화·노비 매매 금지 등 개혁 실시 → 호족들의 반발

⑤ 후한의 성립 : 유수(광무제)가 호족의 지원을 받아 뤄양에 도읍

⑥ 후한의 멸망 : 환관·외척·관료의 세력 다툼, 대토지를 소유한 호족의 횡포 심화 → 황건적의 난 등을 계기로 멸망(220), 위·촉·오 삼국으로 분열

(3) 한의 사회·문화

① 사회 : 토지의 사유화 진전으로 빈부 격차 심화, 호족 세력 성장(대토지 소유, 향거리선제를 통해 관료 진출)

② 문화 : 중국 전통문화의 기틀 마련

사상과 종교	• 유교 : 한 무제 때 통치 이념으로 채택된 이후 중국의 대표적인 통치 사상으로 자리 잡음, 훈고학(경전 해석, 주석 추가) 발달 • 불교 : 비단길(사막길) 등을 통해 전래 • 기타 : 태평도·오두미도 발전 → 후한 말 농민 반란에 영향
역사 편찬	사마천의 『사기』, 반고의 『한서』
제지술	채윤(채륜)의 개량으로 종이 보급 확대 → 학문과 사상의 발전 촉진

3 위진 남북조 시대

(1) 위진 남북조 시대의 형성

① 삼국 시대 : 후한 멸망 이후 위·촉·오로 분열 → 진(晉)이 중국 통일(280)

② 5호 16국 시대와 동진 성립 : 5호(흉노, 갈, 선비, 저, 강)의 화북 진출, 여러 국가 건설 → 진 황실의 강남 이주로 동진 성립(건강에 도읍을 정함)

③ 남북조 시대의 전개

북조	• 북위(선비족)의 화북 지역 통일, 효문제 때 뤄양 천도, 한화 정책 추진(선비족 복장과 언어 금지, 한족 성씨 사용, 한족과의 결혼 장려 등) → 호한 융합 • 북위가 동위와 서위로 분열 → 북제와 북주로 계승
남조	토착민과 이주민 대립, 정치 불안정으로 빈번한 왕조 교체[송 → 제 → 양 → 진(陳)]

(2) 위진 남북조 시대의 사회·경제

사회	• 9품중정제 실시 : 중정관이 인물의 덕망과 재주 등을 9등급으로 평가하여 추천한 인재를 국가가 등용 • 문벌 귀족 사회의 성장 : 유력 호족이 9품중정제를 통해 관직 독점 → 문벌 귀족으로 성장
경제	• 경제 변화 : 강남으로 이주한 한족에 의해 창장강 유역 개발 본격화(개간, 농경 기술 보급과 벼농사 발달 등) → 강남의 경제력 향상 • 북위의 균전제 실시 : 자영농 육성 목적 → 수·당으로 계승

(3) 위진 남북조 시대의 문화

특징	• 북조 : 유목민의 문화에 한족 문화가 더해져 발달, 국가적 차원에서 유교 존중 • 남조 : 귀족 중심의 문화 발달, 노장사상과 청담 사상 유행(위진 시대 죽림칠현이 대표적), 지식인들의 현실 도피적 경향 확산
사상과 종교	• 불교 : 북조 황실의 후원, 대규모 석굴 사원 조성(윈강, 룽먼 등), 불경을 한자로 번역 • 도교 : 태평도 · 오두미도가 도가 사상과 결합하여 도교로 발전, 교단 형성
문학과 회화	• 문학 : 도연명의 「귀거래사」 등 • 회화 : 고개지의 「여사잠도」 등

4 수 · 당 제국의 발전

(1) 수의 건국과 발전

① 건국 : 북주의 양견(문제)이 건국(581) → 남북조 통일(589)

② 발전

문제	9품중정제 폐지, 과거제 실시, 균전제 · 조용조 · 부병제 정비
양제	대외 진출(돌궐, 고구려 등 공격)
대운하 건설	광통거 · 통제거 · 영제거 등, 남북 간 물자 유통 활성화, 경제 통합 강화

③ 멸망 : 대규모 토목 공사, 무리한 전쟁 등 국력 소모 → 각지의 반란으로 멸망(618)

(2) 당의 발전과 쇠퇴

건국	이연(고조)이 장안을 도읍으로 건국(618)
발전	• 태종 : 동돌궐 복속, 율령 체제 정비 등 번영('정관의 치') • 고종 : 서돌궐 정복, 신라와 연합하여 백제와 고구려를 멸망시킴 • 현종 : 경제 발전 등 번영 → 후기에 사회 · 경제 혼란
쇠퇴	• 주변 민족의 위협(7세기 돌궐 · 토번, 8세기 위구르 등), 안사의 난(755~763) 이후 절도사의 독자적 세력 강화 → 중앙 정부의 통치력 약화, 환관의 횡포 • 장원 증가(균전제 붕괴, 농민 몰락) → 황소의 난(875~884)을 계기로 급격히 쇠퇴
멸망	절도사 주전충에게 멸망(907) → 5대 10국 시대 전개

(3) 당의 정치 · 사회 · 경제

정치	• 중앙의 3성 6부, 지방의 주현제 • 균전제, 조용조, 부병제 → 8세기경 균전제 붕괴, 모병제 시행, 안사의 난 이후 양세법 시행 • 기미 정책 : 정복지에 도호부를 설치하고 현지 유력자를 통해 간접 통치 실시
사회	귀족 중심의 사회(과거에서도 문벌 중시, 귀족이 관직 독점, 특권 차지)
경제	서역 상인들이 비단길 · 바닷길 등을 통해 당과 교역, 시박사 설치(광저우), 수도 장안과 대도시에 각국 유학생 · 상인 왕래

(4) 당의 문화

① 특징 : 귀족적, 개방적, 국제적 성격

② 학문 : 과거제 실시에 힘입어 유학 발달, 공영달 등이 『오경정의』 편찬(훈고학 집대성, 과거 수험서로 사용)

③ 종교

불교	여러 승려의 활동(현장, 의정 등이 인도 순례), 선종 유행
도교	황실의 보호를 받으며 융성
외래 종교	조로아스터교, 마니교, 네스토리우스교(경교), 이슬람교 등 유행

④ 문학 : 이백, 두보 등의 시인 활약

⑤ 공예 : 당삼채 제작(주로 백색 · 갈색 · 녹색 등의 유약 사용, 이국적인 특색)

(5) 동아시아 문화권의 형성과 발전

① 배경 : 한대부터 형성된 동아시아의 공통적 문화 특징이 당과 주변 각국의 교류를 통해 강화 → 신라, 발해, 일본 등이 당의 제도와 문화 수용

② 동아시아 지역의 공통 문화 요소

유교	동아시아 각국의 정치 이념 · 사회 규범으로 기능
불교	국가적 종교로 발전, 동아시아 문화 형성에 기여
한자	동아시아 공용 문자로 소통과 교류에 기여
율령 체제	당대에 확립, 주변국에 전파되어 각국의 통치 체제 정비에 기여

5 한반도와 일본의 고대 국가들

(1) 한반도 : 최초의 국가 고조선 성립 → 부여, 고구려 등 여러 나라의 성장 → 삼국이 중앙 집권 국가로 발전 → 신라의 삼국 통일과 고구려를 계승한 발해의 성립

(2) 일본

조몬 시대	신석기 문화, 조몬 토기와 간석기 사용, 농경 시작
야요이 시대	대륙과 한반도에서 벼농사와 금속기 전파, 여러 소국의 성립 → 3세기경 야마타이국 등 30여 개 소국의 연합체 형성
야마토 정권	• 4세기경 성립 • 6세기 말~7세기 초 쇼토쿠 태자가 중앙 집권 체제 강화, 불교 진흥책 실시(아스카 문화 발달) • 견수사 · 견당사 파견 • 다이카 개신(7세기 중반) : 당의 율령 체제 도입을 통한 국왕 중심의 통치 체제 수립 지향 • 7세기 말 '일본' 국호와 '천황' 칭호 사용
나라 시대(710~794)	• 8세기 초 나라 지역에 헤이조쿄 건설 · 천도, 견당사 등을 통해 당의 문물과 제도 수용 • 율령 체제 확립, 불교 융성(도다이사 대불전과 불상 제작 등), 『고사기』 · 『일본서기』 · 『만엽집』 등 편찬
헤이안 시대(794~1185)	• 8세기 말 헤이안쿄(교토)로 천도, 귀족과 호족의 장원 확대, 지방에서 무사가 등장하여 독자 세력으로 성장하면서 중앙 정계 진출 • 9세기 말 견당사 파견 중지, 국풍 문화 발달(고유 문자 '가나' 사용, 주택 · 관복 등에서 일본 고유의 특색이 강해짐)

자료 탐구 1 진시황제의 정책

정답과 해설 4쪽

1단계 자료 분석

장안 사람이 땅을 파다가 명문(銘文)이 새겨진 오래된 왕조의 쇠 저울추를 발견하였다. 거기에는 "황제께서 천하의 제후들을 모두 병합하시고 백성들이 평안해지자, 황제라는 칭호를 처음 세우셨다. 또한 조칙을 내려 도량형의 법도를 마련하시니 혼란스럽고 미심쩍은 것들이 모두 분명해지고 통일되었다."라는 글이 쓰여 있었다.

황제께서 천하의 제후들을 모두 병합한 점, 황제라는 칭호를 처음 세운 점, 도량형의 법도를 마련한 점 등을 통해 진시황제에 대한 내용임을 알 수 있다. 진시황제는 전국 시대를 통일하고 처음으로 '황제'라는 칭호를 사용하였으며, 화폐, 도량형, 문자, 수레바퀴의 폭 등을 통일하였다.

2단계 유형 연습

▸ 25059-0009

1 밑줄 친 '황제'에 대한 설명으로 옳은 것은?

<u>황제</u>는 전국을 자신이 직접 지배하고자 전국에 36개의 군을 설치하고, 수(守), 위(尉), 감(監) 등의 관리를 파견하였다. 또한 전국 시대 각국의 유력자들을 셴양으로 옮겨 토착 세력의 성장을 막고, 전국에서 무기를 몰수하여 종과 무게 30톤의 동인(銅人)을 만들었다. 그리고 도량형을 통일하고, 여러 형태의 문자를 폐한 이후 소전(小篆)의 문자만 사용하게 하였다.

① 육유를 반포하였다.
② 천호제를 정비하였다.
③ 왕안석을 등용하였다.
④ 분서갱유를 일으켰다.
⑤ 내각 대학사를 두었다.

자료 탐구 2 헤이안 시대

정답과 해설 4쪽

1단계 자료 분석

[2025학년도 6월 수능 모의평가]

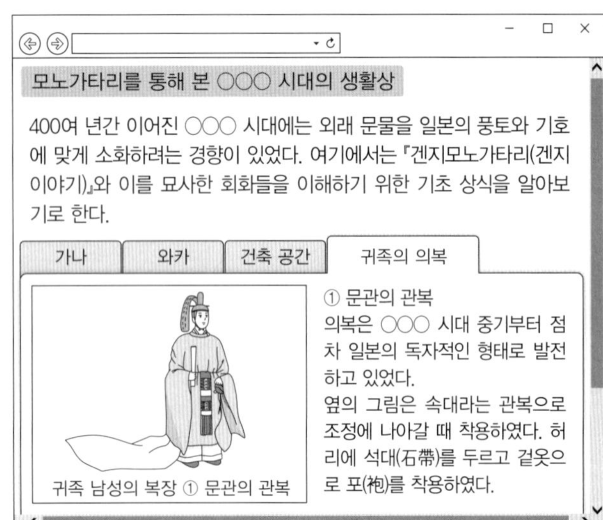

외래 문물을 일본의 풍토와 기호에 맞게 소화하려 했다는 점, 『겐지모노가타리(겐지 이야기)』가 언급된 점, 의복이 독자적인 형태로 발전한 점 등을 통해 헤이안 시대에 대한 내용임을 알 수 있다. 헤이안 시대에는 국풍 문화가 발달하였는데, 이에 따라 한자를 변형해 만든 문자인 '가나'가 사용되었고, 일본 고유 형식의 시가인 와카가 발달하였다.

2단계 유형 연습

▸ 25059-0010

2 밑줄 친 '이 시대'에 있었던 사실로 옳은 것은?

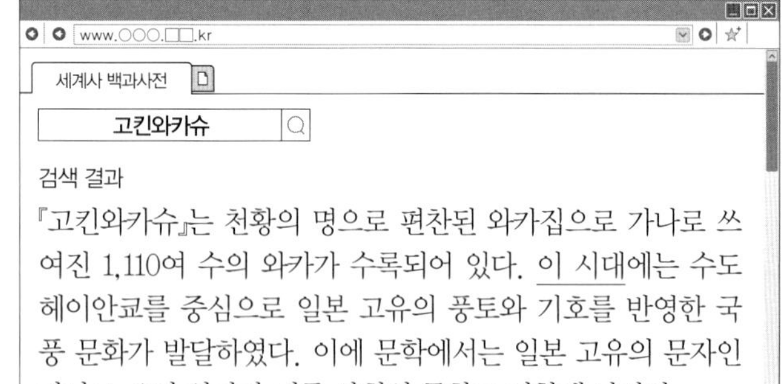

① 고사기가 편찬되었다.
② 견당사 파견이 중단되었다.
③ 이와쿠라 사절단이 파견되었다.
④ 산킨코타이 제도가 시행되었다.
⑤ 쇼토쿠 태자가 불교 진흥책을 펼쳤다.

01

▸ 25059-0011

(가) 왕조에 대한 설명으로 옳은 것은?

> (가) 의 이세 황제가 즉위하여 조고를 낭중령으로 임명하였다. 그리하여 조고가 궁중에서 황제를 모시며 대권을 장악하였다. …… 황제는 신하들이 죄를 지으면 곧바로 조고에게 넘겨 국문하고 치죄하도록 하였다. …… 법령과 형벌이 날이 갈수록 가혹해지자 여러 신하가 위태롭다고 여겼고, 반란을 일으키려는 자들이 많아졌다. 그리하여 진승과 오광 등이 (가) 에 반발하여 봉기하자, 여기저기서 반란이 이어졌다.

① 군기처를 설치하였다.
② 과거제를 시행하였다.
③ 균수법과 평준법을 실시하였다.
④ 흉노를 몰아내고 만리장성을 축조하였다.
⑤ 견융의 침입을 받아 낙읍(뤄양)으로 천도하였다.

02

▸ 25059-0012

밑줄 친 '이 시대'에 있었던 사실로 옳은 것은?

우표로 보는 세계사

우표 속 인물은 <u>이 시대</u>에 활약한 시인 도연명이다. 북방 민족과 한족의 대립 등으로 혼란스러운 시기에 살았던 도연명은 관직을 버리고 낙향하였다. 그의 시 「귀거래사」에는 당시 지식인의 현실 도피적인 경향이 잘 나타나 있다.

① 당삼채가 유행하였다.
② 제자백가가 출현하였다.
③ 9품중정제가 시행되었다.
④ 만한 병용제가 실시되었다.
⑤ 파스파 문자가 제작되었다.

03

▸ 25059-0013

(가) 왕조에 대한 설명으로 옳은 것은?

> 개황 9년, (가) 이/가 진(陳)을 멸하였다. …… 대업 7년, (가) 의 황제가 고구려 공격을 명하였다. …… 대군이 요동성을 포위하여 공격하였으나 함락하지 못하였고, 장군 내호아가 군사를 거느리고 패수(浿水)를 통해 곧장 평양성에 이르렀으나 복병에게 격파되었다. 대군이 무너졌으며, 내호아는 겨우 죽음을 면하고 달아났다.

① 남송을 정복하였다.
② 탕구트족이 세웠다.
③ 대운하를 건설하였다.
④ 지정은제를 시행하였다.
⑤ 황소의 난으로 쇠퇴하였다.

04

▸ 25059-0014

밑줄 친 '이 시대'에 볼 수 있는 모습으로 가장 적절한 것은?

> 몬무 천황은 자신의 권위가 강화되고 법령이 정비됨에 따라 후지와라쿄가 수도로서 적절하지 않다고 생각하여, 새로운 지역으로 천도할 계획을 추진하였다. 이후 겐메이 천황 때 대규모 건설 공사가 시작되어, 새로운 수도인 헤이조쿄가 조성되었다. 조정에서는 헤이조쿄에 인구를 유치하는 정책을 추진하였다. 이에 따라 아스카 지방에 있던 많은 사원들이 옮겨지고, 귀족들의 저택이 새롭게 건설되면서 헤이조쿄는 <u>이 시대</u>의 수도로서 면모를 갖추게 되었다.

① 난학을 배우는 학생
② 메이지 유신을 추진하는 관리
③ 자유 민권 운동을 전개하는 지식인
④ 도다이사 조성 공사에 동원된 인부
⑤ 쇼군의 후계자를 둘러싼 분쟁에 참여한 무사

정답과 해설 5쪽

1

▸ 25059-0015

다음 주장이 제기된 당시 볼 수 있는 모습으로 가장 적절한 것은?

> 소진이 초 위왕에게 말하기를 "초나라는 천하의 강국이며, 땅은 사방 5천 리이고 말은 1만 필, 곡식은 10년을 지탱할 수 있습니다. 무릇 초나라의 강함과 현명함은 그 누구도 당해 내지 못합니다. 그런데 지금 초나라가 진나라를 섬기면 제후들 모두가 진나라의 궁궐 아래서 조회하게 될 것입니다. 진나라를 위협할 만한 나라로 천하에 초나라만한 나라가 없습니다. 그러므로 왕을 위한 최상의 계책으로는 6국이 합종하여 진나라를 고립시키는 것보다 좋은 방법이 없습니다. 대왕께서 합종하지 않으시면 진나라는 틀림없이 초나라로 쳐들어올 것입니다."라고 하였다.

① 홍루몽을 읽고 있는 신사
② 황건적의 난을 진압하는 군인
③ 교초로 물건을 구매하는 상인
④ 엄격한 법 적용을 주장하는 법가 사상가
⑤ 윈강 석굴 사원의 대불 공사에 동원되는 장인

2

▸ 25059-0016

밑줄 친 '황제'에 대한 설명으로 옳은 것은?

> 상홍양은 탁월한 능력으로 시중이 되었는데, 후에 전국의 소금과 철을 모두 관장하였다. 이때 상업을 담당하는 관리들이 서로 이익을 다투어 물건값이 치솟으니, 상홍양이 아뢰기를 "대사농의 관원들이 전국의 재화를 모두 총괄하여 물자가 귀해지면 보관해 오던 물자를 즉시 팔고, 물자가 흔해지면 곧바로 물자를 사들이도록 하십시오. 이와 같이 하면 부상들이 이익을 얻을 길이 없어지면서 물건값이 오르지 못할 것입니다. 이 때문에 천하의 물가를 억제하니, 그 명칭을 평준법이라 합니다."라고 하였다. <u>황제</u>가 이를 옳게 여겨 윤허하니 천하가 풍요로워졌다.

① 육유를 제정하였다.
② 자금성을 건설하였다.
③ 사고전서를 편찬하였다.
④ 삼번의 난을 진압하였다.
⑤ 장건을 서역에 파견하였다.

3

▸ 25059-0017

(가) 황제에 대한 설명으로 옳은 것은?

● 세계사 알리미

이번 영상에서 소개할 인물은 호한 융합 정책을 통해 정권 안정을 추구하였던 (가) 입니다. 그는 선비족 복식을 금지하고 한족 복식을 착용하게 하였으며, 황실의 성씨를 탁발씨에서 한족의 성씨인 원씨로 바꾸는 등의 정책을 추진하였습니다. (가) 이/가 추진한 정책을 영상을 통해 만나 보세요.

① 균전제를 시행하였다.
② 이갑제를 실시하였다.
③ 정화의 함대를 파견하였다.
④ 과거제에 전시를 정례화하였다.
⑤ 네르친스크 조약을 체결하였다.

4

▸ 25059-0018

다음 상황이 나타난 왕조에서 있었던 사실로 옳은 것은?

주전충이 "최윤이 권력을 독단하여 나라를 어지럽히고, 군신 간을 이간질한다."라는 표문을 올린 후, 최윤과 그 무리를 함께 죽였다. 이어 주전충은 이무정의 군대가 나라를 어지럽힌다고 말하며 뤄양으로 천도할 것을 황제에게 청하였다. 황제의 행렬이 뤄양으로 출발하자 주전충이 궁궐과 민간의 집들을 부수었고, 마침내 그곳이 폐허가 되었다. 황제가 뤄양에 이르니 주전충이 자신의 심복으로 하여금 황제를 시해하게 하였다.

① 팔기제가 실시되었다.
② 홍건적의 난이 발생하였다.
③ 사마천이 사기를 저술하였다.
④ 정복지에 도호부가 설치되었다.
⑤ 주희가 성리학을 집대성하였다.

5

▸ 25059-0019

(가) 왕조의 문화에 대한 설명으로 옳은 것은?

문학 작품으로 보는 세계사

사방이 아직 안정되지 않아,
늙은이 평안을 얻을 수 없네.
자손들이 전쟁터에서 다 죽었는데,
어찌 이 몸 홀로 온전하길 바라리.
……
시체 쌓여 초목에 피비린내 나고,
흐르는 피로 내와 들은 붉어졌네.
어느 마을인들 살 만한 땅이 있을까.

[해설] 위 시는 「수로별」의 일부로, (가) 의 대표적인 시인인 두보의 작품이다. 두보는 안사의 난으로 인해 피폐해진 백성들의 삶과 전란의 참혹함을 이 시에 담았다.

① 경극이 성행하였다.
② 양명학이 발달하였다.
③ 수시력이 제작되었다.
④ 반고가 한서를 저술하였다.
⑤ 공영달 등이 오경정의를 편찬하였다.

6

▸ 25059-0020

밑줄 친 '이 시대'에 있었던 사실로 옳은 것은?

쇼무 천황은 조칙을 발표하여 모든 국에 고쿠분사를 세우게 하고 도다이사에 대불의 주조를 명하였다. 이는 천연두의 대유행, 후지와라노 히로쓰구의 난 등으로 인하여 나타난 혼란을 부처의 힘으로 타개하려 한 것이다. 또한 민중 구제를 주장하였던 승려 교키를 대불 주조에 참여시킴으로써 민중의 지지를 받으려 하였다. 그의 이러한 노력으로 이 시대에는 불교가 크게 융성하였으며, 국가의 번영을 기원하는 사원이 즐비했던 수도 헤이조쿄는 가히 '불교 국가의 수도'라 칭할 정도였다.

① 만엽집이 편찬되었다.
② 다이카 개신이 단행되었다.
③ 명과 감합 무역이 전개되었다.
④ 나가사키에 데지마가 조성되었다.
⑤ 원이 두 차례 일본을 침공하였다.

THEME 03
동아시아 세계의 발전과 변동

1 송의 발전

(1) 송의 건국과 발전

① 건국 : 후주의 절도사 출신 조광윤(태조)이 건국(960)

② 황제권 강화 노력

내용	문치주의 채택(절도사 권한 약화, 황제가 군사권 장악, 문관 우대), 재상 권한 축소, 과거제 개편(전시 정례화)
문제점	관료 수 증가, 국방력 약화 → 북방 민족 국가인 거란(요)과 서하 등이 송 압박 → 북방 민족에 제공하는 물자(은, 비단 등)와 군사비 지출 등으로 재정 부담 증가

③ 왕안석의 신법

목적	재정난 극복, 부국강병 도모, 민생 안정
정책	청묘법(농민에게 자금 융자), 시역법(소상인에게 자금 융자), 균수법(물가 안정, 재정 수입 증대), 보갑법과 보마법(군사력 강화) 등
결과	사마광 등 보수파 관료와 대지주의 반발로 실패, 신법당과 구법당 사이의 당쟁으로 국력 약화

④ 남송의 수립과 멸망 : 금의 침입으로 화북 지역 상실, 남송 수립, 임안(항저우)을 도읍으로 삼음 → 강남 개발 등으로 번영 → 몽골(원)의 침입으로 멸망(1279)

(2) 송의 경제·사회·문화

경제	• 농업 : 토지 개간 활발, 농기구 보급(용골차 등), 모내기법(이앙법) 보편화, 참파벼 도입 → 창장강 하류 지역이 전국 최대의 곡창 지대로 발전 • 수공업 : 석탄 사용 증가, 제철·자기·견직업 발달 • 상업 : 상공업자들이 동업 조합(행·작) 결성, 동전 주조와 유통 증가, 지폐(교자·회자) 사용, 해상 무역 발달, 주요 무역항(광저우 등)에 시박사 확대 설치
사회	과거제 강화, 교육 기관 증가 → 사대부 성장(지주층, 유교적 소양을 갖춤)
문화	• 성리학 : 남송 때 주희가 집대성, 대의명분론과 화이론 중시 • 역사서 : 사마광이 『자치통감』 편찬 • 서민 문화 : 경제 발전에 힘입어 서민 의식 성장 → 대도시에 오락 시설 증가, 공연 성행, 잡극·통속 문학 유행 • 과학 기술 : 인쇄술 발달, 나침반과 화약 사용 → 이후 이슬람 세계를 거쳐 유럽에 전파

2 북방 민족 국가의 대두

(1) 거란(요)

건국	야율아보기가 부족을 통합하여 건국(916)
성장	발해를 멸망시킴, 화북의 연운 16주 차지, 송과 전연의 맹약을 체결하고 물자를 제공받음, 고유 문자 사용
이원적 통치 체제	북면관제·남면관제 실시로 유목민과 농경민을 이원적으로 지배

(2) 서하

건국	탕구트족이 건국(1038)
성장	동서 교역로 장악, 송으로부터 물자를 제공받음, 고유 문자 사용

(3) 여진(금)

건국	아구다가 건국(1115)
성장	송과 연합하여 거란(요)을 공격한 후 정복, 송의 수도(카이펑)를 함락하고 송 황제를 포로로 잡음(정강의 변), 중도(베이징)를 수도로 삼음, 화북 지역 지배, 고유 문자 사용
이원적 통치 체제	맹안 모극제(여진족 등)와 주현제(한족 등)로 통치
멸망	몽골의 공격으로 멸망(1234)

3 몽골 제국의 발전

(1) 수립 : 13세기 테무친(칭기즈 칸)이 몽골족 통일

(2) 발전

① 칭기즈 칸 : 천호제 실시, 서하·금 공격, 중앙아시아 지역 진출 → 칭기즈 칸 사후 울루스들의 느슨한 연합체 형성

② 쿠빌라이 칸(세조) : 대도(베이징)로 천도, 국호를 원(元)으로 결정, 남송을 정복하여 중국 전역 장악, 두 차례 일본 원정 추진

(3) 원의 쇠퇴 : 쿠빌라이 칸 사후 황위 계승 분쟁 격화, 황실과 귀족의 사치와 낭비로 재정 악화, 교초 남발 등으로 물가 폭등 → 홍건적의 난(백련교도 중심) → 주원장(명 태조)에 의해 만리장성 이북으로 축출됨(1368)

(4) 원의 중국 지배

특징	중국식 통치 제도 활용, 몽골 제일주의 표방(소수의 몽골인이 고위 관직 독점)
계층 구조	몽골인과 색목인(주로 재정 업무 담당)이 지배층, 한인·남인은 피지배층 형성

4 원의 경제와 문화

경제	• 농업 생산력 발전, 면직업 발달(목화 재배 확대) • 상업 발전, 대운하 정비, 교초(지폐) 통용 • 동서 교류 활발, 제국 전역에 역참 설치, 해상 무역 번성(이슬람 상인 왕래)
문화	• 서민 문화 발달 : 원곡(희곡) 유행(『서상기』 등) • 각 민족의 종교·문화에 대한 관용 정책, 티베트 불교 유행, 파스파 문자 사용 • 이슬람 문화 유입으로 천문학, 역법(『수시력』 편찬), 자연 과학 등 발달 • 마르코 폴로, 이븐 바투타, 교황 사절 등 방문

5 명의 건국과 발전

건국	주원장(태조 홍무제)이 난징에 도읍하여 수립(1368)
발전	• 홍무제 : 재상제 폐지(6부 직접 통솔), 학교 설립, 과거제 정비, 어린도책·부역황책 정비, 이갑제 실시, 육유 반포 • 영락제 : 자금성 건설, 베이징 천도, 내각 대학사 설치, 몽골 원정, 베트남 공격, 정화의 함대 파견(아프리카 동해안까지 진출)
쇠퇴	환관의 득세로 정치 혼란 심화, 북로남왜(북방의 몽골과 동남 해안의 왜구) 방어에 따른 군사비 지출로 재정 악화 → 16세기 후반 장거정의 개혁(전국적인 토지 조사를 토대로 일조편법 확대 실시) → 임진왜란 참전, 후금(청)과의 전쟁 등으로 재정난 심화
멸망	가혹한 세금 징수와 기근 → 농민 봉기 발생 → 이자성의 농민군이 베이징 점령 → 명 멸망(1644)

6 청의 성립과 발전

(1) 성장

① 누르하치 : 팔기제를 바탕으로 여진족을 통합하여 후금 건국(1616)

② 홍타이지(청 태종) : (내)몽골 공격, '청'으로 국호 변경, 조선 공격

③ 강희제 : 삼번의 난(오삼계 등) 진압, 타이완의 반청 세력 진압, 러시아와 네르친스크 조약 체결(1689)

④ 옹정제 : 군기처를 설치하여 정책 결정권을 황제에게 집중

⑤ 건륭제 : 티베트·신장·몽골 등 정복(최대 영토 확보)

(2) 지배 정책

강경책	변발·호복 강요, 사상 탄압(금서 지정, 문자옥)
회유책	만한 병용제(주요 관직에 만주족과 한족을 같이 임명) 실시, 과거제를 통해 한족 등용, 한족 지식인 포섭을 위해 대규모 편찬 사업 전개(『사고전서』 등)
지방 통치	한족은 군현제로 통치, 몽골·티베트·신장 등은 번부(藩部)로 설정하여 토착 지배자를 통해 간접 지배

(3) 쇠퇴 : 18세기 말 백련교의 난 발생 등으로 세력 약화

7 명·청대의 사회와 경제

(1) 신사층의 성장 : 명대에 학교와 과거제의 결합으로 형성, 치안 유지·세금 징수·향촌 교화 등에 참여, 요역 면제·가벼운 형벌 면책 등 특권 소유, 고리대·공공사업 감독·세금 납부 대행 등으로 이익 추구

(2) 경제 발전

① 농업 : 창장강 중류(명대)·상류(청대)가 곡창 지대로 발전, 외래 작물 전래(옥수수, 고구마 등), 상품 작물 재배 확산(차, 면화 등)

② 상공업 : 창장강 하류 지역에서 면직업·견직업 발달, 쑤저우·항저우 등 대도시 발달, 중소 상공업 도시와 정기시 성장, 산시 상인·휘저우 상인 등 대상인 성장(이익 도모를 위해 회관·공소 결성)

③ 대외 무역

명대	초기에 해금 정책 실시, 주변국과 조공 무역 전개(무로마치 막부와 감합 무역 전개) → 16세기 후반 이후 해금 정책 완화
청대	• 초기에 해금 정책 실시, 타이완의 반청 세력 진압 후 상인의 해외 진출 허용 • 18세기 이후 광저우의 공행을 통해 서양 상인과 교역

④ 동서 교역 확대 : 이슬람 상인의 활동 및 서양 상인의 진출로 교역망 확대(중국 동남 해안, 일본, 동남아시아, 유럽까지 연결), 비단·차·도자기 수출, 일본·아메리카산 은의 대량 유입 → 은으로 세금 납부(명의 일조편법, 청의 지정은제)

8 명·청대의 문화

학문	명대에 관학인 성리학을 비판하며 양명학 등장(왕수인, '심즉리' 주장), 실용적인 학문 발달(『본초강목』, 『천공개물』, 『농정전서』 등 편찬) → 청대에 고증학·공양학 발달, 건륭제 때 경·사·자·집의 분류법을 적용하여 『사고전서』 편찬
서민 문화	• 명대 : 『삼국지연의』, 『수호전』, 『서유기』 등 인기 • 청대 : 『홍루몽』 등 유행, 경극 성행
서양 문물 유입	명 말기 예수회 선교사들이 서양 학문 소개(무기 제조, 천문, 지리 등), 마테오 리치의 활동(「곤여만국전도」 제작, 서광계와 함께 『기하원본』 간행), 청대 아담 샬의 활동(역법 개정 등), 전례 문제로 서양과의 교류 위축

9 일본 막부의 성립과 발전

(1) 가마쿠라 막부 : 12세기 말 미나모토노 요리토모가 가마쿠라에 개창, 쇼군이 막부의 수장으로 무사들과 주종 관계 형성(봉건제 실시), 천황은 점차 상징적 존재로 전락 → 13세기 후반 원의 두 차례 침입 방어, 이후 쇠퇴하여 14세기에 붕괴

(2) 무로마치 막부 : 14세기에 아시카가 다카우지가 교토에 개창, 명과 감합 무역 전개 → 쇼군의 후계자를 둘러싼 분쟁 격화, 전국(센고쿠) 시대 전개 → 막부 붕괴, 도요토미 히데요시가 전국 시대 통일, 이후 조선 침략(임진왜란)

(3) 에도 막부

성립	도요토미 히데요시 사망 이후 도쿠가와 이에야스가 에도(도쿄)에 막부 개창(1603)
통치 체제	• 막번 체제 : 쇼군이 중앙과 직할지 지배, 지방의 다이묘들은 쇼군에게 충성하는 대가로 영지(번) 지배권을 인정받음, 산킨코타이 제도를 통해 쇼군이 다이묘 통제 • 엄격한 신분제 실시 : 병농 분리, 무사 계층이 사회를 지배 → 무사, 상공업자가 거주하는 조카마치 성장
대외 정책	막부 초기에 해외로 나가는 상인에게 주인장(슈인장) 발급, 17세기 전반부터 쇄국 정책(크리스트교 포교 금지, 사무역 통제) 실시로 유럽 상인의 왕래 제한(네덜란드 상인에게 나가사키의 데지마를 개방하여 무역 허용), 중국·조선과 교역
경제	농업 발달, 도로망 정비로 상공업 발전, 도시 성장 → 조닌(상인, 수공업자) 성장, 도시 상공업자들이 동업 조합 조직
문화	• 조닌 문화 발달 : 가부키, 우키요에 등 유행 • 서양 지식 수용 : 네덜란드를 통해 의학, 천문학, 조선술 등 서양 지식 수용 → 난학(란가쿠) 발달

자료 탐구 1 원 왕조

정답과 해설 7쪽

1단계 자료 분석

[2025학년도 9월 수능 모의평가]

황제께서 더위를 피하려 연(燕)에서 북쪽 상도(上都)로 가시는 길에 나 역시 호종(扈從)*할 수 있었다. 천막을 갖추고 황야를 지나니, 편할 날이 없이 굶주리고 목말랐다. 비바람이나 서리가 엄습해 오기도 하였고, 흙먼지에 휩싸이기도 하였다. 그러나 남인(南人)이라는 비천한 출신인 내가 관리로 선발되었을 뿐 아니라 황제께서 국가의 기틀을 태산(泰山)처럼 굳건히 하는 데 함께했던 것은 크나큰 성은이었다.

* 호종 : 황제가 탄 수레를 모시어 쫓음.

황제가 더위를 피하려 상도로 간다는 점, 남인이라는 비천한 출신이 관리로 선발되었다는 점 등을 통해 밑줄 친 '국가'는 원임을 알 수 있다. 원대에는 몽골 제일주의에 따라 몽골인이 고위직을 독점하였으며, 색목인을 우대하여 재정 업무 등을 맡겼다. 그러나 남송의 지배를 받았던 한족은 남인이라 하여 차별하였다. 한편 상도는 몽골 제국의 수도로, 쿠빌라이 칸이 대도로 수도를 옮긴 후 여름 수도의 역할을 하였다.

2단계 유형 연습

▸ 25059-0021

1 (가) 인물에 대한 설명으로 옳은 것은?

(가) 은/는 상도(上都)가 유목 지대에 자리 잡고 있을 뿐만 아니라 그의 조부가 침략 전쟁을 수행할 때 이용하던 부대 집결지였기 때문에 새로운 궁성이 필요하다고 생각하였다. 이에 (가) 은/는 상도를 여름에 사냥하며 지내는 곳으로 유지하되, 남쪽에 황도를 건설하라고 명하였다. 그는 새 수도의 건설을 명하면서, 수도와 연결되는 대운하를 개수하도록 하였다. 이 도시는 '칸의 도시'라는 뜻을 가진 칸발릭이라 불리었고, 중국인들은 '큰 수도'라는 뜻의 대도라 불렀다.

① 남송을 멸망시켰다.
② 이갑제를 시행하였다.
③ 자금성을 건설하였다.
④ 9품중정제를 폐지하였다.
⑤ 남월(남비엣)을 정복하였다.

자료 탐구 2 명 왕조

정답과 해설 7쪽

1단계 자료 분석

[2025학년도 6월 수능 모의평가]

이 자료는 베이징에 있는 (가) 의 묘비 탁본이다. 묘비명은 라틴어와 한문으로 쓰여 있는데, 주요 내용은 다음과 같다.

리(利) 선생은 이탈리아 사람으로 휘는 마두, 호는 서태이다. 그는 예수회 선교사로 중국에서 활동하였으며 베이징에 예수회 선교사들이 머무는 거처를 처음으로 설립하였다.

(가) 은/는 중국에서 약 28년 동안 활동하면서 크리스트교 교리 문답서인 『천주실의』를 저술하였고, 서광계와 함께 유클리드의 기하학 서적을 번역하여 『기하원본』을 간행하였다.

예수회 선교사로 중국에서 활동한 점, 크리스트교 교리 문답서인 『천주실의』를 저술한 점, 서광계와 함께 유클리드의 기하학 서적을 번역하여 『기하원본』을 간행한 점 등을 통해 (가) 인물이 마테오 리치임을 알 수 있다. 명말 베이징에 진출한 마테오 리치는 선교 활동의 일환으로 천문학, 지리학 등 서양 학문을 중국에 소개하였다.

2단계 유형 연습

▸ 25059-0022

2 밑줄 친 '이 왕조' 시기에 있었던 사실로 옳은 것은?

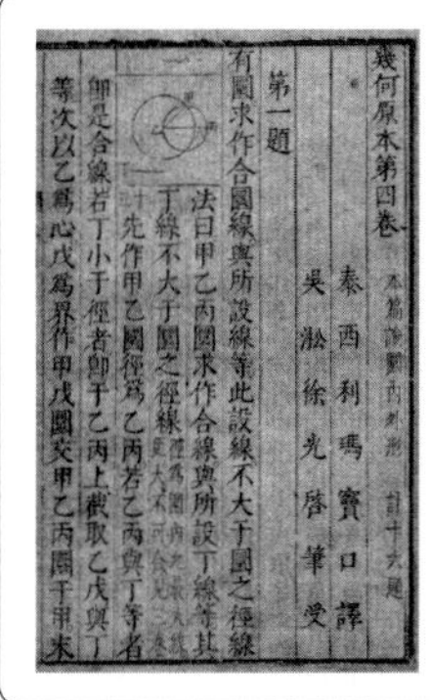

자료는 예수회 선교사 마테오 리치가 간행한 『기하원본』의 일부이다. 마테오 리치는 이 왕조에서 활동하며 서양의 학문 및 과학 기술을 중국에 소개하였다. 그는 서광계와 함께 유클리드의 기하학 서적을 번역하여 『기하원본』을 간행하였다. 또한 「곤여만국전도」를 제작하여 중국인의 세계관에 큰 변화를 주었다.

① 어린도책이 정비되었다.
② 죽림칠현이 출현하였다.
③ 난징 조약이 체결되었다.
④ 진승 · 오광의 난이 일어났다.
⑤ 왕망이 노비 매매를 금지하였다.

01

▸ 25059-0023

밑줄 친 '신법'이 시행된 배경으로 가장 적절한 것은?

> 신종이 왕안석에게 말하기를 "그대는 세상의 잡다한 일 중 무엇을 먼저 바꾸어야 한다고 생각하는가?"라고 묻자, 왕안석은 "퇴폐한 풍속을 바꾸고 법도를 바로 세우는 것이 급선무입니다."라고 말하였다. 이후 제치삼사조례사가 설치되고, 왕안석은 청묘법, 시역법, 보갑법 등을 만들어 이를 신법이라 하고, 온 천하에 시행하게 하였다.

① 고구려 원정이 실패하였다.
② 5호가 화북 지역으로 이동하였다.
③ 북로남왜로 인해 재정이 악화되었다.
④ 황소의 난으로 사회가 혼란스러웠다.
⑤ 거란(요), 서하의 위협으로 군사비 지출이 증가하였다.

02

▸ 25059-0024

(가) 황제에 대한 설명으로 옳은 것은?

> 이 우표는 정화의 항해 600주년을 기념하여 발행된 것이다. (가) 의 명으로 처음 시작된 항해는 여러 차례에 걸쳐 이루어졌다. 정화가 이끄는 함대는 동남아시아와 인도는 물론 아프리카 동해안까지 진출하여 조공 질서의 확대를 도모하였다.

① 균전제를 시행하였다.
② 동돌궐을 복속하였다.
③ 군기처를 설치하였다.
④ 정복지에 도호부를 설치하였다.
⑤ 베이징으로의 천도를 단행하였다.

03

▸ 25059-0025

(가) 국가에 대한 설명으로 옳은 것은?

> (가) 의 세종이 고유 문자로 경서를 번역하여 반포하였다. 후에 맹안과 모극 안에서 자제를 선발하여 학생으로 삼으니 그 수가 3천 명에 이르렀다. 대정 9년에 그 가운데 우수한 자 100명을 뽑아 편수관에게 교육받게 하였다. 13년에는 책(策)과 시(詩)를 시험하여 인재를 등용하고, 국자학을 설립하였다.

① 9품중정제를 시행하였다.
② 황건적의 난으로 쇠퇴하였다.
③ 절도사 주전충에게 멸망하였다.
④ 송과 연합하여 거란(요)을 공격하였다.
⑤ 흉노를 몰아내고 만리장성을 축조하였다.

04

▸ 25059-0026

밑줄 친 '이 막부' 시기에 있었던 사실로 옳은 것은?

♥ 좋아요 1,923개

오늘은 나가사키에 있는 데지마 네덜란드 상관 터에 왔어. 데지마는 이 막부가 만든 인공 섬으로 이곳을 통해 서양의 의학, 천문학, 조선술 등이 전래되었다고 해. 현재 이곳에는 네덜란드 상관장이 살았던 주택 등이 복원되어 있으니 꼭 한번 와 봤으면 좋겠어.
#나가사키 #데지마

① 다이카 개신이 단행되었다.
② 견당사 파견이 중지되었다.
③ 명과 감합 무역이 이루어졌다.
④ 이와쿠라 사절단이 파견되었다.
⑤ 가부키 등 조닌 문화가 발달하였다.

1

▸ 25059-0027

밑줄 친 '이 왕조'의 경제에 대한 설명으로 옳은 것은?

이번에 소개할 작품은 「청명상하도」입니다. 「청명상하도」는 장택단이 이 왕조의 수도 카이펑의 번화한 모습을 그린 그림입니다. 그림을 통해 가마를 타고 가는 사람, 짐을 싣고 가는 말 등 이 왕조 시기 번화한 도시의 모습과 서민들의 일상생활을 살펴볼 수 있습니다.

① 교초가 발행되었다.
② 참파벼가 도입되었다.
③ 화폐가 반량전으로 통일되었다.
④ 일조편법이 전국으로 확대 시행되었다.
⑤ 산시 상인이 각지에 회관, 공소를 세웠다.

2

▸ 25059-0028

(가), (나) 왕조에 대한 설명으로 옳은 것은?

갑진년, (가) 의 황제가 (나) 의 황제에게 맹약의 서신을 보냅니다. 이곳 전연에서 서로 믿음으로 받들어 맹약을 굳게 지키며, 우리 (가) 은/는 매년 비단 20만 필과 은 10만 냥을 (나) 에 보낼 것입니다. 세폐를 전하기 위해 사신을 파견하지 않으며 …… 변경 지역에 접한 주와 군은 지금의 변경을 지키며, 서로 침범해서는 안 됩니다. 남과 북에 위치한 양측은 소란을 피우는 것을 허용하지 않습니다. 성곽과 해자는 이전의 상태로 유지하며, 새로 축조하는 것은 불가합니다. 이 맹약을 위배한 자는 나라를 통치하는 권리를 누릴 수 없을 것입니다.

① (가) – 탕구트족이 세웠다.
② (가) – 만한 병용제를 시행하였다.
③ (나) – 아구다가 개창하였다.
④ (나) – 북면관제와 남면관제를 실시하였다.
⑤ (가)와 (나) – 향거리선제를 통해 관료를 선발하였다.

3

▸ 25059-0029

(가) 제국에 대한 설명으로 옳은 것은?

사료로 보는 세계사

이 도시에는 각각 다른 직종에 종사하는 12개의 동업 조합이 있고 각 조합은 1만 2,000개의 점포를 두고 있다. 각각의 점포에는 적어도 10명, 15명, 심지어 40명까지 있는데, 이렇게 많은 사람들이 필요한 까닭은 지방의 많은 지역이 이 도시에서 물품을 공급받기 때문이다. 그곳 상인들이 얼마나 부유하고 얼마나 규모가 큰 교역을 하는지, 그 진실을 말할 만한 사람은 없을 것이다. 정말로 놀라울 정도이다.

[해설] 사료는 마르코 폴로의 『동방견문록』에 기술된 항저우에 대한 서술이다. (가) 은/는 남송의 수도였던 항저우를 점령하였지만, 상업 도시로서의 그 기능을 인정하고 보호하였다. 이에 항저우는 남북 운하 교통의 요지, 강남 상품경제의 중심지로서 (가) 시기에 더욱 번영을 누렸다.

① 역참을 설치하였다.
② 야율아보기가 건국하였다.
③ 이자성의 난으로 멸망하였다.
④ 견융의 침입으로 위기를 겪었다.
⑤ 정관의 치라 불리는 번영을 이루었다.

4

▸ 25059-0030

(가) 황제에 대한 설명으로 옳은 것은?

(가) 은/는 한족 문화의 부흥을 통해 건국의 정당성을 인정받고 황제 중심의 통치 체제를 구축하고자 하였다. 이에 권력을 균형 있게 배분하기보다는 권력의 집중을 통한 통치의 효율성을 강조하였고 대대적인 관제 개편을 단행하였다. (가) 은/는 재상제를 폐지하고 6부의 직능을 강화하였으며, 모든 서무를 6부를 거쳐 곧바로 자신에게 집중되도록 하였다. 또한 군사 조직을 5군으로 전환시켜 상호 견제가 이루어지도록 하였는데, 이는 공신 세력으로 성장한 무장 집단이 자신에게 경계 대상이었기 때문이다.

① 육유를 반포하였다.
② 사고전서를 편찬하였다.
③ 낙읍(뤄양)으로 천도하였다.
④ 남월과 고조선을 정복하였다.
⑤ 동중서의 건의로 유교를 통치 이념으로 삼았다.

5

▸ 25059-0031

(가) 왕조의 문화에 대한 설명으로 옳은 것은?

도서 소개

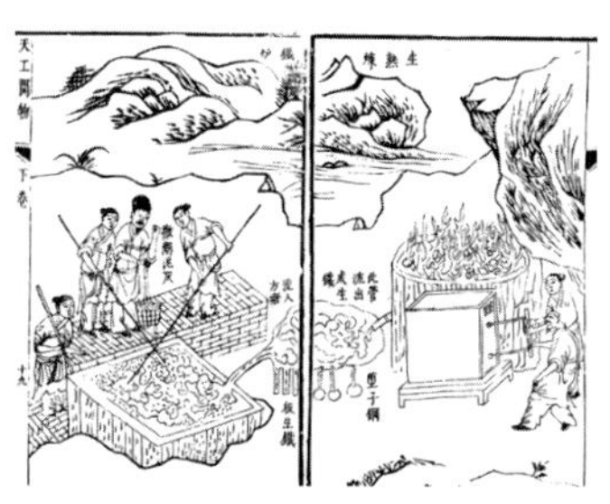
▲ 철을 주조하는 모습

◇ 도서명 : 『천공개물』
◇ 저자 : 송응성
◇ 소개 : 『천공개물』은 (가) 에서 편찬된 산업 기술서이다. 이 책은 상·중·하 3권으로 구성되어 있으며, 농업뿐만 아니라 제지, 조선, 광업 등 다양한 분야의 산업 기술이 수록되어 있다. 특히 동전 주조, 석탄 제조 등의 제조 공정을 삽화와 함께 소개하고 있는 점이 특징이다. 이 책을 통해 (가) 시기 발달한 과학 기술을 살펴볼 수 있다.

① 경극이 성행하였다.
② 양명학이 발달하였다.
③ 반고가 한서를 저술하였다.
④ 이백, 두보 등이 활약하였다.
⑤ 곽수경이 수시력을 편찬하였다.

6

▸ 25059-0032

(가) 황제의 재위 시기에 있었던 사실로 옳은 것은?

정성공이 타이완으로 거점을 옮긴 지 얼마 지나지 않아 사망하자, 그의 아들 정경이 뒤를 이었다. 오삼계 등과 함께 반란을 일으킨 경정충이 타이완으로 사자(使者)를 보내 자신들에게 협력할 것을 요청하자, 정경은 그들과 연합하여 중국 연안 지역을 공격하였다. 그러나 이후 청 조정에 항복한 경정충과 청군의 공격으로 점령지를 잃고 세력이 약화되었다. 이후 정경이 죽자 그의 자식들이 권력을 둘러싸고 분열되었다. 이에 (가) 은/는 타이완을 공격하여 마침내 그들을 평정하였다.

① 홍건적의 난이 발생하였다.
② 장건이 대월지에 파견되었다.
③ 태평천국 운동이 전개되었다.
④ 왕안석이 신법을 추진하였다.
⑤ 네르친스크 조약이 체결되었다.

7

▸ 25059-0033

다음 주장이 제기된 당시 볼 수 있는 모습으로 가장 적절한 것은?

> 신 광둥 순무 이호는 마음을 다하여 올해부터 다음의 일을 시행하기를 청합니다. 서양 상선이 화물을 적재하고 광저우에 오면 서양인은 각기 잘 알고 있는 중국 상인을 찾아갈 수 있도록 허락해 주시기를 바랍니다. 서양 상인이 가지고 온 화물은 공행이 적절한 가격을 정하여 팔게 하고, 귀국할 때 가져갈 화물 역시 공행이 가격을 정할 수 있도록 해 주십시오. 아울러 청렴하고 능력 있는 관원을 파견하여 이러한 일들이 제대로 이루어질 수 있도록 감시하고 검열케 하소서.

① 분서갱유를 집행하는 관리
② 본초강목을 저술하는 학자
③ 안사의 난을 진압하는 병사
④ 지방의 인재를 추천하는 중정관
⑤ 문자옥 등 사상 탄압에 반발하는 지식인

8

▸ 25059-0034

(가), (나) 시기 사이에 있었던 사실로 옳은 것은?

> (가) 호조씨가 가마쿠라를 함락하였다는 소식이 들리자, 아시카가 다카우지는 자신이 호조 도키유키를 토벌하겠다고 조정에 청원하였다. 고다이고 천황이 이를 거부하자 아시카가 다카우지는 스스로를 정동장군이라 칭하며 가마쿠라로 향하였고, 사가미강에서 호조 도키유키의 군대를 격파하고 가마쿠라를 탈환하였다.
> (나) 도요토미 히데요시가 대군을 거느리고 교토를 출발하여 호조씨의 본성인 오다와라성을 포위하였다. 그는 오다와라성을 직접 공격하기보다는 주변의 성들을 점령하여 호조씨를 고립시키려 하였다. 위협을 느낀 호조씨는 마침내 도요토미 히데요시에게 항복하였다. 결국 호조 우지마사는 자결하였고, 그의 아들 우지나오는 추방되었다.

① 페리 제독이 내항하였다.
② 고사기, 만엽집 등이 편찬되었다.
③ 원이 두 차례 일본을 침공하였다.
④ 전국(센고쿠) 시대가 시작되었다.
⑤ 쇼토쿠 태자가 불교 진흥책을 펼쳤다.

THEME 04

서아시아의 여러 제국과 이슬람 세계의 형성

1 고대 서아시아 세계의 발전

(1) 아시리아

발전	• 철제 무기와 기마병을 앞세워 서아시아 지역의 상당 부분을 통일(기원전 7세기) • 도로 정비, 정복지에 총독 파견, 수도 니네베에 왕립 도서관 건립
멸망	피지배 민족에 대한 강압적인 통치 → 각지의 반란으로 멸망

(2) 아케메네스 왕조 페르시아

발전	• 키루스 2세 : 제국의 기틀 마련(기원전 6세기) • 다리우스 1세 : 지방에 총독과 감찰관('왕의 눈', '왕의 귀') 파견, 수사와 사르디스를 연결하는 도로('왕의 길') 건설과 역참제 정비, 화폐와 도량형 정비 • 관용 정책 : 피지배 민족에게 공납을 받는 대신 그들의 전통과 신앙 존중
종교	조로아스터교 신봉
문화	페르세폴리스 건설
쇠퇴	그리스 세계와의 전쟁에서 패배, 지방 총독들의 반란 → 알렉산드로스의 침공으로 멸망(기원전 4세기)

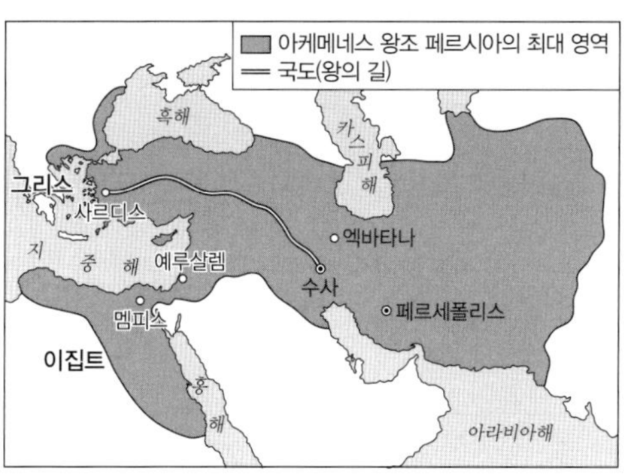

▲ 아케메네스 왕조 페르시아의 영역

(3) 파르티아

건국	알렉산드로스 제국의 분열 이후 이란 계통의 민족이 건국(기원전 3세기)
발전	크테시폰 등에 도읍, 로마와 인도(쿠샨 왕조), 중국(한 왕조)을 연결하는 동서 무역로 장악, 중계 무역으로 번영
쇠퇴	로마와의 대립으로 쇠퇴 → 사산 왕조 페르시아에 멸망

(4) 사산 왕조 페르시아

건국	아케메네스 왕조 페르시아의 부흥을 내걸고 건국(3세기 초)
발전	• 크테시폰에 도읍 • 메소포타미아 지역에서 인더스강 유역에 이르는 대제국 건설 • 동서 교통의 요충지를 장악하여 중계 무역으로 번영
종교	조로아스터교의 국교화, 마니교 등장
문화	금속 세공품과 유리 공예품 등이 유럽과 동아시아 지역까지 전파됨
쇠퇴	비잔티움 제국과의 계속된 전쟁 및 왕실의 내분으로 쇠퇴 → 이슬람 세력의 침입으로 멸망(651)

2 이슬람 세계의 형성과 발전

(1) 이슬람교의 성립과 전파

배경	6세기 이후 사산 왕조 페르시아와 비잔티움 제국의 갈등 고조 → 홍해와 아라비아해를 지나는 교역로 발달 → 메카, 메디나 등의 도시 번영 → 빈부 격차 심화, 부족 간 갈등 고조
성립	메카의 상인 무함마드에 의해 알라를 유일신으로 하는 이슬람교 성립
특징	우상 숭배 배격, 모든 인간은 알라 앞에서 평등하다고 주장 → 민중의 지지를 받음
박해	메카의 보수적인 귀족들의 박해 → 무함마드가 메카에서 메디나로 이주(헤지라, 622)
전파	메디나에서 교세 확장 → 무함마드가 메카 장악, 아라비아반도 대부분 점령

(2) 이슬람 제국의 발전 및 변천

① 정통 칼리프 시대(무함마드 사후~661)

특징	무함마드 사후 이슬람 공동체의 지도자로 칼리프 선출(제1대~제4대)
팽창	이집트 정복, 사산 왕조 페르시아를 멸망시킴

② 우마이야 왕조(661~750)

성립	제4대 칼리프 알리 피살 → 무아위야가 칼리프가 된 후 우마이야 가문이 칼리프 세습 → 시아파와 수니파의 대립
통치	아랍인 우대, 비아랍인 차별
발전	다마스쿠스에 도읍, 인더스강 유역에서 북아프리카와 이베리아반도에 이르는 대제국 건설
쇠퇴	투르 · 푸아티에 전투에서 프랑크 왕국에 패배(732), 아바스 가문에 멸망

③ 아바스 왕조(750~1258)

성립	아바스 가문이 우마이야 왕조에 불만을 가진 세력(비아랍인, 시아파)의 도움으로 건국, 제2대 칼리프 알 만수르가 바그다드 건설 후 수도로 삼음
통치	아랍인의 특권을 폐지하고 비아랍인도 능력에 따라 등용
발전	당과의 탈라스 전투(751)에서 승리하여 동서 무역의 주도권 장악, 민족을 초월한 범이슬람 제국으로 발전
쇠퇴	지방 세력의 성장, 이민족의 침입 → 11세기 셀주크 튀르크에 정치적 실권 부여(술탄 칭호 인정) → 13세기 중엽 훌라구가 이끄는 몽골 세력의 침입으로 멸망

④ 후우마이야 왕조

성립	• 우마이야 왕조의 일족이 이베리아반도에 건국(756) • 코르도바에 도읍
발전	• 이슬람 문화의 유럽 전파에 기여 • 10세기 전반에 칼리프 선언

⑤ 파티마 왕조

성립	북아프리카에 건국(10세기 초)
발전	아바스 왕조의 권위를 부정하고 칼리프 칭호 사용

⑥ 셀주크 튀르크

성장	• 중앙아시아에서 서아시아로 이동 • 이슬람 세계에서 용병 등으로 활약, 이슬람교로 개종
발전	• 바그다드에 입성(1055)하여 아바스 왕조의 칼리프로부터 술탄의 칭호를 획득하고 정치적 실권을 위임받음 • 지중해에서 서아시아, 중앙아시아를 아우르는 대제국 건설 • 예루살렘과 소아시아 지역으로 세력 확대 → 비잔티움 제국 압박 → 십자군 전쟁 발발
쇠퇴	장기간 지속된 전쟁 및 왕조의 분열 → 멸망

(3) 이슬람 세계의 사회 · 경제 · 문화

사회	• 『쿠란』의 가르침이 일상생활 지배, 5행의 실천 중시(신앙 고백, 메카를 향한 예배, 라마단 기간의 금식, 가난한 사람에 대한 자선, 메카 순례) • 일부다처 허용, 돼지고기를 금기시하는 식생활 • 지즈야를 거두는 대신 피지배 민족의 종교 인정
경제	• 자유로운 상업 활동 보장 → 상인 성장, 교역로를 중심으로 도시 발달 • 이슬람 상인들은 낙타를 이용해 아프리카 내륙과 중국까지 왕래, 다우선을 이용해 바닷길 교역 주도
문화	• 이슬람 문화권의 공통 요소 : 이슬람교, 아랍어 • 학문 : 『쿠란』을 연구하는 과정에서 신학과 법학 발달, 아리스토텔레스의 저술이 아랍어로 번역됨 • 문학 : 『아라비안나이트』(여러 지역의 설화를 모음) • 건축 : 둥근 지붕(돔)과 뾰족한 탑을 특징으로 하는 모스크 양식, 아라베스크 무늬 사용 • 자연 과학의 발달: 수학(인도 숫자를 도입하여 아라비아 숫자 완성), 화학(연금술 연구 등), 천문 지식과 역법 발달 • 의학의 발달 : 이븐 시나가 『의학전범』 저술 • 이슬람 문화의 의의 : 유럽 문화에 자극을 주어 르네상스에 영향, 중국의 제지법 · 나침반 · 화약 등을 유럽에 전파하는 등 동서 문화 교류에 공헌

3 이슬람 세계의 팽창

(1) 오스만 제국의 발전

성립	튀르크 계통의 오스만족이 소아시아 지역에서 건국(13세기 말) → 발칸반도 대부분 지배, 술탄 칭호 사용
발전	• 메(흐)메트 2세 : 비잔티움 제국을 멸망시킴(1453), 콘스탄티노폴리스(이스탄불)를 수도로 삼음 • 셀림 1세 : 이집트의 맘루크 왕조 정복, 메카와 메디나의 보호권 장악(→ 이슬람 세계의 지배자로 군림) • 술레이만 1세 : 동유럽 진출(헝가리 정복, 오스트리아의 빈 공격), 유럽 연합 함대 격퇴(→ 지중해 교역에서 주도적 역할)
통치	• 티마르제(일종의 군사적 봉건제) 실시 • 데브시르메 제도를 통한 예니체리와 관료 육성
사회	• 다른 민족과 종교에 대한 관용 정책 실시(지즈야 납부 시 비이슬람교도의 신앙 인정) • 자치권을 행사하는 종교 공동체인 밀레트 인정
경제	아시아와 유럽을 잇는 동서 교역의 교차로에 위치하여 동서 중계 무역으로 번영
문화	• 이슬람 문화를 바탕으로 튀르크 · 페르시아 · 비잔티움 제국의 문화 융합 • 천문학 · 수학 · 지리학 등 실용적인 학문 발달 • 술탄 아흐메드 사원(블루 모스크) 건립

▲ 오스만 제국의 영역

(2) 티무르 왕조의 발전

성립	티무르가 몽골 제국의 부활을 내세우며 건국(14세기 후반)
발전	중앙아시아에서 서아시아에 이르는 제국 건설, 오스만 제국 압박, 동서 무역을 통해 번영, 수도 사마르칸트가 중앙아시아의 중심 도시로 성장
쇠퇴	티무르 사후 세력 약화 → 왕조의 분열 → 우즈베크인에게 멸망(16세기 초)

(3) 사파비 왕조의 발전

성립	이스마일 1세가 이란 지역에서 건국(16세기 초), 시아파 이슬람교를 국교로 정함, 전통적인 페르시아의 군주 칭호인 '샤' 사용
발전	수니파 국가인 오스만 제국과 대립, 아바스 1세 때 수도를 이스파한으로 옮김, 군사력 강화
쇠퇴	왕실 내부의 갈등과 혼란, 아프간족의 침입 등으로 쇠퇴 → 멸망(18세기 전반)

자료 탐구 1 아바스 왕조

정답과 해설 9쪽

1단계 자료 분석

[2025학년도 수능]

> 성지 회복을 명분으로 내건 크리스트교 군대는 니케아를 점령한 이후 소아시아를 경유하여 무슬림 군대의 방어를 뚫고 시리아에 진출하였다. 그들은 먼저 성지로 향하는 길목의 요충지인 안티오크를 점령하고 예루살렘마저 함락시키는 데 성공하였다. …… 시리아 지방을 거쳐 동쪽으로 탈출한 피난민들은 (가) 의 칼리프가 머무르고 있는 수도 바그다드에 이르러 크리스트교도들이 예루살렘에서 자행한 살인과 약탈의 소식을 전하였다.

자료에서 성지 회복을 명분으로 내건 크리스트교 군대가 무슬림 군대의 방어를 뚫고 예루살렘을 점령하였다는 점, 칼리프가 수도 바그다드에 머무르고 있다는 점 등을 통해 (가) 왕조가 아바스 왕조임을 알 수 있다. 11세기 중엽 아바스 왕조는 셀주크 튀르크의 지배자에게 '술탄'의 칭호를 부여하였다. 이후 셀주크 튀르크는 영토 확장 과정에서 크리스트교 세계와 마찰을 빚어 십자군과 전쟁을 벌였다. 십자군 전쟁과 왕실의 내분 등으로 셀주크 튀르크는 결국 분열되고 말았다. 셀주크 튀르크의 보호를 받던 아바스 왕조는 그 후에도 명맥을 유지하다가 훌라구의 몽골군에게 멸망하였다(1258).

2단계 유형 연습

▸ 25059-0035

1 (가) 왕조에 대한 설명으로 옳은 것은?

> 당나라 장군 고선지는 군장을 되도록 가벼이 하고 먼 길을 떠나온 데다, 병력 역시 부족하여 이슬람의 대군을 상대하기에는 역부족이었다. 결국 751년의 탈라스 전투에서 대승을 거둔 것은 (가) 의 군대였고, 이로써 중앙아시아를 차지하려던 당의 야욕도 물거품이 되었다. 고선지의 군대는 궤멸당하다시피 해, 살아남은 병사가 그리 많지 않았다. 다시 반격에 나서기엔 병력이 턱없이 모자랐던 고선지는 당으로 돌아가는 수밖에 없었다.
>
> –『세상의 모든 역사』–

① 헤지라를 단행하였다.
② 밀레트 제도를 운영하였다.
③ 바그다드를 수도로 삼았다.
④ 살라미스 해전에서 패배하였다.
⑤ 우즈베크인에 의해 멸망하였다.

자료 탐구 2 이슬람 세계의 팽창

정답과 해설 9쪽

1단계 자료 분석

[2025학년도 수능]

> (가) 의 술탄이 완충 지대에 위치한 둘카디르 왕조를 공격하자 이에 위협을 느낀 맘루크 왕조의 술탄은 (나) 와/과 연합 세력을 구축하였다. 당시 (나) 은/는 (가) 와/과 서쪽으로 국경을 접하며 메소포타미아 지방의 지배권을 놓고 대립하고 있었기 때문이다. 이러한 상황에서 (가) 의 술탄은 포병과 소총 부대를 이끌고 원정에 나서 기병대를 앞세운 맘루크 왕조의 군대를 격파하고 다마스쿠스에 입성하였다. 뒤이어 카이로를 정복하여 북아프리카 일대까지 진출하였다.

자료에서 위협을 느낀 맘루크 왕조의 군대를 격파하고 다마스쿠스에 입성하였고, 뒤이어 카이로를 정복하여 북아프리카 일대까지 진출하였다는 점 등을 통해 (가) 왕조는 오스만 제국임을 알 수 있다. (가)와 서쪽으로 국경을 접하며 메소포타미아 지방의 지배권을 놓고 대립하고 있다는 점 등을 통해 (나) 왕조가 사파비 왕조임을 알 수 있다. 오스만 제국의 서쪽에서 16세기 초 이스마일 1세가 사파비 왕조를 세웠다. 사파비 왕조는 시아파 이슬람교를 국교로 정하였고, 주변의 무굴 제국이나 오스만 제국 등과 대립하기도 하였다.

2단계 유형 연습

▸ 25059-0036

2 (가), (나) 국가에 대한 설명으로 옳은 것은?

① (가) – 이스마일 1세에 의해 건국되었다.
② (가) – 이집트의 맘루크 왕조를 정복하였다.
③ (나) – 조로아스터교를 국교로 삼았다.
④ (나) – 사산 왕조 페르시아를 정복하였다.
⑤ (가)와 (나) – 레판토 해전에서 격돌하였다.

01

▸ 25059-0037

(가) 왕조에 대한 설명으로 옳은 것은?

> (가) 의 군대는 뱃길로 아테네 근처의 마라톤이라는 곳에 상륙하였다. 그 무렵 (가) 의 명성은 천하에 떨치고 있었으므로 아테네 사람들은 크게 당황하였다. 아테네인은 옛날부터 다퉈 온 스파르타와 화해하고 이 공통의 적을 격퇴하는 데 원조를 청하였다. 그러나 스파르타인이 전선에 닿기도 전에, 아테네인은 승리를 거두었다. …… (가) 은/는 한동안 여전히 대제국이었지만 마라톤 전투와 살라미스 전투의 패배는 제국의 쇠퇴에 영향을 끼쳤다.

① 밀레트 제도를 시행하였다.
② 이베리아반도로 진출하였다.
③ 쿠트브 미나르를 건립하였다.
④ 우르에 지구라트를 축조하였다.
⑤ 왕의 눈이라 불린 감찰관을 파견하였다.

02

▸ 25059-0038

(가), (나) 시기 사이에 있었던 사실로 옳은 것은?

> (가) 무함마드에 대한 지지도가 높아질수록 그와 쿠라이시 부족의 유력한 가문들 사이의 관계가 악화되어 갔다. 그들은 무함마드가 알라의 사자라는 주장을 인정하지 않았다. 결국 무함마드는 심각한 곤경에 처하였다. 그는 메카를 떠나 북쪽으로 수백 킬로미터 떨어진 오아시스 마을 야트리브*로 향하였다.
>
> (나) 알리와 무아위야의 군대는 유프라테스강 상류 지역에서 결전을 치렀다. 전투를 치른 이후에 양측은 각각 대표단을 내세워 중재안을 만들고자 하였다. 중재인들 사이에서 논의가 지속되는 동안 제4대 칼리프인 알리를 지지했던 동맹군은 점차 결속력을 잃어 갔다. 그러던 중 알리는 자신의 본거지에서 암살당하고 말았다.
>
> * 야트리브 : 후대에 메디나로 불리게 된 도시

① 탈라스 전투가 벌어졌다.
② 와하브 운동이 일어났다.
③ 아이바크가 델리를 점령하였다.
④ 사산 왕조 페르시아가 멸망하였다.
⑤ 셀림 1세가 이집트의 맘루크 왕조를 정복하였다.

03

▸ 25059-0039

(가) 도시에서 있었던 사실로 옳은 것은?

> 도시로 보는 세계사 | 서아시아편
>
> 1. (가)
>
> 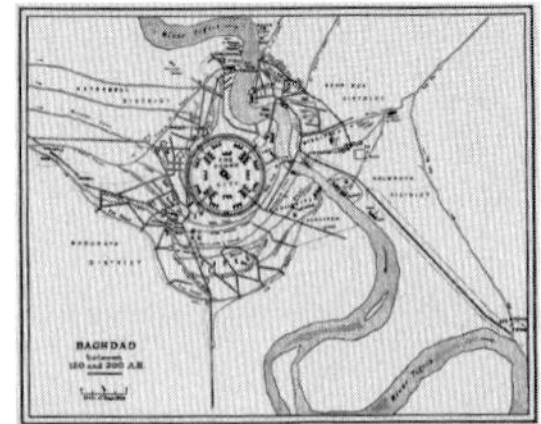
>
> ▲ 8세기~10세기 (가) 의 지도
>
> 우마이야 왕조가 무너지고 새로운 왕조가 탄생하였다.
>
> 이 왕조는 쿠파를 수도로 두고 있었으나, 제2대 칼리프인 알 만수르는 천도를 결심하였다. 만수르는 여러 후보지 중에서 (가) 을/를 선택하였다. 물자 유통이 편리한 데다 군사 주둔지로서 적합하다고 판단하였기 때문이다. 이 도시는 삼중의 원형 성벽으로 둘러싸여 있었는데 중심부 벽의 높이가 수십 미터나 되었다.

① 셀주크 튀르크가 입성하였다.
② 아잔타 석굴 사원이 조성되었다.
③ 술탄 아흐메드 사원이 건립되었다.
④ 제4차 십자군의 약탈이 이루어졌다.
⑤ 필리포스 2세가 이끄는 군대가 침공하였다.

04

▸ 25059-0040

밑줄 친 '술탄'에 대한 설명으로 옳은 것은?

> 자네, 술탄께서 헝가리를 정복하신 데 이어 오스트리아의 빈을 공격하신다는 소식 들었나? 우리 부대의 역할이 커지겠군.

> 들었네. 일찍이 술탄께서는 베오그라드, 로도스섬 등 많은 곳을 정복하셨네. 우리는 예니체리의 일원으로서 그분을 믿고 충성을 다 바치세!

① 사마르칸트를 수도로 삼았다.
② 군관구제와 둔전병제를 실시하였다.
③ 탄지마트라 불리는 개혁을 추진하였다.
④ 악티움에서 안토니우스의 군대를 물리쳤다.
⑤ 유럽 연합 함대를 격파하고 동지중해의 해상권을 장악하였다.

1

▸ 25059-0041

밑줄 친 '제국'에서 볼 수 있는 모습으로 가장 적절한 것은?

① 페르세폴리스 공사에 동원되는 인부
② 티마르제로 징세권을 인정받는 군인
③ 티무르 왕조의 사신을 접견하는 황제
④ 아크바르 황제의 명령을 따르는 관료
⑤ 후우마이야 왕조의 개창 소식을 접하는 상인

2

▸ 25059-0042

(가), (나) 왕조에 대한 설명으로 옳은 것은?

> 아케메네스 왕조 페르시아가 알렉산드로스에 의해 멸망한 후, 이란 지역에는 [(가)]이/가 페르시아 문화의 계승자 역할을 했다. 동으로 인도, 북으로 카프카스 지방, 서쪽으로는 티그리스강 주변까지 광대한 영토를 다스린 [(가)]도 권력 투쟁이라는 내분에 휩싸여 쇠퇴하였고, 결국 [(나)]에게 멸망하였다. [(나)]의 개창자인 아르다시르 1세는 알렉산드로스에게 패망한 옛 페르시아 제국의 영광을 재현하기 위해 로마와 전쟁을 벌여 아르메니아 지방을 탈환하고 아케메네스 왕조 페르시아의 종교였던 조로아스터교를 국교로 삼았다. 또한 아르다시르 1세를 이은 샤푸르 1세는 시리아를 장악하고 당시 로마 제국 황제 발레리아누스를 생포함으로써 로마에 대한 정치적 우위를 분명히 했다.

① (가) – 마니교가 등장하였다.
② (가) – 길가메시 서사시를 남겼다.
③ (나) – 이소스 전투에서 패배하였다.
④ (나) – 데브시르메 제도를 시행하였다.
⑤ (가)와 (나) – 크테시폰을 수도로 삼았다.

3

▸ 25059-0043

(가) 종파에 대한 탐구 활동으로 가장 적절한 것은?

제4대 칼리프 알리가 살해되자, 시리아 총독 무아위야가 칼리프가 되었다. 이후 무아위야는 자신의 아들 야지드를 후계자로 삼아 다마스쿠스를 비롯하여 이라크, 메카, 메디나의 백성들로부터 충성 서약을 받아 냈다. 그러나 무아위야가 사망하고 야지드가 칼리프 자리에 오르자, 원로들이 이러한 직위 세습은 공동체의 선출을 통해 칼리프를 뽑아 온 과거의 관행에 어긋난다며 반대하였다. 또한 알리의 차남이자 무함마드의 외손자인 후세인도 야지드의 명령을 따르지 않았다. 이에 야지드는 군대를 보내 카르발라에서 후세인과 그의 아들 등을 살해하였다. 카르발라의 참극은 (가) 이/가 전적으로 하나가 되는 계기가 되었다. (가) 은/는 무아위야를 거부하고 오직 알리의 후손들이 이슬람의 지도자가 되어야 한다고 주장하였다. 후세인은 순교자가 되었고, 그의 순교 기념일은 (가) 에게 중요한 날로 여겨지게 되었다. 또한 후세인의 무덤은 메카에 버금가는 중요한 성지 순례의 장소가 되었다.

① 헤지라를 단행한 이유를 분석한다.
② 아바스 왕조 개창에 기여한 세력을 파악한다.
③ 사산 왕조 페르시아가 멸망한 과정을 파악한다.
④ 카스트에 따른 의무 수행을 중시한 종교를 알아본다.
⑤ 카니슈카왕이 포교를 위하여 시행한 정책을 찾아본다.

4

▸ 25059-0044

(가) 왕조에 대한 설명으로 옳은 것은?

이번 영상에서 소개할 사건은 현재 키르기스스탄 일대에서 동서 문명이 충돌했던 탈라스 전투입니다. 당의 서진 정책에 따라 고선지 장군이 석국을 점령하자, 석국 왕자의 호소로 (가) 을/를 주축으로 일부 국가들이 합세하여 당과 대치하게 됩니다. 결국 고선지 장군이 이끄는 군대는 패배하였으며, 이후 (가) 은/는 동서 무역의 주도권을 장악할 수 있었습니다. ……

더보기

① 베르됭 조약으로 분열되었다.
② 레판토 해전에서 승리하였다.
③ 수도를 이스파한으로 옮겼다.
④ 몽골군의 침략으로 멸망하였다.
⑤ 정복지 곳곳에 알렉산드리아를 건설하였다.

5

▶ 25059-0045

(가), (나) 시기 사이에 있었던 사실로 옳은 것은?

(가) 셀주크 튀르크의 지도자 투그릴 베그는 바그다드에 입성할 허가를 얻고자 칼리프에게 사자를 보냈다. 입성이 허가되자 투그릴 베그는 나후라완에 도착하였다. 칼리프 측의 재상이 아바스 왕조의 유력자들, 부와이 왕조의 군사 지도자 등 많은 사람을 거느리고, 그를 만나러 왔다. …… 칼리프 측 재상은 서신을 전하였고, 아바스 왕조의 유력자들과 부와이 왕조의 군사 지도자들이 순순히 복종하겠다는 뜻의 선서를 하도록 하였다. 이후 투그릴 베그는 바그다드에 입성하였다.

(나) 맘루크 왕조의 수도는 완전히 무방비로 노출된 상태였다. 라이디니야와 카이로 사이의 마을 주민 대다수가 도망쳤고, 이런 마을들에 비축된 식량은 셀림 1세가 이끄는 군대가 마음대로 쓸 수 있었다. 몇 주 뒤에 그는 실제로 카이로를 정복하였고, 맘루크 왕조는 멸망하였다. 이집트의 맘루크 왕조가 사라지면서 오스만 제국의 술탄인 셀림 1세는 세 대륙에 걸친 영토를 통합하여 자신의 통치 아래 두었다.

① 아우랑제브 황제가 지즈야를 부활시켰다.
② 카롤루스 마르텔이 투르·푸아티에 전투에서 승리하였다.
③ 티무르가 몽골 제국의 부활을 내세우며 왕조를 개창하였다.
④ 함무라비왕이 수메르의 옛 법을 집대성하여 법전을 편찬하였다.
⑤ 이븐 압둘 와하브가 이슬람의 순수성을 회복하자는 운동을 전개하였다.

6

(가), (나) 왕조에 대한 설명으로 옳은 것은?

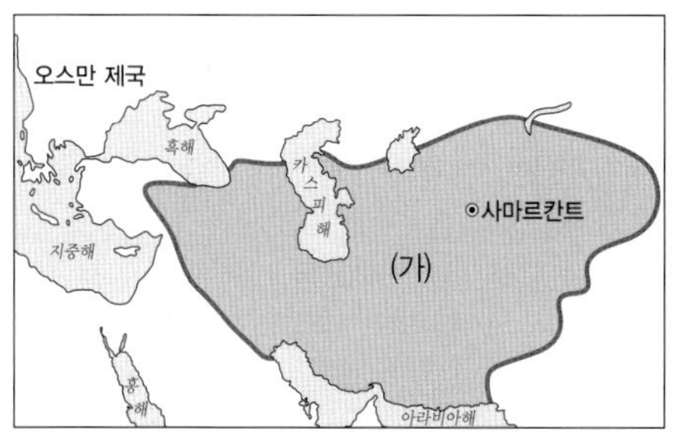

▲ (가) 왕조의 최대 영역

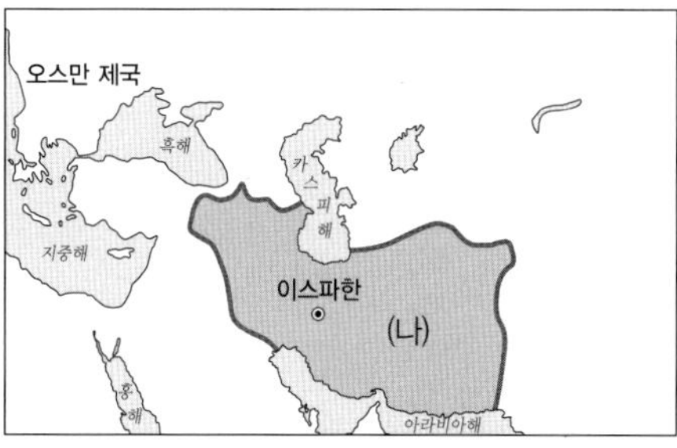

▲ (나) 왕조의 최대 영역

① (가) – 네르친스크 조약을 체결하였다.
② (가) – 왕의 귀라는 감찰관을 파견하였다.
③ (나) – 아프간족의 침입으로 쇠퇴하였다.
④ (나) – 델리 술탄 왕조 시대를 종식시켰다.
⑤ (가)와 (나) – 훌라구에 의해 수도가 점령당하였다.

인도의 역사와 다양한 종교 · 문화의 출현

1 고대 인도 세계의 발전

(1) 불교와 자이나교의 출현(기원전 6세기경)

배경	갠지스강 유역의 상업 발달, 도시 국가 간 전쟁 활발 → 크샤트리아와 바이샤 세력 성장 → 형식화된 브라만교의 제사 의식 반대, 브라만 중심 사회 비판
불교	고타마 싯다르타(석가모니)가 창시, 인간 평등과 윤리적 실천을 통한 해탈 강조
자이나교	바르다마나(마하비라)가 창시, 고행과 금욕 강조

(2) 마우리아 왕조의 발전

건국	알렉산드로스가 인더스강 유역 침공 → 사회 혼란, 통일 자극, 찬드라굽타 마우리아가 인도 북부를 통일하며 건국(기원전 4세기)
전성기 (아소카왕)	• 남부를 제외한 인도 대부분 지역 통일 • 개인의 해탈을 강조하는 상좌부 불교 발달(동남아시아로 전파) • 산치 대탑과 같은 불탑(스투파)과 칙령 등을 새긴 석주(돌기둥) 건립
쇠퇴	아소카왕 사후 급격히 쇠퇴, 이민족의 침입으로 분열

(3) 쿠샨 왕조의 발전

건국	1세기경 이란 계통의 쿠샨족이 건국
발전	서아시아, 인도, 중국을 연결하는 중계 무역으로 번영(파르티아와 한으로 이어지는 동서 교역로 확보)
전성기 (카니슈카왕)	• 북인도에서 중앙아시아에 이르는 최대 영토 확보 • 중생 구제를 강조하고 부처를 신앙의 대상으로 삼는 대승 불교 발달
간다라 양식	• 인도 서북부의 간다라 지방에서 발달 • 인도 문화와 헬레니즘 문화가 융합되어 불상 제작 • 대승 불교와 함께 중앙아시아를 거쳐 동아시아로 전파

2 굽타 왕조와 인도 고전 문화의 발달

(1) 굽타 왕조의 성립과 발전

건국	4세기 갠지스강 유역에서 찬드라굽타 1세가 건국
발전	찬드라굽타 2세가 벵골만에서 인더스강 유역까지 세력을 확장하여 최대 영토 확보
쇠퇴	5세기 이후 에프탈의 침입과 왕위를 둘러싼 내분으로 쇠퇴하다 6세기에 멸망

(2) 힌두교의 발전

형성	브라만교를 바탕으로 불교 및 다양한 민간 신앙이 융합
특징	• 브라흐마, 비슈누, 시바 등 다양한 신을 숭배 • 왕들이 자신을 비슈누에 비유하며 힌두교 후원 • 카스트에 따른 의무 수행 강조 • 『마누 법전』 정비(힌두교도의 일상생활에 영향)

(3) 인도 고전 문화의 발달 : 인도 고유의 특색 강조

문학	• 산스크리트어가 공용어가 되면서 산스크리트 문학 발달 • 칼리다사가 희곡 『샤쿤탈라』 집필 • 서사시인 『마하바라타』와 『라마야나』가 정리됨
굽타 양식	• 간다라 양식과 인도 고유 특색 융합 • 아잔타 석굴 사원 · 엘로라 석굴 사원의 불상과 벽화 등
자연 과학 발달	원주율을 이용해 지구 둘레 추산, 지구의 자전 파악, 영(0)과 10진법 사용 → 이슬람 세계의 자연 과학 발달에 기여

3 인도 문화와 이슬람 문화의 공존

(1) 이슬람 세력의 인도 진출(8세기경부터 시작)

가즈니 왕조	아프가니스탄에서 건국 → 펀자브 지방 차지
구르(고르) 왕조	인도 내륙으로 세력 확장

(2) 델리 술탄 왕조 시대(13~16세기)

성립과 발전	아이바크가 델리 정복 후 이슬람 왕조 수립(쿠트브 미나르 건립), 이후 델리 중심의 이슬람 왕조들이 연이어 북인도 지배
사회와 문화	• 지즈야만 납부하면 다른 신앙 인정 • 카스트제에 대한 불만 등으로 일부 힌두교도가 이슬람교로 개종 • 인도 문화와 이슬람 문화의 융합 노력

(3) 무굴 제국

성립		16세기 초 티무르의 후손으로 알려진 바부르가 북인도 정복, 델리 술탄 왕조를 무너뜨리고 새로운 이슬람 왕조 개창
발전	아크바르 황제	• 데칸고원 이남을 제외한 인도 대부분 통일 • 중앙 집권 체제 확립 : 관료제와 지방 행정 구역 정비 • 힌두교도 관료 등용, 비이슬람교도에 대한 지즈야 폐지
	아우랑제브 황제	• 인도 남부 지역까지 진출 → 최대 영토 확보 • 이슬람 제일주의 지향 : 힌두교 사원 파괴, 지즈야 부활
쇠퇴		시크교도(펀자브 지방)와 마라타 동맹(중부 인도) 등의 반란, 영국과 프랑스 등 서양 세력이 침투하여 세력 확장
경제		인도양 무역 발달(면직물 · 향신료 수출) → 신항로 개척 이후 서양 상인 진출
문화	언어	힌두어에 페르시아어, 아랍어 등이 합쳐진 우르두어가 널리 사용, 공식 문서나 외교에서는 페르시아어 사용
	종교	이슬람교 발전, 대체로 힌두교 등 다른 종교 인정, 펀자브 지방에서 시크교 발전(나나크가 창시, 힌두교와 이슬람교 융합)
	건축	타지마할(힌두 양식과 이슬람 양식의 혼재)
	회화	무굴 회화 발달(페르시아의 세밀화와 인도 양식 조화)

(4) 인도 문화의 동남아시아 전파

보로부두르	샤일렌드라 왕조 때 자와섬에 건립, 대승 불교 사원
앙코르 와트	앙코르 왕조(크메르 제국) 때 건립, 힌두교 사원이었으나 불교 사원으로 바뀜

자료 탐구 1 쿠샨 왕조

정답과 해설 12쪽

1단계 자료 분석

[2025학년도 수능]

> (가) 의 카드피세스 2세는 펀자브 지방을 장악하고 동서 교류의 기반을 확립하였다. 그의 치세에 (가) 은/는 서로는 파르티아와 로마 제국, 동으로는 중앙아시아를 거쳐 후한까지 이어지는 동서 교류의 통로 역할을 하며 크게 발전하였다. 한편 (가) 은/는 비단길 교역을 장악하기 위해 서역으로 군대를 파견한 후한과 몇 차례 군사적으로 충돌하기도 하였다.

자료에서 펀자브 지방을 장악하고 동서 교류의 기반을 확립하였다는 점, 서로는 파르티아와 로마 제국, 동으로는 중앙아시아를 거쳐 후한까지 이어지는 동서 교류의 통로 역할을 하였다는 점 등을 통해 (가) 왕조는 쿠샨 왕조임을 알 수 있다. 이란 계통의 민족에 의해 수립된 쿠샨 왕조는 로마 제국과 후한 등을 연결하는 동서 무역로를 장악하였다.

2단계 유형 연습

▸ 25059-0047

1 (가) 왕조에 대한 설명으로 옳은 것은?

> 1937년 프랑스의 고고학자들이 카피시*의 유적에서 수많은 유물을 발견하였다. 이곳에서는 로마 제국, 한 왕조 등 각지의 유물이 출토되었는데, 이를 통해 (가) 시기 동서 간의 교역이 활발하게 이루어졌음을 추측해 볼 수 있다. (가) 은/는 카니슈카왕 치세에 전성기를 맞았으나, 사산 왕조 페르시아의 침입 이후 빠르게 쇠퇴하였다.
>
> * 카피시 : 현재 아프가니스탄의 베그람

① 보로부두르를 세웠다.
② 예니체리를 운영하였다.
③ 간다라 미술 양식이 발달하였다.
④ 찬드라굽타 1세에 의해 개창되었다.
⑤ 마라타 동맹의 반란으로 위기를 겪었다.

자료 탐구 2 무굴 제국의 아크바르 황제

정답과 해설 12쪽

1단계 자료 분석

[2025학년도 수능 9월 모의평가]

> 이 그림은 궁정화가인 비치트르가 그린 상상도로 제국의 황제(중앙)가 아들 자한기르(왼쪽)가 아닌 손자 샤자한(오른쪽)에게 왕관을 전해 주는 모습을 묘사하고 있습니다. 실제로는 자한기르가 왕위를 이었지만, 비치트르는 샤자한을 제국의 진정한 계승자로 그렸습니다. 샤자한은 힌두교도에게 부과했던 성지 순례 세금 폐지, 비이슬람교도의 지즈야 폐지 등 조부의 종교적 관용 정책을 계승하였습니다. 하지만 그의 건축에 대한 광적인 열정으로 인해 제국의 재정은 극도로 악화되었습니다.

자료에서 아들 자한기르, 손자 샤자한, 비이슬람교도의 지즈야 폐지 등 조부의 종교적 관용 정책을 계승하였다는 점 등을 통해 밑줄 친 '황제'는 무굴 제국의 아크바르 황제임을 알 수 있다. 아크바르 황제는 데칸고원 이남을 제외한 인도 대부분을 통일하였고, 관료제와 지방 행정 기구를 정비하였다.

2단계 유형 연습

▸ 25059-0048

2 (가) 황제에 대한 설명으로 옳은 것은?

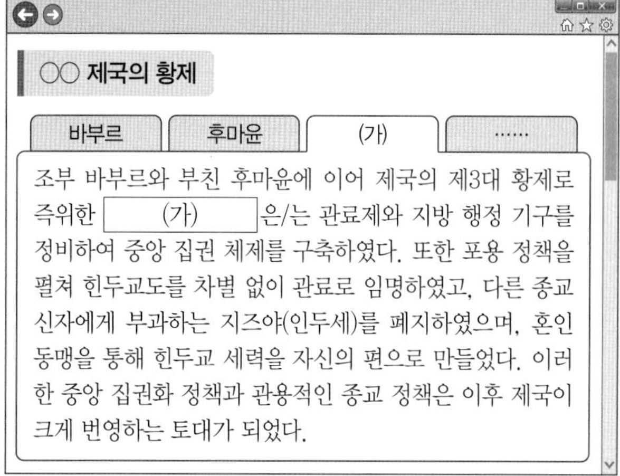

조부 바부르와 부친 후마윤에 이어 제국의 제3대 황제로 즉위한 (가) 은/는 관료제와 지방 행정 기구를 정비하여 중앙 집권 체제를 구축하였다. 또한 포용 정책을 펼쳐 힌두교도를 차별 없이 관료로 임명하였고, 다른 종교 신자에게 부과하는 지즈야(인두세)를 폐지하였으며, 혼인 동맹을 통해 힌두교 세력을 자신의 편으로 만들었다. 이러한 중앙 집권화 정책과 관용적인 종교 정책은 이후 제국이 크게 번영하는 토대가 되었다.

① 티마르제를 시행하였다.
② 산치 대탑을 축조하였다.
③ 쿠트브 미나르를 조성하였다.
④ 이집트의 맘루크 왕조를 정복하였다.
⑤ 데칸고원 이남을 제외한 인도 대부분을 장악하였다.

01
▸ 25059-0049

(가) 왕조에 대한 설명으로 옳은 것은?

이 사진은 (가) 의 제3대 왕이 세운 석주의 윗부분이다. 상좌부 불교를 널리 전파하는 데 기여했던 그는 인도 역사에서 위대한 왕들 중 한 명으로 평가받는다. 그는 지방에서 총독 임무를 수행하다 부왕의 병이 위중하다는 소식을 듣고 수도인 파탈리푸트라로 돌아왔고, 부왕 사후에 왕위를 계승하였다. 그는 영토를 점차 확장하여 남부를 제외한 인도 대부분의 지역을 통일하였다. 또한 불교를 적극 장려하여 불경을 정리하는 한편 전국에 불탑과 석주를 건립하였다. 그중 석주는 주로 사람들의 왕래가 많은 길가에 세워졌으며, 현재는 그 일부만이 남아 있다.

① 보로부두르를 건립하였다.
② 이스파한으로 천도하였다.
③ 마라타 동맹을 결성하였다.
④ 몽골 제국의 재건을 표방하였다.
⑤ 찬드라굽타 마우리아가 건국하였다.

02
▸ 25059-0050

밑줄 친 '이 왕조'에서 볼 수 있는 모습으로 가장 적절한 것은?

인공 지능 채팅

간다라 양식에 대해 알려주세요.

답변

이 왕조의 중심지였던 서북 인도의 간다라 지방에서 발달한 예술 양식을 말합니다.

특징

1. 헬레니즘 문화의 영향을 많이 받았습니다.
2. 간다라 양식의 주요 주제는 불교입니다. 이 왕조 시기 간다라 지역의 사람들은 그리스인이 신을 인간의 모습으로 조각하는 것에 영향을 받아 불상을 제작하였습니다.
3. 이 양식은 중국, 한국, 일본에도 영향을 주었습니다.

① 앙코르 와트에 방문하는 승려
② 세포이의 항쟁에 참여하는 농민
③ 밀레트 제도의 시행을 명하는 술탄
④ 계획도시 하라파를 건설하는 석공
⑤ 카니슈카왕의 명령을 전달받는 관리

03
▸ 25059-0051

(가) 왕조에서 있었던 사실로 옳은 것은?

이달의 추천 도서 – 『샤쿤탈라』 –

○○고등학교 도서부

■ 저자 : 칼리다사

■ 작품 소개

(가) 시기 산스크리트어로 작성된 『샤쿤탈라』는 총 7막으로 구성되어 있으며, 인도 고대 서사시 『마하바라타』에 나오는 신화를 토대로 재구성한 것이다.

■ 줄거리

두샨타왕은 사냥에 나갔다가 산중에서 샤쿤탈라를 만나 사랑에 빠지게 되었고 기념으로 반지를 남기고 궁에 돌아온다. 그 후 샤쿤탈라는 반지를 잃어버렸고, 저주로 인해 왕은 그녀에 대한 기억을 잃고 만다. 그러나 이후 샤쿤탈라와 두샨타왕은 천신만고 끝에 만나게 된다.

① 에프탈의 침략을 받았다.
② 무굴 회화가 유행하였다.
③ 탈라스 전투가 발생하였다.
④ 데브시르메 제도가 시행되었다.
⑤ 수사와 사르디스를 잇는 왕의 길이 조성되었다.

04
▸ 25059-0052

밑줄 친 '그'에 대한 설명으로 옳은 것은?

그는 재위 기간 동안 데칸고원을 넘어 인도 남부의 대부분을 차지하여 제국의 최대 판도를 이루었다. 하지만 아크바르만큼 포용력을 갖추지 못했다는 평가가 있는데, 특히 정치적 유연성 부족과 편향적인 종교 정책을 지적하는 이들이 있다. 그는 부친 샤자한과 마찬가지로 이슬람교도로서 제국을 통치하였다. 그는 치세 기간에 힌두교 사원을 파괴하라는 명령을 내렸다. 힌두교의 신 중 하나인 크리슈나의 탄생지로 알려진 마투라의 유서 깊은 힌두교 사원이 이때 파괴되었다.

① 지즈야를 징수하였다.
② 예니체리를 창설하였다.
③ 산치 대탑을 건립하였다.
④ 플라시 전투에서 승리하였다.
⑤ 사산 왕조 페르시아를 정복하였다.

정답과 해설 13쪽

1

▸ 25059-0053

(가), (나) 왕조에 대한 설명으로 옳은 것은?

탐구 활동 보고서

3학년 ○반 ○○○

교사 확인 ★참★ 잘했어요!

◆ 주제 : 동시대에 인접했던 2개 왕조 비교하기

국가명	(가)	(나)
존속 시기	기원전 3세기 ~ 3세기 초	1세기 ~ 4세기
수도	크테시폰	푸르샤푸라
지도	흑해, 카스피해, 지중해, 아라비아해 ▲ 기원전 2세기경	아라비아해, 벵골만 ▲ 최대 영역
문화 유산	◀ 뿔잔	◀ 불상

① (가) – 티마르 제도를 시행하였다.
② (가) – 살라미스 해전에서 패배하였다.
③ (나) – 타지마할을 조성하였다.
④ (나) – 델리 술탄 왕조 시대를 종식시켰다.
⑤ (가)와 (나) – 이란 계통의 민족이 건국하였다.

2

▸ 25059-0054

(가), (나) 시기 사이에 있었던 사실로 옳은 것은?

> (가) 아프가니스탄 일대를 지배하고 있었던 가즈니 왕조의 마흐무드는 카티아와르반도에 있는 솜나트까지 진격하였다. 당시 솜나트에는 거대한 시바 신전이 있었으며, 수많은 사제들이 기거하고 있었다. 타르 사막을 넘어 이곳을 공격한 마흐무드는 신상을 파괴하였으며, 신전에 있던 많은 금, 은, 보석 등을 가즈니로 가져왔다.
> (나) 로디 왕조의 이브라힘은 급히 군대를 모아 바부르의 침략에 대비하였고, 양측의 군대는 델리 근처 파니파트에서 부딪혔다. 바부르는 포병과 기병을 바탕으로 압도적으로 승리하였다. 티무르의 후손으로 알려진 그는 이후 델리와 아그라를 점령한 지 일주일도 되지 않아 스스로 황제임을 선포하였다.

① 자이나교가 창시되었다.
② 벵골 분할령이 발표되었다.
③ 아이바크가 쿠트브 미나르를 세웠다.
④ 우르에 지구라트라는 신전이 건립되었다.
⑤ 아크바르가 중앙 집권 체제를 정비하였다.

06 고대 지중해 세계

1 그리스 세계의 성립과 발전

(1) 폴리스의 성립

구조	아크로폴리스(종교적·군사적 거점, 신전 건축), 아고라(광장, 집회와 상거래 장소)
동족 의식	'헬레네스' 명칭 사용, 공통의 언어·종교, 올림피아 제전 개최

(2) 아테네와 스파르타

아테네	• 평민의 성장 : 귀족정 → 상공업 발달, 부유한 평민이 중장 보병으로 활약 → 평민의 정치적 권리 요구 및 귀족과 대립 • 솔론 : 재산 정도에 따라 정치적 권리 차등 분배(금권정) → 귀족과 평민 모두의 불만 • 페이시스트라토스 : 혼란 속에 참주가 되어 정권 장악 • 클레이스테네스 : 부족제 개편, 500인 평의회 설치, 도편 추방제 마련 → 민주 정치의 기틀 마련 • 페리클레스 : 민회의 권한 강화, 특수직(장군 등)을 제외한 관직과 배심원을 추첨으로 임명, 공무 수당 지급
스파르타	소수 이주민(도리스인)이 다수 원주민 정복·지배 → 전사로 훈련받은 시민이 헤일로타이(예속 농민)와 페리오이코이(반자유민)를 통제 → 군사 통치 체제의 성격

(3) 그리스·페르시아 전쟁과 펠로폰네소스 전쟁

그리스·페르시아 전쟁	• 전개 : 아케메네스 왕조 페르시아의 세력 확대, 그리스 세계와 충돌 → 마라톤 전투, 살라미스 해전 등 • 결과 : 그리스 세계의 승리, 아테네가 델로스 동맹의 맹주로 번영
펠로폰네소스 전쟁	• 전개 : 델로스 동맹(아테네 중심)과 펠로폰네소스 동맹(스파르타 중심)의 충돌 • 결과 : 펠로폰네소스 동맹의 승리 → 그리스 세계의 내분과 혼란 → 마케도니아(필리포스 2세)에 정복됨

(4) 그리스의 문화 : 인간 중심적·합리적 문화

철학	자연 철학(만물의 근원 탐구), 소피스트(진리의 상대성 강조), 소크라테스(보편적·절대적 진리 강조), 플라톤(이상 국가 구상), 아리스토텔레스(여러 학문의 체계적 정리)
문학	호메로스의 『일리아스(일리아드)』, 『오디세이아』
역사	헤로도토스의 『역사』(그리스·페르시아 전쟁 서술), 투키디데스의 『역사』(펠로폰네소스 전쟁 서술)
예술	조화와 균형의 미 추구, 파르테논 신전

2 알렉산드로스 제국과 헬레니즘 문화

(1) 알렉산드로스 제국의 성립과 발전

성립	알렉산드로스의 동방 원정(기원전 4세기) : 이소스 전투 승리, 이집트와 아케메네스 왕조 페르시아 정복, 인더스강 유역 진출
동서 융합 정책	알렉산드리아 건설 및 그리스인 이주 장려, 그리스인과 페르시아인의 결혼 장려, 동방의 전제 군주제 수용, 피정복민의 문화 존중
멸망	알렉산드로스 사후 마케도니아, 시리아, 이집트 등으로 분열 → 로마에 정복

(2) 헬레니즘 문화

특징	그리스 문화와 오리엔트 문화 융합, 세계 시민주의적 경향
내용	• 철학 : 스토아학파, 에피쿠로스학파 • 자연 과학 발전 : 물리학, 수학, 천문학 등 • 예술 : 사실적·관능적 미 추구, 「밀로의 비너스상」, 「라오콘 군상」, 간다라 양식 성립에 영향

3 로마의 발전과 문화

(1) 로마 공화정의 발전

건국	기원전 8세기, 라틴인이 도시 국가 건설(왕정)
발전	• 공화정 수립 : 귀족 중심(원로원, 집정관 독점) • 평민권 신장 : 부유한 평민이 중장 보병으로 활약 → 정치적 권리 요구 → 호민관·평민회 설치, 12표법·리키니우스법·호르텐시우스법 제정
로마의 팽창	이탈리아반도 통일 → 포에니 전쟁(카르타고와의 세 차례 전쟁) 승리 → 서지중해 패권 장악, 이후 마케도니아와 그리스 등 정복
위기	• 자영농의 몰락, 대농장(라티푼디움) 확산 • 그라쿠스 형제의 개혁 : 농지법, 곡물법 제정 → 귀족 반대로 실패 → 귀족파와 평민파의 투쟁 • 스파르타쿠스의 난(노예 반란)
삼두 정치	제1차 삼두 정치(갈리아 전쟁을 수행한 카이사르 주도) → 카이사르 암살 → 제2차 삼두 정치 → 악티움 해전 이후 옥타비아누스가 로마의 지배권 장악

(2) 로마 제정의 성립과 쇠퇴

발전	• 옥타비아누스 : 사실상 제정 시작, '프린켑스(제1 시민)' 칭호 사용, 원로원이 '아우구스투스(존엄한 자)' 칭호 부여 • '로마의 평화(Pax Romana)' 시대 : 옥타비아누스 시대부터 5현제 시대까지 200여 년간 전개
위기	3세기 군인 황제 시대, 이민족의 잦은 침입, 콜로나투스 운영
중흥	• 디오클레티아누스 황제 : 4분할 통치, 전제 군주제 도입 • 콘스탄티누스 황제 : 크리스트교 공인(밀라노 칙령, 313), 니케아 공의회 소집(325), 콘스탄티노폴리스 건설 및 천도
분리	테오도시우스 황제 사후 동로마 제국과 서로마 제국으로 분리
멸망	• 서로마 제국 : 게르만족 출신 용병 대장(오도아케르)에게 멸망(476) • 동로마(비잔티움) 제국 : 약 천 년간 지속, 오스만 제국에 멸망(1453)

(3) 로마의 문화 : 실용적 분야(법률·건축 등) 발달

법률	관습법을 성문화한 12표법이 로마 시민을 위한 시민법으로 발전 → 제국 안의 모든 민족에게 적용되는 만민법으로 확대 → 비잔티움 제국의 『유스티니아누스 법전』으로 집대성
건축	콜로세움(원형 경기장), 도로와 수도 시설 등
학문	스토아 철학 발전, 리비우스의 『로마사』
크리스트교의 발전	로마 제정기에 성립 → 황제 숭배 거부 등으로 탄압 → 콘스탄티누스 황제의 밀라노 칙령으로 공인, 니케아 공의회에서 아타나시우스파의 교리를 정통으로 인정 → 테오도시우스 황제 때 국교로 선포

자료 탐구 1 스파르타의 특징

정답과 해설 14쪽

1단계 자료 분석

[2023학년도 6월 수능 모의평가]

> 기원전 465년경에 강력한 지진이 이 폴리스를 덮쳐 많은 시민이 사망하였다. 이를 기회로 삼아 헤일로타이가 일제히 봉기하였고, 그중 일부는 이토메산에서 수년간 저항한 끝에 자유를 쟁취하였다. – 투키디데스, 『역사』 –

기원전 465년경, 헤일로타이가 일제히 봉기한 점, 투키디데스의 『역사』에 기록된 폴리스라는 점 등을 통해 밑줄 친 '이 폴리스'는 스파르타임을 알 수 있다. 스파르타는 도리스인이 원주민을 정복하고 세운 폴리스로, 정복 과정에서 피정복민의 대부분을 예속 농민인 헤일로타이로 삼았다. 한편, 펠로폰네소스 동맹을 주도한 스파르타는 기원전 5세기에 아테네가 이끄는 델로스 동맹과 펠로폰네소스 전쟁을 벌여 승리하였다.

2단계 유형 연습

▸ 25059-0055

1 (가) 도시 국가에 대한 설명으로 옳은 것은?

> (가) 의 최상위 계층은 호모이오이였고, 그 아래 계층은 반자유민들로 페리오이코이라 불렸다. 이들은 투표권이 없는 중간 계층으로서 무역이나 상공업 등에 종사하면서 무기를 제작하는 등 호모이오이가 전쟁을 지속할 수 있도록 지원하였다. 최하위 계층은 상위 그 어느 계층보다 수가 많은 헤일로타이였다. 이들은 농사를 지으며 일정량의 수확물을 바쳐야 했으며, 전쟁터에 끌려가 노역과 취사 등의 일에 동원되었다.

① 솔론이 개혁을 단행하였다.
② 500인 평의회를 운영하였다.
③ 도리스인에 의해 건국되었다.
④ 호르텐시우스법을 제정하였다.
⑤ 유일신을 숭배하는 유대교를 믿었다.

자료 탐구 2 테오도시우스 황제의 업적

정답과 해설 14쪽

1단계 자료 분석

[2024학년도 수능]

> (가) 은/는 로마 제국이 통합과 분열을 거듭한 혼란기에 등장한 황제였다. 그는 당시 발렌티니아누스 2세와 함께 공동으로 로마 제국을 다스리고 있었는데, 자신은 동로마 지역을, 발렌티니아누스 2세는 서로마 지역을 통치하였다. 발렌티니아누스 2세가 야심적인 장군에 의해 살해되고 새로운 황제가 옹립되자, 그는 서로마 지역으로 진군하여 혼란을 수습하고 단독으로 제국을 통치하였다. 그러나 사망하기 전에 두 아들에게 각각 서로마 지역과 동로마 지역을 물려주었고, 이를 계기로 로마 제국의 영토는 영구히 분열되었다.

로마 제국 혼란기에 등장한 황제라는 점, 사망하기 전에 두 아들에게 각각 서로마 지역과 동로마 지역을 물려주었다는 점, 이를 계기로 로마 제국의 영토는 영구히 분열되었다는 점 등을 통해 (가) 황제는 테오도시우스 황제임을 알 수 있다. 4세기 말 테오도시우스 황제는 크리스트교를 국교로 선포하고 제국의 통합을 꾀했지만, 그의 사후 로마는 동서로 분리되었다.

2단계 유형 연습

▸ 25059-0056

2 (가) 황제에 대한 설명으로 옳은 것은?

> 379년 동방 황제가 된 (가) 은/는 고트족과의 전쟁을 종결시키기 위해 평화 협정을 체결한 후 친고트족 정책을 실시하였다. 그는 고트족을 단순히 변경을 지키는 수비대로만 활용하지 않고, 두 번의 내전이 발생했을 때 용병으로 활용하여 동방과 서방을 모두 다스리는 단독 황제가 되었다. 그러나 이후 (가) 은/는 병으로 쓰러졌고, 자신의 두 아들을 동로마 지역과 서로마 지역의 후계자로 삼았다. 그의 사망 이후 제국은 동서로 분리되었다.

① 베르됭 조약을 체결하였다.
② 콘스탄티노폴리스로 천도하였다.
③ 크리스트교를 국교로 선포하였다.
④ 유스티니아누스 법전을 편찬하였다.
⑤ 니네베에 왕립 도서관을 건립하였다.

01

▸ 25059-0057

(가) 도시 국가에 대한 설명으로 옳은 것은?

> (가) 의 클레이스테네스는 대중을 고려하여 새로운 법을 만들었다. 그중에는 도편 추방에 관한 법도 있었다. (가) 의 사람들은 마라톤 전투에서 승리한 2년 뒤 처음으로 도편 추방법을 실시하였다. 이 법은 페이시스트라토스가 참주가 되었기 때문에 그와 같은 자리에 오를 가능성이 있는 사람들을 의심하여 만들어진 것이었다. 처음으로 도편 추방된 인물은 페이시스트라토스의 친척으로 콜리토스 출신 카르모스의 아들인 히파르코스였다.
>
> – 아리스토텔레스 –

① 리키니우스법을 제정하였다.
② 페르세폴리스를 건설하였다.
③ 카르타고 등 여러 도시를 세웠다.
④ 펠로폰네소스 전쟁에서 승리하였다.
⑤ 페리클레스 시대에 민주 정치의 전성기를 맞았다.

02

▸ 25059-0058

(가) 인물의 업적으로 옳은 것은?

> (가) 은/는 페르시아의 옷을 입기 시작하였다. 페르시아인들의 풍습을 좇으면 주민들이 자신을 더 쉽게 따를 것이라고 생각했던 것으로 보인다. 혹은 자신의 왕국 사람들을 천천히 순화시켜 자신이 멸망시킨 페르시아에서 지금껏 왕들이 신하로부터 받던 절대적인 존경과 복종을 받아보려고 했던 것이었는지도 모른다. …… (가) 은/는 페르시아인들의 풍습을 더욱 잘 따르며, 자신의 왕국 풍습과 페르시아의 풍습을 서로 융합하려고 애썼다. 그렇게 해야만 무력이 아닌 이해와 협조의 기반이 다져지게 되어, 그가 원정을 떠나고 없는 동안에도 자신이 정복한 페르시아가 흔들리지 않으리라고 생각했던 것이다. 이 목적을 위해 그는 페르시아인 가운데 청년들을 뽑아서 그리스어를 가르쳤다.

① 파르티아를 멸망시켰다.
② 메르센 조약을 체결하였다.
③ 성 소피아 성당을 건립하였다.
④ 메로베우스 왕조를 개창하였다.
⑤ 정복지에 알렉산드리아를 건설하였다.

03

▸ 25059-0059

밑줄 친 ㉠에 대한 탐구 활동으로 가장 적절한 것은?

> 이들 형제는 여러 전쟁에서 공을 세워 로마의 세력을 팽창시킨 자랑스러운 조상의 후예이고, 평민의 자유를 위해 노력했으며, 귀족들의 불법 행위를 폭로하였다. 위법한 자들은 공포에 질려 다른 이들과 연합하여 이들 형제가 하는 일을 막으려 하였다. …… 그 결과 ㉠<u>티베리우스는 호민관 재선을 시도하던 중 살해되었다.</u> 이후 가이우스 역시 그의 형처럼 개혁을 추진하던 중 귀족들의 강한 반발을 샀다.

① 농지법 제정이 끼친 영향을 알아본다.
② 펠로폰네소스 동맹이 결성된 이유를 분석한다.
③ 투르 · 푸아티에 전투가 일어난 배경을 조사한다.
④ 혈연 중심의 부족제가 개편된 원인을 찾아본다.
⑤ 황제의 성상 파괴령 반포로 나타난 변화를 파악한다.

04

▸ 25059-0060

(가) 황제에 대한 설명으로 옳은 것은?

> 밀라노 칙령은 교회의 평화를 회복시켰을 뿐 아니라 예산도 확보해 주었다. 크리스트교도는 디오클레티아누스 황제의 칙령으로 빼앗겼던 집과 땅을 되찾고, 그때까지 정무관들의 묵인하에서만 소유할 수 있었던 모든 재산에 대해 완전한 권리를 회복했다. 또한 성직자들은 상당한 보수를 요구할 수 있었다. …… 교회가 성장하면서 경비도 더 많이 필요하게 되었으므로 성직자들은 신도들의 자발적인 헌금으로 생계도 유지하고 부도 축적했다. (가) 이/가 밀라노 칙령으로 크리스트교를 공인한 지 8년 후에 그는 모든 시민이 그들의 재산을 자유롭게 크리스트교 교회에 유산으로 남길 수 있도록 허용하였다. 그리하여 살아 있는 동안에는 사치와 탐욕 때문에 억제되었던 신도들의 기부금이 임종의 순간에는 교회로 아낌없이 흘러들었다.
>
> – 에드워드 기번 –

① 니케아 공의회를 소집하였다.
② 크리스트교를 국교로 선포하였다.
③ 유스티니아누스 법전을 편찬하였다.
④ 왕의 눈이라는 감찰관을 파견하였다.
⑤ 특수직을 제외한 대부분의 관직에 추첨제를 도입하였다.

정답과 해설 15쪽

1

▸ 25059-0061

밑줄 친 '전쟁'의 영향으로 가장 적절한 것은?

아이스킬로스의 비극 『페르시아인들』에서 선정한 명장면

장면 1	장면 2	장면 3
페르시아의 수도 중 하나인 수사에서 장로들이 모여 원정을 떠난 크세르크세스의 소식을 궁금해하며 노래를 부르는 모습	극도로 지친 전령이 등장하여 살라미스 해전의 패배와 전쟁의 처참한 결과에 대해 장로들에게 보고하는 모습	귀환한 크세르크세스가 비참한 모습으로 도착하자 신하들이 그와 함께 통곡하며 제국의 운명을 한탄하는 모습

① 12표법이 제정되었다.
② 라티푼디움이 확산되었다.
③ 스파르타쿠스의 난이 일어났다.
④ 아테네가 델로스 동맹을 이끌었다.
⑤ 올림피아 제전이 처음으로 개최되었다.

2

▸ 25059-0062

다음 자료를 활용한 탐구 활동으로 가장 적절한 것은?

카르타고 원로원이 사절단을 보내 스키피오 장군에게 화친을 요청하여 조약이 체결되었다. 이 조약에 따라 카르타고는 히스파니아, 여러 섬을 포기했을 뿐 아니라, 북아프리카 영토의 일부를 누미디아의 왕 마시니사에게 넘겨줌으로써 세력이 약화되었다. 비록 자치가 허용되었지만, 카르타고는 아프리카 밖에서 군사 활동을 하는 것이 금지되었고 아프리카 안에서도 로마의 사전 허락을 받아야 했다. 카르타고의 전투 코끼리 다수는 로마에 넘겨졌고, 10척의 함선을 제외한 함대는 소각되었다. 또한 카르타고는 로마에 엄청난 배상금을 지불해야 했다.

① 이소스 전투를 승리로 이끈 인물을 조사한다.
② 클레르몽 공의회에서 논의된 내용을 찾아본다.
③ 사산 왕조 페르시아가 멸망한 원인을 분석한다.
④ 테오도시우스 황제 사후에 일어난 사건을 살펴본다.
⑤ 서지중해의 패권을 놓고 벌인 전쟁의 전개 과정을 알아본다.

3

▸ 25059-0063

(가) 인물에 대한 설명으로 옳은 것은?

> (가) 은/는 안토니우스와의 협력 관계를 파기하고, 그가 로마인다운 품위 있는 처신을 하지 못하고 있다는 것을 사람들에게 알리려 했다. 그래서 로마에 보관된 그의 유언장을 개봉하여 모두에게 공개했다. 유언장에는 안토니우스의 상속자로 클레오파트라에게서 낳은 자식들도 포함되어 있었기 때문에 커다란 문제가 되었다. …… (가) 은/는 안토니우스를 격파했으나 전투가 길어진 탓에 밤새 지휘관 함대에 머물러 있어야 했다. …… (가) 의 군대는 클레오파트라와 함께 도망친 안토니우스를 포위하여 굴복시켰다.
>
> – 수에토니우스 –

① 파르테논 신전을 건설하였다.
② 제국을 4분할하여 통치하였다.
③ 제1차 삼두 정치를 주도하였다.
④ 프린켑스라는 칭호를 사용하였다.
⑤ 아타나시우스파의 교리를 정통으로 인정하였다.

4

▸ 25059-0064

(가), (나) 시기 사이에 있었던 사실로 옳은 것은?

(가)

> 공동 황제였던 리키니우스와의 전투에서 승리한 황제는 단독 지배자로 집권한 후 새로운 수도를 필요로 하였고, 최종 선정된 곳이 비잔티움*이었다. 황제는 이 도시를 '새로운 로마'라고 지칭하며 로마에 버금가는 도시로 만들고자 하였고, 제국의 수도로 삼았다.
>
> * 비잔티움 : 후에 사람들은 콘스탄티노폴리스라고 불렀음

(나)

> 용병 대장 오도아케르가 혼란한 권력 투쟁에서 최종 승자가 되었다. 그는 서로마 제국의 마지막 황제 로물루스를 폐위하고 스스로 서로마 제국의 통치자가 되었다. 그러나 오도아케르는 얼마 지나지 않아 동고트 왕국의 왕 테오도리쿠스에 의해 축출되었다.

① 포에니 전쟁이 일어났다.
② 베르됭 조약이 체결되었다.
③ 리키니우스법이 제정되었다.
④ 제2차 삼두 정치가 전개되었다.
⑤ 크리스트교가 로마의 국교가 되었다.

유럽 세계의 형성과 변화

① 서유럽 봉건 사회의 성립

(1) 게르만족의 이동

배경	인구 증가로 새로운 농경지 필요, 훈족의 압박
경과	게르만족이 서로마 제국으로 이동 및 여러 왕국 건설
영향	게르만족 출신 용병 대장 오도아케르에게 서로마 제국 멸망(476)

(2) 프랑크 왕국의 발전

클로비스	• 5세기 말 메로베우스 왕조 개창 • 로마 가톨릭교(아타나시우스파)로 개종
카롤루스 마르텔	• 궁재로 실권 장악 • 투르 · 푸아티에 전투(732)에서 이슬람 군대 격퇴
피핀	• 교황의 지지 속에 카롤루스 왕조 개창 • 롬바르드족(랑고바르드족)으로부터 빼앗은 지역을 교황에게 기증(교황령의 기원)
카롤루스 대제	• 프랑크 왕국의 전성기, 옛 서로마 제국 영토의 상당 부분 차지, 곳곳에 교회를 세워 크리스트교 전파 → 교황 레오 3세에 의해 서로마 황제로 대관(800) • 카롤루스 르네상스(궁정 학교 설립, 학문과 고전 연구 후원)

(3) 프랑크 왕국의 분열

배경	카롤루스 대제 사후 분할 상속에 따른 내분 발생
경과	베르됭 조약(843)과 메르센 조약(870)으로 동프랑크, 서프랑크, 중프랑크로 분열(각각 오늘날 독일, 프랑스, 이탈리아의 기원)

(4) 노르만족의 이동

원거주지	스칸디나비아 지방 등에 거주
이동	9세기경부터 본격적 이동
왕국 건설	노브고로드 공국 · 노르망디 공국 · 노르만 왕조 등 건설

② 봉건 사회의 형성

(1) 봉건제의 성립

배경	• 프랑크 왕국의 분열 • 노르만족 · 마자르족 · 이슬람 세력의 침입
성립	전사 계급 성장과 예속 농민 발생 → 정치적으로 주종제, 경제적으로 장원제에 기초한 지방 분권적 사회 질서 형성

(2) 봉건제의 구조

① 주종제(쌍무적 계약 관계)

주군	봉신에게 봉토 수여, 봉신으로부터 충성 서약 및 군사적 봉사를 받음
봉신	불입권 보유(주군의 간섭 없이 재판권 · 징세권 행사) → 지방 분권화 촉진

② 장원제

토지	경작지(영주 직영지 · 농민 보유지, 삼포제로 경작), 공동 방목지 등
농노	영주와 지배 · 예속 관계, 영주 직영지 경작, 지대 및 각종 세금 부담, 거주 이전의 자유 없음, 결혼과 재산 소유 가능

(3) 크리스트교의 성장과 교황권

① 동서 교회의 분열

성상 파괴령(726)	비잔티움 제국 황제 레오 3세가 반포 → 동서 교회(콘스탄티노폴리스 교회와 로마 교회)의 대립 격화
동서 교회의 분열(1054)	비잔티움 제국 황제가 지배하는 그리스 정교회와 로마 교황 중심의 로마 가톨릭교회로 분리

② 로마 가톨릭교회의 성장과 세속화

성장	기증과 개간으로 대토지를 소유하며 세력 확대, 프랑크 왕국과 제휴 → 비잔티움 제국 황제의 간섭에서 벗어남
세속화	세속 권력이 성직자 서임권 차지, 성직 매매 등 부패와 타락 → 교회 개혁 운동 전개(10세기 초 클뤼니 수도원 중심)

③ 교황과 황제의 대립

카노사의 굴욕(1077)	성직자 서임권을 둘러싼 교황(그레고리우스 7세)과 신성 로마 제국 황제(하인리히 4세)의 대립 → 교황의 황제 파문 → 황제가 카노사성으로 교황을 찾아가서 사죄
보름스 협약(1122)	교황이 성직자 서임권 차지
교황권의 성장	13세기 교황 인노켄티우스 3세 때 교황권 절정('교황은 해, 황제는 달' 비유)

(4) 중세 서유럽의 문화

특징	크리스트교 중심의 문화
철학	신학의 보조 학문으로 발달(아우구스티누스의 교부 철학), 스콜라 철학 유행(토마스 아퀴나스의 『신학대전』, 신앙과 이성의 조화 주장)
교육	교회, 수도원 중심 → 대학의 발전(볼로냐 대학 · 파리 대학 등, 교회와 세속 권력의 통제에서 벗어나 자치적으로 운영)
문학	기사도 문학 발달(『롤랑의 노래』 등)
건축	• 교회와 수도원 건축 발달 • 11세기 로마네스크 양식 유행(두꺼운 벽, 원형의 아치, 돔, 피사 대성당) → 12세기 이후 고딕 양식 유행(첨탑, 스테인드글라스, 샤르트르 대성당)

③ 비잔티움 제국의 발전

(1) 비잔티움 제국의 특징

① 황제 교황주의 : 강력한 권력을 가진 황제가 교회 지배

② 수도 : 콘스탄티노폴리스(동서 교통과 무역의 중심지)

유럽 세계의 형성과 변화

(2) 비잔티움 제국의 변천

유스티니아누스 황제	• 비잔티움 제국의 전성기(6세기) • 옛 로마 제국 영토 상당 부분 회복 • 『유스티니아누스 법전』 편찬(로마법 집대성) • 성 소피아 성당 건축
쇠퇴	• 유스티니아누스 황제 사후 잦은 외침으로 인한 위기 상황에서 군관구제와 둔전병제 실시 → 이민족의 침입과 대토지 사유화 등으로 약화 • 셀주크 튀르크의 침입과 제4차 십자군의 약탈
멸망	오스만 제국의 공격으로 콘스탄티노폴리스 함락(1453)

(3) 비잔티움 제국의 문화

① 특징 : 그리스 정교 바탕, 그리스 · 로마 문화와 헬레니즘 문화 융합, 그리스어가 공용어, 그리스 고전 연구 및 보존 → 르네상스에 영향

② 건축 : 비잔티움 양식(웅장한 돔과 모자이크 벽화) 발달, 성 소피아 성당

③ 영향 : 슬라브족에 전파 → 동유럽 세계의 문화 발전에 기여

4 봉건 사회의 변화

(1) 십자군 전쟁

배경	• 삼포제 확산, 농업 생산력 증대, 인구 증가, 서유럽의 대외 팽창 움직임 • 11세기 셀주크 튀르크의 위협과 비잔티움 제국 황제의 지원 요청 → 교황 우르바누스 2세가 성지 회복을 위한 전쟁 호소(클레르몽 공의회)
전개	• 제1차 십자군 : 성지 탈환 성공, 예루살렘 왕국 건설 • 제4차 십자군 : 베네치아 상인 개입, 콘스탄티노폴리스 점령 → 라틴 제국 수립
영향	• 정치 : 교황권 약화, 제후와 기사 계층 몰락, 왕권 강화 • 경제 : 지중해 교역과 동방 교역 활발 → 이탈리아 도시 번영 • 문화 : 이슬람 문화와 비잔티움 문화 유입 → 서유럽 문화 발전 자극

(2) 교역의 확대와 도시의 성장

① 교역의 확대 : 원거리 교역과 동방 무역 발달 → 지중해 무역권(이탈리아의 베네치아 · 피렌체 등), 북유럽 무역권(한자 동맹 결성), 샹파뉴 정기시(지중해와 북유럽 무역권 연결)

② 도시의 성장

• 자치권 획득 : 도시민들이 재력 또는 무력으로 특허장 획득 및 자치권 행사 → 독자적으로 도시 행정 운영

• 길드 조직 : 도시의 상공업자들이 공동의 이익과 안전을 위해 조직(상인 길드, 수공업자 길드), 생산과 상업 활동 통제

(3) 서유럽 장원제의 해체

배경	• 화폐 경제의 발달 → 영주들이 농노에게 부역 대신 현물 · 화폐 지대 요구 → 농노의 지위 향상 • 흑사병의 유행으로 노동력 감소 → 농노의 처우 개선
결과	농노 해방 증가, 자영 농민 증가 → 장원 점차 해체
농민 봉기	일부 영주들의 속박 강화, 백년 전쟁(1337~1453)으로 인한 과도한 증세 → 자크리의 난(프랑스, 1358), 와트 타일러의 난(영국, 1381)

(4) 교황권의 쇠퇴

배경	십자군 전쟁의 실패로 교황의 권위 하락
아비뇽 유수 (1309~1377)	• 배경 : 교회와 성직자에 대한 과세 문제로 프랑스 왕(필리프 4세)과 교황(보니파키우스 8세)이 대립 • 경과 : 필리프 4세가 교황과의 싸움에서 승리 → 이후 교황청의 아비뇽 이전
교회의 대분열 (1378~1417)	로마와 아비뇽에서 각각 교황이 선출되어 대립
교회 개혁의 움직임	위클리프와 후스가 교회 비판, 『성서』에 기반을 둔 신앙 강조
콘스탄츠 공의회 (1414~1418)	• 위클리프를 이단으로 규정, 후스 화형 • 새로운 단일 교황 선출(로마 교황의 정통성 인정)

(5) 왕권의 강화와 유럽 각국의 변화

① 배경 : 봉건 영주의 세력 약화, 교황권의 쇠퇴, 도시 상공업자들의 협조(국가 재정 지원, 국왕의 관리로 봉사, 신분제 의회에 참여) → 국왕이 상비군과 관료제 도입, 사법권과 과세권 확대

② 유럽 각국의 변화

영국	백년 전쟁, 장미 전쟁 → 귀족 세력 약화, 중앙 집권 국가로 발전
프랑스	백년 전쟁(잔 다르크의 활약 등으로 승리) → 중앙 집권 국가로 발전
독일	신성 로마 제국 황제의 명목상 통치, 지방 제후의 강력한 세력 유지
이탈리아	교황령, 베네치아, 피렌체 등의 도시 국가와 나폴리 왕국 등으로 분열
이베리아반도	재정복 운동 과정에서 아라곤, 카스티야 성립 → 에스파냐 왕국 탄생(15세기 후반) → 이슬람의 근거지인 그라나다 정복, 카스티야로부터 독립한 포르투갈의 성장

5 르네상스와 종교 개혁

(1) 르네상스

① 의미 : 14~16세기에 전개된 그리스 · 로마의 고전 문화 부흥 운동, '부활' · '재생'을 의미

② 이탈리아의 르네상스

배경	옛 로마 제국의 중심지로 고전 문화의 전통 잔존, 비잔티움 제국 멸망 이후 많은 학자의 유입, 지중해 무역으로 부유해진 상인 · 군주들이 문예 활동 장려
특징	그리스 · 로마 고전 연구, 인문주의(휴머니즘) 및 예술 분야 발달
인문주의자	페트라르카(서정시), 보카치오(『데카메론』), 마키아벨리(『군주론』)
미술	보티첼리(「비너스의 탄생」), 레오나르도 다빈치(「모나리자」), 미켈란젤로(「다비드상」), 라파엘로(「아테네 학당」)
건축	르네상스 양식(열주와 돔 강조) 유행, 성 베드로 성당

③ 알프스 이북의 르네상스

배경	이탈리아의 르네상스가 알프스 이북으로 확산
특징	현실 사회와 교회 비판, 초기 크리스트교로 돌아갈 것을 주장 → 종교 개혁에 영향
인문주의자	에라스뮈스(『우신예찬』), 토머스 모어(『유토피아』)
미술	반에이크 형제(유화 기법 개발), 브뤼헐(서민 생활 표현)
문학	국민 문학 발달, 세르반테스(『돈키호테』), 셰익스피어(『햄릿』 등)

(2) 과학 기술의 발달

배경	르네상스 시대의 관찰과 탐구 정신, 중국에서 전래된 과학 기술 개량 등
내용	• 화약 : 봉건 기사의 몰락 촉진 • 나침반 : 원거리 항해에 이용, 유럽 세계 팽창에 기여 • 활판 인쇄술 : 구텐베르크, 르네상스와 종교 개혁 확산에 기여

(3) 종교 개혁

① 종교 개혁의 전개

루터의 종교 개혁	• 계기 : 교황 레오 10세가 성 베드로 성당의 증축 비용 마련을 위해 면벌부 판매 • 전개 : 루터의 「95개조 반박문」 발표(1517) → 루터파와 로마 가톨릭교회 대립 → 아우크스부르크 화의(1555, 루터파 인정)
칼뱅의 종교 개혁	• 내용 : 예정설 주장, 근면하고 검소한 직업 생활 강조 • 확산 : 신흥 상공업자의 호응, 영국·프랑스·네덜란드 등지로 전파
영국의 종교 개혁	• 배경 : 헨리 8세가 자신의 이혼 문제를 계기로 교황과 대립 • 전개 : 수장법을 통해 국왕이 영국 교회의 수장임을 선포(1534) → 수도원 해산, 교회의 토지·재산 몰수 → 엘리자베스 1세의 통일법 반포(1559, 영국 국교회 확립)

② 로마 가톨릭교회의 대응

트리엔트 공의회	16세기 중엽, 교황과 가톨릭교회의 권위 재확인, 폐단 시정 노력, 교회 내부의 결속 강화(종교 재판소 설치 등)
예수회 설립	에스파냐의 로욜라가 설립, 아시아·아프리카·아메리카에서 선교 활동 전개

③ 종교 전쟁

배경	프로테스탄트(신교)와 로마 가톨릭교(구교) 대립 격화
네덜란드	신교도(고이센)를 중심으로 에스파냐와 전쟁 → 독립
프랑스	위그노 전쟁 → 낭트 칙령(1598, 위그노에게 신앙의 자유 부분적 허용)
독일	30년 전쟁(1618~1648) → 국제 전쟁으로 확대 → 베스트팔렌 조약 체결(1648, 칼뱅파 인정)

6 신항로 개척과 유럽 교역망의 확장

(1) 신항로 개척

배경	• 동방에 대한 관심 증대(마르코 폴로의 『동방견문록』, 향신료와 비단 등 동방 산물에 대한 욕구) • 오스만 제국의 동서 무역 주도 → 새로운 무역로 필요 • 조선술과 항해 도구(나침반 등)의 발달 → 원양 항해 가능
전개	• 주도 : 포르투갈과 에스파냐(대서양 진출에 유리한 지역에 위치) • 포르투갈의 후원 : 바르톨로메우 디아스(아프리카 남단의 희망봉 도착, 1488), 바스쿠 다 가마(인도 항로 개척, 1498) • 에스파냐의 후원 : 콜럼버스(아메리카 대륙의 서인도 제도 도착, 1492), 마젤란(그의 일행이 세계 일주 성공, 1522)

(2) 아메리카 문명의 파괴와 아메리카의 변화

① 아메리카 문명의 파괴

아스테카 문명	멕시코고원 일대, 테노치티틀란(수도), 그림 문자 사용, 피라미드식 신전 건설 → 에스파냐 코르테스의 침략으로 파괴
잉카 문명	안데스고원 일대, 쿠스코(수도)에 거대한 태양 신전 건설, 새끼줄 매듭(키푸) 사용 → 에스파냐 피사로의 침략으로 파괴

② 아메리카의 변화 : 원주민 수 급감(수탈 및 전염병 등), 대농장 운영(원주민의 노동 및 아프리카인의 노예 노동 이용, 사탕수수와 담배 재배)

(3) 유럽 교역망의 확대

① 교역망의 확대 : 지중해 → 대서양으로 확대

② 대서양 교역의 발달 : 삼각 무역 중심, 노예 무역 성행, 세계 교역망의 통합(아메리카의 은 매개)

③ 금, 은 등 귀금속의 유럽 유입 → 유럽 물가 급등(가격 혁명)

④ 유럽의 경제 성장 : 상업 혁명 → 근대 자본주의 발달

7 절대 왕정

(1) 절대 왕정의 성립

① 성립 과정 : 16~18세기 유럽 각국의 왕권 강화와 중앙 집권 체제 발전 과정에서 등장, 중세 봉건 국가에서 근대 국민 국가로 전환되는 과도기에 성립

② 기반 : 국왕을 중심으로 관료제와 상비군 정비, 왕권신수설 유행, 중상주의 경제 정책 실시

(2) 서유럽의 절대 왕정

에스파냐	펠리페 2세 : 레판토 해전(1571)에서 오스만 제국 격파 → 영국에 무적함대 패배, 가톨릭 강요 정책으로 네덜란드 독립 초래
영국	엘리자베스 1세 : 영국 국교회 확립, 에스파냐의 무적함대 격파, 동인도 회사 설립(1600)
프랑스	루이 14세 : '태양왕', 콜베르 등용(중상주의 정책 실시), 베르사유 궁전 건축 → 무리한 전쟁으로 재정난 심화, 낭트 칙령 폐지로 위그노의 망명 및 산업 위축

(3) 동유럽의 절대 왕정

특징	도시와 상공업 발달 부진, 시민 계급 성장 미약, 농노제 강화
프로이센	프리드리히 2세 : 계몽 전제 군주, '국가 제일의 공복' 자처, 오스트리아로부터 슐레지엔 차지, 폴란드 분할 점령, 상수시 궁전 건립
러시아	• 표트르 대제 : 서유럽화 정책, 북방 전쟁 승리, 상트페테르부르크 건설 후 수도로 삼음, 청과 네르친스크 조약 체결 • 예카테리나 2세 : 계몽 전제 군주, 프로이센·오스트리아와 함께 폴란드 분할 점령

자료 탐구 1 피핀의 업적

정답과 해설 16쪽

1단계 자료 분석

[2025학년도 수능]

아버지가 투르·푸아티에 전투에서 승리하여 크리스트교 세계를 보호하였다는 점, 아들이 교황 레오 3세로부터 서로마 황제의 관을 받았다는 점 등을 통해 (가) 인물은 피핀임을 알 수 있다. 피핀은 교황의 지지 속에 메로베우스 왕조를 무너뜨리고 카롤루스 왕조를 개창하였다. 또한 롬바르드족(랑고바르드족)을 공격하여 얻은 이탈리아 중부 지역을 교황에게 기증하였는데, 이것이 교황령의 시초가 되었다.

2단계 유형 연습

▸ 25059-0065

1 (가) 인물에 대한 설명으로 옳은 것은?

> 이베리아반도를 넘어 침입해 온 이슬람군을 물리쳐 크리스트교 세계를 보호하였던 궁재의 아들인 (가) 은/는 킬데리쿠스 3세를 축출하고, 교황 자카리아스의 승인을 받아 ○○○ 왕국의 왕이 되었다. 이후 교황 스테파누스 2세가 그에게 직접 도유하여 정통성을 재확인해 주었다. 교황은 당시 강력한 세력으로 자리 잡은 이 왕국과 제휴함으로써 비잔티움 제국 황제의 압박에서 벗어날 수 있었다. 왕위에 오른 후 교회의 수호자 역할을 충실히 수행하며 교황의 입장을 적극적으로 지지한 (가) (으)로 인해 로마 교회와 왕국의 제휴는 강화되었다.

① 500인 평의회를 설치하였다.
② 제2차 삼두 정치를 주도하였다.
③ 스파르타쿠스의 난을 진압하였다.
④ 밀라노 칙령으로 크리스트교를 공인하였다.
⑤ 롬바르드족에게서 빼앗은 영토를 교황에게 기증하였다.

자료 탐구 2 에스파냐의 신항로 개척

정답과 해설 16쪽

1단계 자료 분석

[2025학년도 수능]

항해 보고서

우리는 (가) 의 공동 통치자이신 이사벨라와 페르난도 폐하의 후원을 받아 추진한 항해를 보고합니다.

우리의 배는 이베리아반도 남부의 항구를 떠나 서쪽으로 항해한 지 33일 차에 '인도 바다'(mare Indicum)로 진입하였습니다. 신의 은총으로 우리는 마침내 인도로 가는 새로운 항로를 발견하였습니다.
우리는 이곳에서 처음 발견한 몇몇 섬들을 산살바도르, 성모 마리아, 페르난도, 이사벨라, 히스파니아로 새로이 명명하였습니다.

공동 통치자이신 이사벨라와 페르난도 폐하의 후원을 받은 점, 이베리아반도 남부의 항구를 떠난 점, 새로운 항로를 발견한 점 등을 통해 항해에 참여한 사람은 콜럼버스이며, (가) 국가는 에스파냐임을 알 수 있다. 1492년 에스파냐의 후원을 받은 콜럼버스는 아메리카 대륙의 서인도 제도에 도착하였다. 한편, 에스파냐, 베네치아, 로마 교황 등의 연합 세력은 레판토 해전에서 오스만 제국을 격파하였다.

2단계 유형 연습

▸ 25059-0066

2 (가) 국가에 대한 설명으로 옳은 것은?

> 콜럼버스는 프란치스코회 소속의 성직자 후안 페레즈 신부의 도움을 받아 (가) 의 왕실에 접근할 수 있었다. 콜럼버스는 코르도바에서 공동 통치자인 페르난도와 이사벨라를 알현하는 데 성공하였다. 이사벨라 여왕은 콜럼버스의 제안을 살라망카 공의회에서 검토하게 하였으나, 공의회는 그의 항해 계획이 비현실적이라는 부정적인 의견을 제시하였다. 그러나 콜럼버스의 설득과 정치적 상황을 고려하여 공동 통치자는 그의 제안을 재검토하였고, 산타페 협약을 통해 항해를 지원하기로 하였다. 콜럼버스는 (가) 의 후원을 받아 산타 마리아호, 니냐호, 핀타호 세 척의 배를 이끌고 팔로스항을 출발하여 새로운 항로 개척에 나섰다.

① 플라시 전투에서 승리하였다.
② 아스테카 제국을 정복하였다.
③ 데브시르메 제도를 시행하였다.
④ 헤레로족의 무장봉기를 진압하였다.
⑤ 상트페테르부르크를 수도로 삼았다.

01

▸ 25059-0067

(가) 인물에 대한 설명으로 옳은 것은?

> 전임 교황 하드리아누스 1세의 친인척들이 로마 시민들을 선동하여 교황 레오 3세를 공격하였다. 두 눈이 완전히 실명될 뻔한 위기를 겨우 모면한 교황은 당시 파더보른에 머물고 있던 (가) 에게 피신하여 도움을 요청했다. 이에 (가) 은/는 로마로 가서 교황 레오 3세의 적들의 공격으로부터 교황 레오 3세를 보호하였으며, 겨울을 로마에서 지냈다. 이 시기에 (가) 은/는 교황 레오 3세로부터 황제의 관을 받았다.

① 성상 파괴령을 내렸다.
② 낭트 칙령을 반포하였다.
③ 메로베우스 왕조를 개창하였다.
④ 카롤루스 르네상스를 일으켰다.
⑤ 당과의 탈라스 전투에서 승리하였다.

02

▸ 25059-0068

(가)에 들어갈 내용으로 적절한 것만을 〈보기〉에서 고른 것은?

> **사료로 보는 세계사**
>
> 바이에른 공작인 타실로가 회의를 위해 콩피에뉴에 와 있던 ○○왕에게 손을 내밀어 탁신했다. 타실로는 성인들의 유골에 손을 대고 수없이 많은 맹세를 했으며, 마땅히 정직한 마음과 헌신적 자세로 ○○왕과 그의 아들들에게 충성을 바칠 것을 약속하였다.
>
> [해설] 사료에는 바이에른 공작인 타실로가 주군에게 복종과 충성을 맹세하는 탁신 의식이 나타나 있다. 중세 시대에 서유럽에서 주군에게 탁신 의식을 행한 이들은 (가)

보기

ㄱ. 거주 이전의 자유가 없었다.
ㄴ. 주군과 쌍무적 계약 관계를 맺었다.
ㄷ. 자신의 영지에서 재판권과 징세권을 행사하였다.
ㄹ. 장원의 시설물을 의무적으로 이용하고 비용을 지불하였다.

① ㄱ, ㄴ ② ㄱ, ㄷ ③ ㄴ, ㄷ
④ ㄴ, ㄹ ⑤ ㄷ, ㄹ

03

▸ 25059-0069

다음 자료를 활용한 탐구 활동으로 가장 적절한 것은?

> 트레부르에서 열린 회의에서 중요한 결정이 내려졌다. 첫째, 하인리히 4세가 교황이 내린 파문 결정을 받아들이지 않는다고 하더라도 앞으로 제후들은 그를 통치자로 인정하지 않는다. 둘째, 내년 2월 교황이 주재하는 회의를 아우크스부르크에서 열고 그때까지 파문이 철회되지 않을 경우 새로운 통치자를 선출한다. 이 같은 결정은 교황 측과 하인리히 4세 측에 동시에 전달되었다. 제후들의 정치적 도전에 직면한 하인리히 4세는 교황을 만나기 위해 수행원을 데리고 이탈리아로 출발하였다. 그는 교황의 용서와 사면을 성 밖에서 간청하였고, 성안에서는 교황의 후원자인 마틸다(마틸데) 등이 교황에게 그의 파문을 철회해 달라고 부탁하였다.

① 라틴 제국이 수립된 계기를 찾아본다.
② 30년 전쟁이 발발한 원인을 살펴본다.
③ 로욜라가 예수회를 설립한 목적을 파악한다.
④ 니케아 공의회에서 결정된 사항을 알아본다.
⑤ 카노사의 굴욕 사건이 일어난 배경을 조사한다.

04

▸ 25059-0070

밑줄 친 '황제'의 업적으로 옳은 것은?

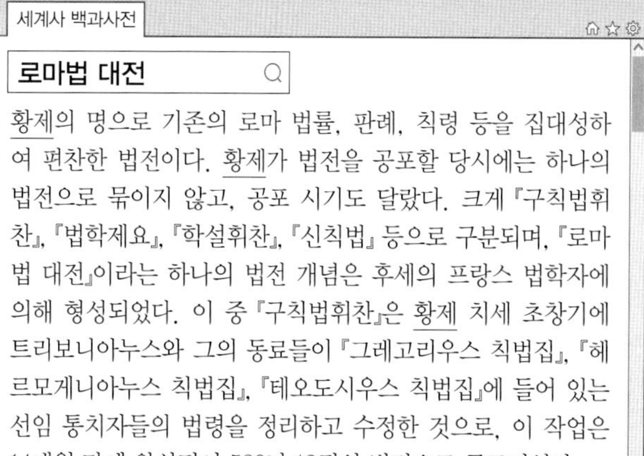

황제의 명으로 기존의 로마 법률, 판례, 칙령 등을 집대성하여 편찬한 법전이다. 황제가 법전을 공포할 당시에는 하나의 법전으로 묶이지 않고, 공포 시기도 달랐다. 크게 『구칙법휘찬』, 『법학제요』, 『학설휘찬』, 『신칙법』 등으로 구분되며, 『로마법 대전』이라는 하나의 법전 개념은 후세의 프랑스 법학자에 의해 형성되었다. 이 중 『구칙법휘찬』은 황제 치세 초창기에 트리보니아누스와 그의 동료들이 『그레고리우스 칙법집』, 『헤르모게니아누스 칙법집』, 『테오도시우스 칙법집』에 들어 있는 선임 통치자들의 법령을 정리하고 수정한 것으로, 이 작업은 14개월 만에 완성되어 529년 12권의 법전으로 공포되었다.

① 도편 추방제를 마련하였다.
② 메르센 조약을 체결하였다.
③ 성 소피아 성당을 건립하였다.
④ 수도를 콘스탄티노폴리스로 옮겼다.
⑤ 아케메네스 왕조 페르시아를 정복하였다.

05

▸ 25059-0071

밑줄 친 '대립'의 영향으로 가장 적절한 것은?

이것은 교황 보니파키우스 8세의 조각상입니다. 교황은 교회 및 성직자에 대한 과세 문제 등을 둘러싸고 프랑스 왕과 대립하였으나 삼부회의 지지를 얻은 왕에게 능멸당하였습니다.

① 권리 청원이 승인되었다.
② 보름스 협약이 맺어졌다.
③ 신성 로마 제국이 해체되었다.
④ 클레르몽 공의회가 개최되었다.
⑤ 교황청이 로마에서 아비뇽으로 옮겨졌다.

06

▸ 25059-0072

(가) 문화 운동에 대한 학생의 발표 내용으로 가장 적절한 것은?

- 콘스탄티노폴리스가 정복되었을 때 많은 그리스 사람이 피렌체로 이주하였고, 이곳을 제2의 고향으로 삼았다. 이들 중 일부는 고대 그리스의 필사본을 지니고 왔다. 이는 피렌체를 중심으로 (가) 이/가 발달하는 데 기여하였다.
- 조직화된 산업, 상업의 확장 그리고 은행가들의 활동 등을 통해 큰 부를 축적한 피렌체는 '꽃의 도시'로 불렸다. 피렌체에서 영향력이 컸던 메디치 가문은 (가) 이/가 전개되던 시기에 보티첼리, 미켈란젤로 등 많은 예술가를 후원하였다.

① 인문주의를 바탕으로 하였어요.
② 과학적 사회주의의 영향을 받았어요.
③ 장미 전쟁이 일어나는 계기가 되었어요.
④ 간다라 미술 양식이 출현하는 데 기여하였어요.
⑤ 아우구스티누스의 교부 철학이 등장하는 배경이 되었어요.

07

▸ 25059-0073

(가) 인물에 대한 설명으로 옳은 것은?

벨렝항을 떠난 (가) 의 함대에는 경험이 풍부한 선장들 외에도 바르톨로메우 디아스 함대에서 활약했던 최고의 조타수들이 동행했다. 그들은 카나리아 제도 근해를 지나 시에라리온 앞바다에서 아프리카 연안을 따라 내려가는 항로 대신 최단 거리에 가깝게 바로 남하하는 항로를 선택하였고, 희망봉을 돌아 아프리카 동해안을 따라 북상하여 모잠비크 근처의 섬과 몸바사를 거쳐 말린디에 도착하였다. 말린디 왕은 융숭한 대접과 훌륭한 조타수를 제공하였고, 말린디에서 고용한 항해사의 안내로 (가) 의 원정대는 인도양을 건너 1498년 5월 인도 캘리컷(코지코드)에 도착하였다.

① 잉카 제국을 정복하였다.
② 포르투갈의 후원을 받았다.
③ 서인도 제도를 발견하였다.
④ 백년 전쟁을 승리로 이끌었다.
⑤ 최초로 세계 일주에 성공하였다.

08

▸ 25059-0074

밑줄 친 '국왕'에 대한 설명으로 옳은 것은?

우표 속 건축물은 로코코 양식을 대표하는 상수시 궁전이다. 상수시 궁전은 예술과 학문을 사랑한 국왕이 손수 그린 스케치를 토대로 건설되었다. 상수시는 프랑스어로 '걱정이 없는'이라는 뜻으로, '국가 제일의 공복'이라고 자처한 국왕은 세상의 모든 걱정에서 벗어나 인민의 행복을 추구하고자 하였다. 이를 위해 그는 당대 최고의 지성들을 베를린 근교 포츠담에 있는 상수시 궁전으로 불러들여 격조 높은 대화를 즐겼다.

① 콜베르를 등용하였다.
② 대륙 봉쇄령을 발표하였다.
③ 하노버 왕조를 개창하였다.
④ 청과 네르친스크 조약을 체결하였다.
⑤ 오스트리아와의 전쟁으로 슐레지엔을 차지하였다.

1

▸ 25059-0075

(가) 인물이 개창한 왕조에 대한 설명으로 옳은 것은?

> 프랑크족의 (가) 은/는 알라마니족을 상대로 벌인 톨비악 전투에서 수세에 몰렸는데, 이때 자신의 왕비 클로틸드가 믿는 신에게 전투를 승리로 이끌어 주면 개종하겠다고 맹세하였다고 한다. 결국 (가) 은/는 톨비악 전투에서 승리했고 맹세에 따라 랭스의 주교인 레미기우스의 세례를 받고 로마 가톨릭교로 개종하였다. 개종 이후 그는 서고트 왕국과 치른 부이예 전투에서도 승리를 거두고 갈리아 지역 대부분을 석권하게 되었다.

① 메르센 조약을 체결하였다.
② 셀주크 튀르크의 위협을 받았다.
③ 아케메네스 왕조 페르시아와 전쟁을 벌였다.
④ 투르·푸아티에 전투에서 이슬람군을 물리쳤다.
⑤ 롬바르드족으로부터 빼앗은 지역을 교황에게 기증하였다.

2

▸ 25059-0076

밑줄 친 '제국'에 대한 설명으로 옳은 것은?

> 황제가 즉위한 이후 진행된 대부분의 군사 원정은 자금과 인력 부족에 시달려 실패했지만, 그럼에도 몇몇은 눈부신 결실을 거두었다. 첫 번째는 아프리카의 반달 왕국 원정이다. 사산 왕조 페르시아와의 전쟁이 '영원한 평화 조약'으로 일컬어지는 조약의 체결로 일단락되고 동방 전선이 안정되자 <u>제국</u>은 다른 방면에서 전쟁을 일으킬 여유를 얻었다. 황제의 명에 따라 벨리사리우스 장군이 지휘한 반달 왕국 원정은 빠르게 승리로 끝났다. 이전의 아프리카 원정은 막대한 자금과 병력이 동원되었음에도 실패했지만, 이번에는 그에 비해 적은 병력이 투입되었으나 반달 왕국 군대를 격파하고 반달 왕국이 차지하고 있던 아프리카 북부 지방을 장악하는 데 성공하였다.

① 우즈베크인에게 멸망하였다.
② 한자 동맹 결성을 주도하였다.
③ 샤르트르 대성당을 건축하였다.
④ 상트페테르부르크를 건설하였다.
⑤ 군관구제와 둔전병제를 실시하였다.

3

▸ 25059-0077

밑줄 친 '전쟁'에 대한 탐구 활동으로 가장 적절한 것은?

아나톨리아반도의 동부에 있는 만지케르트에서 전투가 벌어졌다. 이 전투에서는 셀주크 튀르크의 군대가 매복과 기습 작전을 구사하여 비잔티움 제국의 황제까지 포로로 사로잡는 등 일방적인 승리를 거두었다. 그러나 술탄 알프 아르슬란은 비잔티움 제국의 황제를 처형하는 대신 강화 조약 체결을 요구하였다. 황제의 몸값으로 막대한 금액을 셀주크 튀르크에 지불할 것, 안티오크와 에데사, 만지케르트 등 아나톨리아반도 동부 일부 지역을 셀주크 튀르크에 양도할 것, 포로를 석방할 것 등이 조약의 내용이었다. 비잔티움 제국의 패배로 셀주크 튀르크는 아나톨리아반도의 동부로 세력을 확장하였다. 또한 서아시아 지역으로 세력을 확장하여 예루살렘을 방문하는 크리스트교도의 성지 순례를 위협하며 유럽 크리스트교 세계에 공포를 증폭시켰다. 이것은 이후 교황청이 성지를 탈환하자는 구호를 내세우며 전쟁을 독려하는 배경이 되었다.

① 빈 회의가 개최된 원인을 파악한다.
② 데브시르메 제도가 실시된 결과를 살펴본다.
③ 라티푼디움 경영이 확대된 계기를 조사한다.
④ 베스트팔렌 조약이 체결된 배경을 알아본다.
⑤ 클레르몽 공의회에서 논의된 내용을 찾아본다.

4

▸ 25059-0078

(가) 공의회에 대한 설명으로 옳은 것은?

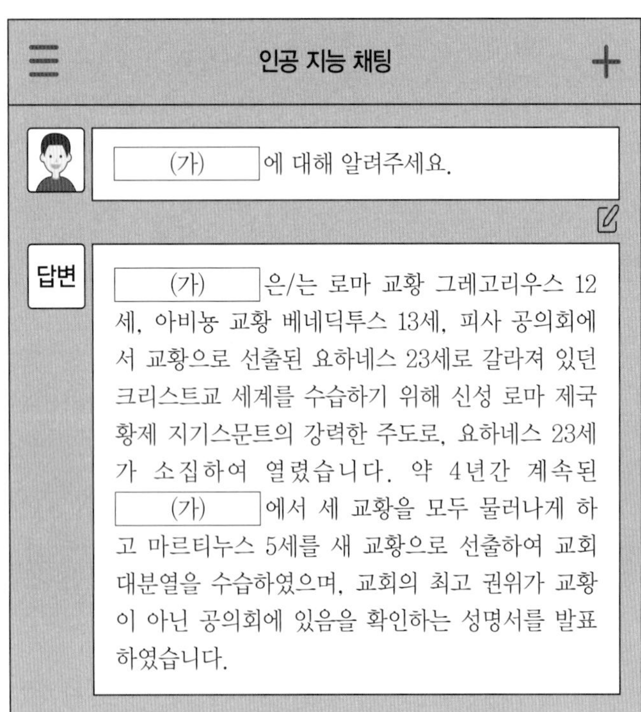

① 성상 파괴령을 반포하였다.
② 위클리프를 이단으로 규정하였다.
③ 카노사의 굴욕 사건이 일어나는 계기가 되었다.
④ 아타나시우스파의 교리를 정통으로 인정하였다.
⑤ 위그노에게 신앙의 자유를 부분적으로 허용하였다.

5

▸ 25059-0079

(가)에 들어갈 내용으로 가장 적절한 것은?

14세기 초, 각 도시의 수공업자들은 부유한 상인들의 정치적, 경제적 지배에 반발하며 반란을 일으키기 시작하였다. 플랑드르 지역에서 일어난 여러 반란을 플랑드르 백작이 진압하지 못하자 프랑스 왕이 지역 통제를 강화하기 위해 개입하려 하였다. 플랑드르 지역은 유럽 최대의 모직물 공업 지대로, 원료인 양모의 최대 공급국인 영국은 양모 수출의 수익을 주요 재정 수입원으로 삼았다. 이에 영국 왕은 프랑스 왕이 플랑드르 지역을 장악하여 교역을 주도하지 못하도록 저지하려 하였다. 또한 영국 왕 에드워드 3세가 프랑스 왕위 계승권을 주장하게 됨으로써 두 나라 간 전쟁이 시작되었다. 이 전쟁 기간에 [(가)]

① 수장법이 반포되었다.
② 자크리의 난이 일어났다.
③ 라틴 제국이 수립되었다.
④ 낭트 칙령이 폐지되었다.
⑤ 영국 왕이 권리 청원을 승인하였다.

6

▸ 25059-0080

(가) 인물에 대한 설명으로 옳은 것은?

[(가)]이/가 1517년에 반박문을 발표한 이후 논란이 커지자, 1521년 보름스에서 제국 의회가 개최되었다. 신성 로마 제국 황제 카를 5세는 [(가)]을/를 의회로 소환하였다. 그는 황제 앞에 섰고, 자신의 견해를 철회하라는 요구를 받았으나 "성경의 증언이나 명백한 이성에 의해 설득되지 않는 한, 저는 제가 제시한 성경 말씀에 묶여 있을 것이고 제 양심은 신의 말씀에 붙잡혀 있습니다. 저는 아무것도 철회할 수 없고, 철회하지도 않을 것이니, 양심을 거스르는 일은 안전하지도 옳지도 않기 때문입니다. 신이시여, 저를 도우소서."라며 거부 의사를 밝혔다. 이후 황제는 보름스 칙령을 반포하여 [(가)]을/를 이단으로 규정하고 그를 옹호하거나 지지하는 모든 행위를 금지하였다.

① 기계론적 우주관을 확립하였다.
② 교황의 면벌부 판매를 비판하였다.
③ 예수회를 설립하여 해외 선교에 힘썼다.
④ 크리스트교 강요에서 예정설을 주장하였다.
⑤ 우신예찬에서 성직자의 타락상을 풍자하였다.

7

▸ 25059-0081

(가) 제국에 대한 설명으로 옳은 것은?

> 말린체는 코르테스가 수도 테노치티틀란에서 (가) 의 황제 목테수마를 처음 만날 때 통역을 담당했다. 이때 말린체는 목테수마의 눈을 똑바로 응시하며 코르테스가 말한 것을 나와틀어로 통역했다. 당시 전통으로 보면 여성은 정치나 종교에 관해 발언할 권리가 없었고, 하물며 그녀는 변방 지역의 노예였다. 그럼에도 그녀가 여러 사람 앞에서 황제에게 아주 당당한 태도로 코르테스의 말을 전하는 것은 매우 특이한 일이었다. 그녀는 코르테스를 대신해서 목테수마에게 우상을 버리고 십자가를 세우라고 말하는가 하면, (가) 의 귀족과 전사에게 에스파냐인들이 먹을 음식과 물을 가져오라고 소리치기도 했다. 말린체는 더 이상 노예가 아니라 에스파냐인의 대변인이었던 것이다.

① 함무라비 법전을 편찬하였다.
② 마추픽추 등의 유적을 남겼다.
③ 피라미드식 신전을 건설하였다.
④ 최고 통치자를 파라오라고 불렀다.
⑤ 모헨조다로 등의 계획도시를 조성하였다.

8

▸ 25059-0082

밑줄 친 '국왕'의 재위 시기에 있었던 사실로 옳은 것만을 〈보기〉에서 고른 것은?

> <u>국왕</u>의 명을 받은 영국의 제독들은 에스파냐 함대가 칼레 앞바다에 정박하고 있는 것을 알아내어 화약과 타르를 실은 화선을 띄워 공격했다. 에스파냐 측은 위험을 피하고자 닻줄을 끊고 북해를 향해 떠났고, 퇴각하는 도중 영국 함대의 많은 포화와 심한 폭풍우를 만났다. 게다가 대부분의 에스파냐 함선은 식수가 거의 바닥났기에 혼란은 곧 재난으로 변했다. 일주일 전만 해도 영광의 무적함대였던 에스파냐의 함대는 폭풍우에 시달리며 이제는 파도와 암초의 위험에 그대로 노출되고 말았다. 150여 척의 함대 중에서 에스파냐로 귀선한 것은 약 50척뿐이었다. 수많은 군인 중에서 약 1만 명이 익사하였고, 적의 포격과 질병 등으로 사망한 경우도 많았다.

보기

ㄱ. 통일법이 반포되었다.
ㄴ. 동인도 회사가 설립되었다.
ㄷ. 하노버 왕조가 수립되었다.
ㄹ. 와트 타일러의 난이 일어났다.

① ㄱ, ㄴ ② ㄱ, ㄷ ③ ㄴ, ㄷ ④ ㄴ, ㄹ ⑤ ㄷ, ㄹ

시민 혁명과 산업 혁명(1)

1 과학 혁명

(1) **개념** : 16~17세기에 일어난 과학의 발전과 세계관의 변화

(2) **배경** : 이슬람의 과학과 기술 수용, 르네상스 시대의 학문 발전, 정확한 관찰과 실험을 위한 도구(현미경 등) 발명 → 과학적 사고방식 발달

(3) **천문학 및 물리학의 발전**

① 코페르니쿠스 : 『천체의 회전에 관하여』에서 지동설 주장 → 기존의 천동설 비판

② 케플러 : 행성이 태양 주위를 타원형의 궤도로 운행함을 밝힘(지동설 수정 · 발전)

③ 갈릴레이 : 망원경으로 천체를 관측하여 지동설 입증

④ 뉴턴 : '만유인력의 법칙' 발견, 천체의 운동을 수학 공식으로 나타냄 → 기계론적 우주관 확립

(4) 의학의 발달 : 하비의 혈액 순환론 연구 등

2 근대 학문과 사상의 발전

(1) **근대 철학의 발전** : 과학 혁명의 영향으로 과학적 사고방식 확산, 정치 이론에 영향

(2) **사회 계약설** : 자연 상태에 살던 개인들이 기본권을 보장받기 위해 합의나 계약을 맺어 국가와 사회가 출현하였다고 보는 이론

① 홉스 : 『리바이어던』 저술, 인간의 자연 상태를 '만인의 만인에 대한 투쟁'으로 파악, 절대 군주 옹호

② 로크 : 『시민 정부론』 저술, 자연권 보장을 위한 저항권 인정, 영국 명예혁명 정당화

③ 루소 : 『사회 계약론』 저술, 일반 의지 형성, 인민 주권의 원리 제시

(3) **계몽사상**

① 배경 : 과학 혁명의 성과 + 사회 계약설의 등장

② 내용 : 지식 보급과 교육 · 이성 중시, 미신과 무지 배격, 불합리한 제도와 관습 타파 등을 통해 사회가 진보할 수 있다고 믿음

③ 계몽사상가

볼테르	관용의 원리 · 신앙과 언론의 자유 강조
몽테스키외	입법 · 사법 · 행정의 삼권 분립 주장
루소	사회 계약에 따른 국가의 성립, 일반 의지에 따르는 국가 운영 주장
디드로, 달랑베르 등	『백과전서』 편찬 → 계몽사상의 확산에 기여

④ 의의 : 미국과 프랑스의 시민 혁명과 민주주의 이념에 영향

(4) **그 외 학문** : 애덤 스미스가 『국부론』에서 개인의 자유로운 경제 활동 주장 → 고전 경제학의 토대 마련

(5) **17 · 18세기 유럽의 건축 문화**

① 17세기 : 바로크 양식(공간감과 장식성 강조), 베르사유 궁전

② 18세기 : 로코코 양식(섬세하고 우아한 미 추구), 상수시 궁전

3 영국 혁명

(1) **혁명의 배경** : 젠트리와 시민 계급의 성장, 청교도의 세력 확대(의회에 진출), 제임스 1세의 전제 정치(왕권신수설을 내세우며 의회를 무시하고 청교도 탄압)

(2) **청교도 혁명**

① 발단 : 제임스 1세의 뒤를 이어 즉위한 찰스 1세가 의회의 승인 없이 과세하고 청교도 박해 → 의회가 권리 청원 제출(1628) → 국왕은 승인 후 의회 해산 → 스코틀랜드와의 전쟁 비용 마련 등을 위해 다시 의회 소집(1640)

② 전개 : 새로 소집된 의회가 왕의 과세 요구 거부 → 국왕이 의회를 무력 탄압 → 왕당파와 의회파 사이에 내전 발생(1642) → 크롬웰이 이끄는 의회파 승리 → 찰스 1세 처형 → 공화정 수립(1649)

③ 크롬웰의 통치 : 항해법 제정(네덜란드 견제), 의회 해산, 호국경 취임 → 청교도 윤리를 앞세운 금욕적 독재 정치 실시

④ 왕정복고 : 크롬웰 사후 찰스 2세 즉위(1660)

(3) **명예혁명**

① 배경

찰스 2세	가톨릭교도 우대, 전제 정치 → 의회는 심사법 · 인신 보호법 제정으로 대응
제임스 2세	심사법 · 인신 보호법을 무시하는 등 전제 정치 강화

② 전개 : 의회의 제임스 2세 폐위(1688) → 제임스 2세의 딸인 메리와 그녀의 남편인 윌리엄을 공동 왕으로 추대 → 권리 장전 승인(1689) 결과 의회 중심의 입헌 군주제 토대 마련

(4) **이후 변화** : 대영 제국의 수립(앤 여왕 때 스코틀랜드 병합), 하노버 왕조의 수립(조지 1세, "왕은 군림하나 통치하지 않는다."라는 원칙 확립, 내각 책임제 시행)

4 미국 혁명

(1) **17~18세기의 북아메리카**

① 이주 : 17세기부터 신앙의 자유와 경제적 기회를 찾아 영국인들이 이주해 옴

② 식민지 건설 : 동부 해안에 13개의 영국 식민지 형성

(2) **혁명의 배경** : 7년 전쟁으로 영국의 재정난 심화 → 식민지에 인지세 · 차세 등 각종 세금 부과, 중상주의 정책 강화 → 식민지의 납세 거부 운동 전개("대표 없는 곳에 과세할 수 없다.") → 보스턴 차 사건(1773) → 영국 정부가 보스턴항을 폐쇄하며 강경 조치

(3) 혁명의 전개

① 제1차 대륙 회의 : 식민지 대표들이 필라델피아에 모여 영국에 항의(1774)

② 렉싱턴 전투 : 영국군과 식민지 민병대 간의 무력 충돌(1775)

③ 제2차 대륙 회의 : 워싱턴을 총사령관으로 임명, 독립 선언문 발표(1776. 7. 4.)

④ 독립 전쟁 : 초반 열세 → 프랑스, 에스파냐 등의 지원 → 요크타운 전투 승리(1781) → 파리 조약(1783)으로 독립 승인

(4) 미합중국의 성립

① 헌법 제정 : 연방주의, 삼권 분립, 공화주의에 입각한 연방 헌법 제정

② 정부 수립 : 워싱턴을 초대 대통령으로 선출(1789)

③ 의의 : 자유주의와 민주주의에 기초한 공화국 수립, 프랑스 혁명에 영향을 끼침

5 프랑스 혁명

(1) 혁명 전의 프랑스

구제도의 모순	• 성직자, 귀족 : 제1, 2 신분으로 정치적·경제적 특권을 누림 • 평민 : 제3 신분으로 인구의 절대다수 차지, 과중한 세금 부담, 정치에서 소외
시민 계급의 성장	주로 상공업에 종사하며 부를 축적, 계몽사상 수용
정부 재정 위기	잦은 전쟁, 미국 혁명에 대한 군사 지원

(2) 혁명의 발발과 전개

① 발발 : 루이 16세가 재정 위기 해소를 위해 삼부회 소집 → 표결 방식을 둘러싼 각 신분 대표들 간의 대립(제1 신분과 제2 신분은 신분별 표결, 제3 신분은 머릿수 표결 주장) → 국민 의회 결성과 '테니스코트의 서약' → 국왕의 국민 의회 탄압

② 파리 민중의 봉기 : 바스티유 함락(1789. 7. 14.) → 혁명의 확산과 농민 봉기

③ 국민 의회

- 봉건제 폐지 선언
- 「인간과 시민의 권리 선언(인권 선언)」 발표
- 루이 16세와 왕비가 국외로 탈출하려다 체포됨(1791. 6.) → 민중의 반감 자극
- 헌법 제정(1791. 9.) : 입헌 군주제, 재산에 따른 제한 선거제 → 입법 의회 구성

④ 입법 의회 : 오스트리아·프로이센의 군사적 위협 → 오스트리아에 선전 포고 → 혁명전쟁 발발(1792)

(3) 혁명의 급진화

① 혁명전쟁 발발 → 물가 상승, 식량 부족 → 파리의 민중(상퀼로트) 봉기 → 왕궁 습격 → 왕권 정지

② 국민 공회 : 공화정 선포(제1 공화정) → 루이 16세 처형 → 급진파인 자코뱅파가 온건파인 지롱드파를 꺾고 권력 장악, 공화제와 보통 선거제에 기초한 헌법 제정

③ 자코뱅파의 독재와 공포 정치 : 로베스피에르를 중심으로 자코뱅파는 혁명 재판소·공안 위원회를 통해 공포 정치 실시

④ 테르미도르 반동(1794) : 공포 정치에 대한 반발, 로베스피에르 처형 → 총재 정부 수립(1795)

⑤ 총재 정부 : 5명의 총재가 주도하는 집단 지도 체제 등장

(4) 혁명의 영향

① 봉건적 신분제를 타파한 시민 혁명 → 국민 국가와 시민 사회의 토대 마련

② 자유, 평등, 우애의 정신 확산 → 민주주의 발전에 영향

6 나폴레옹 시대

(1) 나폴레옹의 집권

① 통령 정부 : 나폴레옹이 쿠데타로 권력 장악 → 제1 통령 취임(1799)

② 대외 정책 : 오스트리아 격파, 영국과 휴전 → 대프랑스 동맹 와해

③ 내정 개혁

- 프랑스 은행 설립
- 『나폴레옹 법전』 편찬 → 시민 사회의 새로운 규범 제시
- 국민 교육 제도 정비

(2) 제1 제정 시대

① 제1 제정의 성립 : 국민 투표를 통해 나폴레옹이 황제에 즉위(1804)

② 유럽 대륙 제패 : 트라팔가르 해전(1805)에서 영국에 패배하였으나, 오스트리아·러시아 등에 승리 → 신성 로마 제국 해체

(3) 나폴레옹의 몰락

① 대륙 봉쇄령 : 영국과의 통상 금지 등을 규정 → 러시아가 이를 어기고 영국과 통상

② 러시아 원정(1812) : 러시아의 후퇴 전술과 기습 작전 → 퇴각

③ 대프랑스 동맹군과의 전투에서 프랑스군의 패배 → 나폴레옹의 퇴위와 엘바섬 유배 → 탈출

④ 나폴레옹의 재집권 → 워털루 전투(1815)에서 영국·프로이센 등의 연합군에 패배

(4) 나폴레옹 전쟁의 영향

① 프랑스 혁명 이념의 전파 : 자유주의 이념의 확산 → 구체제에 대한 저항

② 민족주의의 확산 : 프랑스의 침략에 대한 저항 의식 → 유럽 각국의 민족주의 고양

자료 탐구 1 미국 혁명

정답과 해설 19쪽

1단계 자료 분석

아홉 개 식민지의 대표들이 뉴욕시에 모여 인지세법에 대한 회의를 개최했다. 이들은 인지세법의 폐지를 요구하며, 과세 권한은 오직 식민지의 주민들이 직접 선출한 대표에게만 있다는 내용의 진정서를 작성하였다. 한편 식민지 주민들은 영국 관청을 습격하고, 인지세 징수관들에게 사임을 강요하였다. 더불어 영국 상품의 수입을 거부하는 아메리카 상인들이 늘어나면서, 사업에 타격을 입은 영국의 상인과 제조업자들은 의회에 인지세법 철회를 요구하는 진정서를 제출하기에 이르렀다.

7년 전쟁(1756~1763) 이후 영국은 어려워진 재정 문제를 해결하기 위해 중상주의 정책을 추진하면서 인지세법 등을 제정하였고, 이는 북아메리카 식민지인들의 거센 반발을 불러일으켰다. 이후 식민지인들이 영국 동인도 회사 소속의 배에 실려있던 차 상자들을 바다에 던져버렸다(보스턴 차 사건). 이에 영국이 강경 조치를 취하자 영국과 북아메리카 식민지 간의 긴장이 고조되어 독립 전쟁이 발발하였다. 식민지인들은 제2차 대륙 회의를 개최하여 워싱턴을 총사령관에 임명하였고 독립 선언문을 발표하였다. 식민지군은 프랑스 등의 지원을 받아 요크타운 전투에서 영국군을 크게 물리쳤고, 마침내 파리 조약에서 독립을 승인받았다.

2단계 유형 연습

▸ 25059-0083

1 밑줄 친 '독립 전쟁'의 결과로 가장 적절한 것은?

전세를 뒤집을 결정적 전략이 필요했던 총사령관 조지 워싱턴은 식민지군과 프랑스군을 비밀리에 요크타운 부근으로 이동시켜 진지를 구축하였다. 프랑스 해군은 영국군의 해상 퇴로를 차단하기 위해 신속히 요크타운을 봉쇄하였다. 요크타운을 장악하고 있던 영국군은 해상과 육지 양면에서 집중적인 포격을 받았다. 포위된 영국군은 보급마저 끊긴 채 식민지군과 프랑스군 연합군의 맹렬한 공세를 지속적으로 견뎌내야 했다. 결국 영국군은 채 한 달도 버티지 못하고 항복하였다. 이로써 <u>독립 전쟁</u>은 마무리되었으며 이후 북아메리카 식민지는 마침내 영국의 지배로부터 벗어나 독립을 쟁취하였다.

① 인민헌장이 발표되었다.
② 농노 해방령이 반포되었다.
③ 베스트팔렌 조약이 체결되었다.
④ 연방주의에 기초한 공화국이 수립되었다.
⑤ 메리와 윌리엄이 공동 왕으로 추대되었다.

자료 탐구 2 나폴레옹의 활동

정답과 해설 19쪽

1단계 자료 분석

[2025학년도 수능]

어떤 이들은 불신에 사로잡혀 이렇게 말합니다. '제국, 그것은 곧 전쟁입니다.' 하지만 나는 이렇게 말합니다. '제국, 그것은 곧 평화입니다.' 왜냐하면 우리 나라가 제국을 원하기 때문입니다. 나는 (가) 처럼 실로 이루어 내야 할 정복이 수두룩하다는 점을 인정합니다. 나는 (가) 처럼 반대파들을 설득하여 화합으로 이끌고 정복을 통해 혁명의 이념을 전파하고 싶습니다. 우리는 20여 년 전 우리의 식민지가 된 알제리를 우리 나라에 동화시켜야 합니다. 반세기 전 (가) 이/가 세웠던 제정을 다시 세워야 합니다. 바로 이것이 내가 이해하는 제국의 모습이며, 내가 꿈꾸는 정복입니다. 나를 지지하며 나와 같이 우리 조국의 행복을 염원하는 여러분, 여러분은 바로 나의 병사들입니다.

– 공화국 대통령의 연설 –

자료에서 정복 활동을 한 점, 혁명의 이념을 전파한 점, 알제리를 식민지로 삼은 국가에서 활동한 점, 제정을 세운 점 등을 통해 (가) 인물은 나폴레옹임을 알 수 있다. 나폴레옹은 총재 정부를 무너뜨리고 통령 정부를 수립하였다. 이후 국민 투표를 통해 황제에 즉위하여 프랑스의 제1 제정을 수립하였다.

2단계 유형 연습

▸ 25059-0084

2 (가) 인물에 대한 설명으로 옳은 것은?

(가) 은/는 이탈리아 원정을 통해 화려한 명성을 얻었다. 이후 그는 영국을 견제하기 위해 이집트 원정을 감행하던 중 프랑스로 귀국하였다. (가) 은/는 1799년 11월 9일(브뤼메르 18일) 쿠데타를 일으켜 성공을 거두었다. 그는 통령 정부라는 새로운 체제를 수립하여 절대적인 권력을 장악하게 되었으며, 이로써 코르시카 출신의 지도자가 프랑스를 통치하게 되었다.

① 콜베르를 등용하였다.
② 낭트 칙령을 반포하였다.
③ 도편 추방제를 마련하였다.
④ 신성 로마 제국을 해체하였다.
⑤ 항해법을 제정하여 네덜란드를 견제하였다.

01

▸ 25059-0085

밑줄 친 '그'에 대한 설명으로 옳은 것은?

그는 여러 사실로부터 기본 원리를 추출한 다음 예상되는 결과가 실제로 일어나는가를 과학적으로 증명하였다. 그가 발견한 '만유인력의 법칙'을 예로 들면, 사과가 땅에 떨어지는 현상을 관찰하여 중력이 지구 중심을 향하고 질량에 비례한다고 추론하였다. 이러한 판단을 바탕으로 사과가 떨어질 때만이 아니라 전 우주에서 어떠한 물체의 운동에는 보편적으로 중력이 작용한다는 결론을 내놓았다.

① 데카메론을 저술하였다.
② 스콜라 철학을 집대성하였다.
③ 95개조 반박문을 발표하였다.
④ 기계론적 우주관의 확립에 기여하였다.
⑤ 행성이 태양 주위를 타원 궤도로 도는 것을 밝혀냈다.

02

▸ 25059-0086

(가) 사상에 대한 설명으로 가장 적절한 것은?

그림에는 볼테르와 디드로, 달랑베르 등이 표현되어 있다. 볼테르, 디드로, 달랑베르는 [(가)]을/를 내세운 학자들이다. [(가)] 주창자들은 이성을 통해 얻은 지식으로 사회를 개혁할 수 있다고 믿었다. 또한 개혁을 통해 역사가 진보한다고 주장하며 인간의 자유와 평등을 옹호하고, 절대 왕정을 비판하였다.

① 교부 철학의 성립에 기여하였다.
② 과학적 사회주의의 영향을 받았다.
③ 칼뱅이 예정설을 주장하는 근거가 되었다.
④ 칼리다사가 샤쿤탈라를 집필하는 배경이 되었다.
⑤ 프랑스 혁명 등 시민 혁명 발발에 영향을 주었다.

03

▸ 25059-0087

(가) 인물에 대한 설명으로 옳은 것은?

찰스 1세 치세하에서 캔터베리 대주교 윌리엄 로드의 영향력은 더욱 강해졌다. 그러나 윌리엄 로드는 스코틀랜드 사람들에게 국교회의 예배 의식을 받아들이도록 강요한 것을 계기로 몰락하였다. 왜냐하면 스코틀랜드 사람들이 잉글랜드 북부 지역을 침공하자 의회가 전쟁 발생의 책임을 윌리엄 로드의 탓으로 돌리고 그를 탄핵하였기 때문이다. 이후 의회가 찰스 1세의 다른 측근들까지 탄핵하면서 의회와 국왕 간에 갈등이 커졌고, 이러한 갈등은 왕당파와 의회파 간의 내전으로 이어졌다. 이 내전에서 의회파를 이끌던 [(가)]은/는 왕당파의 군대를 격파하고 찰스 1세에 승리를 거두었다. 결국 찰스 1세가 처형된 이후 [(가)]은/는 호국경에 취임하였다.

① 항해법을 공포하였다.
② 빈 체제를 주도하였다.
③ 오스트리아로부터 슐레지엔을 확보하였다.
④ 레판토 해전에서 오스만 제국을 격파하였다.
⑤ 바스쿠 다 가마의 인도 항로 개척을 지원하였다.

04

▸ 25059-0088

교사의 질문에 대한 학생의 답변으로 가장 적절한 것은?

이 그림은 보스턴 차 사건을 묘사하고 있습니다. 영국 정부가 식민지에서 동인도 회사의 차 판매에 대한 특혜를 주자, 북아메리카 식민지인들은 이에 항의하여 보스턴항에 정박한 동인도 회사 선박에 실린 차 상자를 바다에 던져 버렸습니다. 이후 전개된 상황에 대해 함께 이야기해 볼까요?

① 수장법이 반포되었어요.
② 심사법이 제정되었어요.
③ 제임스 1세가 즉위하였어요.
④ 제1차 대륙 회의가 개최되었어요.
⑤ 메리와 윌리엄이 권리 장전을 승인하였어요.

05

▸ 25059-0089

(가) 의회가 활동한 시기에 있었던 사실로 옳은 것은?

문학으로 읽는 세계사

열광적인 시민은 평등하게 장식하노라.
삼색 표식을 머리에 장식하노라.
……
흰색은 순수함을 알려 준다. 진정한 공화주의 정신을!
파란색은 우리 마음을 예고한다. 더욱 평화로운 삶이 오기를!
붉은색의 근원은 무엇인가?
아, 알았노라, 그것은 가시가 돋은 뒤에 꽃이 피는 이치임을!

[해설] 이 시에는 혁명 당시 사용된 삼색 표식의 의미가 표현되어 있다. 국왕이 (가) 을/를 탄압하면서 무력으로 해산하려 하자, 파리 시민들은 전제 정치의 상징인 바스티유를 함락하였다. 바스티유 함락 후, 국왕은 파리 시청에서 시민들 앞에 서서 자신의 모자에 삼색 표식을 달았다. 이후 삼색 표식은 혁명의 상징으로 자리 잡게 되었다.

① 차티스트 운동이 전개되었다.
② 베스트팔렌 조약이 체결되었다.
③ 루이 필리프가 왕으로 추대되었다.
④ 인간과 시민의 권리 선언이 발표되었다.
⑤ 오스트리아 등에 맞서 혁명전쟁이 발발하였다.

06

▸ 25059-0090

다음 자료를 활용한 탐구 활동으로 가장 적절한 것은?

로베스피에르 등 자코뱅파가 주도한 공포 정치는 점차 그들의 입지를 축소하는 결과를 낳았다. 내부적으로 반혁명 세력이 고개를 들었고, 공포 정치를 누그러뜨려야 한다는 분위기가 조성되었기 때문이다. 그렇지만 로베스피에르는 오히려 혁명 세력이었던 당통마저 처형하는 등 공포 정치를 강화하였다.

① 탄지마트의 주요 내용을 분석한다.
② 테르미도르 반동이 발생한 원인을 살펴본다.
③ 카노사의 굴욕 사건이 일어난 계기를 파악한다.
④ 데카브리스트의 봉기가 발발한 지역을 조사한다.
⑤ 그라쿠스 형제가 개혁을 추진한 배경을 찾아본다.

07

▸ 25059-0091

(가), (나) 시기 사이에 있었던 사실로 옳은 것은?

(가) 왕실은 국고를 탕진하여 사치스러운 생활을 유지할 돈이 남아 있지 않았다. 이러한 상황에서 국왕 루이 16세는 삼부회, 즉 성직자와 귀족과 시민 계급의 대표자들을 소집하였다.
(나) 국민 공회의 급진적 세력은 일부 귀족뿐만 아니라 혁명을 부정하는 자들은 모두 제거하려 하였다. 결국 루이 16세는 외국의 힘을 끌어들여 자국민을 해하려 했다는 죄목으로 사형을 선고받고 처형되었다.

① 총재 정부가 수립되었다.
② 프랑스 은행이 설립되었다.
③ 테니스코트의 서약이 이루어졌다.
④ 루이 나폴레옹이 대통령에 당선되었다.
⑤ 교황청이 로마에서 아비뇽으로 옮겨졌다.

08

▸ 25059-0092

(가) 인물에 대한 설명으로 옳은 것은?

그림은 (가) 이/가 영국과 대립하는 모습을 풍자하고 있다. 프랑스 제1 제정을 수립한 그는 트라팔가르 해전에서 넬슨이 지휘하는 영국 함대에 패배했으나, 육지에서는 대프랑스 동맹군과 전쟁을 벌여 유럽 전역으로 세력을 확장해 나갔다.

① 콜베르를 등용하였다.
② 낭트 칙령을 반포하였다.
③ 7월 혁명으로 즉위하였다.
④ 대륙 봉쇄령을 공포하였다.
⑤ 상수시 궁전을 건립하였다.

정답과 해설 21쪽

1

▸ 25059-0093

밑줄 친 '이 사상'의 주창자들이 공통적으로 주장한 내용으로 가장 적절한 것은?

18세기에 이성의 소유자인 인간 개개인의 자유와 평등을 옹호하고, 절대 왕정을 비판하는 이 사상을 내세운 글들이 등장하였다. 이러한 글을 쓴 가장 유명한 사람은 볼테르였다. 볼테르는 불의와 편견을 증오하였고 이에 맞서 투쟁하였다. 크리스트교를 비판하는 책을 써서 기독교인들로부터 많은 비판을 받기도 하였다. 그는 "무비판적으로 종교를 받아들이는 인간은 스스로 자신을 속박해 두려는 황소와 같다."라고 하였다. …… 그 밖에 볼테르와 동시대인이면서 이 사상을 내세운 저술가는 루소이다. …… 루소의 사회 이론과 정치 이론은 많은 사람을 열광시켰고, 프랑스인들이 혁명을 일으키는 데 커다란 역할을 하였다. …… 루소가 쓴 가장 잘 알려진 저서는 『사회 계약론』이다. 이 책에는 다음과 같은 문장이 담겨있다. "인간은 자유로운 존재로 태어났다. 그럼에도 곳곳에서 사슬에 얽매여 있다."

① 항해를 통해 지구가 둥글다는 것을 입증해야 한다.
② 예수회를 설립하여 로마 가톨릭교를 널리 확산해야 한다.
③ 사회가 진보하기 위해서는 낡은 관습과 미신을 타파해야 한다.
④ 30년 전쟁을 종식하고 칼뱅파에게 신앙의 자유를 인정해야 한다.
⑤ 철학은 크리스트교 신앙과 교리를 합리적으로 이해하는 보조 학문의 역할에 국한되어야 한다.

2

▸ 25059-0094

(가) 국왕의 재위 시기에 있었던 사실로 옳은 것은?

자료로 읽는 세계사

기억하라. 짐은 너희들의 왕이자 합법적인 왕이다. …… 짐에게는 신이 부여하여 오래전부터 합법적으로 계승된 권력이 있다. …… 국왕의 권한을 초월한 사법권으로 짐을 심판할 수 없다. …… 의회가 자유와 평화를 위한다는 주장은 연극에 지나지 않으며, 짐의 명령을 거역한 것에 불과하다.

[해설] 자료는 (가) 이/가 크롬웰이 이끈 의회파와 벌어진 내전에서 패배하여 체포된 후 열린 재판에서 스스로 변론한 내용이다. 의회를 무력으로 탄압한 (가) 은/는 내전 과정에서 패배하였고, 재판에서 사형을 선고받고 처형되었다.

① 통일법이 반포되었다.
② 권리 청원이 제출되었다.
③ 하노버 왕조가 개창되었다.
④ 신성 로마 제국이 해체되었다.
⑤ 아우크스부르크 화의가 이루어졌다.

3

▸ 25059-0095

(가), (나) 시기 사이에 있었던 사실로 옳은 것은?

> (가) 의회는 설탕 세입이 2만 파운드에 그치자 새로운 방법을 마련하였다. 북아메리카 식민지의 법률 서류와 관세 신고서부터 혼인 허가서, 심지어는 신문에 이르기까지 거의 모든 인쇄물에 인지를 붙이도록 하는 인지세법을 제정하였다. 식민지 주민들이 반발할 것에 대비하여 일부 지역에서는 '인지세법을 통해 확보된 재원은 식민지 보호에 쓰인다.'라는 문구를 넣었다.
>
> (나) 콘월리스는 요크타운을 방어하면서 영국군의 지원을 기다렸지만, 도착한 군대는 교전 상대였던 워싱턴이 이끄는 식민지군이었다. 워싱턴은 요크타운을 포위하고 있던 프랑스군 등과 연합하여 1만 8천 명의 대군을 이루었다. 반면 콘월리스가 동원할 수 있는 병사는 1만 명에 지나지 않았다. 게다가 버지니아 해안에는 프랑스 함대가 정박해 있었다. …… 포위망을 뚫으려다 실패한 콘월리스는 결국 항복을 선언하였다.

① 미국 독립 선언문이 발표되었다.
② 워싱턴이 초대 대통령으로 선출되었다.
③ 미국 대륙 횡단 철도가 최초로 개통되었다.
④ 뉴딜 정책의 일환으로 와그너법이 제정되었다.
⑤ 파리 조약으로 북아메리카 13개 주의 독립이 승인되었다.

4

▸ 25059-0096

다음 편지가 작성된 시기를 연표에서 옳게 고른 것은?

> 국왕 전하께
>
> 어제 바스티유가 파리 민중의 공격을 받아 함락되었고, 수많은 사람이 희생되었습니다. 이들은 진정하기 어려울 정도로 극도의 흥분 상태에 놓여 있습니다. 오늘 아침에 파리로 들어가는 밀가루 수송대가 세브르 다리에서 전하께서 보낸 군대에 의해 저지당했다고 들었습니다. 만약 이 소식을 파리 시민들이 듣는다면 더욱 분노할 것입니다. 우리는 국왕 전하께서 군대를 동원해 파리 민중들에 대한 식량 조달을 방해했다는 사실을 믿기 어렵습니다. 이에 의회는 전하께서 파리의 혼란을 수습하기 위해 불러 모은 병력을 해산시켜 줄 것을 간청합니다.
>
> 실르리 후작

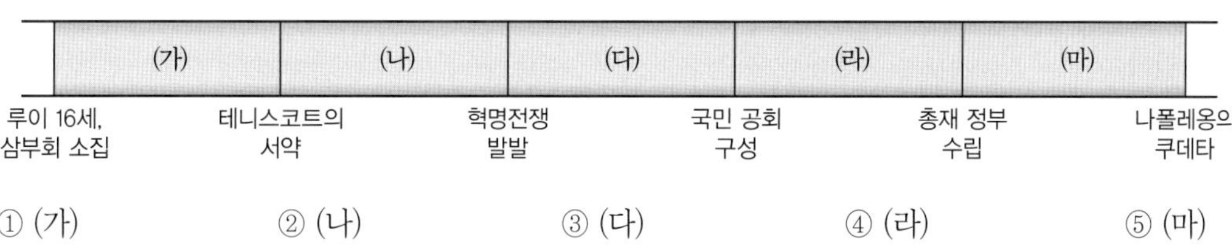

① (가) ② (나) ③ (다) ④ (라) ⑤ (마)

5

▸ 25059-0097

(가) 의회가 활동한 시기에 볼 수 있는 모습으로 가장 적절한 것은?

> 누군가 전제 왕정을 이끄는 원동력은 공포라 말하였습니다. 그렇다면 공화정을 선포한 (가) 의 정책이 전제 왕정과 닮았다는 말입니까? 폭정의 하수인들이 휘두르는 칼과 자유의 영웅이 들고 있는 번쩍이는 칼은 비슷해 보이기 마련입니다. …… 심판을 늦게 하는 것은 벌하지 않는 것과 같으며 처벌을 망설이는 것은 모든 죄인에게 용기를 줍니다. 그런데도 파리 시민 중 일부는 (가) 이/가 혁명 재판소 등을 통해 공화국의 적을 체포하는 것이 지나친 처사라며 불만을 제기하고 있습니다.

① 국외로 추방당하는 메테르니히
② 노예 해방 선언을 발표하는 링컨
③ 차티스트 운동을 보도하는 신문 기자
④ 공안 위원회에 참석하는 자코뱅파 의원
⑤ 아비뇽의 교황청에서 미사를 집전하는 교황

6

▸ 25059-0098

(가) 인물에 대한 설명으로 옳은 것은?

> 테르미도르파 의원들은 상퀼로트의 요구를 무시하였다. 집권 세력인 부르주아와 그동안 혁명에 이바지한 몫을 요구하는 상퀼로트 간 갈등이 두드러졌다. 혁명전쟁이 장기화하고, 국내에서 숨죽이고 있던 보수 세력이 호시탐탐 기회를 엿보는 가운데 의회는 새로운 헌법을 마련하였다. 전국의 수백만 유권자 가운데 겨우 30만 명이 투표했고, 20만 명이 찬성한 헌법이었다. 정치적으로 상퀼로트의 몫은 없었다. 이 헌법은 총재 정부와 양원제 의회를 채택하였다. 그러나 혁명전쟁을 끝내지 못하는 한, 혁명을 끝내고 사회를 안정시킬 수 없었다. 그사이 젊은 포병 장교 출신인 (가) 이/가 전쟁 수행 능력을 인정받으면서 그에 걸맞은 야망을 키웠다. 그는 결국 정변을 일으켜 총재 정부를 끝내고 통령 정부를 세웠다.

① 국민 투표를 통해 황제에 즉위하였다.
② 대륙 회의에서 총사령관으로 임명되었다.
③ 상트페테르부르크를 건설하여 수도로 삼았다.
④ 프로이센 등과 함께 폴란드를 분할 점령하였다.
⑤ 수장법을 통해 국왕이 교회의 수장임을 선포하였다.

THEME 09

시민 혁명과 산업 혁명(2)

1 빈 체제와 자유주의의 확산

(1) 빈 회의(1814~1815)

① 참가국 : 오스트리아, 영국, 프로이센, 러시아, 프랑스 등(오스트리아의 메테르니히 주도)

② 기본 원칙 : 유럽의 질서를 프랑스 혁명 이전으로 되돌리려 함

③ 영향 : 자유주의와 민족주의 운동 탄압, 신성 동맹(오스트리아, 프로이센, 러시아), 4국 동맹(신성 동맹 국가, 영국) 결성

(2) 각국의 자유주의 · 민족주의 운동

① 독일 : 부르셴샤프트(학생 조합)의 활동

② 그리스 : 오스만 제국에 맞서 독립 운동 전개 → 러시아, 영국, 프랑스 정부와 유럽 지식인들의 지원으로 독립

③ 러시아 : 데카브리스트의 봉기(입헌 군주제 지향 → 실패, 1825)

④ 이탈리아 : 카르보나리당(단)의 활동

⑤ 라틴 아메리카 : 독립 운동 전개, 미국의 지지(먼로 선언, 1823)

2 프랑스의 자유주의 운동

(1) 7월 혁명과 2월 혁명

	7월 혁명(1830)	2월 혁명(1848)
배경	샤를 10세의 전제 정치(언론 탄압 · 의회 해산)	노동자 계층 성장, 부유한 시민에게만 선거권 부여
전개	자유주의자들과 파리 시민 봉기, 샤를 10세 추방(부르봉 왕조 붕괴)	중하층 시민과 노동자들이 봉기(선거권 확대 요구)
결과	루이 필리프 즉위, 입헌 군주제 수립(7월 왕정)	7월 왕정 붕괴, 제2 공화정 수립(대통령에 루이 나폴레옹을 선출)
영향	벨기에 독립, 유럽 각지의 자유주의 운동 자극	오스트리아의 혁명(메테르니히 실각 → 빈 체제 붕괴), 프로이센 등 유럽 각지에서 자유주의 · 민족주의 운동 확대

(2) 프랑스의 정치적 변화

제2 제정 (1852~1870)	루이 나폴레옹의 황제 즉위(나폴레옹 3세) → 프로이센에 패하면서 제2 제정 붕괴 → 제3 공화정 수립
파리 코뮌 (1871)	파리 시민과 노동자들의 자치 정부 수립 → 프랑스 정부가 파리 코뮌 진압

3 영국의 자유주의 개혁

(1) 종교 분야 : 심사법 폐지(1828), 가톨릭 해방법 제정(1829)

(2) 선거법 개정

① 제1차 선거법 개정(1832) : 부패 선거구 폐지, 도시 상공업자에게 선거권 부여, 노동자는 대상에서 제외

② 차티스트 운동 : 노동자 계층이 보통 선거와 비밀 투표 등을 요구하는 인민헌장 발표(1838), 선거법 추가 개정 요구

(3) 경제 분야 : 곡물법 폐지(1846), 항해법 폐지

4 민족주의의 확산과 국민 국가의 발전

(1) 이탈리아의 통일

① 마치니 : 프랑스 자유주의 혁명의 영향을 받아 통일 운동 전개 → 실패

② 카보우르 : 사르데냐 왕국의 재상으로 프랑스의 지원을 받아 오스트리아와의 전쟁에서 승리 → 이탈리아 중북부 지역 통합

③ 가리발디 : 의용군을 이끌고 남부 원정(시칠리아섬 · 나폴리 등 점령) → 사르데냐 왕국에 바침 → 이탈리아 왕국 수립(1861)에 기여

④ 왕국 발전 : 베네치아 병합(1866), 로마 교황령 병합(1870)

(2) 독일의 통일

① 관세 동맹(1834) : 프로이센 주도로 경제적 통합 추구

② 프랑크푸르트 국민 의회(1848~1849) : 통일 방안 논의

③ 비스마르크의 철혈 정책 : 프로이센의 재상으로 군비 증강, 북독일 연방 결성, 프로이센이 프랑스에 승리(독일 제국 수립, 1871)

(3) 미국의 발전

① 남북 전쟁(1861~1865) : 링컨의 대통령 당선 → 남부 여러 주의 연방 탈퇴 → 남북 전쟁 발발 → 노예 해방 선언 → 북부의 승리

② 발전 : 대륙 횡단 철도의 개통으로 시장 확대 및 산업화 촉진

(4) 러시아의 변화

① 크림 전쟁(1853~1856) 패전 : 흑해 방면으로의 남하 좌절

② 알렉산드르 2세 : 농노 해방령(1861) 등 내정 개혁 단행

③ 전제 정치 강화 : 브나로드 운동의 성과가 미흡한 가운데 알렉산드르 2세가 암살됨 → 차르의 전제 정치 강화

5 산업 혁명

(1) 산업 혁명의 배경 : 신항로 개척 이후 상품 수요 증가 → 선대제 · 매뉴팩처 체제로 전환 → 공장제 기계 공업 등장

(2) 영국의 산업 혁명(18세기 후반) : 국내외 시장 확보, 풍부한 노동력, 정치적 안정, 상대적으로 풍부한 석탄 등 → 방적기 · 방직기 발명, 제임스 와트의 증기 기관 개량

(3) 교통과 통신의 발달 : 철도 건설, 유선 전신(모스) 등

(4) 산업 혁명의 확산과 결과

① 산업 혁명의 확산 : 19세기 전반(벨기에 · 프랑스), 19세기 중후반(미국 · 독일 · 러시아 · 일본) → 대량 생산, 산업 자본주의 발달

② 인구 증가와 도시화 : 도시 인구의 증가, 도시 문제 발생

③ 새로운 계급 출현 : 산업 자본가와 임금 노동자의 분화

(5) 사회 문제 해결을 위한 노력

① 노동 문제 발생 : 저임금, 장시간 노동, 아동 노동 문제 등

② 노동 운동 : 기계 파괴 운동(러다이트 운동), 노동조합 결성 등

③ 초기 사회주의 : 푸리에 · 생시몽 · 오언 등, 경쟁 대신 협동을 강조하며 이상적인 공동체 구상

④ 마르크스 · 엥겔스 : '과학적 사회주의' 주장(자본주의 체제 운동 법칙의 과학적 해명 시도)

⑤ 영향 : 사회주의 정당 출현, 사회 민주주의 등장 등

자료 탐구 1 자유주의의 확산

정답과 해설 23쪽

1단계 자료 분석

[2025학년도 수능 6월 모의평가]

> 짐이 다스리기 시작한 지 어느덧 6년째 되는 해에 접어들었다. 한때 우리 왕실은 명맥이 끝난 것처럼 보였으나 부활하였다. 이에 짐은 국가의 안녕을 지키고 우리 부르봉 왕실을 해하려는 모든 기도를 막아 내기 위해 우리에게 속한 권리를 사용할 필요성을 천명해 왔다. 불합리한 선거 규정을 개혁할 필요성을 느껴서 이에 아래의 여러 조항을 백성에게 명하노니 공손하게 받들지어다.
> • 정기 간행물 발행의 자유는 정지된다.
> • 의회는 해산한다.
> • 선거 자격과 피선거 자격은 오로지 소정의 납세액에 의해 결정된다.

자료에서 부르봉 왕실을 해하는 모든 기도를 막아 내려는 점, 정기 간행물 발행의 자유를 정지한 점, 의회를 해산한 점 등을 통해 밑줄 친 '짐'은 샤를 10세임을 알 수 있다. 샤를 10세가 언론을 탄압하고 의회를 해산하는 등 전제 정치를 시행하자, 자유주의자와 시민이 1830년에 7월 혁명을 일으켰고 루이 필리프가 왕으로 추대되었다.

2단계 유형 연습

▸ 25059-0099

1 (가)에 들어갈 내용으로 가장 적절한 것은?

> 파리에서 일어난 3일간의 봉기로 샤를 10세가 퇴위하였다. 파리 군중들의 환호에 화답하면서 연로한 라파예트는 부르봉 가문의 방계 자손이자 오를레앙 대공이었던 루이 필리프에게 왕관을 씌워 주었다. '시민의 왕'의 지배가 시작된 것이다. 그는 자유주의를 탄압하려 했던 샤를 10세와는 달리 자유주의의 열렬한 지지자였다. 그의 집권 이후 프랑스에서는 검열이 완화되었고 의회는 법을 입안하도록 허용되었다. 그러나 루이 필리프가 이끄는 정부는 [(가)]

① 레판토 해전에서 패배하였다.
② 알렉산드로스의 침공으로 멸망하였다.
③ 쿠데타를 통해 권력을 장악하고 제2 제정 시대를 열었다.
④ 공안 위원회와 혁명 재판소를 통해 반대파를 축출하였다.
⑤ 선거권 확대의 혜택을 부유한 시민들에게만 부여하였다.

자료 탐구 2 민족주의의 확산과 국민 국가의 발전

정답과 해설 23쪽

1단계 자료 분석

[2025학년도 수능]

〈어느 공화주의자의 주요 행적〉

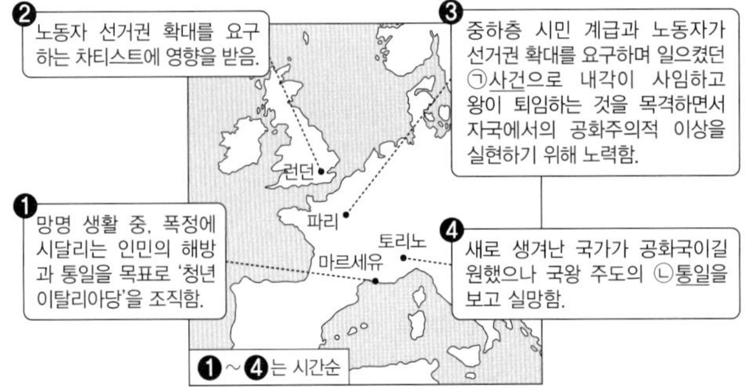

자료에서 파리의 중하층 시민 계급과 노동자가 선거권 확대를 요구하며 일으킨 사건인 점, 왕이 퇴임한 점 등을 통해 밑줄 친 ㉠은 프랑스 2월 혁명임을 알 수 있고, '청년 이탈리아당'이 조직된 점, 국왕 주도의 통일이 이루어진 점 등을 통해 밑줄 친 ㉡이 이탈리아의 통일과 관련된 것임을 알 수 있다.

2단계 유형 연습

▸ 25059-0100

2 (가) 왕국에 대한 설명으로 옳은 것은?

> 프랑스 등은 솔페리노 전투에서 오스트리아군을 격파했으나, 막대한 인명 피해를 입었다. 프랑스는 오스트리아와 단독 강화 조약을 체결하였고, 이는 에마누엘레 2세의 불만을 초래하였다. 이후 가리발디는 붉은 셔츠단을 이끌고 시칠리아섬, 나폴리 등지에 대한 원정을 감행한 뒤 점령지를 에마누엘레 2세에게 바쳤다. 이로써 에마누엘레 2세는 [(가)]의 초대 국왕으로 즉위하였다.

① 북독일 연방을 창설하였다.
② 파리 조약으로 독립을 승인받았다.
③ 베네치아와 로마 교황령을 병합하였다.
④ 에티오피아와 아도와 전투에서 격돌하였다.
⑤ 고아, 마카오 등을 장악하고 무역 거점으로 삼았다.

정답과 해설 23쪽

01

▶ 25059-0101

(가) 국가에 대한 설명으로 옳은 것은?

> 이집트는 원래 [(가)]의 지배를 받고 있었으나, 사실상 반독립 상태에 놓여 있었다. 한편 그리스는 [(가)]와/과 전쟁을 벌였고, 영국 등 유럽 각국의 도움을 얻어 독립하였다. 이 전쟁에서 영국의 시인 바이런은 그리스의 독립을 지지하며 의용병으로 참전하였다.

① 신성 로마 제국을 해체시켰다.
② 괌섬과 하와이 제도를 차지하였다.
③ 데카브리스트의 봉기를 진압하였다.
④ 아스테카 제국과 잉카 제국을 멸망시켰다.
⑤ 크림 전쟁에서 승리하여 러시아의 남하를 막았다.

02

▶ 25059-0102

다음 연설이 행해진 시기를 연표에서 옳게 고른 것은?

> 새로 개정된 법안에 따라 부패 선거구가 폐지되었지만, 여전히 선거권이 도시 상공업자 등 일부 성인 남성에게만 부여되고 있습니다. …… 우리는 재산 소유에 따라 하원 의원의 자격을 얻을 수 있다는 점에 이의를 제기하며, 의원의 재산 자격 제한 철폐를 요구합니다. …… 우리는 성인 남성의 완전하고 공평한 대표성을 확보하기 위해 발표된 인민헌장이 하원에서 즉시 가결되기를 간곡히 기원합니다.

① (가)　② (나)　③ (다)　④ (라)　⑤ (마)

03

▶ 25059-0103

(가) 인물에 대한 설명으로 옳은 것은?

> 피에몬테와 사르데냐 왕국의 주민들은 젊고 과단성 있는 통치자의 지배를 받았다. 또한 사르데냐 왕국에는 뛰어난 재상 [(가)]이/가 있었다. [(가)]은/는 통일의 기반을 마련하기 위해 산업을 장려하는 한편, 치밀한 외교 전략을 통해 프랑스의 나폴레옹 3세를 끌어들였다. 마침내 사르데냐 왕국은 프랑스의 지원을 받아 오스트리아와 벌인 전쟁에서 승리하였다.

① 시칠리아와 나폴리를 정복하였다.
② 나폴레옹 법전 편찬에 참여하였다.
③ 테르미도르의 반동으로 실각하였다.
④ 이탈리아 북부와 중부 지역을 통합하였다.
⑤ 콜베르를 등용하여 중상주의 정책을 추진하였다.

04

▶ 25059-0104

밑줄 친 '변화'에 대한 탐구 활동으로 가장 적절한 것은?

> 리처드 트레비식은 제임스 와트가 개량한 증기 기관을 토대로 철로 위를 달리는 소형 증기 기관차를 만들었다. 또한 '철도의 아버지'로 불리는 조지 스티븐슨은 증기 기관차 제작에 본격적으로 뛰어들어 처음으로 기관차 운행에 성공하였다. 증기 기관차의 효과에 주목한 리버풀, 맨체스터 두 도시는 철도 연결을 의회에 요청하였고, 의회는 철도 부설 법안을 통과하였다. 그 결과 리버풀시와 맨체스터시 간 철도가 개통되었다. 증기 기관의 개량이 기관차 등 다양한 분야에서 새로운 동력원으로 사용되면서 많은 <u>변화</u>를 가져왔다.

① 헤지라가 일어난 배경을 살펴본다.
② 한자 동맹의 교역 활동을 검색한다.
③ 라티푼디움 경영이 확대된 이유를 조사한다.
④ 클레르몽 공의회에서 논의된 내용을 찾아본다.
⑤ 공장제 기계 공업이 확산하게 된 배경을 파악한다.

정답과 해설 24쪽

1

▸ 25059-0105

밑줄 친 '이 회의'에 대한 설명으로 옳은 것은?

나폴레옹은 말년에 황무지나 다름없는 남대서양의 세인트헬레나섬으로 유배되었다. 유럽 각국은 프랑스 혁명 이전으로 시곗바늘을 되돌리기 위해 이 회의를 개최하였고, 프랑스에서는 루이 16세의 동생인 루이 18세가 권력을 이양받아 부르봉 왕가가 복귀하였다. 정통성 계승을 강조한 부르봉 왕가는 자코뱅과 상퀼로트 등에 의해 단절되었던 왕권 중심의 질서를 회복시키려 하였다. 그러나 이러한 시도는 심각한 정치 감각의 부재를 보여 주는 것이었다. 이미 시민들은 왕가의 권력 정당성에 대해 의문을 갖고 있었으며 혁명을 통해 형성된 국민 주권을 붕괴시키기 어렵다는 것이 곧 판명되었다.

① 봉건제 폐지를 선언하였다.
② 북아메리카 식민지의 독립을 승인하였다.
③ 그리스 독립 전쟁에 대한 지원을 결정하였다.
④ 프랑스에서 제2 제정이 붕괴된 이후에 열렸다.
⑤ 오스트리아의 메테르니히가 주도하여 개최되었다.

2

▸ 25059-0106

밑줄 친 '봉기'의 결과로 옳은 것은?

샤를 10세는 귀족들에게 유리한 쪽으로 변화를 추진하였다. 그는 귀족들을 장관으로 임명하고 행정, 군사, 종교 분야의 요직에 두었다. 그는 왕에 대한 불경죄를 사형으로 다스리도록 하는 법을 제정하는 등 시대에 뒤떨어진 행동을 보였고, 언론을 억압하여 민중의 지지를 받지 못하였다. 이러한 시도가 계속될수록 민중의 분노는 늘어갔다. 결국 샤를 10세는 '영광의 3일'로 불리는 파리의 봉기로 퇴위되었다.

① 비시 정부가 수립되었다.
② 하노버 왕조가 세워졌다.
③ 통령 정부가 수립되었다.
④ 아비뇽 유수가 이루어졌다.
⑤ 루이 필리프가 국왕으로 추대되었다.

3

▸ 25059-0107

(가) 국가의 통일 과정에서 있었던 사실로 옳은 것은?

문학으로 읽는 세계사

우리 시칠리아인은 같은 종교를 갖지 않고 다른 언어를 사용하며, 자신의 이익만을 추구하는 통치자의 지배를 받아 왔소. …… 하지만 가리발디의 의용군이 시칠리아섬에 발을 디딘 이후 6개월 동안 너무 많은 것이 변하였소. …… 우리는 그동안 완전히 다른 문명의 짐을 무려 25세기 동안 어깨 위에 지고 있었지요.

[해설] 위 작품은 『표범』의 일부로, 가리발디의 의용군이 시칠리아섬에 상륙한 이후의 상황을 묘사하고 있다. 가리발디는 의용군을 이끌고 남부 원정에 나서 시칠리아섬 등지를 점령하였다. 이후 가리발디가 자신이 정복한 지역을 사르데냐 왕국의 국왕인 에마누엘레 2세에게 바치면서 (가) 이/가 수립되었다.

① 크롬웰이 호국경에 취임하였다.
② 베스트팔렌 조약이 체결되었다.
③ 카보우르가 재상으로 활동하였다.
④ 유스티니아누스 법전이 편찬되었다.
⑤ 영국군이 요크타운 전투에서 패배하였다.

4

▸ 25059-0108

(가) 국가에 대한 설명으로 옳은 것은?

7월 19일에 프랑스의 나폴레옹 3세는 (가) 에게 전쟁을 선포하였다. (가) 은/는 방위 조약을 맺었던 주변 국가들과 함께 프랑스의 공격을 방어하기 위해 군대를 움직였다. 일련의 전투가 벌어진 후 스당 전투에서 나폴레옹 3세는 (가) 에게 결정적인 패배를 당해 포로가 되었다. 이후 공화주의자 레옹 강베타 등이 항전을 이어 갔음에도 불구하고, 결국 파리는 함락되었다.

① 탄지마트를 추진하였다.
② 벵골 분할령을 발표하였다.
③ 인도차이나 연방을 수립하였다.
④ 파리 조약으로 독립을 인정받았다.
⑤ 경제 통합을 위해 관세 동맹 체결을 주도하였다.

5

▶ 25059-0109

밑줄 친 '이 전쟁' 중에 있었던 사실로 옳은 것은?

그림에는 이 전쟁 중 연방 정부의 링컨 대통령과 남부 연합의 데이비스 대통령이 대립하는 모습이 묘사되어 있다. 남부와 북부의 경제 구조의 차이 등으로 대립이 격화된 가운데 링컨이 대통령에 당선되자, 이에 반발한 남부의 여러 주가 연방에서 탈퇴하면서 이 전쟁이 일어났다. 링컨이 이끄는 연방 정부는 초반에 남부 연합에 고전하였지만, 게티즈버그 전투에서 승리하여 전세를 역전하였다.

① 뉴딜 정책이 추진되었다.
② 노예 해방 선언이 발표되었다.
③ 미국 연방 헌법이 제정되었다.
④ 제1차 대륙 회의가 개최되었다.
⑤ 대륙 횡단 철도가 최초로 개통되었다.

6

▶ 25059-0110

밑줄 친 '차르'가 재위하던 시기에 볼 수 있는 모습으로 가장 적절한 것은?

당시 러시아 제국에는 프랑스, 독일의 대학에서 공부하여 근대적인 사고방식을 가진 지식인들이 있었다. 그러나 러시아 제국의 관료들은 여전히 중세적인 사고방식에 사로잡혀 있었다. 이러한 상황 속에 차르는 농노 해방령을 발표하였고, 약 2,300만 명의 농노들에게 인간다운 삶을 보장할 것을 약속하였다. 하지만 약속과 실천은 별개의 것이었다. 러시아 제국에서는 여전히 가죽 채찍이 해방된 농노를 통제하기 위한 유용한 지배 수단으로 활용되었다. 자유롭게 말하는 대가는 그것이 사소한 것을 표현한 것일지라도 최소 시베리아 유배형이었다. 이런 실상 때문에 근대적 교육을 받은 학생과 시민들은 반발심을 갖고 있었고, 결국 차르는 삼엄한 경호에도 불구하고 암살당하고 말았다.

– 『곰브리치 세계사』 –

① 브나로드 운동을 전개하는 청년
② 튀르키예 공화국 수립을 선포하는 정치인
③ 독립 선언문을 발표하는 북아메리카 식민지 대표
④ 레닌에게 신경제 정책[NEP] 추진 현황을 보고하는 관리
⑤ 오스트리아·헝가리 제국과의 전투를 지휘하는 세르비아 장교

THEME

10 제국주의와 민족 운동

1 제국주의의 등장과 세계 분할

(1) 제국주의의 의미 : 19세기 후반 열강이 군사력과 경제력을 앞세워 식민지 건설과 이에 대한 직접 통치를 추진한 정책

(2) 열강의 아프리카 분할

영국	수에즈 운하 관리권 차지, 이집트의 보호령화, 남아프리카를 식민지로 삼음, 아프리카를 남북으로 식민지화(종단 정책, 이집트의 카이로와 남아프리카의 케이프타운을 연결) → 파쇼다 사건(프랑스와 충돌, 1898)
프랑스	알제리 장악, 튀니지 보호령화, 마다가스카르 차지, 아프리카를 동서로 식민지화(횡단 정책, 알제리와 마다가스카르를 연결) → 파쇼다 사건(영국과 충돌, 1898)
독일	독일령 동아프리카·독일령 남서아프리카·카메룬·토고 등 차지, 모로코를 둘러싸고 프랑스와 대립(모로코 사건, 1905·1911)
벨기에	레오폴드(레오폴트) 2세가 중앙아프리카의 콩고를 자신의 사유지로 삼음(이후 벨기에의 식민지로 전환)

(3) 열강의 아시아·태평양 분할

영국	17세기에 동인도 회사를 앞세워 인도 진출, 플라시 전투 승리(1757)로 벵골 지역 통치 → 19세기 중엽 인도 대부분 지역 점령(인도에 영국산 면직물 판매, 목화와 아편 재배 강요), 미얀마를 식민지화하고 영국령 인도에 병합, 싱가포르를 거점으로 말레이 반도와 보르네오섬 북부 차지, 오스트레일리아와 뉴질랜드를 자치령으로 삼음
프랑스	17세기에 동인도 회사 설립, 플라시 전투에서 영국에 패배 → 인도차이나반도로 진출, 베트남을 보호국으로 삼음(1883) → 청프 전쟁 승리로 베트남 지배권을 인정받음 → 베트남·캄보디아·라오스 등 지배(프랑스령 인도차이나 연방)
미국	무력시위로 일본을 개항시킴, 에스파냐와의 전쟁(1898)에서 승리 → 쿠바 보호국화·필리핀 차지, 괌섬·하와이 제도 병합 → 태평양으로 세력 확장
독일	태평양의 비스마르크 제도, 마셜 제도 등 점령

2 중국의 문호 개방과 근대화 운동

(1) 아편 전쟁과 중국의 문호 개방

① 청의 공행 무역 체제 : 광저우만 서양에 개방, 공행을 통한 교역만 인정 → 대영 무역에서 차 수출 급증(막대한 양의 은 유입)

② 영국의 대응 : 자유 무역 요구 → 청의 거절 → 영국은 적자를 메우기 위해 인도의 아편으로 청과 무역(삼각 무역)

③ 제1차 아편 전쟁(1840~1842)

배경	영국의 삼각 무역 추진 → 은 유출로 인한 청의 재정 파탄, 아편 중독자 증가로 사회 문제 발생 → 임칙서가 광저우에서 아편을 몰수하여 폐기하고 영국 상인의 아편 무역 금지
경과	영국이 군함을 파견하여 청 공격 → 영국 승리
결과	난징 조약 체결(1842, 상하이 등 5개 항구 개항·영국에 홍콩섬 할양·공행 무역 폐지·배상금 지불 등 규정) → 중국의 문호 개방, 이후 추가 조약 체결(영사 재판권·최혜국 대우 인정)

④ 제2차 아편 전쟁(1856~1860)

경과	영국의 무역 확대 요구 → 청의 거절 → 애로호 사건과 프랑스 선교사 피살 사건 → 영국과 프랑스 연합군이 톈진과 베이징 점령
결과	톈진 조약(1858, 베이징에 외교관 주재·개항장 추가·크리스트교 포교 인정 등 규정)과 베이징 조약(1860, 톈진 조약의 비준·영국에 주룽반도 일부 할양·러시아의 연해주 획득 등 규정) 체결

(2) 태평천국 운동(1851~1864)

① 전개 : 홍수전이 크리스트교 신앙을 바탕으로 상제회 조직 → 거병, '멸만흥한' 등을 주장 → 태평천국을 건설하고 난징을 수도로 삼음

② 개혁 추진 : 천조전무 제도(토지 균등 분배의 토지 개혁 지향, 남녀평등 등), 전족 및 축첩의 금지, 변발 및 아편 금지 등 발표

③ 결과 : 한인 관료와 신사 주도로 조직된 향용의 공격, 서구 열강의 청 왕조 지지, 태평천국군 내부의 분열로 실패

(3) 양무운동

① 주도 : 태평천국 운동 진압에 앞장선 증국번, 이홍장 등 한인 출신 관료

② 전개 : '중체서용'을 바탕으로 부국강병 추구 → 근대적 공장 설립, 군수 산업 육성(금릉 기기국 설립 등), 서양식 육·해군 창설, 신식 학교 설립, 해외 유학생 파견 등

③ 결과 : 중앙 정부의 체계적인 계획 부족, 기업 활동에 대한 관료의 지나친 간섭 → 청일 전쟁(1894~1895)의 패배로 한계 노출

(4) 변법자강 운동

배경	청일 전쟁의 패배로 일본과 시모노세키 조약 체결(1895, 일본에 타이완 할양·막대한 배상금 지불 등), 열강의 각종 이권 침탈 심화, 양무운동의 실패에 대한 반성
주도	캉유웨이, 량치차오 등 입헌 군주제를 지향하는 개혁적 성향의 지식인들
전개	일본의 메이지 유신을 본떠 정치 제도 개혁 주장 → 과거제 개혁·신교육 실시·상공업 육성 등 근대적 개혁 추진(무술변법)
결과	기득권을 위협받은 서태후 등 보수 세력의 반발로 실패(무술정변)

(5) 의화단 운동

① 내용 : 의화단이 산둥에서 봉기, '부청멸양' 주장, 교회와 철도 등 서양 문물 파괴, 청 왕조의 후원(외세 배척에 이용) → 베이징의 외국 공관 습격, 이를 계기로 8개국 연합군(영국·독일·러시아·미국·일본 등)이 의화단 진압 → 열강의 베이징 점령

② 결과 : 신축조약(베이징 의정서) 체결(1901) → 외국군의 베이징 주둔 인정 등

(6) 광서신정 : 보수 세력이 개혁의 필요성 인식 → 신식 군대 편성·과거제 폐지·신식 학교 설립·산업 진흥 등의 개혁 추진

(7) 신해혁명(1911)

① 배경 : 청 왕조 타도를 목표로 한 혁명 운동 확산, 쑨원의 중국 동맹회 결성(1905, 일본 도쿄) 및 삼민주의 주창

② 전개 : 청 왕조의 철도 국유화 조치 → 반대 운동 전개 → 쓰촨 봉기 발생 → 우창에서 신군 봉기(1911. 10.) → 각 성의 독립 선언
③ 결과 : 중화민국 수립(1912, 난징), 임시 대총통에 쑨원 취임 → 위안스카이와 혁명군의 타협 → 청 왕조의 멸망 → 대총통에 위안스카이 취임, 이후 위안스카이가 혁명파를 탄압하고 황제 제도의 부활 시도 → 위안스카이 사후 각지에 군벌 세력 대두 → 군벌 시대 전개

(8) **신문화 운동** : 유교 중심의 전통문화 비판, 서양의 과학과 민주주의 수용 주장, 천두슈·후스 등이 주도, 잡지 『신청년』 간행

(9) **5·4 운동(1919)**

배경	신문화 운동 확산, 파리 강화 회의 결정(독일의 산둥반도 이권 반환을 요구한 중국 요청 묵살)에 반발
전개	베이징 학생들을 중심으로 일본의 '21개조 요구' 철폐와 산둥반도 이권 반환 요구 → 반봉건·반군벌·반제국주의 운동으로 발전

3 일본의 근대화와 제국주의화

(1) **일본의 개항** : 미국 페리 제독의 무력시위 → 미일 화친 조약(1854, 시모다·하코다테 개항, 최혜국 대우 인정) → 미일 수호 통상 조약(1858, 추가 개항, 영사 재판권 인정, 협정 관세)

(2) **메이지 유신(1868)**

① 전개 : 막부 타도 운동 전개(사쓰마번·조슈번 중심) → 에도 막부 붕괴, 왕정복고 → 메이지 정부 수립
② 메이지 정부의 개혁 내용

정치	에도의 명칭을 도쿄로 고치고 수도로 삼음, 폐번치현(지방 제도 정비 및 중앙 집권 체제 확립) 단행
경제	지조 개정(근대적 토지세 제도 확립), 근대적 공장 설립
사회	사민평등(봉건적 신분제 개혁), 서양식 교육 제도와 의무 교육 도입, 유학생 파견
기타	이와쿠라 사절단 파견(1871), 징병제 실시, 신도의 국교화, 우편 제도 실시, 철도 부설 등

(3) **자유 민권 운동** : 1870년대부터 시작, 헌법 제정과 서양식 의회 설립 주장 → 메이지 정부의 탄압 → 메이지 정부의 일본 제국 헌법 공포(1889), 제국 의회 개설(1890)

(4) **대외 팽창 정책**

정한론	수교를 거부하던 조선에 대한 정벌 주장 → 실행 보류
대외 침략	• 타이완 출병, 류큐 왕국 병합 → 오키나와현 설치 • 청일 전쟁(1894~1895) : 조선에 대한 주도권을 놓고 청과 충돌, 시모노세키 조약으로 타이완·랴오둥반도 차지 → 삼국 간섭으로 랴오둥반도 반환 • 러일 전쟁(1904~1905) : 포츠머스 조약으로 남만주와 한반도에 대한 이권 확보

4 인도와 동남아시아의 민족 운동

(1) **영국의 인도 침략** : 동인도 회사의 활동 → 플라시 전투(1757, 영국이 벵골·프랑스 연합군에 승리) 후 벵골 지역의 통치권 장악

(2) **세포이의 항쟁** : 영국의 식민 통치와 착취, 종교적 갈등 → 세포이의 항쟁(1857) → 영국의 무력 진압 → 무굴 제국 황제 폐위 → 인도 통치 개선법 제정(1858) → 동인도 회사의 인도 지배권 박탈 → 영국령 인도 제국 성립(1877, 영국 빅토리아 여왕이 인도 제국 황제 겸임)

(3) **인도의 근대화 운동**

① 브라흐마 사마지 운동 : 19세기 전반 람 모한 로이 중심, 순수 힌두교 교리로의 복귀 등 종교 운동으로 출발하여 사회 개혁 운동으로 발전, 카스트제 반대·사회적 폐습 타파 주장
② 인도 국민 회의의 결성 : 영국이 인도인 회유를 위해 정치 조직 결성 지원 → 지식인, 관리, 민족 자본가, 지주 등의 주도로 결성(1885), 초기에는 영국에 협조하면서 인도인의 권익 확보에 주력
③ 인도 국민 회의의 반영 운동

배경	영국이 서벵골(힌두교도 다수)과 동벵골(이슬람교도 다수)로 분리 통치하고자 벵골 분할령 발표(1905) → 힌두교와 이슬람교의 대립 조장, 인도인을 분열시키고 민족 운동을 약화시키고자 함
전개	틸라크 등이 주도한 콜카타 대회에서 스와라지(자치)·스와데시(국산품 애용)·영국 상품 불매·국민 교육 진흥 등 4대 강령 채택 → 영국이 전 인도 이슬람교도 연맹을 후원하여 인도 국민 회의와 대립 조장
결과	벵골 분할령 취소(1911), 명목상 인도인의 자치 인정

(4) **동남아시아의 민족 운동**

태국	짜끄리 왕조의 적극적 근대화 정책 → 영국과 프랑스 세력 사이의 완충 지대로 독립 유지
베트남	동유 운동(일본에 유학생 파견) → 신해혁명 이후 중국 광둥에서 베트남 광복회 결성 → 프랑스에 대한 무력 투쟁 전개
필리핀	호세 리살이 『나에게 손대지 마라』 저술, 필리핀 연맹(필리핀 민족 동맹) 결성(1892)

5 서아시아와 아프리카의 민족 운동

(1) **오스만 제국의 민족 운동**

① 배경 : 오스만 제국의 쇠퇴, 오스만 제국을 둘러싼 열강의 대립
② 탄지마트 : 근대적 제도 개혁 추진(미드하트 파샤 주도로 근대적 헌법 제정) → 자금과 전문 인력의 부족, 보수 세력의 반발, 외세의 간섭, 러시아와의 전쟁 등으로 개혁 성과 미흡
③ 청년 튀르크당의 활동 : 무장봉기를 통해 정권 장악(1908) → 헌법 부활, 여성 차별 철폐, 근대 시설 확장, 교육과 세제 개혁 추진 → 극단적 튀르크 민족주의를 내세워 피지배 민족의 반발 초래

(2) **아랍과 이란의 민족 운동**

와하브 운동	이슬람교 순화 운동('『쿠란』으로 돌아가라.') → 와하브 왕국 건설 → 제1차 세계 대전 후 사우디 왕국으로 부활
이란의 민족 운동	카자르 왕조의 쇠퇴 → 러시아·영국의 침략 → 영국이 담배 독점권 획득 → 담배 이권 수호 운동 전개 → 헌법 제정(1906)

(3) **아프리카의 민족 운동**

이집트	무함마드 알리(오스만 제국으로부터 자치권 획득), 아라비 파샤('이집트인을 위한 이집트 건설' 주장, 반영 운동 전개)
기타	무함마드 아흐마드의 마흐디 운동(수단), 헤레로족 봉기(나미비아), 이산들와나 전투(남아프리카), 아도와 전투(에티오피아)

자료 탐구 1 중화민국의 수립

정답과 해설 25쪽

1단계 자료 분석

[2025학년도 수능]

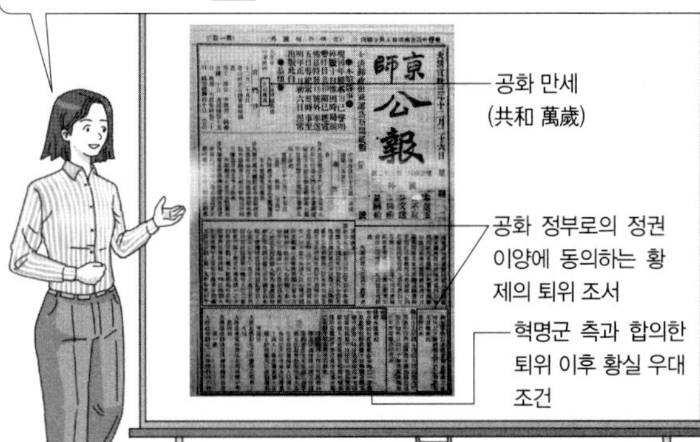

베이징에서 황제의 퇴위 조서가 선포된 점, 공화 정부로 정권이 이양된 점 등을 통해 밑줄 친 '국가'가 중화민국임을 알 수 있다. 1911년 신해혁명을 주도한 세력은 난징을 점령하고 쑨원을 임시 대총통으로 추대하여 중국 최초의 공화제 국가인 중화민국을 세웠다.

2단계 유형 연습

▸ 25059-0111

1 (가) 국가에서 있었던 사실로 옳지 않은 것은?

> (가) 이/가 수립되고 2년 차부터 5년 차까지의 국내 혁명전쟁은 위안스카이 토벌을 위한 투쟁이라고 말할 수 있다. 이후 오늘에 이르기까지의 국내 혁명전쟁은 호법(護法) 투쟁이라는 이름으로 일괄할 수 있다. …… 과연 1년도 못가 약법(約法)이 폐기되고 국회를 해산하는 화가 재발하였으나, 복벽 반대의 운동이 일어나 (가) 은/는 아슬아슬하게 그 명맥을 이어왔다. 복벽의 시도는 평정되었으나 법을 훼손하려는 책동은 더욱 거세어지니, 나는 호법을 천하에 호소하지 않을 수 없었다.

① 장제스가 북벌을 단행하였다.
② 장쉐량이 시안 사건을 일으켰다.
③ 판보이쩌우 등이 동유 운동을 전개하였다.
④ 위안스카이가 황제 체제 부활을 시도하였다.
⑤ 천두슈와 후스가 신문화 운동을 주도하였다.

자료 탐구 2 인도의 민족 운동

정답과 해설 25쪽

1단계 자료 분석

[2025학년도 수능]

> 영국 (가) 에 고용된 용병들에게 새로 지급된 엔필드 소총의 탄약통에는 소기름과 돼지기름이 발라져 있다는 소문이 돌았다. 또한 영국이 인도의 전통인 카스트를 파괴하고 용병들을 크리스트교로 강제 개종시키려 한다는 말까지 퍼졌다. …… 불만은 확산되고 있었고, 영국인들만 탄약통을 사용하도록 제한하는 명령은 오히려 용병들의 의심을 더욱 키웠다. …… 그 결과 거센 폭풍처럼 무장봉기가 일어났다.
>
> –「디 애틀랜틱」–

용병들을 고용한 점, 인도에서 활동한 점 등을 통해 (가) 조직은 영국의 동인도 회사임을 알 수 있다. 동인도 회사는 인도인 용병인 세포이를 고용하였는데, 인종 차별과 종교적 갈등 등으로 점차 세포이의 불만이 쌓여 갔다. 결국 대부분이 힌두교도와 이슬람교도였던 세포이는 자신들이 사용하는 탄약통에 소와 돼지의 기름이 발라져 있다는 소문이 발단이 되어 봉기하였다. 세포이는 한때 수도 델리를 점령하기도 하였지만, 결국 영국군에 의해 진압되었다. 세포이의 항쟁은 인도 최초의 대규모 민족 운동이었다. 이를 계기로 영국은 무굴 제국의 황제를 폐위시키고 인도 통치 개선법을 제정하여 동인도 회사의 인도 지배권을 박탈하였다.

2단계 유형 연습

▸ 25059-0112

2 밑줄 친 '이 사건'에 대한 설명으로 옳은 것은?

> 우리는 인도의 토착 군주들에게 동인도 회사와 맺었거나 동인도 회사의 인가 아래 맺어진 조약이나 계약이 왕실에 의해 수용되고 성실히 지켜질 것임을 공표하며, 인도의 토착 군주들도 이 같은 조약이나 계약을 준수하기를 기대한다. …… 우리의 관대함은 영국인의 살해에 직접적으로 참여했다는 혐의로 기소되었거나 앞으로 기소될 자들을 제외하고는 이 사건에 연루된 모든 이들에게 적용될 것이다. …… 우리에 반항하여 무기를 들었던 자들에 대해서도 앞서 밝힌 요건에 해당하지 않는다면 우리는 용서와 사면을 약속한다.
>
> –「국왕 포고문」, 1858년 –

① 인도 국민 회의의 지원을 받았다.
② 간디의 소금 행진 이후 발생하였다.
③ 람 모한 로이를 중심으로 전개되었다.
④ 인도 통치 개선법이 제정되는 계기가 되었다.
⑤ 벵골과 프랑스의 연합군이 영국에 패배한 사건이다.

01

▸ 25059-0113

(가) 국가에 대한 설명으로 옳은 것은?

> 1884년 구스타프 나흐티갈이 해안 지역 부족인 두알라의 우두머리와 보호 조약을 체결하자, 당시 유럽에서 강력한 세력으로 떠오르던 (가) 이/가 카메룬 지역에 대한 지배권을 주장하였다. 이 같은 주장은 같은 해에 시작된 베를린 회담에서 대부분 인정되었다. 이 회담을 주도한 비스마르크는 프랑스와 협력하여 영국을 견제하는 데 성공하였으며, (가) 은/는 카메룬과 탄자니아, 나미비아 등에 대한 독자적인 권리를 확보하였다.

① 포츠머스 조약을 체결하였다.
② 수에즈 운하의 경영권을 차지하였다.
③ 모로코를 둘러싸고 프랑스와 대립하였다.
④ 쿠바를 보호국화하고 괌섬을 차지하였다.
⑤ 알제리와 마다가스카르를 잇는 식민화 정책을 추진하였다.

02

▸ 25059-0114

밑줄 친 '이 나라'에 대한 설명으로 옳은 것은?

> 조선에서 발행된 『한성순보』의 1884년 9월 19일 논설에서는 '국외(局外)'라는 개념을 거론하면서, 영세 국외 중립국은 전쟁을 하지 않으면서 여러 나라로부터 영원히 침범하지 않겠다는 협약을 받음으로써 성립되는 것이라 설명하고 있다. 그리고 산업 혁명의 종주국인 영국에 뒤이어 19세기 전반에 이미 광업 등을 중심으로 산업화가 이루어진 이 나라가 5개국 협약을 통해 중립국으로 인정받은 것을 그 사례로 들고 있다. 실제로 이 나라는 에스파냐 · 오스트리아 · 프랑스 · 네덜란드 등에 병합되는 등 유럽 내의 영토 쟁탈지로 전락하자, 1839년 영국 · 프랑스 · 프로이센 · 오스트리아 · 러시아의 공동 보장 아래 영세 국외 중립국이 되었다. 이후 이 나라는 레오폴드 2세 치하에서 대외 팽창적인 모습을 보이기도 하였으나, 두 차례의 세계 대전에서 번번이 독일에 의해 일방적으로 점령당하였다.

① 믈라카와 마카오를 장악하였다.
② 호세 리살의 민족 운동을 탄압하였다.
③ 중앙아프리카의 콩고를 식민지로 삼았다.
④ 흑해 방면에서 오스만 제국을 압박하였다.
⑤ 나가사키의 데지마에서 일본과 교역하였다.

03

▸ 25059-0115

(가), (나) 국가에 대한 설명으로 옳은 것은?

> 허울뿐인 이름만 남은 베트남의 사신들도 '제국 항로'를 이용해 (가) 을/를 방문하였다. 그들은 베트남에서 말레이시아, 싱가포르, 인도, 아라비아, 수에즈 운하를 거쳐 자신들을 지배하고 있는 (가) 의 마르세유항에 도착하였다. …… 훗날 이재각을 대표로 하는 대한 제국 사절단의 귀국길 기록에는 당시 (나) 의 식민지인 말레이시아의 페낭에서 하선해 잠시 유람한 내용이 있다. 수행원 이종응은 스리랑카의 콜롬보처럼 페낭에도 중국인이 많이 살고 있다고 썼다. 이후 이들은 네덜란드 식민지였던 오늘날 인도네시아의 수마트라섬을 지나 (나) 의 동아시아 진출에 중요한 요충지인 싱가포르를 방문하였다.

① (가) – 미얀마를 식민지화하였다.
② (가) – 무굴 제국의 황제를 폐위시켰다.
③ (나) – 베이징 조약으로 연해주를 할양받았다.
④ (나) – 자국 식민지로 인도차이나 연방을 조직하였다.
⑤ (가)와 (나) – 아프리카의 파쇼다에서 충돌하였다.

04

▸ 25059-0116

(가)에 들어갈 내용으로 가장 적절한 것은?

> 19세기에 접어들어 영국 동인도 회사의 중국산 차 구매량은 한 세기 전에 비해 수십 배 이상 증가하였다. 그런데 중국에서 영국 상품에 대한 수요는 거의 없다시피 하였으므로, 차 대금으로 엄청난 양의 은이 중국으로 유출되었다. 당시 영국은 산업 혁명에 따른 투자 자금 수요가 늘어나던 시기여서 대량의 은이 유출되는 상황을 좌시할 수 없었으며, 특히 면방직 공업이 확대되면서 미국에서 대량 수입하는 면화의 대금을 마련해야 하는 처지였다. 그리하여 (가)

① 영국 국내에서 인클로저 운동이 촉발되었다.
② 대서양을 가로지르는 노예 무역이 시작되었다.
③ 유럽은 물론 미국으로까지 산업 혁명이 확산되었다.
④ 인도산 아편을 중국에 파는 삼각 무역이 성립되었다.
⑤ 북아메리카 13개 식민지에 대한 중상주의 정책이 강화되었다.

05

▸ 25059-0117

(가) 인물의 활동으로 옳은 것은?

> 난징을 수도로 정한 (가) 은/는 화려한 왕궁 안에 칩거하면서 작성한 성서 주해에서 하느님과 예수는 동일한 존재가 아니라는 점을 반복하여 역설하였다. 이를 통해 자신의 형인 예수는 하느님의 첫째 아들이며, 자신은 예수에 이은 하느님의 둘째 아들임을 말하고자 하였다. 이리하여 천부 하느님, 장남 예수, 차남 (가) (이)라는 가족 관계가 완성되고, 그는 하느님의 전능성을 공유하는 지상의 최고 권위자가 됨으로써 예수에 이은 구세주의 계보를 잇게 되는 것이었다.

① 상제회를 조직하였다.
② 금릉 기기국을 설립하였다.
③ 타이완의 반청 세력을 제압하였다.
④ 광저우에 파견되어 아편을 몰수하여 폐기하였다.
⑤ 신종의 명을 받아 부국강병을 위한 신법을 추진하였다.

06

▸ 25059-0118

(가) 인물에 대한 설명으로 옳지 않은 것은?

> (가) 은/는 결국 영국과 일본 공사관의 도움을 받아 함께 활동한 량치차오와 일본으로 망명하였다. 그는 서양의 정치를 학습하여 전제 군주제를 입헌 군주제로 개혁해야 한다고 역설하였다. 『일본명치변정고(日本明治變政考)』, 『아라사대피득변정기고(俄羅斯大彼得變政記考)』 등의 글을 통해 그는 중국이 약한 원인이 전제 군주제를 실시하는 데 있으며 민권으로 중국을 구해야 한다는 자신의 생각을 피력하였다. 그래서 그는 서양이 실행한 삼권 분립을 모방할 것을 주장하였다.

① 부청멸양을 주장하였다.
② 광서제의 신임을 받았다.
③ 변법자강 운동을 주도하였다.
④ 서태후 등의 보수파에 의해 축출되었다.
⑤ 일본의 메이지 유신을 개혁의 모델로 삼았다.

07

▸ 25059-0119

(가) 정부의 정책으로 옳은 것은?

> 청 정부는 서구 열강과의 불평등 조약을 개정하기 위해 해외 사절단 파견 계획을 세우고 있었다. 이에 자국 주재 미국 공사를 역임하고 귀국을 준비 중이던 앤슨 벌링게임에게 사절단 단장을 맡아 달라고 요청하여 동의를 얻은 후, 미국을 비롯해 유럽 각국을 순회하는 외교 사절단을 파견하였다. 이후 사쓰마번과 조슈번 출신 인사들이 주도하는 (가) 도 조약 개정 예비 교섭과 서양 문명 견학을 위해 권력 실세인 이와쿠라 도모미를 중심으로 한 대규모의 고위급 사절단을 조직하였다.

① 다이카 개신을 단행하였다.
② 천조전무 제도를 발표하였다.
③ 공행을 통해 청과 교역하였다.
④ 미일 화친 조약을 체결하였다.
⑤ 에도를 도쿄로 개칭하여 수도로 삼았다.

08

▸ 25059-0120

밑줄 친 '이 강령'에 대한 설명으로 옳은 것은?

> 먼저 아우로빈도는 개념부터 다시 잡았다. 그는 인도 국민 회의 지도부가 이 강령을 '영국 식민 지배하에서 자치의 획득'이라고 정의한 것에서 벗어나, '영국 식민 지배로부터의 완전한 독립'으로 정의하였다. 아우로빈도는 인도가 자국 문제에 대한 완전한 통제권을 가지기 이전에는 영국과의 타협이나 협력에 대한 어떠한 논의도 단호히 거부해야 한다는 태도를 고수하면서, "우리는 모든 국가가 고유의 이상과 본성에 따라 스스로의 에너지로 자신의 삶을 살아갈 권리를 주장한다. 우리는 우월한 신체적 조건을 근거로 우리에게 저열한 문명을 강요하거나 우리 고유의 유산을 물려받지 못하도록 시도하는 외국인들을 거부한다."라고 주장하였다.

① 콜카타 대회에서 채택되었다.
② 람 모한 로이에 의해 주장되었다.
③ 신도가 사실상의 국교가 되는 데 영향을 끼쳤다.
④ 짜끄리 왕조의 외교 정책에 이념적 토대가 되었다.
⑤ 영국 동인도 회사가 인도 지배권을 상실하는 배경이 되었다.

정답과 해설 27쪽

1

▸ 25059-0121

(가) 국가에 대한 설명으로 옳은 것은?

> 이 운하는 새로 만든 편인데, 배로 이곳을 지나려면 화물이든 사람이든 통행료를 내야 한다. 언덕 위에 통행료를 징수하는 기관이 있는데 [(가)]이/가 운영한다. 프랑스의 레셉스가 이 운하를 열었는데 주식을 판매하여 비로소 대공사를 준공하였다. 이로부터 프랑스가 큰 이익을 거두었다. 땅이 이집트에 속했기 때문에 서로 의논해 이익의 3분의 1을 이집트 왕에게 돌려주었다. 그 후 이집트는 거액을 받고 [(가)]에 지분을 팔았다. 또 들으니 프랑스가 베트남에서 전쟁하는 중에 주식을 [(가)]에 팔아서 대부분 권리가 넘어갔다고 한다.
>
> – 민영환, 『사구속초(使歐續草)』 –

① 튀니지를 보호령화하였다.
② 태평양의 마셜 제도를 점령하였다.
③ 남아프리카의 케이프타운을 지배하였다.
④ 나폴레옹 몰락 후 신성 동맹을 체결하였다.
⑤ 삼국 간섭으로 랴오둥반도 반환을 강요하였다.

2

▸ 25059-0122

밑줄 친 '우리 나라'에 대한 설명으로 옳은 것은?

> 일부 강경론자들은 하와이가 전쟁의 수단으로서 필요할 뿐 아니라 필리핀의 영구적 보유에도 꼭 필요한 것이라고 주장하였다. 예를 들어 당시 한 유력지는 선언하기를, '누구도 하와이를 지나는 우리 나라의 깃발을 멈추게 할 수 없으며, 이는 하와이가 동방과의 무역을 위한 징검다리이기 때문'이라고 하였다. 아울러 전통적으로 친민주당 성향이던 한 신문도 '갑자기 우리 나라는 필리핀으로 가는 중간 기착지가 필요하게 되었다.'라고 하면서, '하와이 제도의 합병을 반대하는 것은 국가적 운명에 딴지를 거는 행위일 뿐'이라며 하와이의 흡수를 주장하였다.

① 에스파냐와의 전쟁에서 승리하였다.
② 농노 해방령으로 내정 개혁을 추진하였다.
③ 사라예보 사건으로 세르비아에 선전 포고하였다.
④ 오스트레일리아와 뉴질랜드를 자치령으로 삼았다.
⑤ 베트남과 캄보디아 등을 합쳐 인도차이나 연방을 수립하였다.

3

▸ 25059-0123

밑줄 친 '이 조약'의 내용으로 옳지 않은 것은?

양측의 무력 충돌은 이미 1839년 말에 일어났으나, 이듬해 4월에 영국 의회가 군사비 지출을 승인하고 6월에 원정군이 마카오 해역에 도착하면서 전쟁은 본격화되었다. 이때부터 이 조약이 체결될 때까지 약 2년간, 중국 중남부 해안과 창장강 중하류 일대에서 청군과 영국군 사이에 전투가 이어졌다. 1842년 7월에 청군은 창장강과 대운하의 교차점인 전장[鎭江]을 영국군에게 내주는 결정적인 패전을 당하였고, 결국 8월 29일 청은 콘월리스호 선상에서 영국의 요구를 대부분 받아들인 패전 조약이자 중국 최초의 불평등 조약인 이 조약에 조인하였다.

① 홍콩섬이 할양되었다.
② 공행 무역이 폐지되었다.
③ 청의 배상금 지불이 규정되었다.
④ 외국 공사의 베이징 주재가 허용되었다.
⑤ 상하이를 포함한 5개 항구가 개항되었다.

4

▸ 25059-0124

다음 자료를 통해 파악할 수 있는 당시 중국의 상황으로 가장 적절한 것은?

1875년 4월에 하트는 총리아문의 명을 받아 톈진에 가서 이홍장과 몇 차례 회의를 거친 후 '구판포선장정(購辦炮船章程)'을 체결했는데, 이것이 대규모로 외국 군함을 구매하는 풍조의 시작이었다. 캠벨이 구매 실무를 담당하여 마침내 영국 암스트롱 조선소와 군함 네 척을 구매 계약하였다. 38톤 포를 싣는 배 두 척과 26.5톤 포를 싣는 배 두 척을 모두 은 375,960량에 수입하기로 결정하였다. 나중에 이 배들은 중국에서 용양, 호위, 비정, 체전이라는 이름이 붙여졌다. 이것이 제1차 구매이다. 1878년 9월, 캠벨은 다시 대포의 성능이 크게 개선된 새로운 함정이 나왔다며 하트에게 추천하였다. 그 후 제2차 구매로 진북, 진남, 진동, 진서 등 네 척을 추가로 들여와 북양 수사*는 모두 여덟 척의 근대적 군함을 보유하게 되었다.

– 조세현, 「수사(水師)에서 해군(海軍)으로」 –

* 수사(水師) : 중국에서 해군을 일컫는 전통적 표현

① 양무운동이 전개되었다.
② 태평천국이 수립되었다.
③ 애로호 사건으로 전쟁이 발발하였다.
④ 8개국 연합군이 베이징을 점령하였다.
⑤ 광서신정으로 신식 군대가 편성되었다.

5

▸ 25059-0125

(가) 인물에 대한 설명으로 옳은 것은?

> 광둥성에서 일으킨 봉기가 실패로 끝나자 (가) 은/는 일본, 홍콩, 하와이 및 유럽 각국을 두루 돌아다니며 화교와 유학생들에게 혁명 사상을 고취하고 흥중회 지부를 설치하는 등 활동을 이어 나갔다. 당시는 청 정부의 유학 장려 정책으로 국외 중국인 유학생 수가 급증하고 있었으며, 중국 내외에서 많은 혁명 단체가 조직되고 급진적인 간행물이 쏟아져 나와 그의 활동에 다소간 유리한 환경이 조성되었다. 1905년 (가) 은/는 화흥회, 광복회 등의 단체와 협력하여 중국 동맹회를 결성하였는데, 중국 동맹회는 구제달로(驅除韃虜, 오랑캐를 몰아냄), 회복중화(恢復中華, 중화를 회복함), 창립민국(創立民國, 공화국을 창립함), 평균지권(平均地權, 토지에 대한 권리를 균등히 함)의 4대 강령을 채택하였다.

① 열강과 신축조약을 체결하였다.
② 황제 제도의 부활을 시도하였다.
③ 신청년이라는 잡지를 간행하였다.
④ 난징에서 임시 대총통에 취임하였다.
⑤ 시안 사건을 일으켜 항일 투쟁을 호소하였다.

6

▸ 25059-0126

(가)에 대한 중국 민중의 대응으로 가장 적절한 것은?

> 칭다오를 접수한 일본 정부는 가토 외무대신을 통해 1914년 12월 3일에 히오키 중국 주재 일본 공사에게 훈령을 보냈다. 1915년 1월에 정식 외교 수속 없이 위안스카이에게 직접 제출된 (가) 은/는 산둥반도의 독일 이권 및 신철도 문제, 남만주 및 동부 내몽골에서의 우월적 지위 확보 등의 내용으로 이루어져 있었다. 양국 간의 교섭이 1915년 2월 2일에 시작되었지만 중국이 받아들이기는 쉽지 않았다. 결국 일본이 병력 증원으로 중국을 압박하면서 최후 통첩을 보낸 결과, 5월 9일에 중국은 결국 (가) 을/를 수용하였고, 5월 25일에는 조약 및 교환 공문 형태로 베이징에서 조인되었다. 일본은 이를 국제적으로 인정받기 위해 단독으로는 강화하지 않으며 강화 조건은 상호 협정을 거치기로 합의한 영국·프랑스·러시아 진영에 동참을 선언하는 등 외교적인 노력을 기울였으며, 1917년에는 러시아와의 비밀 협약과 미국과의 랜싱·이시이 협정을 통해 자국의 이권을 보장받으려 하였다.

① 유교 중심의 전통문화를 비판하였다.
② 5·4 운동 과정에서 철폐를 주장하였다.
③ 교회와 철도 등 서양 문물을 파괴하였다.
④ 중체서용을 바탕으로 부국강병을 추구하였다.
⑤ 신군 봉기에 호응하여 각 성의 독립을 선언하였다.

7

▶ 25059-0127

(가), (나) 국가에 대한 설명으로 옳은 것은?

난징 조약이 맺어진 뒤 2년 후, 네덜란드 국왕은 특사를 보내 국서를 전달하며 (가) 에 개항을 권유하였다. 이 국서에는 분쟁을 회피하고 나라를 보전하려면 네덜란드 이외의 다른 서구 국가와도 교역을 시작해야 한다고 권고하는 내용이 담겨 있었다. 그런데 (가) 은/는 오히려 네덜란드와는 '통상(通商)'을 했을 뿐 '통신(通信)' 관계가 아닌데도 국서를 보냈다고 질책하였다. 그러던 와중에 네덜란드로부터 (나) 이/가 곧 통상을 요구하는 사절을 파견할 것이라는 경고가 전해졌다. 네덜란드는 (나) 이/가 파견하는 페리 함대에 대한 정보뿐 아니라, 교섭 기초 자료로 통상 조약의 초안까지 제공하였다. 이 초안에서 네덜란드는 외국인과의 자유 무역을 금지하고 범죄를 저지른 외국인은 국내법으로 처리하라고 조언하였다.

① (가) – 동유 운동을 전개하였다.
② (가) – 왕정복고로 신정부를 수립하였다.
③ (나) – 류큐 왕국을 병합하였다.
④ (나) – 와하브 왕국을 건설하였다.
⑤ (가)와 (나) – 시모노세키 조약을 체결하였다.

8

▶ 25059-0128

(가) 기구가 인도에서 전개한 활동으로 옳은 것은?

이제 인도는 장관을 통해 다스려지게 되었다. 행정·재정 등을 포함한 인도 내의 모든 권력은 장관으로 집중되었으며, 인도 장관은 영국 의회에 대해서만 책임을 졌다. 장관을 통제할 수 있는 유일한 기관은 의회뿐이었지만, 사실상 의회가 장관에게 전면적 위임을 했기 때문에 그 권한이 거의 절대적이었다. 인도 장관 밑에는 총독이 있었다. 총독은 현지의 최고 직책으로, 대리 군주의 지위를 겸하였다. 총독 밑에는 주지사, 주지사 밑에는 회계관의 역할까지 수행하는 군수가 있었다. 관료 조직은 중앙 집권적이고 철제 사다리와 같이 튼튼하였다. 이처럼 종래 (가) 의 지배를 받던 지역이 1858년 인도 통치 개선법의 제정으로 장관과 총독의 지배를 받게 된 것이다.

① 세포이를 고용하였다.
② 벵골 분할령을 발표하였다.
③ 인도 국민 회의를 조직하였다.
④ 이산들와나 전투에서 패배하였다.
⑤ 브라흐마 사마지 운동을 주도하였다.

9

▸ 25059-0129

(가)에 들어갈 내용으로 가장 적절한 것은?

압둘 하미드 2세의 권력은 탄지마트에서 소외감과 정체성 혼란을 느낀 무슬림의 위기감과 강력한 술탄에 대한 향수의 감정에 기반하였다고 볼 수 있다. 그러나 그가 치세 말년에 저지른 독재와 인사 부조리는 젊은 세대의 애국심을 저항 의식으로 바꾸어 버렸고, 군의 근대화를 등한시하고 군사 예산을 삭감한 조치들은 군부의 경각심을 증폭시켰다. 술탄의 실정 탓에 범이슬람주의의 매력이 크게 상쇄되었고, 일반인들 사이에서 개혁을 통한 서구화가 압둘 하미드 2세의 치세와 비교하여 나쁘지 않겠다는 인식이 확산하였다. 결국 [(가)] 이후 술탄의 권한을 크게 제약하는 입헌 군주제가 본격적으로 시행되면서, 압둘 하미드 2세는 실권을 행사한 최후의 오스만 제국 술탄으로 사람들의 기억 속에 남게 되었다.

① 미드하트 파샤가 근대적 헌법을 제정하였다.
② 카자르 왕조가 쇠퇴하면서 외세가 침략하였다.
③ 청년 튀르크당이 무장봉기로 정권을 장악하였다.
④ 이슬람 신앙 회복을 주장하는 마흐디 운동이 전개되었다.
⑤ 무함마드 알리가 자치권을 얻어내면서 이집트가 사실상 독립하였다.

10

▸ 25059-0130

(가) 국가에 대한 설명으로 옳은 것은?

즉위 직후 [(가)]의 메넬리크 2세는 이탈리아와 우찰레 조약을 체결하였다. 이탈리아는 이 조약 제17조의 '다른 열강이나 정부와의 사업 협상 일체와 관련하여 이탈리아 정부를 이용하는 데 동의한다.'라는 구절을 근거로 [(가)]이/가 이탈리아의 보호령임을 인정했다고 판단하였다. 이후 이탈리아는 제국주의적 팽창 정책을 노골화하여 마사와와 아사브를 에리트레아로 통합하고 이를 이탈리아 식민지로 선포하였다. 또한 인근 소말리아에 대한 정복 사업에도 착수하였다. 이 같은 움직임은 메넬리크 2세를 불안하게 하였다. 그는 이탈리아 왕 움베르토 1세에게 서한을 보내 우찰레 조약 제17조의 '동의한다.'라는 표현은 자국어인 암하라어의 '동의할 수도 있다.'라는 표현을 오역한 것이라고 주장하였다.

① 브나로드 운동을 전개하였다.
② 아도와 전투에서 승리하였다.
③ 헤레로족의 봉기를 진압하였다.
④ 아기날도의 주도로 공화국을 선포하였다.
⑤ 아라비 파샤를 중심으로 반영 운동을 전개하였다.

THEME

11 두 차례의 세계 대전

1 제1차 세계 대전

(1) 유럽 열강의 대립

① 독일의 대외 정책

- 비스마르크 : 유럽의 현상 유지와 프랑스의 고립화 추진 → 오스트리아·헝가리 제국, 이탈리아와 3국 동맹 결성(1882)
- 빌헬름 2세 : 대외 팽창 정책 → 베를린·비잔티움·바그다드 연결 추진, 모로코 사건(1905, 1911)

② 영국의 대외 정책 : 카이로·케이프타운·콜카타 연결 추진, 빌헬름 2세의 정책에 맞서 프랑스·러시아와 3국 협상 성립(1907)

③ 범게르만주의와 범슬라브주의의 대립 : 발칸반도에서 독일이 오스트리아·헝가리 제국 후원(범게르만주의) ↔ 러시아가 세르비아를 후원(범슬라브주의)

④ 발칸 전쟁(1912~1913) : 발칸반도의 여러 민족이 오스만 제국으로부터 독립, 이후 세르비아와 오스트리아·헝가리 제국의 갈등 격화

(2) 제1차 세계 대전(1914~1918)

① 사라예보 사건(1914) : 보스니아의 사라예보를 방문한 오스트리아·헝가리 제국의 황태자 부부가 암살됨

② 전쟁의 발발 : 오스트리아·헝가리 제국이 세르비아에 선전 포고 → 동맹국(오스트리아·헝가리 제국, 독일)과 협상국(영국, 프랑스, 러시아)의 참전 → 오스만 제국과 불가리아는 동맹국 측에 가담, 원래 동맹국이던 이탈리아는 협상국(연합국) 측에 가담(1915)

③ 전개 : 독일군의 벨기에 침공(1914), 프랑스로 진격 → 마른 전투와 솜 전투(전쟁이 교착 상태에 빠짐, 참호전 전개)

④ 전세의 변화 : 영국 해군의 북해 봉쇄 → 독일의 무제한 잠수함 작전 전개 → 미국 참전 → 러시아 혁명 발생(1917), 러시아는 독일 등 동맹국과 단독 강화를 체결(1918)하여 전쟁에서 이탈

⑤ 전쟁의 종결 : 동맹국(불가리아, 오스만 제국, 오스트리아·헝가리 제국)의 항복, 독일 킬 군항 해군들의 봉기를 시작으로 혁명 발생 → 독일 빌헬름 2세 망명, 공화국 선포 → 연합국 측과 독일 임시 정부의 휴전 조약 체결(1918. 11.)

⑥ 전쟁의 특징 : 총력전(전후방 구분 없이 국가 전체의 인력과 자원 투입), 참호전, 신무기 등장(탱크·전투기·잠수함·독가스 등)

2 러시아 혁명과 소련의 성립

(1) 혁명 이전의 정세

① 사회 변화 : 노동자 계급 성장, 레닌 등이 사회주의 정당 설립

② 피의 일요일 사건(1905) : 러일 전쟁에서 열세, 차르의 전제 정치에 대한 불만 고조 → 시위 전개 → 무력 진압 → 니콜라이 2세가 두마(의회)의 입법권 보장 등 개혁 약속

(2) 러시아 혁명의 전개(1917)

① 러시아력 2월 혁명(3월 혁명)

배경	제1차 세계 대전의 장기화로 물자 부족, 거듭된 패전으로 사기 저하
경과	페트로그라드(상트페테르부르크)에서 노동자·병사 소비에트 중심의 혁명 발생 → 니콜라이 2세 퇴위(로마노프 왕조 붕괴) → 임시 정부 수립

② 러시아력 10월 혁명(11월 혁명)

배경	임시 정부의 전쟁 지속, 개혁 실패
경과	노동자·병사 소비에트와 임시 정부의 대립 → 레닌 중심의 볼셰비키 혁명(전쟁 반대, 사회주의 지향) → 임시 정부 타도, 소비에트 정부 수립

(3) 혁명 후의 러시아

① 레닌 : 독일을 비롯한 동맹국들과 단독 강화 조약(브레스트-리토프스크 조약) 체결(1918), 토지 분배 및 주요 산업 국유화 등 사회주의 개혁 추진, 신경제 정책[NEP] 실시(자본주의적 요소 일부 도입), 소비에트 사회주의 공화국 연방(소련) 수립(1922)

② 스탈린 : 레닌 사망(1924) 후 정권 장악, 경제 개발 5개년 계획 추진(중공업 육성·농업 집단화), 독재 체제 강화(스탈린주의)

3 제1차 세계 대전 이후의 세계

(1) 베르사유 체제의 성립

① 파리 강화 회의(1919. 1.) : 영·미·프 등 주요 전승국의 대표들이 회의 주도, 윌슨의 평화 원칙 14개조 고려, 전승국의 이익과 패전국에 대한 응징이 강하게 작용

② 베르사유 조약(1919. 6.) : 전승국과 독일 간에 체결, 독일은 모든 식민지 상실, 알자스·로렌을 프랑스에 양도, 군비 축소, 배상금 지불 → 베르사유 체제 성립

(2) 평화 구축을 위한 노력

① 국제 연맹 창설(1920) : 국제 평화와 협력을 위한 기구, 미국의 불참, 독일·소련 제외(독일은 1926년, 소련은 1934년에 가입), 군사적 제재 수단 미비

② 평화 유지 노력 : 워싱턴 회의(1921~1922) 등에서 군비 축소 논의, 로카르노 조약 체결(1925), 켈로그·브리앙 조약 체결(1928)

(3) 전후 민주주의의 발전

① 제정의 붕괴와 공화국 수립 : 독일 제국(→ 바이마르 공화국), 오스트리아·헝가리 제국(→ 오스트리아 공화국 등), 오스만 제국(→ 튀르키예 공화국)

② 보통 선거권 확산 : 노동자와 여성의 참정권 확대

(4) 중국의 민족 운동

① 제1차 국공 합작(1924) : 공산당원이 개인 자격으로 중국 국민당에 입당하는 방식의 연대, 군벌 타도와 반제국주의 운동 전개

② 국민 혁명 : 쑨원 사망 → 장제스가 실권 장악, 북벌 단행 → 공산당 탄압, 베이징을 점령하고 북벌 완성(1928)
③ 대장정 : 중국 공산당이 루이진에 소비에트 임시 정부 수립(1931) → 장제스의 중국 국민당이 공산당 토벌 작전 전개 → 대장정 단행(1934), 공산당이 근거지를 옌안으로 옮김
④ 제2차 국공 합작(1937) : 시안 사건(1936)을 계기로 내전 중지와 항일 투쟁에 합의, 중일 전쟁 발발 후 장기적 항일 전쟁 전개

(5) 인도의 민족 운동
① 간디 : 비폭력·불복종 운동 전개, 롤럿법의 폐지와 완전한 자치 요구, 영국의 소금법에 항의하여 소금 행진 전개
② 네루 : 인도의 완전한 독립 요구
③ 신인도 통치법(1935) : 영국이 인도의 각 주에 대해 외교와 군사 부문을 제외한 자치권 인정

(6) 튀르키예의 민족 운동
① 튀르키예 공화국 수립(1923) : 무스타파 케말이 술탄제를 폐지하고 공화국의 초대 대통령으로 취임
② 무스타파 케말의 근대화 정책 : 튀르키예어 표기법 제정, 정교분리, 근대적 교육 제도 실시, 일부다처제 금지 등 여성의 지위 향상

4 대공황과 전체주의

(1) 대공황의 발생
① 배경 : 제1차 세계 대전 이후 과잉 생산, 전체적인 소비 시장 축소
② 전개 : 미국 증권 거래소의 주가 폭락(1929) → 전 세계로 대공황 확산
③ 영향 : 각국 정부의 통제 경제 정책 강화, 블록 경제의 형성, 전체주의의 확산

(2) 대공황 극복을 위한 각국의 대응책
① 미국 : 루스벨트 대통령의 뉴딜 정책(정부가 시장에 적극 개입, 테네시강 유역 개발 공사 설립, 농업 조정법·와그너법·사회 보장법 등 제정)
② 기타 : 영국과 프랑스는 각각 파운드 블록과 프랑 블록 형성

(3) 전체주의의 등장
① 특징 : 국가 지상주의, 일당 독재, 군국주의, 팽창주의, 언론과 사상의 통제
② 각국의 전체주의

이탈리아 (파시즘)	제1차 세계 대전 후 물가 폭등, 실업자 증가 → 무솔리니가 파시스트당 결성 → 로마 진군(1922) → 일당 독재 체제 구축(대공황 이전에 전체주의 등장) → 에티오피아 침공(1935) → 국제 연맹 탈퇴(1937) → 알바니아 침공(1939)
독일 (나치즘)	바이마르 공화국의 경제·사회 혼란 → 총선에서 나치당 승리(1932) → 히틀러가 총리로 취임, 국제 연맹 탈퇴 → 히틀러가 총통으로 취임(1934) → 반유대 정책 추진, 재무장 선포
일본 (군국주의)	재벌·군부 등 보수 세력 결집 → 만주 사변(1931) → 만주국 수립(1932) → 국제 연맹 탈퇴(1933) → 중일 전쟁 도발(1937), 난징 대학살

5 제2차 세계 대전

(1) 전쟁 전 유럽의 상황
① 에스파냐 내전 : 프랑코 군부 세력의 반란(1936) → 이탈리아·독일의 지원 → 프랑코 정권 수립
② 3국 방공 협정(1937) : 독일·일본에 이어 이탈리아까지 체결
③ 독일의 팽창 : 라인란트 진주, 오스트리아 병합, 체코슬로바키아의 수데텐 지방 점령, 독소 불가침 조약 체결(1939. 8.)

(2) 제2차 세계 대전의 전개
① 전쟁의 발발 : 독일의 폴란드 침공(1939. 9.) → 영국과 프랑스의 대독 선전 포고 → 독일의 노르웨이, 덴마크, 네덜란드, 벨기에 침략
② 독일의 프랑스 공격 : 파리 점령 → 비시 정부 수립 → 드골의 영국 망명 → 자유 프랑스(망명 정부) 수립, 프랑스 내 레지스탕스 활동
③ 독일의 소련 침략 : 독소 불가침 조약을 파기하고 소련 영토로 진격(1941)
④ 이탈리아 : 그리스와 북아프리카 침공(1940)
⑤ 일본의 팽창 : 대동아 공영권 표방, 동남아시아 침략 → 미국, 영국 등이 자국 내 일본 자산을 동결하고 각종 원자재의 일본 수출을 금지 → 일본이 미국 하와이의 진주만을 기습(태평양 전쟁 발발, 1941)
⑥ 연합국의 반격과 승리 : 미국의 미드웨이 해전 승리(1942), 소련의 스탈린그라드 전투(1942~1943) 승리 → 이탈리아 항복 → 노르망디 상륙 작전(1944) → 독일 항복 → 미국이 일본의 히로시마와 나가사키에 원자 폭탄 투하 → 소련의 대일전 참전 → 일본의 항복으로 전쟁 종결(1945)
⑦ 전쟁 중 회담 : 카이로 회담(1943), 얄타 회담(1945), 포츠담 회담(1945) 등에서 전후 평화 논의

(3) 전후 처리
① 방향 : 연합국과 패전국 간의 개별 조약 체결
② 내용 : 전범 처벌을 위한 군사 재판(뉘른베르크 재판, 도쿄 재판), 미·영·프·소의 독일 분할 관리(→ 독일의 동서 분단), 일본의 주권 회복(샌프란시스코 강화 회의, 1951), 오스트리아의 중립국화

(4) 국제 연합[UN]의 성립(1945)

과정	• 대서양 헌장(1941) : 미국의 루스벨트와 영국의 처칠이 발표, 전후 평화 수립의 원칙 제시하여 국제 연합 창설의 기초 마련 • 샌프란시스코 회의(1945) : 51개국이 국제 연합 헌장 채택 → 국제 연합이 정식으로 출범
특징	• 안전 보장 이사회의 결의가 총회보다 우선 • 상임 이사국(미·영·프·소·중)의 거부권 행사 → 국가 이기주의 심화, 냉전 논리에 좌우됨 • 국제 연합군을 파견하여 국제 분쟁에 무력 제재를 가할 수 있게 됨

자료 탐구 1 제1차 세계 대전

정답과 해설 30쪽

1 단계 자료 분석

[2025학년도 수능]

> 우리는 우리 나라를 예속하려고 하는 적에 맞서 3년 동안 위대한 투쟁을 하고 있습니다. 잔인한 적은 끝까지 발악하고 있으나, 우리의 용감한 군대가 영광스러운 협상국과 함께 적을 무찌를 시간이 다가오고 있습니다. 그러나 최근 국내에서 발생한 소요 사태가 이 결연한 싸움을 성공적으로 지속해 나가기 어렵게 만듭니다. 이 결정적인 시기에 국민이 단결하고 모든 힘을 모아 <u>전쟁</u>에서 신속한 승리를 거두는 것이 우리의 의무라고 생각합니다. 이러한 이유로 저는 두마와 협의하에 권좌에서 내려오고자 합니다.

3년 동안 협상국 진영에서 싸운 점, 국내에서 발생한 소요 사태로 싸움을 지속하기가 어려워진 점, 두마와 협의했다고 한 점 등을 통해 이 자료가 러시아에서 작성되었다는 사실과 밑줄 친 '전쟁'이 제1차 세계 대전임을 알 수 있다. 제1차 세계 대전에서 협상국 진영의 일원으로 참전한 러시아는 독일 등에 맞서 싸웠다. 그런데 1917년 전쟁 중지와 차르 타도를 외치는 봉기가 일어났고, 노동자·병사 소비에트가 결성되어 혁명을 추진하였다. 그 결과 제정은 붕괴하고 임시 정부가 수립되었다(러시아력 2월 혁명). 그러나 전쟁을 계속한 임시 정부는 볼셰비키가 주도한 봉기로 무너지고 소비에트 정부가 수립되었다(러시아력 10월 혁명).

2 단계 유형 연습

▸ 25059-0131

1 밑줄 친 '전쟁'에 대한 설명으로 옳은 것은?

> 1. 즉각적인 평화의 실현을 위해 계속되고 있는 <u>전쟁</u>은 중단되어야 한다.
> 2. 현재 부르주아의 손에 권력이 있던 혁명의 첫 번째 단계에서 프롤레타리아와 농민들이 권력을 장악하는 혁명의 두 번째 단계로 넘어가고 있다.
> 3. 임시 정부를 지지해서는 안 된다.
> 4. 대중은 소비에트가 혁명적 정부의 유일한 형태임을 인식해야 한다.
> 9. 당 대회를 소집하여 강령을 개정하고 당의 이름을 공산당으로 바꿔야 한다.
>
> –「4월 테제」–

① 비시 정부가 수립되는 배경이 되었다.
② 네르친스크 조약 체결의 계기가 되었다.
③ 신성 로마 제국의 해체에 영향을 주었다.
④ 필리핀에 대한 지배권을 두고 대립하였다.
⑤ 독일에서 공화정이 수립되는 결과를 가져왔다.

자료 탐구 2 제2차 세계 대전

정답과 해설 30쪽

1 단계 자료 분석

[2025학년도 수능]

> 여러분, 우리는 몹시 어려운 상황에서도 혁명 24주년을 기념하고 있습니다. (가) 은/는 우리 나라를 침략하지 않겠다는 협약을 어기고 전쟁을 도발하였습니다. 우리 나라는 일시적이긴 하지만 많은 지역을 잃었습니다. 그러나 우리 군대는 적의 공격을 막아 내고 있습니다. 우리 나라가 지금보다 더 어려운 상황일 때도 있었습니다. 혁명 1주년을 기념했을 때를 생각해 보십시오. 그때 우리 국토의 상당 부분이 다른 나라에 장악되어 있지 않았습니까! 중앙아시아, 우랄 등을 일시적으로 상실하였지만 결국 승리하여 수복하였습니다.

혁명 24주년을 기념하고 있는 점, 불가침 조약을 어기고 전쟁을 도발한 적과 싸우고 있는 점, 혁명 1주년에 국토의 상당 부분을 상실했던 경험이 있는 점 등을 통해 이 자료에서 우리 나라가 소련이라는 사실과 (가) 국가가 독일임을 알 수 있다. 제2차 세계 대전 당시 독일은 폴란드에 이어 덴마크, 노르웨이, 네덜란드, 벨기에 등을 침공하였다. 독일군이 파리를 점령하자 프랑스 남부에서는 독일에 협조적인 비시 정부가 들어섰고, 드골은 영국으로 건너가 망명 정부인 자유 프랑스를 수립하였다. 이후 영국을 제외한 유럽 대부분을 장악한 독일은 폴란드 침공 직전에 체결했던 불가침 조약을 어기고 1941년에 소련 침공을 감행하였다.

2 단계 유형 연습

▸ 25059-0132

2 (가) 국가에 대한 설명으로 옳은 것은?

> 세 연합국의 목적은 1914년 이래 (가) 이/가 강탈했거나 점령한 태평양의 모든 섬들을 몰수하는 것이며, 또한 중국으로부터 탈취한 모든 영토, 예를 들면 만주·타이완·펑후 제도 등을 중국에 반환하는 것이다. (가) 은/는 폭력과 탐욕에 의해 탈취한 다른 모든 영토에서도 추방당할 것이다. 세 연합국은 한국인이 노예적 상태에 놓여 있음을 상기하면서, 한국을 적당한 시기에 자유롭고 독립적인 국가로 만들 것을 굳게 다짐한다.
>
> –「카이로 선언」–

① 얄타 회담에 참가하였다.
② 오스트리아를 합병하였다.
③ 아도와 전투에서 승리하였다.
④ 신경제 정책[NEP]을 추진하였다.
⑤ 원자 폭탄 공격을 받고 항복하였다.

정답과 해설 30쪽

01

▸ 25059-0133

(가) 국가에 대한 설명으로 옳은 것은?

당시 (가) 의 유럽 정책에서 가장 어려운 대상은 영국이었다. 프랑스는 힘의 우위를 내세워서 제압하고 있었고, 러시아와는 어느 정도 친선 관계를 유지하고 있었다. 또 다른 강대국인 오스트리아·헝가리 제국, 이탈리아와는 3국 동맹을 체결하였다. 그런데 막강한 경제력과 해군력을 자랑하던 영국은 유럽 대륙에서 분쟁이 발생하면 약한 쪽에 가담하는 경향이 있었다. 약자를 보호하려는 인도주의적 개입이라기보다는 유럽의 '세력 균형'을 유지함으로써 자국의 이익을 극대화하려는 의도에서였다. 그래서 이 시기 (가) 은/는 유럽의 주도권 획득을 위해 비유럽 지역에서는 영국의 패권을 인정하면서 그들의 비위를 맞춰주려 하였다.

① 범슬라브주의를 표방하였다.
② 파쇼다에서 프랑스와 충돌하였다.
③ 무솔리니가 파시스트당을 이끌고 집권하였다.
④ 발칸 전쟁으로 영토의 상당 부분을 상실하였다.
⑤ 베를린·비잔티움·바그다드의 연결을 추진하였다.

02

▸ 25059-0134

다음 자료를 활용한 탐구 주제로 가장 적절한 것은?

1890년 비스마르크가 일선에서 물러나면서 유럽의 국제 질서에 변화가 나타났다. 신임 황제인 독일의 빌헬름 2세가 러시아의 재보장 조약* 연장 요구를 거절하자, 외교적 고립으로 절치부심하던 프랑스는 울분을 삭이고 있던 러시아에 접근해 1894년 마침내 동맹을 체결하였다. 또한 영국과는 1904년에 적대 관계를 청산하였는데, 그 효과는 이듬해의 제1차 모로코 사건에서 여실히 입증되었다. 나아가 1907년에는 영국과 러시아 간의 협상을 중재하는 역할도 성공적으로 수행하였다.

* 재보장 조약 : 1887년 독일과 러시아 사이에 체결된 3년 기한의 비밀 조약으로 제3국과의 전쟁에서 상호 중립을 지킬 것과 발칸반도에서의 현상 유지가 약정되었음.

① 3국 협상의 성립 과정
② 마스트리흐트 조약의 체결 과정
③ 러시아의 남하 정책과 크림 전쟁
④ 혁명전쟁의 전개와 나폴레옹의 등장
⑤ 세르비아와 오스트리아·헝가리 제국의 갈등

03

▸ 25059-0135

(가) 전쟁에 대한 설명으로 옳은 것은?

1918년 11월 이전까지만 해도 한 해 전 러시아에서 벌어진 사태가 독일에서는 가능성이 크지 않고 '문명화된 서구'와는 상관없는 일이라는 주장이 허튼소리가 아닐 수 있었다. 그러나 1918년 11월 3일 킬 군항의 해군들이 봉기를 감행하며 억눌린 불만을 터뜨렸을 때, 이런 견해는 산산조각이 났다. 그때부터 봉기가 급속히 확산하여 곳곳에서 노동자와 병사의 평의회가 조직되었다. 11월 9일 혁명의 물결이 베를린을 덮쳤을 때 황제가 퇴위하였다. 이 일이 있은 지 이틀 뒤에 (가) 이/가 끝났다.

① 포츠머스 조약으로 종결되었다.
② 사라예보 사건에 영향을 끼쳤다.
③ 참호전의 양상으로 장기화되었다.
④ 러시아 혁명을 배경으로 발발하였다.
⑤ 범게르만주의가 출현하는 계기가 되었다.

04

▸ 25059-0136

(가) 조약 체결의 계기로 가장 적절한 것은?

독일을 비롯한 동맹국 진영이 (가) 을/를 체결하는 과정에서 동부 전선의 평화를 대가로 러시아에 요구한 조건은 매우 가혹한 것이었다. (가) 에는 러시아가 독일에 발트 3국을, 오스만 제국에 캅카스 남쪽 지역을 넘겨주고, 우크라이나의 독립을 인정하는 내용이 포함되어 있었다. 이로 인해 러시아는 프랑스 본토보다 넓은 영토를 포기하게 되었고, 대략 보더라도 전체 인구의 3분의 1, 철광석과 석탄 산출량의 3분의 2를 상실하였다. 게다가 배상금으로 60억 마르크의 현금까지 지급해야 했으니, 그 요구 사항이 너무나 혹독해서 독일 측 협상 담당자들마저 놀랄 지경이었다.

① 대륙 봉쇄령이 선포되었다.
② 신경제 정책[NEP]이 추진되었다.
③ 볼셰비키가 혁명으로 정권을 장악하였다.
④ 니콜라이 2세가 피의 일요일 사건을 진압하였다.
⑤ 표트르 대제가 상트페테르부르크를 건설하여 수도로 삼았다.

05

▸ 25059-0137

(가)에 들어갈 내용으로 가장 적절한 것은?

1919년 1월에 시작된 파리 강화 회의에서 미국 대통령 우드로 윌슨은 주도적인 역할을 수행하였다. 그는 새로운 '보편적 표준'으로서 민족 자결의 원칙을 제창하였다. 그러나 민족 자결 원칙은 분출하는 민족적 자아(自我)들로 인해 빚어지는 또 다른 전쟁의 가능성을 안고 있었다. 이러한 위험성은 보완될 필요가 있었다. 모든 주체가 결정권을 주장함으로써 야기될 수 있는 전쟁 상황을 미연에 방지하기 위해 다수의 민족 국가들이 합의한 집단 안보 체제가 요구되었고, 그 결과 [(가)]

① 빈 체제가 성립되었다.
② 국제 연맹이 창설되었다.
③ 파리 코뮌이 수립되었다.
④ 베스트팔렌 조약이 체결되었다.
⑤ 북대서양 조약 기구[NATO]가 결성되었다.

06

▸ 25059-0138

밑줄 친 '그'에 대한 설명으로 옳은 것은?

술탄제가 폐지되고 1923년 10월 29일에는 이스탄불이 아닌 앙카라를 수도로 하는 공화국이 선포되었다. 그는 만장일치로 대통령에 추대되었다. 1924년 4월에 공포된 초대 헌법에는 이슬람교를 국교로 채택하는 조항이 포함되었으나, 이후 이 조항을 삭제함으로써 공화국은 세속주의를 지향하는 국가로 탈바꿈하였다. 서구적인 국민 교육 제도를 받아들인 그는 여성에게도 교육의 기회를 부여하였으며, 1926년에는 일부일처제를 비롯한 남녀평등권을 도입하였다. 그는 낡고 오래된 구습을 버리고 국가를 문명화하기 위해 가능하면 설득하고, 설득이 안 되면 강제로라도 사회 전반에 걸쳐 광범위한 개혁에 착수하였다.

① 롤럿법 폐지를 주장하였다.
② 자국어 표기법을 제정하였다.
③ 바이마르 공화국을 수립하였다.
④ 공산당을 이끌고 대장정을 단행하였다.
⑤ 워싱턴 회의에서 군비 축소를 논의하였다.

07

▸ 25059-0139

(가) 정책의 목적으로 가장 적절한 것은?

[(가)]은/는 구호(Relief), 부흥(Recovery), 개혁(Reform)의 세 영역으로 구성되었다. 농민을 위해서는 농업 조정법을 통해 농산물 가격을 유지하는 등의 구호 정책이 시행되었다. 실업자를 위한 구호 정책도 대대적으로 추진되었다. 연방 비상 구호법에 따라 각 주 정부에 자금이 제공되었으며, 실업자 구호를 위해 대규모 공공사업이 전개되었다. 구호 정책은 궁극적으로 사회 보장법에 의한 사회 보장 제도의 확립으로 이어졌다. 퇴직 연금과 실업 보험 등을 포함하는 사회 보장 제도는 급여세 형태인 사회 보장세를 재원으로 하였는데, 지금 미국의 복지 제도와 견주어도 손색이 없을 정도로 현대적인 것이었다.

① 군벌을 타도하려고 하였다.
② 농노를 해방하려고 하였다.
③ 대공황을 극복하려고 하였다.
④ 전체주의를 확립하려고 하였다.
⑤ 부패 선거구를 없애려고 하였다.

08

▸ 25059-0140

밑줄 친 '이 작전' 이후의 사실로 옳은 것은?

엄청난 수의 함선, 항공기, 상륙정, 수송선, 수륙 양용 특수 장갑차 등을 동원한 대부대가 악천후를 뚫고 나타났다. 세계 대전의 전세를 바꿀 지상 최대의 작전이 전개된 것이다. 80여 킬로미터 구간의 5개 해안에 미국, 영국, 캐나다, 자유 프랑스 등 8개국 연합군 16만여 장병이 상륙하였다. 연합군은 첫날에만 1만여 명의 사상자가 발생할 정도로 큰 피해를 입었다. 이 작전의 최고 사령관은 미국의 아이젠하워 장군이 맡았다. 암호명으로 특정된 5곳의 상륙 지점 중 미군이 맡은 오마하 해안에서 가장 치열한 전투가 벌어졌다. 영화 '라이언 일병 구하기'의 첫 장면이 바로 이 오마하 해안의 전투이다.

① 드골이 영국으로 망명하였다.
② 히틀러가 총통으로 취임하였다.
③ 스탈린그라드 전투가 시작되었다.
④ 일본이 난징 대학살을 자행하였다.
⑤ 파리가 독일군 치하에서 해방되었다.

1

▸ 25059-0141

(가) 국가에 대한 설명으로 옳은 것은?

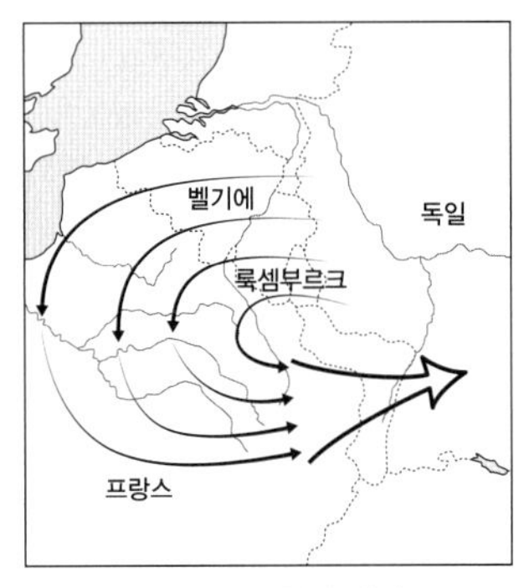

▲ 슐리펜 계획의 개념도

불행하게도 '7월 위기*' 동안 유럽 열강은 평화적 해결책을 찾는 데 실패하였다. 독일은 세르비아를 지지한 (가) 은/는 물론 프랑스에까지 선전 포고를 하였고, 독일군의 벨기에 침공 이후 영국마저 참전하면서 세계 대전의 불꽃은 거침없이 타올랐다. '6주 이내 선(先) 프랑스 점령, 후(後) (가) 공격'이라는 기조 아래 독일 군부가 오랫동안 준비해 온 일명 슐리펜 계획이 실행에 옮겨지면서 이제 유럽 열강은 되돌아올 수 없는 다리를 건너고 말았다. 본격적으로 제1차 세계 대전이 벌어진 것이었다.

* 7월 위기(July Crisis) : 1914년 6월 28일의 사라예보 사건 이후 유럽 강대국들 사이에 발생한 외교적 위기 사태

① 레판토 해전에서 오스만 제국을 격파하였다.
② 사라예보 사건으로 황태자 부부가 암살되었다.
③ 독일 등 동맹국과 단독 강화 조약을 체결하였다.
④ 카이로 · 케이프타운 · 콜카타의 연결을 추진하였다.
⑤ 원래 동맹국이었으나 전쟁 발발 후 협상국 측에 가담하였다.

2

▸ 25059-0142

(가) 세력의 정치적 구호로 가장 적절한 것은?

겨울 궁전은 상트페테르부르크의 중심이었다. 상트페테르부르크라는 독일식 이름은 제1차 세계 대전 발발 이후 페트로그라드라는 러시아식 이름으로 바뀌었으니, 대학살이 있었던 1905년의 '피의 일요일'에는 상트페테르부르크였지만 (가) 이/가 혁명을 주도할 무렵에는 페트로그라드였다. 1917년, 러시아력 2월에 일어난 혁명으로 니콜라이 2세가 퇴위하고 임시 정부가 수립되었다. 그러나 임시 정부는 혁명적 상황을 수습할 만한 능력이 부족하였다. 그래서 임시 정부에는 국민의 지지도, 확고한 정치적 기반도 없었다. 그때 다수파라는 뜻을 가진 러시아 사회 민주 노동당 내의 한 정파인 (가) 이/가 정치의 주연으로 떠올랐다. 그들은 임시 정부를 무너뜨리고 노동자와 농민에 기반한 새로운 정부를 수립하려 하였다. 이 과정에서 가장 극적인 순간이 바로 겨울 궁전 습격이었다.

① 베르사유 조약 반대!
② 내전 중지, 일치 항일!
③ 모든 권력을 소비에트로!
④ 게르만의 길에서 우리 모두 함께!
⑤ 검든 희든 쥐 잘 잡으면 좋은 고양이!

3

▸ 25059-0143

(가) 인물의 활동으로 옳은 것은?

제1차 세계 대전이 한창이던 1917년 러시아력 4월 3일, (가) 은/는 망명지 스위스에서 기차로 귀국하였다. 그를 환영하는 인파는 수천 명에 달하였다. 군악대가 '라 마르세예즈'를 연주하는 가운데, 그는 역 앞 광장에서 자신을 환영하는 수천 명의 인파를 향해 "사랑하는 동지, 병사, 노동자 여러분! 혁명을 승리로 이끈 여러분을 보니 무척 기쁩니다. 여러분은 전 세계 프롤레타리아 군대의 전위입니다. 강도들의 제국주의 전쟁은 전 유럽 내전의 시작입니다. 머지않아 유럽 자본주의는 깡그리 무너질 것입니다. 우리의 혁명은 그 시작입니다. 전 세계의 사회주의 혁명 만세!"라고 연설하였다. 다음날 (가) 은/는 '4월 테제'를 발표하였다. 그의 강령은 '평화, 빵, 토지'라는 구호로 요약될 수 있었다. 이 구호는 당시 러시아 대중의 열망과 정서를 대표하는 것임과 동시에, 차르 폐위 뒤 수립된 임시 정부의 앞길이 순탄치 않을 것을 예고하는 것이기도 하였다.

① 소련을 수립하였다.
② 소금 행진을 전개하였다.
③ 경제 개발 5개년 계획을 추진하였다.
④ 유럽의 현상 유지와 프랑스의 고립화를 추구하였다.
⑤ 민족 자결주의가 포함된 평화 원칙 14개조를 제안하였다.

4

▸ 25059-0144

(가) 회의 이후 독일의 상황으로 옳은 것은?

영국, 미국, 프랑스, 이탈리아에 우리 일본까지 다섯 나라의 대표자만이 (가) 에서 시종 여러 문제를 의논하여 결정하였는데, 대표자를 보낸 그 밖의 국가들은 이 5개국의 논의 과정에 참고 국가로 불려 오는 일은 있어도 의사 결정에 참여할 자격은 주어지지 않았다. 즉, (가) 은/는 실질적으로 5개국이 결정한 사항을 독일에 선고하는 형식을 취하였다. 패전국인 독일은 수락 여부를 결정할 수 없도록 장치가 되어 있어서 그 명령적 조항에 찬동하지 않더라도 받아들이지 않으면 안 되는, 여느 경우와는 다른 진기한 회의였다. 그래서 일본에서 미리 생각해 간 것과는 달랐다. 비유적으로 말하자면 상고나 공소가 없는 재판과 같았다.

– 마키노 노부아키, 『회고록 하(下)』 –

① 빌헬름 2세가 퇴위하였다.
② 북독일 연방이 결성되었다.
③ 프랑크푸르트 국민 의회가 개최되었다.
④ 오스트리아로부터 슐레지엔 지방을 획득하였다.
⑤ 자르강 유역의 탄광 지대인 알자스·로렌을 상실하였다.

5

▸ 25059-0145

다음 자료에 나타난 활동의 결과로 가장 적절한 것은?

> 1934년 10월 중순에 루이진을 출발한 당의 주력군은 12월 14일 후난성 리핑현에 도착하여 당 중앙 정치국 회의, 이른바 '리핑[黎平] 회의'를 개최하였다. 이때 당 지도부는 후난성의 서쪽으로 진군하자고 주장한 반면, 마오쩌둥은 국민당군이 약세인 구이저우로 나아가자고 주장하였는데, 결국 마오쩌둥의 의견이 채택되었다. …… 창당 이래 존재해 왔던 당내 노선 대립에 일대 분수령을 이룬 것은 1935년 1월 구이저우의 쭌이에서 개최된 당 중앙 정치국 확대회의, 일명 '쭌이[遵義] 회의'이다. …… 회의 분위기는 마오쩌둥 쪽으로 기울었다. 회의 결과 당의 당면 임무는 쓰촨, 윈난, 구이저우의 국민당군과 싸워 승리하는 것으로 정해졌다. 또한 마오쩌둥이 정치국 상무위원으로 선임되면서, 그의 북상항일론(北上抗日論)이 더욱 힘을 받게 되었다.

① 제1차 국공 합작이 결렬되었다.
② 일본의 괴뢰 국가인 만주국이 수립되었다.
③ 천두슈, 후스 등이 신문화 운동을 전개하였다.
④ 장제스가 베이징을 점령하고 북벌을 완성하였다.
⑤ 중국 공산당의 근거지가 산시성의 옌안으로 옮겨졌다.

6

▸ 25059-0146

(가) 인물에 대한 설명으로 옳은 것만을 〈보기〉에서 고른 것은?

> 1933년 1월 30일 (가) 의 총리 취임은 현대사의 비극이었다. 그의 집권으로 좌파 지도자들은 제일 먼저 숙청 대상이 되었다. 동시에 나치당의 준 군사 조직인 '돌격대'는 법과 질서의 회복이라는 구실로 전국에 걸쳐 정적들에 대한 테러의 폭풍을 일으켰다. 2월 27일에 국회 의사당 방화 사건이 발생하자 바로 다음 날 언론·출판·집회·결사의 기본권을 제한하는 긴급 조치를 발표하였고, (가) 은/는 이 사건을 공산당의 쿠데타 음모라고 주장하며 대대적인 탄압에 나섰다. 그리고 곧이어 총선거가 치러졌다. 민주 세력에 대한 테러와 폭력이 난무하는 억압적 분위기에서 치러진 이 총선거는 그의 총통 취임 전 마지막 선거가 되었다. 5월에는 노동조합이 해산되었으며 많은 노동운동 지도자가 망명을 떠나거나 거친 테러와 박해의 희생자가 되었다. 제2차 세계 대전 발발 전까지 약 22,000명이 정치범으로 투옥되었으며, 수십만 명의 평범한 사람들이 재판도 없이 강제 수용소로 끌려가 혹독한 시련을 겪어야 했다.

보기

ㄱ. 폴란드를 침공하였다.
ㄴ. 로마 진군을 단행하였다.
ㄷ. 오스트리아를 합병하였다.
ㄹ. 에티오피아를 점령하였다.

① ㄱ, ㄴ　② ㄱ, ㄷ　③ ㄴ, ㄷ　④ ㄴ, ㄹ　⑤ ㄷ, ㄹ

THEME 12

냉전과 탈냉전, 21세기의 세계

1 냉전 체제의 전개와 제3 세계

(1) 냉전 체제

① 의미 : 제2차 세계 대전 이후 미국 중심의 자본주의 진영과 소련 중심의 공산주의 진영 사이의 대립

② 성립

자본주의 진영		공산주의 진영
• 트루먼 독트린 발표(1947) • 마셜 계획 발표(1947)	↔	• 동유럽에 공산주의 세력 확대 • 코민포름(공산당 정보국), 코메콘(경제 상호 원조 회의) 조직
독일 내 관할 지역에 새로운 통화 제도 도입	↔	베를린 봉쇄(1948~1949)
북대서양 조약 기구[NATO] 결성	↔	바르샤바 조약 기구[WTO] 결성

③ 심화 : 6·25 전쟁(1950~1953), 베를린 장벽 설치(1961), 쿠바 미사일 위기(1962), 베트남 전쟁 등

(2) 제3 세계

① 등장 : 제2차 세계 대전 이후 식민 통치에서 벗어난 아시아·아프리카의 신생 독립국이 미국과 소련의 영향력을 배제하고 비동맹 중립주의·독자 노선을 표방

② 발전

- 평화 5원칙(1954) : 네루(인도), 저우언라이(중국)가 발표
- 평화 10원칙(1955) : 인도네시아 반둥에서 열린 아시아·아프리카 회의(반둥 회의)에서 발표
- 제1차 비동맹 회의(1961) : 제3 세계의 협력·결속 강화 선언

2 냉전의 해체와 세계 질서의 재편

(1) 냉전의 완화

① 배경 : 미국과 소련 사이에 긴장 완화 분위기 조성

② 사례

소련	흐루쇼프의 평화 공존 추구
미국	닉슨 독트린 발표(1969), 소련과 전략 무기 제한 협정[SALT] 체결(1차, 1972), 베트남 전쟁에서 군대 철수, 중국과 국교 수립(1979)
기타	서독의 빌리 브란트가 동독 및 동유럽 공산권 국가와 관계 개선 노력(동방 정책)

(2) 소련의 해체

고르바초프의 개혁	소련 공산당 서기장으로서 집권(1985) → 페레스트로이카(개혁)·글라스노스트(개방) 표방, 시장 경제 도입, 미국 및 서방 국가와의 관계 개선, 언론 통제 완화, 동유럽 국가들에 대한 불간섭 선언
소련 해체	옐친의 주도로 독립 국가 연합[CIS] 출범, 소련의 해체(1991)

(3) 독일의 통일과 동유럽 공산주의권의 붕괴

독일의 통일	• 배경 : 서독과 동독의 경제 성장 격차 심화, 서독과 동독의 교류, 동독의 민주화 및 통일 요구 시위 • 통일 : 베를린 장벽 붕괴(1989), 독일 통일(1990, 동독 자유 총선거 실시 → 동독이 독일 연방에 가입)
동유럽 공산주의권의 붕괴	• 배경 : 소련의 개혁·개방 정책 및 정치적 간섭 약화 • 붕괴 : 폴란드(바웬사의 자유 노조 운동 주도), 헝가리(다당제, 시장 경제 제도 도입), 체코슬로바키아(하벨 주도로 민주화 운동 전개 → 하벨 대통령 당선)

(4) 중국의 변화

① 중화 인민 공화국 수립(1949)과 개혁 : 토지 개혁, 산업의 국유화 실시, 마오쩌둥 주도로 대약진 운동 전개(인민공사 조직을 통한 농업 집단화 추구 → 실패, 마오쩌둥의 권력 기반 약화 및 실용주의 세력 대두)

② 문화 대혁명(1966~1976) : 마오쩌둥이 홍위병을 앞세워 류사오치·덩샤오핑 등 반대파를 몰아냄, 중국의 전통 문화유산 파괴 등의 문제 발생

③ 덩샤오핑의 개혁·개방 정책 : 시장 경제 체제 일부 도입, 동남 해안 지대에 경제특구 설치 → 빈부 격차, 관료의 부정부패 심화 등 부작용 발생

④ 톈안먼 사건(1989) : 학생과 지식인들이 톈안먼 광장에서 부정부패 추방과 정치 민주화 요구 → 덩샤오핑 등 당시 공산당 지도부에 의해 무력 진압됨

⑤ 영국의 홍콩 반환(1997), 포르투갈의 마카오 반환(1999), 베이징 하계 올림픽 개최(2008)

(5) 탈냉전 시대의 분쟁과 세계 질서의 재편

분쟁의 발생	카슈미르 분쟁, 구 유고슬라비아 지역 및 아프리카 등지에서의 분쟁(르완다의 후투족과 투치족 사이의 분쟁 등), 팔레스타인 분쟁, 체첸과 러시아 분쟁
세계 질서의 재편	• 브레턴우즈 회의(1944) : 미국의 달러화를 기축 통화로 결정, 국제 부흥 개발 은행[IBRD]과 국제 통화 기금[IMF] 창설 • 관세 및 무역에 관한 일반 협정[GATT] 체결(1947) • 세계 무역 기구[WTO] 출범(1995)
지역화·블록화 경향	• 동남아시아 국가 연합(1967), 아시아·태평양 경제 협력체[APEC] 설립(1989) • 북미 자유 무역 협정[NAFTA] 체결 • 유럽 연합[EU] : 마스트리흐트 조약 체결을 통해 출범(1993), '유로'라는 단일 화폐 사용

3 21세기의 세계

(1) **과학·기술 혁명** : 정보 통신 기술 발달(인터넷과 무선 통신 발달, 휴대 전화 확산 등), 인공 지능[AI]의 진화 등

(2) **21세기 인류의 과제** : 신자유주의(1970년대 후반에 레이거노믹스, 대처주의가 대두)와 세계화의 확산으로 빈부 격차 심화, 여성 및 소수자 차별, 에너지 및 환경 문제(지구 온난화와 사막화), 신종 질병의 출현 등

자료 탐구 1 냉전 체제

정답과 해설 34쪽

1단계 자료 분석

[2025학년도 수능]

세계사 대사전

폴로 작전 검색

검색 내용

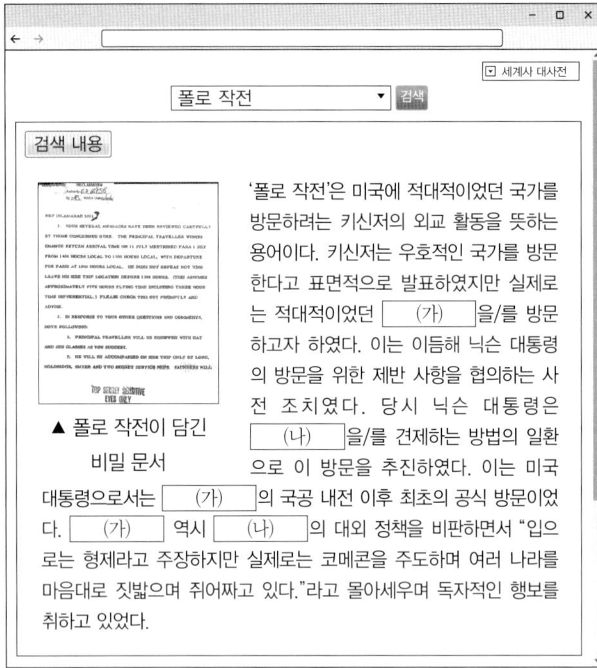

▲ 폴로 작전이 담긴 비밀 문서

'폴로 작전'은 미국에 적대적이었던 국가를 방문하려는 키신저의 외교 활동을 뜻하는 용어이다. 키신저는 우호적인 국가를 방문한다고 표면적으로 발표하였지만 실제로는 적대적이었던 (가) 을/를 방문하고자 하였다. 이는 이듬해 닉슨 대통령의 방문을 위한 제반 사항을 협의하는 사전 조치였다. 당시 닉슨 대통령은 (나) 을/를 견제하는 방법의 일환으로 이 방문을 추진하였다. 이는 미국 대통령으로서는 (가) 의 국공 내전 이후 최초의 공식 방문이었다. (가) 역시 (나) 의 대외 정책을 비판하면서 "입으로는 형제라고 주장하지만 실제로는 코메콘을 주도하며 여러 나라를 마음대로 짓밟으며 쥐어짜고 있다."라고 몰아세우며 독자적인 행보를 취하고 있었다.

자료에서 닉슨 대통령의 방문, 미국 대통령으로서는 국공 내전 이후 최초의 공식 방문 등을 통해 (가) 국가는 중국, 코메콘 주도 등을 통해 (나) 국가는 소련임을 알 수 있다. 중국은 냉전 시기 미국과 대립하였지만, 닉슨의 중국 방문 이후 관계 개선이 진행되었다.

2단계 유형 연습

▸ 25059-0147

1 (가) 국가에 대한 설명으로 옳은 것은?

(가) 의 대통령 트루먼은 상하 양원 합동 회의에 참석하여 그리스와 튀르키예에 대한 군사적 지원 등을 요청하면서 트루먼 독트린을 천명하였다. 이후 트루먼 독트린은 (가) 이/가 공산주의 위협에 놓인 나라를 경제적, 정치적, 군사적으로 지원하는 정책적 근거가 되었다.

① 밀레트 제도를 시행하였다.
② 아도와 전투에서 패배하였다.
③ 베스트팔렌 조약을 체결하였다.
④ 파쇼다 사건으로 영국과 충돌하였다.
⑤ 소련 등과 함께 독일을 분할 점령하였다.

자료 탐구 2 제3 세계

정답과 해설 34쪽

1단계 자료 분석

[2025학년도 수능 9월 모의평가]

우리 대표단은 단결을 위해서 왔지 다투러 오지 않았습니다. 전후 아시아, 아프리카 양 대륙에 생겨난 많은 독립 국가들은 크게 두 부류의 정치 체제를 채택했습니다. 한 부류는 공산당이 영도하는 국가이고, 다른 부류는 민족주의자가 이끄는 국가입니다. 그러나 이 차이가 결코 아시아 23개국, 아프리카 6개국 대표가 (가) 에 모인 뜻을 깨뜨릴 순 없을 것입니다. 이 두 부류의 국가는 모두 식민 통치로부터 독립했거나 독립하기 위해 투쟁하고 있다는 공통점이 있습니다. 물론 우리는 아시아, 아프리카 국가 사이에 이념과 종교의 차이가 있다는 점도 인정해야 합니다. …… 우리가 외부의 간섭에 반대하는데, 우리가 다른 이들의 내정에 간섭할 이유가 있겠습니까?

자료에서 전후 아시아, 아프리카 양 대륙에 생겨난 많은 독립 국가들, 식민 통치로부터 독립했거나 독립하기 위해 투쟁하고 있다는 공통점 등을 통해 (가) 회의가 아시아·아프리카 회의(반둥 회의)임을 알 수 있다. 1955년에 아시아·아프리카 29개국의 대표들이 인도네시아 반둥에서 회의를 개최하고, 비동맹 중립주의 노선 등을 표방하였다.

2단계 유형 연습

▸ 25059-0148

2 밑줄 친 '이 회의'에 대한 설명으로 옳은 것은?

아시아·아프리카의 주요 국가 대표들이 모여 인도네시아에서 개최된 <u>이 회의</u>에서 인도의 네루 수상은 끈질기게 지속되는 식민주의의 폐해를 강도 높게 비판했다. 그는 많은 아시아·아프리카 국가들이 독립을 쟁취했음에도 불구하고, 여전히 식민주의의 그늘에서 벗어나지 못한 채 고통받고 있다고 지적했다.

① 비동맹 중립주의를 표방하였다.
② 피의 일요일 사건을 초래하였다.
③ 국제 연합[UN] 창설을 결정하였다.
④ 제2차 세계 대전의 전범 처벌을 논의하였다.
⑤ 북미 자유 무역 협정[NAFTA]을 체결하였다.

정답과 해설 34쪽

01
▸ 25059-0149

다음 자료를 활용한 탐구 활동으로 가장 적절한 것은?

> 마셜 계획은 미국이 국제 연합에서 제시한 원칙을 위반한 아주 불온한 사례입니다. 미국은 몇 달 전 그리스와 튀르키예에 대한 군사 및 경제 원조를 발표한 데 이어 마셜 계획을 추진하였습니다. 마셜 계획은 "다른 국가에 지원하는 구호물자는 정치적 무기로 이용되어서는 안 된다."라는 국제 연합 결의안의 내용에 정면으로 어긋납니다. 게다가 이 계획은 유럽 국가 간 대립을 심화시켜 유럽을 두 진영으로 나누려는 의도를 담고 있습니다.

① 사라예보 사건의 원인을 파악한다.
② 냉전 체제의 형성 과정을 알아본다.
③ 와그너법이 제정된 배경을 살펴본다.
④ 테르미도르의 반동이 끼친 영향을 조사한다.
⑤ 세계 무역 기구[WTO] 출범 이후의 변화를 찾아본다.

02
▸ 25059-0150

밑줄 친 '이 회의'에 대한 설명으로 옳은 것은?

> 티토, 네루, 나세르 등의 주도 아래 베오그라드에서 개최된 <u>이 회의</u>의 진행 상황과 각국 대표단의 입장을 보고드립니다. …… 중국의 국제 연합 가입 여부에 대하여 인도와 리비아 등을 제외한 모든 대표단은 찬성하였습니다. …… 오스발도 도르티코스 토라도가 미국의 제국주의를 비판하자 <u>이 회의</u>에 참가한 여러 국가들의 대표들은 그의 연설에 긍정적인 반응을 보였습니다.

① 국제 연맹을 조직하였다.
② 벵골 분할령을 발표하였다.
③ 제3 세계의 협력을 추구하였다.
④ 브나로드 운동에 영향을 주었다.
⑤ 일본의 무조건 항복을 요구하였다.

03
▸ 25059-0151

(가) 국가에 대한 설명으로 옳은 것은?

> 경제 상황이 좋지 않은 상황에서 (가) 의 공산당 서기장으로 취임한 고르바초프는 선택의 갈림길에 서 있었다. 고르바초프는 내외부의 개혁을 감행하느냐 아니면 체제를 이어 가느냐라는 두 가지 선택지 중 전자를 선택하였다. 그는 아프가니스탄 전쟁으로 냉각된 미국과의 관계 개선에 나섰다. 군축 정책을 통해 절약된 재정으로 경제를 활성화하고자 하였다. 나아가 (가) 을/를 변화시키기 위해 페레스트로이카와 글라스노스트라 알려진 개혁, 개방 정책을 단행하였다.

① 코메콘의 창설을 주도하였다.
② 세포이의 항쟁을 진압하였다.
③ 인도차이나 연방을 수립하였다.
④ 대중국 21개조 요구를 제시하였다.
⑤ 북대서양 조약 기구[NATO] 결성을 주도하였다.

04
▸ 25059-0152

(가) 기구에 대한 설명으로 옳은 것은?

> 영국, 프랑스는 서로의 안보에 심각한 위협이 될 수 없습니다. 영국과 프랑스는 긴밀한 외교 관계를 맺고 있기 때문입니다. 영국이 (가) 을/를 탈퇴했다 하여 양국의 관계는 절대로 훼손되지 않을 것입니다. …… 또한 독일 등 다른 비핵보유국과 긴밀히 협력하여 러시아의 핵 위협으로부터 유럽을 보호할 것입니다. 따라서 '유로'를 사용하는 등 지역 통합을 강화하던 (가) 이/가 영국의 브렉시트로 인해 계획에 차질이 생겼지만, 영국과 프랑스 양국의 관계는 절대로 훼손되지 않을 것입니다.

① 빈 체제를 성립시켰다.
② 마스트리흐트 조약에 따라 출범하였다.
③ 국제 통화 기금[IMF] 설립을 지원하였다.
④ 미국 등 5개 상임 이사국에 거부권을 부여하였다.
⑤ 바웬사의 자유 노조가 총선에서 승리하는 데 영향을 주었다.

정답과 해설 35쪽

1

▸ 25059-0153

(가), (나) 시기 사이에 있었던 사실로 옳은 것은?

(가) 한 달 전 통과된 서베를린 주변의 국경 폐쇄에 관한 결의안은 계획대로 진행되고 있습니다. …… 바르샤바 조약 기구 회원국들은 소련의 주도하에 국경 폐쇄를 위해 일사불란하게 행동하였습니다. 우리는 서베를린 주변의 국경에 장벽을 쌓고 폐쇄함으로써 서베를린의 군사적 도발로부터 동독을 보호할 수 있게 되었습니다. 베를린 장벽을 건설하게 된 계기를 살펴보았을 때 사회주의 국가인 동독은 서독과 서로 공존할 수 없음이 증명되었습니다.

(나) 이번 달에 처음 성사된 미국의 닉슨 대통령과 중국의 마오쩌둥 주석 양 정상 간의 만남을 통해, 미국과 중국은 이념적 차이에도 불구하고 서로가 그리 멀지 않다는 점을 확인하였으며, 상호 이해를 통해 양국 관계가 개선될 수 있다는 것도 알 수 있었습니다. 양국이 서로를 더 깊이 이해하게 되면 과거와 같은 오판의 위험을 줄일 수 있을 것입니다. 우리가 오늘처럼 대화를 통해 서로를 이해한다면, 폭력적인 상황이 만들어지지 않을 가능성은 더욱 높아질 것입니다.

① 뉴딜 정책이 추진되었다.
② 카이로 회담이 개최되었다.
③ 포츠머스 조약이 체결되었다.
④ 쿠바 미사일 위기가 일어났다.
⑤ 뉘른베르크에서 국제 군사 재판이 열렸다.

2

▸ 25059-0154

밑줄 친 '이 회의'에 대한 설명으로 옳은 것은?

프랑스는 아시아, 아프리카의 29개국 대표가 참석한 가운데 인도네시아에서 열린 <u>이 회의</u>에서 프랑스의 식민지인 알제리 문제를 논의한 것에 대해 "충격적이고 참을 수 없다."라고 비판하면서 알제리가 그들의 영토라고 주장하였다. 또한 프랑스의 신문인 『르 몽드』는 <u>이 회의</u>가 영국의 식민주의 정책을 비판하지 않은 것에 대해 불공평하다고 비판하였다.

① 대서양 헌장을 공표하였다.
② 평화 10원칙을 채택하였다.
③ 브레턴우즈 체제를 성립시켰다.
④ 독립 국가 연합[CIS]을 출범시켰다.
⑤ 전략 무기 제한 협정[SALT]을 체결하였다.

3

▸ 25059-0155

밑줄 친 '시위'가 일어난 시기를 연표에서 옳게 고른 것은?

> 후야오방의 사망을 계기로 발발한 중국 학생들의 시위로 인하여 계엄령이 선포되고 인민 해방군이 베이징 외곽까지 진격하는 상황이 벌어졌다. 학생들이 톈안먼 광장에서 연좌 농성을 벌이는 중에도 중국 공산당의 간부들 사이에는 권력 투쟁이 벌어졌다. 현재로서는 덩샤오핑의 지원으로 리펑이 이끄는 세력이 주도권을 잡을 가능성이 크다. 시위가 일어난 배경에는 지지부진한 정치 민주화와 지난해부터 이어진 인플레이션, 공산당 간부들의 부정부패에 대한 중국 인민들의 분노가 깔려 있다. 덩샤오핑의 오랜 독재에 대한 불만이 뿌리 깊게 자리 잡고 있었던 것이다.
>
> – 우노 외무상 –

제1차 국공 합작 성립		시안 사건 발발		중화 인민 공화국 수립		문화 대혁명 시작		미중 수교		영국, 중국에 홍콩 반환
	(가)		(나)		(다)		(라)		(마)	

① (가) ② (나) ③ (다) ④ (라) ⑤ (마)

4

▸ 25059-0156

(가) 사상의 영향에 대한 탐구 활동으로 가장 적절한 것은?

연설로 보는 세계사

사람들은 자기 의지대로 일할 권리가 있습니다. 자신이 번 돈을 써서 자산을 소유하고 국가를 주인이 아니라 시종으로 삼을 수 있습니다. 이것이 영국의 전통입니다. 이런 행동들은 자유 경제의 본질입니다. 그리고 그 자유에 우리의 모든 자유가 달려 있습니다. 저는 자유 경제가 우리의 자유로운 권리들을 보장할 뿐만 아니라 국가의 부와 번영을 창출하는 최고의 방법이기도 하기에 자유 경제 체제를 원합니다.

[해설] 자료는 영국 총리 마거릿 대처의 연설 중 일부이다. 마거릿 대처는 이 연설에서 자유 시장 경제 체제가 국가와 개인의 이익을 보장할 수 있음을 주장하였다. 이를 통해 마거릿 대처가 1970년대 두 차례에 걸친 석유 파동 이후 심화된 경제 위기를 극복하기 위해 자유 시장과 규제 완화를 내세운 (가) 을/를 신봉했음을 알 수 있다. 이후 1970년대 후반부터 영국의 대처주의, 미국의 레이거노믹스와 같은 자유 시장과 규제 완화를 강조하는 (가) 이/가 확산되었다.

① 탄지마트의 주요 내용을 살펴본다.
② 트루먼 독트린의 내용을 찾아본다.
③ 발칸 전쟁이 발발한 원인을 조사한다.
④ 세계 무역 기구[WTO]의 출범 배경을 알아본다.
⑤ 중국에서 대약진 운동이 실패하게 된 원인을 분석한다.

사회탐구영역 **세계사**

실전 모의고사

실전 모의고사 1회

제한 시간 30분 배점 50점 정답과 해설 36쪽

문항에 따라 배점이 다르니, 각 물음의 끝에 표시된 배점을 참고하시오. 3점 문항에만 점수가 표시되어 있습니다. 점수 표시가 없는 문항은 모두 2점입니다.

▸ 25059-0157

1 밑줄 친 '이 문명'에 대한 설명으로 옳은 것은? [3점]

> 이 문명의 사람들은 많은 동물을 신성시하였는데 …… 동물의 모습을 하고 있다고 상상된 신들도 적지 않았다. 사자의 몸과 사람의 머리를 가진 스핑크스는 그들이 섬긴 신이었다. 스핑크스를 묘사한 석상 하나는 오늘날까지도 이 문명의 피라미드 곁에 세워져 있는데, 그 규모는 웬만한 신전 한 채를 능가한다. 이 신상은 수천 년이 넘는 세월 동안 사막의 모래바람을 이기며 파라오의 무덤을 지켜 왔다.
>
> –『곰브리치 세계사』–

① 지구라트를 축조하였다.
② 사자의 서를 제작하였다.
③ 보로부두르를 건설하였다.
④ 올림피아 제전을 개최하였다.
⑤ 하라파와 모헨조다로를 건설하였다.

▸ 25059-0158

2 밑줄 친 '이곳'에 대한 탐구 활동으로 가장 적절한 것은? [3점]

오늘은 화면에 제시된 유수라는 인물에 대해 알아보겠습니다. 그는 유방의 후예로 남양군 채양현에서 태어났습니다. 왕망의 급진적인 개혁으로 사회가 혼란스럽게 되자, 그는 호족의 지원을 받아 거병하여 왕망의 군대를 격파했습니다. 이후 그는 황제에 즉위하여 옛 왕조의 부흥을 선포하였고, 이곳을 도읍지로 삼았습니다.

① 시박사가 설치된 지역을 정리한다.
② 자금성이 건립된 지역을 조사한다.
③ 동진이 수도로 삼은 지역을 찾아본다.
④ 북위의 효문제가 천도한 지역을 살펴본다.
⑤ 청명상하도의 배경이 된 지역을 알아본다.

▸ 25059-0159

3 (가), (나) 왕조에 대한 설명으로 옳은 것은? [3점]

> 송은 (가) 와/과 전연의 맹약을 체결한 후 100여 년의 평화를 유지하였다. (나) 이/가 군대를 일으켜 (가) 에 대적하자, 송의 사절은 군대를 일으킨 그들과 밀약을 체결하여 남북으로 협공하기로 하였다. 그러나 송의 군사들은 행동이 느리고 허약하여 적의 공격을 견디기에 역부족이었다. 북방의 (나) 은/는 파죽지세였지만, 남쪽의 송의 군사들은 병약함이 그대로 드러났고, 그동안 모아 두었던 재정도 거의 소진하였다. (가) 의 사신은 나라가 위태해지자 송의 병영에 가서 화친을 요구하였다. 그는 몇 가지를 이야기하였다. 그중 하나는 본인의 국가가 멸망한다면 송에 득이 될 것이 없다는 것이었다.
>
> –『이것이 중국의 역사다』–

① (가) – 탕구트족에 의해 세워졌다.
② (가) – 동위와 서위로 분열되었다.
③ (나) – 삼번의 난을 진압하였다.
④ (나) – 일조편법을 확대 시행하였다.
⑤ (가)와 (나) – 연운 16주 지역을 차지하였다.

▸ 25059-0160

4 (가) 황제에 대한 설명으로 옳은 것은?

> **사료로 공부하는 세계사**
>
> 짐은 승상을 없애고 5부(府), 6부(部), 도찰원, 통정사, 대리사와 같은 아문을 설치하여 천하의 일을 나누어 처리하도록 하였는데, ……. 앞으로도 군주는 승상을 두는 것을 허락하지 말고, 신하 중 감히 설립을 청하는 자가 있으면 문무 군신들은 곧바로 탄핵하여 중형에 처하도록 하라.
>
> [해설] 이 글은 한족 왕조를 부활시킨 (가) 이/가 재위 말년에 조정에서 언급한 내용을 담고 있다. 그는 강력한 황제권을 중심으로 한 통치 체제를 지향하였다. 이를 위해 전통적인 승상제(재상제)를 폐지하고 6부를 직접 통솔하는 등 황제권을 강화하였다.

① 이갑제를 시행하였다.
② 군기처를 설치하였다.
③ 정화의 함대를 파견하였다.
④ 티베트, 신장 등을 정복하였다.
⑤ 정관의 치로 불리는 정치적 번영을 이루었다.

▸ 25059-0161

5 밑줄 친 '이 시대'에 볼 수 있는 모습으로 가장 적절한 것은?

안녕하세요. 저는 도다이사 대불전에 와 있습니다. 도다이사는 헤이조쿄를 수도로 하였던 이 시대에 호국의 목적으로 세워진 불교 사원이며, 대불전 내부에는 청동으로 주조된 약 15m 높이의 본존불이 있습니다. 그리고 이 대불전은 화재로 인해 소실되었다가 18세기 초에 재건된 것이라고 합니다.

① 고사기를 편찬하는 관리
② 몽골군과 전투를 벌이는 무사
③ 가부키 공연을 관람하는 조닌
④ 이와쿠라 사절단을 수행하는 통역사
⑤ 감합 무역에 쓸 물자를 배에 싣는 인부

▸ 25059-0162

6 (가), (나) 국가에서 있었던 사실로 옳은 것은?

그림으로 보는 세계사

이 작품은 나폴리 국립 고고학 박물관에 소장되어 있는 모자이크화의 일부로 (가) 와/과 (나) 사이의 전투 장면을 담고 있다. 그림 왼쪽에 점선으로 표시된 인물은 필리포스 2세의 뒤를 이어 (가) 의 국왕으로 즉위한 후 군대를 이끌고 동방 원정에 나섰다. 오른쪽에 점선으로 표시된 (나) 의 왕은 이에 맞섰지만 결국 이소스 전투, 가우가멜라 전투 등에서 패배하고 말았다.

① (가) – 페이시스트라토스가 참주가 되었다.
② (가) – 그라쿠스 형제가 개혁을 추진하였다.
③ (나) – 예니체리라는 부대가 운영되었다.
④ (나) – 수사에서 사르디스까지 왕의 길이 조성되었다.
⑤ (가)와 (나) – 살라미스 해전에서 패배하였다.

▸ 25059-0163

7 밑줄 친 '제국'에 대한 설명으로 옳은 것은? [3점]

아바스 왕조는 각 지방에서 정치적·군사적으로 실권을 가진 총독들이 점차 독립하면서 칼리프의 권력이 서서히 약화되었다. 10세기 초에는 북아프리카에서 파티마 왕조가 수립되어 자신들이 무함마드의 딸이자 제4대 칼리프 알리의 부인인 파티마의 후손임을 주장하며 아바스 왕조를 부정하였다. 그러자 이베리아반도에서는 압둘 알 라흐만 3세도 칼리프라 칭하면서 이슬람 세계에는 3인 칼리프 체제가 구축되었다. 이렇듯 분열되었던 이슬람 세계는 11세기 투그릴 베그가 이끄는 제국에 의해 새로운 국면을 맞이하였다. 그들은 바그다드에 입성한 후 아바스 왕조의 칼리프로부터 술탄의 칭호를 받고 이슬람 세계의 새로운 수호자를 자처하였다. 이후 제국은 세력을 확장하여 서아시아와 중앙아시아를 아우르는 대제국을 건설하였다.

① 비잔티움 제국을 위협하였다.
② 에프탈의 침략으로 쇠퇴하였다.
③ 데브시르메 제도를 시행하였다.
④ 이베리아반도까지 영역을 확장하였다.
⑤ 탈라스 전투에서 당의 군대를 물리쳤다.

▸ 25059-0164

8 (가), (나) 국가에 대한 설명으로 옳은 것은? [3점]

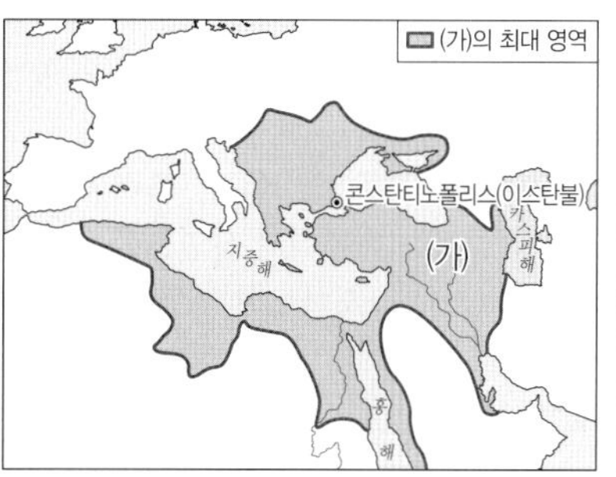

① (가) – 쿠트브 미나르를 건립하였다.
② (가) – 군관구제와 둔전병제를 시행하였다.
③ (나) – 레판토 해전에서 승리하였다.
④ (나) – 종교 공동체인 밀레트를 운영하였다.
⑤ (가)와 (나) – 사파비 왕조와 국경 일부를 접하였다.

▸ 25059-0165

9 밑줄 친 '그'에 대한 설명으로 옳은 것은? [3점]

나 투키디데스는 그를 페르시아와의 전쟁에서 승리한 이후 아테네 민주정의 전성기를 이끈 가장 현명한 지도자라고 생각한다. 특히 나는 그가 전몰자 추도 연설에서 아테네의 민주주의에 대하여 언급한 말을 잊을 수 없다. 그 연설에서 "우리의 정치 체제는 권력이 소수가 아닌 다수로부터 나오기 때문에 민주 정치라고 부른다. 우리는 중요한 공직을 부여할 때 출신이 아니라 능력의 탁월함만을 고려한다."라는 언급이 있었지. "국가에 봉사할 능력만 있다면 가난하다고 정치적으로 배제되지는 않는다."라고도 이야기했다. 이 중요한 연설을 나의 책 『역사』에 기록해야겠군.

① 500인 평의회를 설치하였다.
② 호르텐시우스법을 제정하였다.
③ 제2차 삼두 정치를 주도하였다.
④ 정복지에 알렉산드리아를 건설하였다.
⑤ 특수직 외 대부분의 관직 임명에 추첨제를 도입하였다.

▸ 25059-0166

10 (가), (나) 시기 사이에 있었던 사실로 옳은 것은? [3점]

(가) 교황 우르바누스 2세는 오베르뉴 지방의 클레르몽에서 열린 회의에서 십자군의 필요성을 설파하였다. 그는 동방 교회를 돕고 성지를 회복하기 위해 칼끝을 크리스트교의 적들에게 돌려야 한다고 주장하였다.

(나) 십자군은 당초 이집트를 공격 목표로 정하였다. 그러나 베네치아 공화국의 엔리코 단돌로는 베네치아 상인들을 앞세워 십자군이 콘스탄티노폴리스를 공격하도록 하였다. 결국 콘스탄티노폴리스를 점령한 십자군은 새로운 황제를 옹립하고 라틴 제국을 수립하였다.

① 장미 전쟁이 시작되었다.
② 보름스 협약이 체결되었다.
③ 콘스탄츠 공의회가 개최되었다.
④ 와트 타일러의 난이 발발하였다.
⑤ 레오 3세가 성상 파괴령을 반포하였다.

▸ 25059-0167

11 (가) 조약에 대한 탐구 활동으로 가장 적절한 것은?

신성 로마 제국의 황제인 페르디난트 2세는 신교도가 누리는 종교적 자유에 적개심을 드러냈다. 그는 군대를 동원하여 독일 북부까지 진격하면서, 그 지역의 사람들을 로마 가톨릭교로 개종시켰다. 루터파를 지원하기 위해 개입한 덴마크 왕이 패배하면서 독일 신교도의 운명은 위기에 처했다. 이때 루터파인 스웨덴의 구스타브 아돌프가 개입을 결정하였고, 프랑스는 스웨덴을 지원하였다. 이들 국가의 개입으로 독일의 교파 간 전쟁은 유럽의 패권 전쟁으로 비화하였다. 결국 전쟁이 시작된 지 약 30년이 지난 시점에서 (가) 이/가 체결되었고, 이에 따라 전쟁은 종결되었다.

① 프랑크 왕국이 분열된 과정을 조사한다.
② 러시아의 중재로 체결된 조약을 살펴본다.
③ 교황청이 아비뇽으로 옮겨진 이유를 분석한다.
④ 칼뱅파의 신앙이 인정받게 된 계기를 파악한다.
⑤ 먼로 선언이 국제 사회에 끼친 영향을 알아본다.

▸ 25059-0168

12 (가), (나) 국가에 대한 설명으로 옳은 것은?

유럽의 강대국은 저마다 자국의 이익을 추구하면서 이해관계가 충돌하였다. 그 결과 세력 균형을 둘러싼 전쟁이 자주 벌어졌다. 강대국들이 노골적인 점령과 보상 및 배상을 통해 노획물을 챙기는 과정에서 일부 국가들을 희생시켰는데, 그 예로 폴란드를 들 수 있다. 예카테리나 2세는 폴란드에 직접 영향력을 행사하여 왕을 세우고 자국에 이권을 제공하게 만들었다. 이에 오스만 제국은 폴란드의 자유를 수호한다는 구실로 전쟁을 벌였지만 패배하였다. 그 이후 예카테리나 2세는 (가) 의 프리드리히 2세와 (나) 의 마리아 테레지아를 끌어들여 폴란드 영토 중 3분의 1가량을 가져갔다. 1795년에는 폴란드의 나머지 영토를 (가), (나), 러시아가 분할하여 차지함으로써 폴란드를 멸망시켰다.

① (가) – 크림 전쟁에서 패배하였다.
② (가) – 상수시 궁전을 건립하였다.
③ (나) – 플라시 전투에서 승리하였다.
④ (나) – 아스테카 문명을 파괴하였다.
⑤ (가)와 (나) – 백년 전쟁에서 격돌하였다.

▶ 25059-0169

13 (가), (나) 발언이 이루어진 시기 사이에 있었던 사실로 옳은 것은? [3점]

(가)

여러분! 저는 '테니스코트의 서약'에서 단결을 공고히 했던 현 의회가 발표한 「인간과 시민의 권리 선언(인권 선언)」을 들고 있습니다. 이 선언에는 모든 인간은 자유롭고 평등한 권리를 갖고 태어났으며, 모든 주권의 근원은 우리 인민에게 있음을 밝히고 있습니다. 또한 모든 시민은 법 제정에 참여할 권리를 갖는다는 내용 등 혁명의 기본 정신이 담겨져 있습니다.

(나)

저 로베스피에르는 국내 정치에 대해 말씀드리고자 합니다. 프랑스인은 사람들에게 평등과 시민의 권리를 부여하면서 진정한 민주정을 수립한 세계 최초의 인민입니다. 혁명의 토대는 공포입니다. 공포는 단호하고 신속하고 무정한 정의로, 자유의 적들을 공포로 정복한다면 공화국의 창건자인 여러분은 정당성을 확보할 수 있습니다.

① 낭트 칙령이 폐지되었다.
② 바스티유 습격 사건이 발발하였다.
③ 5인의 총재가 주도하는 정부가 수립되었다.
④ 입법 의회가 오스트리아에 선전 포고를 하였다.
⑤ 루이 16세가 재정 문제로 삼부회를 소집하였다.

▶ 25059-0170

14 밑줄 친 '인물'에 대한 설명으로 옳은 것은?

이 그림은 쫓겨난 샤를 10세의 뒤를 이어 즉위한 인물이 점차 배로 변하는 모습을 담고 있다. 이 풍자화의 비유를 통해 당시 그에 대한 민심이 좋지 않음을 추측할 수 있다. 그의 집권 시기에는 이전보다도 선거권이 확대되었으나 국가의 총인구에 비해 너무 적었다. 이로 인해 "소수의 주주에 의해 운영되는 주식회사와 같다."라는 평을 들을 정도였다. 또한 그는 산업 혁명 이후 노동자 계층이 증가하고 있는 상황에서 반단체법을 제정하여 노동자를 억압하는 정책을 펼쳤다. 이에 그의 정권에 대한 불만은 이후 선거권 확대라는 요구로 집약되어 표출되었다.

① 제2 제정을 수립하였다.
② 권리 청원을 승인하였다.
③ 2월 혁명으로 퇴위하였다.
④ 테르미도르 반동으로 실각하였다.
⑤ 심사법과 인신 보호법 제정을 주도하였다.

▶ 25059-0171

15 다음 법령이 선포된 해에 볼 수 있는 모습으로 가장 적절한 것은? [3점]

러시아의 황제이자 군주, 폴란드의 왕, 핀란드의 대공인 짐은 믿음직한 신민들에게 선언한다. …… 농노들은 낡은 법령들 혹은 관습으로 지주들의 권력 아래에 세습적으로 결박되어 있다. …… 농노의 조건을 개선하는 일은 짐에게 부여된 운명이라고 확신한다. …… 짐은 귀족들에게 자신의 이익을 줄이고 개혁을 받아들일 것을 제안하였고 …… 귀족은 자발적으로 농노의 인신에 대한 권리를 포기하였다. …… 농민은 일정 기간 법에 의해 자유 경작인의 모든 권리를 부여받을 것이다. …… 동시에 농민에게 토지를 구매할 권리가 부여된다. 그리고 구매한 땅의 지주에 대한 의무에서 해방되어 자유 경작인이자 토지 소유자로 편입된다.

① 권리 장전 승인을 요청하는 의원
② 트리엔트 공의회에 참석하는 성직자
③ 네르친스크 조약 체결을 논의하는 관료
④ 미국의 남북 전쟁 상황을 보도하는 기자
⑤ 자크리의 난에 참여한 반란군을 진압하는 군인

▶ 25059-0172

16 (가)~(다) 국가에 대한 설명으로 옳은 것은?

제국주의 열강의 식민지 경쟁

2. 인도·동남아 지역

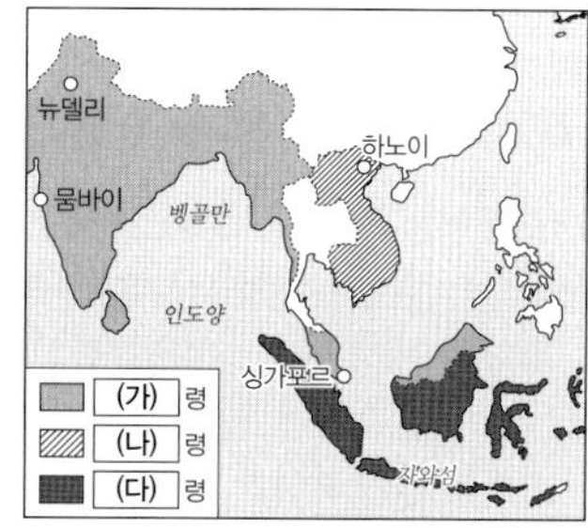

(가) 은/는 19세기 중엽에 인도의 대부분 지역을 지배하였다. 이후 꾸준히 세력을 확대하여 미얀마도 식민지화하였다. 한편, 과거 인도의 지배권 다툼에서 밀린 (나) 은/는 베트남, 캄보디아 등을 장악하였다. (다) 은/는 인도네시아에서 플랜테이션 농업으로 막대한 이익을 얻으면서 이후 수마트라섬과 보르네오섬까지 장악하였다.

① (가) – 아도와 전투에서 패배하였다.
② (나) – 3국 방공 협정을 체결하였다.
③ (다) – 헤레로족의 봉기를 진압하였다.
④ (가)와 (나) – 제2차 아편 전쟁에서 연합군을 형성하였다.
⑤ (나)와 (다) – 수단에 있는 파쇼다 지역에서 충돌하였다.

▸ 25059-0173

17 밑줄 친 '그'에 대한 설명으로 옳은 것은? [3점]

1912년 1월 1일 그는 난징에 도착하여 임시 대총통부를 설치하였고, "공화 만세!"의 환호성 속에 임시 대총통에 취임하였다. 이로써 유사 이래의 전제 군주제가 종식되고 공화정에 입각한 정부가 난징에서 탄생하였다. 이후 청 황제가 퇴위함에 따라 그는 임시 대총통의 직을 이양하기 위하여 참의원에 사직서를 제출하고 위안스카이를 후임으로 추천하였다. 참의원은 위안스카이를 임시 대총통으로 선출하였다. 새롭게 선출된 임시 대총통은 권력 기반 강화를 위해 내각을 교체하는 등 파행적인 국정 운영 양상을 보이기 시작하였다.

① 시안 사건을 일으켰다.
② 중국 동맹회 결성을 주도하였다.
③ 베이징을 점령하고 북벌을 완성하였다.
④ 광저우에 파견되어 아편을 단속하였다.
⑤ 크리스트교를 바탕으로 상제회를 조직하였다.

▸ 25059-0174

18 밑줄 친 '이 전쟁' 중에 있었던 사실로 옳은 것은?

【이달의 추천 도서】

『서부 전선 이상 없다』

▲『서부 전선 이상 없다』의 초판본 표지

■ 저자 : 에리히 마리아 레마르크
■ 도서 소개 : 주인공 파울 보이머는 친구들과 함께 입대하여 이 전쟁에 참전한다. 이 전쟁은 3국 동맹과 3국 협상의 대립으로 유럽의 긴장이 고조되는 상황에서 사라예보 사건을 계기로 발발하였다. 작가는 계속된 포격과 독가스 공격, 처참한 참호전에 직면한 병사들의 암울한 현실을 작품을 통해 그려 내고 있다.

① 국제 연맹이 창설되었다.
② 파리 코뮌이 수립되었다.
③ 노르망디 상륙 작전이 전개되었다.
④ 이탈리아가 에티오피아 침공을 개시하였다.
⑤ 러시아력 2월 혁명(3월 혁명)이 발발하였다.

▸ 25059-0175

19 다음 연설이 이루어진 시기를 연표에서 옳게 고른 것은?

쿠바에서 일련의 공격용 미사일 기지가 건설 중인 것으로 확인되었습니다. 이에 저는 미국 대통령으로서 흐루쇼프 서기장에게 세계 평화와 두 나라 간의 안정된 관계를 위하여 이 은밀하고 무모하며 도발적인 위협을 중단할 것을 촉구합니다. 저는 그에게 이러한 행보를 포기하고, 위험한 군비 경쟁을 종식시켜 인류 역사를 변화시키기 위한 노력에 동참할 것을 간절히 요구합니다. 그는 세계를 파괴의 구렁에서 되돌릴 기회를 가지고 있습니다. 즉, 소련이 자국 영토 밖에 미사일을 배치할 필요가 없다고 했던 자신의 말처럼 쿠바에서 이 무기를 철수함으로써, 현재의 위기를 확대하거나 심화시킬 어떠한 행동도 삼가함으로써, 그리고 평화롭고 영구적인 해결책을 찾는 데 참여함으로써 전 세계를 구할 수 있는 것입니다.

	(가)	(나)	(다)	(라)	(마)	
대서양 헌장 발표		마셜 계획 발표	제1차 비동맹 회의 개최	닉슨 독트린 발표	고르바초프 공산당 서기장 취임	세계 무역 기구[WTO] 창설

① (가) ② (나) ③ (다) ④ (라) ⑤ (마)

▸ 25059-0176

20 (가)에 들어갈 내용으로 가장 적절한 것은?

제3 세계의 등장 과정

평화 공존 5원칙 발표	아시아·아프리카 회의	베오그라드 회담
1954년 중국과 인도는 평화 5원칙을 채택하였다. 평화 5원칙에는 영토와 주권의 상호 존중, 상호 불가침, 상호 내정 불간섭 등의 내용이 포함되어 있다.	인도네시아 반둥에서 열린 회의에 아시아·아프리카 29개국 대표가 참가하여 (가)	티토, 네루, 나세르 등은 베오그라드에서 회담을 열고, 미국 및 소련이 주도하는 군사 동맹의 불참과 상호 간 협력을 선언하였다.

① 벵골 분할령을 발표하였다.
② 대약진 운동을 전개하였다.
③ 평화 10원칙을 채택하였다.
④ 글라스노스트 노선을 표방하였다.
⑤ 독립 국가 연합[CIS]을 출범시켰다.

실전 모의고사 2회

제한 시간 30분 | 배점 50점 | 정답과 해설 40쪽

문항에 따라 배점이 다르니, 각 물음의 끝에 표시된 배점을 참고하시오. 3점 문항에만 점수가 표시되어 있습니다. 점수 표시가 없는 문항은 모두 2점입니다.

▸ 25059-0177

1 밑줄 친 '이 문명'에 대한 설명으로 옳은 것은?

이것은 티그리스강과 유프라테스강 유역에서 발달한 이 문명의 도시 국가인 라가시의 유물입니다. 이 유물에는 라가시 왕 우르난셰가 도시의 수호신을 위해 신전을 세웠다는 내용과 외국에서 나무를 공물로 바쳤다는 내용 등이 쐐기 문자로 기록되어 있습니다.

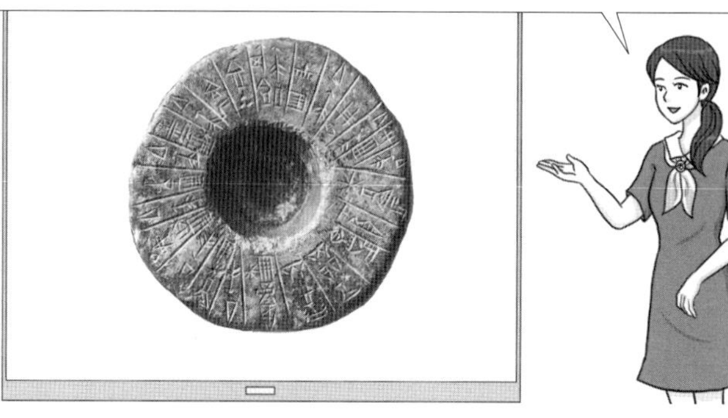

① 길가메시 서사시를 남겼다.
② 올림피아 제전을 개최하였다.
③ 갑골에 점복의 내용을 기록하였다.
④ 최고 통치자를 파라오로 칭하였다.
⑤ 모헨조다로 등 계획도시를 건설하였다.

▸ 25059-0178

2 (가) 황제에 대한 설명으로 옳은 것은? [3점]

문학으로 읽는 세계사

첩서*는 모두 황제의 계획과 기대에 대한 대답
화살촉 십만 중에 단 하나도 잃지 않았다고 하네.
……
위엄이 변경 바깥까지 더해지니 추위가 일찍 와도
은혜가 하원으로 들어오니 강물도 더디 어네.

* 첩서 : 장수가 전쟁에서 승리한 사실을 알리는 보고문

[해설] 이 시는 두목(杜牧)이 지은 것으로, 흉노를 정벌한 (가) 의 업적을 칭송하고 있다. (가) 은/는 흉노를 북쪽으로 몰아내고, 남월과 고조선을 정복하는 등 제국의 영역을 넓혔다.

① 과거제를 도입하였다.
② 삼번의 난을 진압하였다.
③ 정화의 함대를 파견하였다.
④ 통제거 등 대운하를 건설하였다.
⑤ 동중서의 건의로 유교를 통치 이념으로 삼았다.

▸ 25059-0179

3 (가) 국가에서 있었던 사실로 옳은 것은? [3점]

신이 듣기로는, 군주가 국가를 중흥시키려면 대업을 보좌할 신하가 있어야 한다고 합니다. 중흥을 위해 필요한 신하는 충성심 있고 정의를 수호하며 큰 뜻을 품고 명석하게 국가의 대사를 짊어질 수 있는 사람을 말하는데 이강이 바로 그 적임자입니다. (가) 이/가 수도 카이펑을 함락하고 휘종, 흠종을 북방으로 끌고 간 이후 전국의 민심이 흉흉합니다. 이런 상황에서 이강이 장소와 부량을 추천한 것은 백성의 염원에 가장 부합하는 선택이었습니다. 이 두 사람을 파직하면 강 건너 우리 땅을 차지하고 있는 (가) 을/를 몰아내고 잃어버린 땅을 수복하려는 대사를 그르치게 될 것입니다.

① 군기처가 설치되었다.
② 황건적의 난이 일어났다.
③ 파스파 문자가 제정되었다.
④ 맹안 모극제가 시행되었다.
⑤ 왕안석이 신법을 추진하였다.

▸ 25059-0180

4 (가) 왕조에서 볼 수 있는 모습으로 가장 적절한 것은?

(가) 의 제6대 황제였던 그는 전쟁을 좋아하는 자, 서적을 불사른 자, 예술가, 시인 등 다양한 모습을 지니고 있었다. 그는 반란을 토벌한다는 이유로 백성을 혹사시키고 물자를 낭비했으며, 티베트 등 먼 나라까지 원정을 단행하였다. 또한 서적을 불사르고 문자옥을 일으키기도 하였다. 그러나 각지의 도로, 운하, 성벽 등을 새로 짓거나 증축하는 데 힘썼으며, 많은 서적을 모아『사고전서』를 편찬한 공로도 있다.

① 경극을 관람하는 상인
② 황소의 난을 진압하는 군인
③ 왕망의 정책에 반발하는 호족
④ 교초로 물건을 구매하는 농민
⑤ 9품중정제 폐지를 명령하는 황제

▸ 25059-0181

5 밑줄 친 '막부'에 대한 설명으로 옳은 것은?

> 쇼군은 각 다이묘에게 영내의 크리스트교도를 단속하고 유럽 선박의 기항지를 나가사키와 히라도로 제한하라는 명령을 내렸다. 또한 에스파냐 선박의 내항을 금지하고, 크리스트교 금지, 외국 무역선 규제 등을 담은 쇄국 정책을 추진하였다. 때마침 크리스트교도가 일으킨 시마바라의 난은 막부가 쇄국 정책을 강화하는 계기가 되었다. …… 막부는 포르투갈 선박의 내항을 금지하고 히라도의 네덜란드 상관을 데지마로 옮겼다.

① 헤이조쿄를 수도로 삼았다.
② 다이카 개신을 단행하였다.
③ 명과 감합 무역을 전개하였다.
④ 산킨코타이 제도를 시행하였다.
⑤ 미나모토노 요리토모가 개창하였다.

▸ 25059-0182

6 밑줄 친 '제국'에 대한 설명으로 옳은 것은? [3점]

> 마니는 위대한 존재가 자신에게 진리를 전파하는 신성한 사명을 맡겼다고 확신하였다. 이에 그는 조로아스터교, 불교, 크리스트교의 교리를 연구하고 자신이 받은 계시의 내용들을 정리하여 마니교를 창시하였다. 마니는 자신이 창시한 종교의 교리를 전파하기 위해 노력하였고, 많은 사람이 그의 설교에 감동하여 마니교로 개종하였다. 마니교의 교세가 확산되자 제국의 샤푸르 1세는 마니를 자신의 궁정 사제장으로 임명하였고, 자신의 통치 영역에서 자유롭게 마니교를 전파할 수 있도록 하였다. 그러나 바흐람 2세 시기에 마니교의 교세 확장에 위협을 느낀 조로아스터교 사제들의 탄압에 의해 수많은 마니교도들이 처형되었다.

① 파르티아를 정복하였다.
② 다마스쿠스를 수도로 삼았다.
③ 콘스탄티노폴리스를 정복하였다.
④ 군관구제와 둔전병제를 실시하였다.
⑤ 왕의 귀로 불리는 감찰관을 파견하였다.

▸ 25059-0183

7 (가) 제국에 대한 설명으로 옳은 것은? [3점]

> (가) 의 위대한 술탄이 거주하는 톱카프 궁전은 둘레가 견고하고 거대한 장벽으로 둘러싸여 있으며, 아름답고 멋진 정원이 바다 쪽으로 뻗어 있었다. 톱카프 궁전으로 들어가는 가장 커다란 첫 번째 문에는 과일나무 잎사귀들이 새겨져 있다. 그 문을 통하여 포장되지 않은 넓은 광장으로 들어가면 상부에 있는 2개의 커다란 탑 사이에 또 다른 문이 나온다. 예니체리가 그 문을 지키고 있는데, 술탄의 궁정에 문안을 드리러 오는 사람들은 그곳에서 말에서 내리는 것이 관례이다.
>
> – 니콜라 드 니콜라이 –

① 우즈베크인에게 멸망하였다.
② 페르세폴리스를 건설하였다.
③ 데브시르메 제도를 운용하였다.
④ 이스마일 1세에 의해 수립되었다.
⑤ 수도 니네베에 왕립 도서관을 건립하였다.

▸ 25059-0184

8 (가) 종교에 대한 탐구 활동으로 가장 적절한 것은?

> 이곳은 (가) 의 성지인 구르드와라 자남 아스탄입니다. (가) 은/는 나나크가 창시한 종교로, 우상 숭배와 카스트제의 신분 차별에 반대하였으며, 유일신을 숭배하였습니다.

① 밀라노 칙령의 내용을 분석한다.
② 시아파와 수니파의 대립을 살펴본다.
③ 산치 대탑이 세워진 배경을 파악한다.
④ 사산 왕조 페르시아의 국교를 찾아본다.
⑤ 아우랑제브 황제 시기에 일어난 반란을 조사한다.

▸ 25059-0185

9 (가) 인물에 대한 설명으로 옳은 것은?

> 스물두 살의 마케도니아 왕인 (가) 은/는 페르시아를 정벌하기 위해 100척의 삼단 노선에 4만의 군대를 이끌고 헬레스폰토스로 향했다. 페르시아군은 자신들의 승리를 자신하며 그라니코스강 부근에 진을 쳤으나 (가) 이/가 이끄는 마케도니아 군대의 공세에 밀려 대패하였다. 결국 다리우스 3세가 직접 출정하였으나, (가) 은/는 이소스 전투에서 병력의 열세에도 불구하고 대승을 거두었고, 다리우스 3세는 가까스로 도망쳤다. …… 다리우스 3세는 패배를 설욕하기 위해 대군을 모으고 코끼리까지 동원했지만, 가우가멜라에서 벌어진 전투에서 또다시 패배하였다.

① 도편 추방제를 마련하였다.
② 악티움 해전에서 승리하였다.
③ 제1차 삼두 정치를 주도하였다.
④ 정복지에 알렉산드리아를 건설하였다.
⑤ 교황으로부터 서로마 황제의 관을 받았다.

▸ 25059-0186

10 다음 자료에 나타난 전쟁의 배경으로 가장 적절한 것은? [3점]

> 금요일 새벽, 기사들이 공성탑 위에서 맹렬하게 싸웠다. 바로 그때 한 기사가 성벽을 기어 올라가는 데 성공하자, 성지 예루살렘을 지키는 이교도 수비대들이 성벽을 따라 혹은 시내를 가로질러 도망가기 시작했고, 우리 기사들은 솔로몬 신전까지 그들을 뒤쫓아 가서 죽이고 베었다. 그곳에서 벌어진 학살은 너무나 끔찍한 것이었다. …… 우리 군대는 도시를 돌아다니며 닥치는 대로 빼앗고 약탈했으며, 기쁨에 겨워 눈물을 흘리며 성묘에 가서 경배를 드렸다.

① 대륙 봉쇄령이 발표되었다.
② 델로스 동맹이 결성되었다.
③ 스파르타쿠스의 난이 일어났다.
④ 콘스탄츠 공의회가 개최되었다.
⑤ 셀주크 튀르크가 비잔티움 제국을 압박하였다.

▸ 25059-0187

11 밑줄 친 '이 왕조'에서 있었던 사실로 옳은 것은?

> 이 작품은 이 왕조의 궁재 카롤루스 마르텔이 이슬람군을 격퇴하는 장면을 묘사한 조각상이다. 압둘 라흐만이 이끄는 이슬람군이 피레네산맥을 넘어 침입해 오자, 카롤루스 마르텔이 이끄는 군대는 투르·푸아티에 전투에서 이슬람군을 격퇴하였다.

① 메르센 조약이 체결되었다.
② 니케아 공의회가 개최되었다.
③ 와트 타일러의 난이 일어났다.
④ 아우크스부르크 화의가 이루어졌다.
⑤ 클로비스가 로마 가톨릭교로 개종하였다.

▸ 25059-0188

12 (가) 의회가 활동한 시기에 있었던 사실로 옳은 것은? [3점]

> 공안 위원회는 한동안 내부적으로 불화를 겪었습니다. 위원회가 조국의 국익을 위해 온종일 분주한 가운데, 몇몇 사람들이 위원회를 비판하며 꼼꼼하게 준비된 고발장을 제출하였습니다. 어째서 자신의 목숨을 걸고 민중의 권리와 자유를 수호하는 사람들이 귀족을 보호하는 비열한 무리로 취급받아야 합니까? …… 루이를 지지하는 자들이 여전히 우리를 주시하고 있는 상황입니다. 그들의 거짓을 막아 내기 위해서라도 왕정 폐지를 공식적으로 선언했던 (가) 은/는 공안 위원회를 전적으로 신임하고 있다고 선포해야 할 것입니다.

① 삼부회가 소집되었다.
② 통일법이 반포되었다.
③ 바스티유가 함락되었다.
④ 워털루 전투가 일어났다.
⑤ 혁명 재판소가 설치되었다.

▸ 25059-0189

13 밑줄 친 '이 운동'에 대한 탐구 활동으로 가장 적절한 것은?

자료는 런던 노동자들이 자신의 권리를 주장하며 행진하는 모습을 묘사한 삽화이다. 당시 노동자들은 자신들의 정치적 권리를 쟁취하기 위해 6개 항으로 이루어진 인민헌장을 내걸고 이 운동을 전개하였다.

① 마셜 계획의 배경을 조사한다.
② 빈 회의가 개최된 원인을 찾아본다.
③ 보스턴 차 사건의 전개 과정을 살펴본다.
④ 신경제 정책[NEP]의 실시 목적을 알아본다.
⑤ 부패 선거구를 폐지한 선거법의 내용을 분석한다.

▸ 25059-0190

14 (가) 인물에 대한 설명으로 옳은 것은? [3점]

비스마르크는 남부 지역의 국가들과 비밀리에 체결한 공수 동맹에 따라 군사적인 지원을 받았으며, 러시아를 비롯한 유럽 국가들로부터는 전쟁이 벌어질 경우 중립을 지킬 것을 약속받았다. 그는 몰트케 장군에게 전쟁 준비를 명령하였고, 프로이센의 군대는 병력, 장비 등에서 프랑스군을 압도하게 되었다. 결국 프랑스군을 이끌며 전쟁을 지휘하던 황제 (가) 은/는 스당에서 항복하고 프로이센에 강화를 제의하였다. 그러나 프랑스에 대한 철저한 타격을 가하고자 했던 비스마르크는 강화 제의를 거부하고 파리를 함락시켰다.

① 콜베르를 등용하였다.
② 권리 청원을 승인하였다.
③ 레판토 해전에서 승리하였다.
④ 데카브리스트의 봉기를 진압하였다.
⑤ 2월 혁명 이후 대통령에 당선되었다.

▸ 25059-0191

15 (가) 국가에 대한 설명으로 옳은 것은?

(가) 이/가 필리핀 원주민을 학살하고 가져간 발랑기가 성당의 종들이 반환되었습니다. (가) 은/는 에스파냐와의 전쟁에서 승리한 후 필리핀을 식민지화하였고, 이에 필리핀인의 저항이 거세게 일어났습니다. 이 과정에서 필리핀 사마르섬 발랑기가 마을에서 원주민을 학살한 후 발랑기가 성당의 종을 탈취하였습니다.

① 벵골 분할령을 발표하였다.
② 아스테카 문명을 파괴하였다.
③ 아도와 전투에서 승리하였다.
④ 무력시위를 통해 일본을 개항시켰다.
⑤ 모로코를 둘러싸고 프랑스와 대립하였다.

▸ 25059-0192

16 밑줄 친 '봉기'의 결과로 옳은 것은? [3점]

무술을 연마했기 때문에 영어로 '복서(Boxer)'라고 불렸던 무리가 총알을 맞아도 죽지 않는다는 주장을 펼치며 봉기를 일으켰다. 이들은 교회, 철도, 유선 전신, 학교 등을 파괴하더니, 베이징에 진출하여 외국 공사관을 습격하기에 이르렀다. 결국 프랑스, 영국, 미국 등 8개국 연합군이 봉기를 진압하기 위해 베이징에 도착하였다.

① 양무운동이 전개되었다.
② 신축조약이 체결되었다.
③ 제2차 국공 합작이 맺어졌다.
④ 천조전무 제도가 발표되었다.
⑤ 러시아가 연해주를 획득하였다.

▸ 25059-0193

17 다음 자료에 나타난 전쟁 중에 있었던 사실로 옳은 것은? [3점]

> 독일은 영국에 결정적인 타격을 가하기 위해 해상에서 U-보트를 이용한 무제한 잠수함 작전을 전개하였다. 이 과정에서 뉴욕에서 영국으로 항해하던 여객선 루시타니아호가 격침되어 인명 피해가 발생하였다. 사망자 중에 미국인이 포함되었다는 사실이 알려지면서 미국 내에서 반독일 정서가 높아졌다. 결국 막대한 인력과 경제력을 가진 미국이 참전하면서 소모적 장기전에 휘말려 있던 전세가 변하게 되었다.

① 러시아 혁명이 일어났다.
② 대서양 헌장이 발표되었다.
③ 포츠머스 조약이 체결되었다.
④ 로마 진군을 통해 무솔리니가 집권하였다.
⑤ 북대서양 조약 기구[NATO]가 결성되었다.

▸ 25059-0194

18 밑줄 친 '변화'가 나타나게 된 배경으로 가장 적절한 것은?

> 내가 방에 틀어박혀 스탕달이 지은 『적과 흑』 등 금지된 책들을 읽고 있는 동안 중대한 변화가 일어났다. 마오쩌둥은 홍위병들을 하나로 규합해 군인으로 무장시키겠다고 선언하였다. 곧 베이징 곳곳에서 집회가 열렸고, 홍위병들이 손을 맞잡고 인민 해방군의 군사 훈련을 신청하였다. …… 군인들이 우리 학교로 왔고 이어 군사 훈련이 시작되었다. 우리는 열을 지어 행진을 하였고, 고물 총으로 사격 훈련도 진행하였다.

① 시안 사건이 발생하였다.
② 중국 동맹회가 결성되었다.
③ 대약진 운동이 실패하였다.
④ 제1차 국공 합작이 이루어졌다.
⑤ 천두슈 등이 신문화 운동을 전개하였다.

▸ 25059-0195

19 (가) 국가에 대한 설명으로 옳은 것은? [3점]

> 보내 주신 서신을 신중하게 읽었고 서기장님의 문제 해결 의지 역시 기쁘게 받아들였습니다. 하지만 (가) 이/가 쿠바에 있는 공격용 미사일 기지 건설 작업을 중단하고 모든 공격용 무기 체계가 작동되지 않도록 하는 일이 선결되어야 합니다. …… 조치가 신속하게 이루어진다는 가정하에, 본인은 뉴욕에 있는 대표에게 유엔 사무총장 대리 및 (가) 의 대표와 함께 쿠바 문제의 항구적인 해결책을 협의하도록 지시했습니다.

① 닉슨 독트린을 발표하였다.
② 코민포름 창설을 주도하였다.
③ 제1차 비동맹 회의를 개최하였다.
④ 독일, 이탈리아와 3국 동맹을 체결하였다.
⑤ 빌리 브란트를 중심으로 동방 정책을 추진하였다.

▸ 25059-0196

20 (가) 기구에 대한 설명으로 옳은 것은?

> (가) 의 창설과 변화에 대해 알아보세요.
>
> | … | 2000년대 | 2010년대 | 2020년대 |
>
> 회원국 간 공동의 외교 및 안보 정책 이행, 단일 통화인 '유로' 사용 등을 통해 정치적, 경제적 통합을 지향하는 (가) 은/는 새로운 도전에 직면하였습니다.
>
> 2013년 크로아티아가 28번째 회원국이 되었습니다.
> 2016년 영국에서는 (가) 의 탈퇴 여부를 묻는 투표가 이루어졌습니다.

① 코메콘 창설을 주도하였다.
② 반둥에서 평화 10원칙을 채택하였다.
③ 안전 보장 이사회와 상임 이사국을 두었다.
④ 브레턴우즈 회의의 결정에 따라 설립되었다.
⑤ 마스트리흐트 조약 체결을 계기로 출범하였다.

실전 모의고사 3회

(제한 시간 30분) (배점 50점) 정답과 해설 44쪽

문항에 따라 배점이 다르니, 각 물음의 끝에 표시된 배점을 참고하시오. 3점 문항에만 점수가 표시되어 있습니다. 점수 표시가 없는 문항은 모두 2점입니다.

▸ 25059-0197

1 (가) 문명에 대한 설명으로 옳은 것은?

【유네스코 세계 유산】

돌라비라

■ 등재연도 : 2021년

■ 소개 : 이 유적지는 성벽으로 둘러싸인 도시와 도시 서쪽에 위치한 묘지로 이루어져 있고, 도시의 동쪽과 남쪽에는 여러 개의 저수 시설이 있다. 성벽으로 둘러싸인 도시는 2개의 계절성 하천에서 나오는 물을 공급받았고, 계층적 사회 질서를 보여 주는 다양한 크기의 가옥으로 이루어져 있다. 이곳은 모헨조다로 등과 함께 고대 (가) 의 대표적 유적지로, 정교한 저수 시설 및 배수 체계, 진흙 벽돌로 지은 석조 건축물 등을 통해 계획도시임을 알 수 있다.

① 사자의 서를 제작하였다.
② 함무라비 법전을 편찬하였다.
③ 올림피아 제전을 개최하였다.
④ 황허강 유역에서 출현하였다.
⑤ 메소포타미아 지역과 교류하였다.

▸ 25059-0198

2 밑줄 친 '황제'가 속한 왕조에서 있었던 사실로 옳은 것은?

반고는 아버지의 글이 상세하지 못하다고 여겨 그 일을 완성하고자 하였는데, 때마침 어떤 사람이 있어 반고가 사사로이 국사(國史)를 바로잡고 있음을 아뢰자 <u>황제</u>가 그 글을 읽고서 좋다고 여겨 그것을 끝까지 해내도록 하였다. 반고는 이내 고조에서 시작하여 평제를 거쳐 왕망이 주살된 때에서 끝내니 12대 230년의 일이었고 기 · 표 · 지 · 전으로 만드니 모두 100편이었다.

-『이십이사차기』-

① 수시력이 편찬되었다.
② 팔기제가 운영되었다.
③ 성리학이 발달하였다.
④ 향거리선제가 실시되었다.
⑤ 왕안석이 신법을 추진하였다.

▸ 25059-0199

3 다음 상황이 전개된 시기에 볼 수 있는 모습으로 가장 적절한 것은? [3점]

신종은 서하에 내분이 발생하자 군대를 내어 공격하였다. 그리하여 난주, 안강 등지에 도합 5채*를 설치하였다. 신종이 서거하고 철종이 즉위하자 서하는 여러 차례 사신을 파견하였으나 공물을 바치지 않았다. 원우 2년 여름 서하는 비로소 새로운 황제의 등극을 축하하였다. 서하는 기존 사신이 아직 돌아가지도 않았는데 다시 사신을 파견하였다. 이 사신을 통해 조정은 비로소 그들이 5채의 반환을 요청하는 것을 알게 되었다. 대신들 사이에서는 이를 둘러싸고 의견이 엇갈렸다. 소철은 바로 지금이 땅을 되돌려주어 은혜를 베풀 기회라고 하였다. 그의 제안에 따라 땅을 되돌려주자 서하가 복종하였다.

* 채(寨) : 성채, 작은 성

① 탈라스 전투에 참전하는 병사
② 교자로 물품을 구매하는 상인
③ 이갑제의 실시를 알리는 관리
④ 군기처의 설치를 명령하는 황제
⑤ 지방의 인재를 추천하는 중정관

▸ 25059-0200

4 (가) 왕조에 대한 설명으로 옳은 것은? [3점]

그림은 카스틸리오네가 그린 「취서도」이다. 그는 (가) 에서 궁중 화가로 활약하면서 옹정제의 즉위를 기념하기 위해 이 그림을 그렸다. 화병이나 꽃은 명암법과 채색 방법 등을 통해 서양화의 특징을, 배경을 그리지 않고 오른쪽 위에 낙관을 찍은 부분 등은 동양화의 특징을 보여 주고 있다.

① 사고전서를 편찬하였다.
② 황소의 난으로 쇠퇴하였다.
③ 파스파 문자를 제정하였다.
④ 정화의 원정대를 파견하였다.
⑤ 북면관제와 남면관제를 실시하였다.

▸ 25059-0201

5 밑줄 친 '막부'에서 있었던 사실로 옳은 것은?

자료는 네덜란드 상관장이 막부의 쇼군으로부터 받은 명령입니다. 이는 네덜란드 상인들에게 외부 세력 유입에 관한 정보 제공을 의무화함으로써 잠재적 위협인 포르투갈 등 유럽 국가의 공격에 대비하려는 것으로 보입니다.

하나. 네덜란드 배는 나가사키 연안에서만 무역 등을 할 수 있다.
하나. 기리시탄(크리스트교도)의 종교는 금지하고, 그들이 배를 타고 오는 것을 알게 된다면 조속히 상부에 은밀히 보고하라. 이를 따르지 않을 경우 네덜란드 배의 일본 도항을 중지할 것이다.

① 해체신서가 간행되었다.
② 다이카 개신이 추진되었다.
③ 명과 감합 무역이 실시되었다.
④ 이와쿠라 사절단이 파견되었다.
⑤ 헤이안쿄로 천도가 단행되었다.

▸ 25059-0202

6 (가) 왕조에 대한 설명으로 옳은 것은?

테미스토클레스는 (가) 의 왕이나 군대의 무시무시한 모습을 내세움으로써 아테네 시민을 겁주려 했지만, 사실 그들이 너무 멀리 떨어져 있어 처들어오리라는 두려움에 빠진 사람은 없었다. 그럼에도 전함을 건조하여 군대를 확충하려는 테미스토클레스의 목적은 쉽게 달성되었다. 아테네 시민이 아이기나인들에게 품고 있는 지독한 질투심을 이용하는 것으로 충분했던 것이다. 그 결과 아테네 시민은 은광에서 난 돈으로 전함 1백 척을 만들었다가 살라미스에서 (가) 의 크세르크세스 군대와 전쟁을 치를 때 사용하였다.

– 플루타르코스 –

① 파르티아를 멸망시켰다.
② 티마르 제도를 시행하였다.
③ 크리스트교를 국교로 삼았다.
④ 알렉산드로스에게 정복되었다.
⑤ 이베리아반도까지 영토를 확장하였다.

▸ 25059-0203

7 (가), (나) 시기 사이에 있었던 사실로 옳은 것은? [3점]

(가) 콘스탄티노폴리스의 성벽은 오랜 포격에도 좀처럼 무너지지 않았다. 5월 29일 술탄의 대군이 일제히 총공격을 감행하였다. 도시 북서쪽의 성벽에 집중된 공격으로 방어선이 무너졌고, 술탄의 군대는 마침내 콘스탄티노폴리스를 점령하였다. 이후 3일간 약탈이 허용되었다.
(나) 술탄은 유럽을 동서로 가로지르는 다뉴브강을 넘어 북부로 진출하기 시작하였다. 헝가리 남부 모하치 근교에서 벌어진 전투에서 헝가리 왕국의 국왕 러요시 2세를 전사시키는 등 대승을 거두고 9월에 헝가리 왕국의 수도 부다에 진입하였다.

① 셀림 1세가 맘루크 왕조를 정복하였다.
② 청년 튀르크당이 무장봉기를 일으켰다.
③ 파티마 왕조가 북아프리카에서 수립되었다.
④ 미드하트 파샤의 주도로 헌법이 제정되었다.
⑤ 이슬람 세력이 투르·푸아티에 전투에서 패배하였다.

▸ 25059-0204

8 (가) 제국의 문화에 대한 설명으로 옳은 것만을 〈보기〉에서 고른 것은? [3점]

사파비 왕조가 있었던 시기에 인도 북부에서는 (가) 이/가 건국되었다. 티무르의 후손으로 알려진 인물이 건국한 (가) 은/는 사파비 왕조와 정치적·군사적으로 대립하기도 하였으나 문화적으로 폭넓게 교류하였다. 시아파 정권인 사파비 왕조와 달리 수니파 이슬람교를 받아들였지만, 주민 중 상당수는 힌두교도였다.

보기
ㄱ. 시크교가 확산되었다.
ㄴ. 샤쿤탈라가 저술되었다.
ㄷ. 우르두어가 사용되었다.
ㄹ. 쿠트브 미나르가 세워졌다.

① ㄱ, ㄴ ② ㄱ, ㄷ ③ ㄴ, ㄷ
④ ㄴ, ㄹ ⑤ ㄷ, ㄹ

▸ 25059-0205

9 (가) 황제의 업적으로 옳은 것은?

이 개선문은 (가) 즉위 10년이 되는 해에 세워졌습니다. 개선문에는 (가) 이/가 밀비우스 다리 전투에서 막센티우스에게 대승을 거두었을 때의 싸움 장면 등이 부조로 표현되어 있습니다. 이 전투 이후 (가) 은/는 크리스트교를 공인하였으며, 단독 황제로 집권하는 길을 걷게 되었습니다.

① 니케아 공의회를 개최하였다.
② 호르텐시우스법을 제정하였다.
③ 스파르타쿠스의 난을 진압하였다.
④ 정복지 곳곳에 알렉산드리아를 건설하였다.
⑤ 제국을 4분할하여 통치하는 체제를 신설하였다.

▸ 25059-0206

10 (가) 제국에서 있었던 사실로 옳은 것은?

성인과 성모 마리아의 그림이 대량 제작되고, 예수의 경우에는 상상하여 제작된 그의 형상뿐만 아니라 그가 짊어졌던 십자가까지 숭배의 대상이 되었다. 역병이나 기근, 전쟁의 위험이 있는 도시들은 보유하고 있는 성스러운 유물의 힘이나 수호성인에 더욱 의존하는 경향을 보였다. 사제들과 공의회는 몇 번이고 성상은 신이 아니라 신을 떠올리게 하는 물건일 뿐이라는 해명에 나서야 했다. (가) 의 황제 레오 3세는 교회에서 성상을 완전히 없앨 것을 요구하는 칙령을 반포하였다. 예수와 성모 마리아를 표현한 형상을 숭배하는 것은 금지되었으며, 교회의 벽화는 회반죽으로 뒤덮였다.

① 밀레트 제도가 시행되었다.
② 샤르트르 대성당이 건축되었다.
③ 군관구제와 둔전병제가 실시되었다.
④ 수도 니네베에 왕립 도서관이 건립되었다.
⑤ 베르됭 조약과 메르센 조약이 체결되었다.

▸ 25059-0207

11 밑줄 친 '전쟁'에 대한 설명으로 옳은 것은? [3점]

교황은 굳게 결심하였다. 그리고 모든 크리스트교도 군주에게 무기를 들고 일치단결하여 무엄한 불신자들의 손에서 예수의 성묘를 탈환하라고 촉구하였다. 이 계획을 추진하기 위해 교황은 알프스산맥을 넘어 갈리아 지방까지 왔으며 클레르몽에 들러 회의를 소집하였다. 교황은 자신이 지정한 날짜에 회의 장소로 들어갔다. 교황의 바로 뒤를 은둔 수도자로 알려진 피에르가 따르고 있었다. 그곳에는 이탈리아와 독일, 프랑스의 여러 교구에서 온 고위 성직자들이 모여 있었다. 그들을 향해 교황은 간결하고도 감동적인 연설을 하였다. …… 교황의 연설을 듣고 자기 교구로 돌아간 성직자들이 말씀을 전함으로써 <u>전쟁</u>의 씨앗을 뿌렸다.

– 알렉상드르 뒤마 –

① 전개 과정에서 레판토 해전이 일어났다.
② 베스트팔렌 조약의 체결로 마무리되었다.
③ 잔 다르크의 활약으로 전세가 역전되었다.
④ 신성 로마 제국이 해체되는 결과를 초래하였다.
⑤ 셀주크 튀르크의 비잔티움 제국 압박을 배경으로 발발하였다.

▸ 25059-0208

12 밑줄 친 '국왕'에 대한 설명으로 옳은 것은? [3점]

마자랭 추기경이 사망한 후 <u>국왕</u>은 회의를 열어 "대법관, 짐은 이제까지 고인이 된 추기경에게 나의 업무를 대행하도록 맡겨 왔소. 이제는 짐 스스로 통치할 때가 왔다고 보오. 대법관은 짐이 그대에게 요청할 때 나에게 조언을 하게 될 것이오. …… 그리고 국무 비서들, 그대들도 나의 명령 없이는 어떠한 문건도, 심지어 통행증과 여권조차 결재하는 것을 금지하오. 그대들은 매일 나에게 보고해야 하며, 누구에게도 특혜를 베풀지 마시오. 그리고 재무를 담당하는 그대에게 내 의지를 말했듯이, 추기경의 유언대로 콜베르와 협조하도록 하시오."라고 하며 친정을 선언하였다. 이후에는 콜베르가 재정 문제까지 총괄하면서, 여러 관직을 겸직하게 하였다.

① 무적함대를 격파하였다.
② 권리 청원을 승인하였다.
③ 러시아 원정을 단행하였다.
④ 베르사유 궁전을 건립하였다.
⑤ 데카브리스트의 봉기를 진압하였다.

▸ 25059-0209

13 (가) 의회가 활동한 시기에 있었던 사실로 옳은 것은?

> 1월 14일 국왕의 유죄 여부가 논의에 부쳐진 이후 (가) 은/는 의원들이 결정해야 할 세 가지 의제를 정하였다.
> 첫째, 국왕 루이는 공공의 자유를 해칠 음모를 꾸미고 국민의 안녕을 침해한 죄를 지었는가?
> 둘째, 선고된 판결을 국민이 재심하도록 할 것인가?
> 셋째, 국왕 루이에게 가해질 형벌은 어떤 것이어야 하는가?
> 국왕의 유죄는 결정되었다. 국민의 재심은 부결되었다. 1월 16일 저녁에 시작되어 24시간 동안이나 계속된 끝없는 개별 호명식 투표 끝에 사형 선고가 내려졌다. 1월 21일 오전에 국왕의 처형식은 사람들이 많이 몰린 혁명 광장(현재의 콩코르드 광장)에서 거행되었다. 이는 사람들에게 큰 충격을 주었고, 유럽을 경악하게 하였다.

① 테니스코트의 서약이 발표되었다.
② 파리 시민들이 바스티유를 함락하였다.
③ 오스트리아와의 혁명전쟁이 시작되었다.
④ 혁명 재판소와 공안 위원회가 운영되었다.
⑤ 영국 · 프로이센 등의 연합군이 워털루 전투에서 승리하였다.

▸ 25059-0210

14 밑줄 친 '전쟁' 중 있었던 사실로 옳은 것은?

> 저는 남부 반란자들의 주장처럼 전쟁이 자치 정부의 권리를 수호하기 위한 자구책의 일환으로 일어났다고 하는 것은 핑계라고 생각합니다. …… 이 싸움은 실제로 목화를 재배하는 주들의 야심찬 인물들이 주도한 것입니다. …… 저는 남부 연합군이 미합중국을 상대로 일으킨 전쟁을 반란이라 부를 것입니다. 이것은 그렇게 부를 수밖에 없으며 이런 문제는 정확한 명칭으로 규정할 필요가 있기 때문입니다. 나는 그것을 죄악이라고 말할 것입니다. 미합중국의 헌법이 그렇게 규정하고 있으며 반란을 침략과 동등하게 다루고 있기 때문입니다.
>
> – 에드워드 에버렛 –

① 노예 해방 선언이 발표되었다.
② 보스턴 차 사건이 발생하였다.
③ 대륙 횡단 철도가 개통되었다.
④ 제2차 대륙 회의가 개최되었다.
⑤ 영국군이 요크타운 전투에서 패배하였다.

▸ 25059-0211

15 밑줄 친 '일련의 사건'에 해당하는 사례로 가장 적절한 것은? [3점]

> 대학생들은 독일의 정치적 상황을 직시했고 메테르니히의 주도로 개최된 회의에 의해 성립된 체제를 붕괴시켜야만 독일 통합 역시 가능하다는 판단을 하게 되었다. 이들은 이 체제에 저항하겠다는 의지를 밝혔고 그것을 실천하기 위해서는 자신들의 세력을 더 체계적으로 규합해야 한다는 필요성도 인지하게 되었다. 이에 따라 대학생들은 부르셴샤프트(학생 조합)라는 단체를 출범시켰다. 부르셴샤프트 내에서 이 체제를 인정하지 않겠다는 성향이 부각됨에 따라 메테르니히를 비롯한 여러 위정자들은 두려움과 불안감을 느끼게 되었다. 독일의 부르셴샤프트 문제 이외에도 이 체제에 저항하는 일련의 사건이 곳곳에서 전개되고 있었다.

① 파쇼다에서 영국과 프랑스가 충돌하였다.
② 이탈리아에서 카르보나리당(단)이 활약하였다.
③ 국민 투표를 통해 나폴레옹이 황제로 즉위하였다.
④ 찰스 1세가 의회와 대립하며 청교도를 박해하였다.
⑤ 북아메리카 식민지 대표들이 독립 선언문을 발표하였다.

▸ 25059-0212

16 교사의 질문에 대한 학생의 답변으로 가장 적절한 것은? [3점]

> 자료는 크리스트교의 영향을 받아 상제회를 조직한 인물이 『구약 성서』에 기술된 모세의 십계명을 모방하여 제정한 십관천조의 일부 항목입니다. 이 운동에 참여한 백성들은 이 인물을 황상제로 섬기면서 십관천조의 항목을 실천해야 했습니다. 이 운동에 대해 발표해 볼까요?

제일천조	황상제를 숭배하라.
제이천조	사악한 신을 섬기지 말라.
제삼천조	경망스럽게 황상제의 이름을 부르지 말라.
제사천조	7일에 한 번씩 황상제의 은덕을 예배하고 찬양하라.
제오천조	부모에게 효도하라.
제십천조	탐욕을 부리지 말라.

① 멸만흥한을 내세웠어요.
② 8개국 연합군에 의해 진압되었어요.
③ 철도 국유화 조치에 반발하여 일어났어요.
④ 제1차 아편 전쟁이 일어나는 계기가 되었어요.
⑤ 메이지 유신을 본받아 정치 개혁을 추진하였어요.

▸ 25059-0213

17 (가) 인물에 대한 설명으로 옳은 것은?

영국이 부과한 소금세 폐지를 주장하며 단디의 해안까지 수백 킬로미터를 행진하기에 앞서 [(가)]은/는 청중을 향해 "설사 우리가 체포된 후에라도 평화가 깨지지 않게 하십시오. 우리는 오로지 비폭력 투쟁만을 추구하는 데 우리의 모든 수단을 활용하기로 하였습니다. …… 나는 단 하나의 조건을 규정하는 바입니다. 즉, 진리와 비폭력을 향한 우리의 서약을 스와라지 달성의 유일한 수단으로서 충실히 지키라는 것입니다."라고 설파하였다. 행진 도중 여러 곳에서 [(가)]은/는 그를 따르는 수많은 사람에게 연설하였고, 그때마다 사티아그라하(비폭력 저항 운동)의 유일한 조건인 비폭력을 역설하였다.

① 롤럿법의 폐지를 주장하였다.
② 담배 이권 수호 운동을 전개하였다.
③ 술탄제를 폐지하고 공화국을 수립하였다.
④ 비이슬람교도에 대한 지즈야를 폐지하였다.
⑤ 콜카타 대회를 열어 스와데시 등의 강령을 채택하였다.

▸ 25059-0214

18 다음 연설이 발표된 전쟁에서 있었던 사실로 옳은 것은? [3점]

연합군의 육해공군 장병 여러분, 여러분은 독일의 무기를 파괴해야 하며 유럽인들을 억압하고 있는 나치주의자들을 제거해야 하고 자유세계의 모든 사람의 안전을 확보해야 합니다. 여러분의 임무는 결코 쉽지 않습니다. 여러분의 적은 잘 훈련되어 있고 잘 무장되었으며 전투 경험으로 단련되어 있습니다. 그러나 우리의 항공 전술은 그들의 항공 전력과 지상에서의 전쟁 수행 능력을 크게 약화시켰습니다. 우리의 조국 후방 전선은 우리에게 압도적으로 우세한 무기와 탄약을 제공하고 있으며 훈련된 예비 전투 병력을 준비해 두고 있습니다. 대세는 바뀌었습니다. 세계의 자유민들도 승리를 향해서 함께 진군하고 있습니다. 나는 여러분의 용기, 임무에 대한 헌신성, 그리고 전투 역량에 무한한 자신감을 갖고 있습니다.

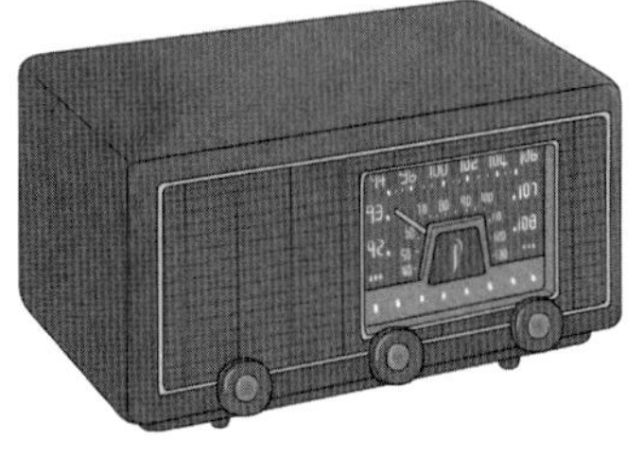

① 얄타 회담이 개최되었다.
② 독일이 국제 연맹을 탈퇴하였다.
③ 샌프란시스코 강화 회의가 열렸다.
④ 일본이 대중국 21개조 요구를 제시하였다.
⑤ 무솔리니가 에티오피아 침공을 단행하였다.

▸ 25059-0215

19 (가)에 들어갈 내용으로 가장 적절한 것은? [3점]

연설로 보는 세계사

유럽에는 서로 다른 사회 체제를 가진 국가들이 혼재해 있습니다. 이것은 현실입니다. 이를 역사적 사실로 인정하는 동시에 각 민족에게 사회 체제를 결정할 독자적인 권리가 있다는 사실 또한 존중해야 합니다. 이것이야말로 유럽을 정상화할 수 있는 첫걸음이기 때문입니다. 각국의 사회, 정치적 질서는 꾸준히 변해 왔고, 앞으로도 변해 나갈 것입니다. 그러나 이는 그 나라 인민들이 결정하고 선택해야 할 문제입니다. 우방국이건 동맹국이건 간에 어떤 식으로든 타국의 내정에 간섭하거나 주권을 제한하려 해서는 안 됩니다.

[해설] 자료는 소련의 공산당 서기장이 1989년 유럽 평의회에서 행한 연설 내용이다. 이는 서기장의 타국 내정에 대한 불간섭 정책을 보여 주는 것으로, 소련의 태도 변화를 엿볼 수 있다. 이러한 정책의 영향으로 인해 [(가)]

① 닉슨 독트린이 발표되었다.
② 헝가리에 다당제가 도입되었다.
③ 티토가 제1차 비동맹 회의를 개최하였다.
④ 바르샤바 조약 기구[WTO]가 결성되었다.
⑤ 관세 및 무역에 관한 일반 협정[GATT]이 체결되었다.

▸ 25059-0216

20 밑줄 친 '이 운동'이 시작된 시기를 연표에서 옳게 고른 것은?

마오쩌둥이 '많이, 빨리, 질 좋게, 낭비 없이 건설한다.'라는 목표를 당 전체에 호소하며 <u>이 운동</u>이 시작되었다. 공업과 농업 모두 비정상적으로 높은 목표치가 제시되었다. 마오쩌둥을 비롯한 지도부는 원료와 에너지, 노동력 등을 철강 생산을 비롯한 중화학 공업 부문에 집중하고, 민중을 동원하여 소규모 용광로를 대량으로 증설한다면 목표를 달성할 수 있으리라 굳게 믿었다. 이에 소규모 간이 용광로를 이용한 제철 등에 수많은 민중이 동원되었다. 그러나 이러한 용광로는 제철업과 상관없는 사람들이 대충 눈동냥으로 벽돌을 쌓아 만들거나 기와나 도기를 굽던 가마를 단순 개조한 것들이 대부분이었다. 연료인 석탄을 확보할 수 없는 경우 숯을 사용하였고, 철광석이 부족하면 냄비나 솥 등을 녹이기도 하였다. 시간이 지난 후 <u>이 운동</u>은 뜻한 목표를 달성하지 못하고 끝나 버렸다.

중일 전쟁 발발		카이로 회담		중화 인민 공화국 수립		문화 대혁명 시작		중국과 미국 수교		베를린 장벽 붕괴
	(가)		(나)		(다)		(라)		(마)	

① (가) ② (나) ③ (다) ④ (라) ⑤ (마)

실전 모의고사 4회

제한 시간 30분 | 배점 50점 | 정답과 해설 47쪽

문항에 따라 배점이 다르니, 각 물음의 끝에 표시된 배점을 참고하시오. 3점 문항에만 점수가 표시되어 있습니다. 점수 표시가 없는 문항은 모두 2점입니다.

▸ 25059-0217

1 밑줄 친 '이 문명'에 대한 설명으로 옳은 것은?

이 부조는 람세스 2세가 누비아인, 리비아인, 시리아인을 제압하는 모습을 표현한 것이다. 람세스 2세는 나일강 유역에서 발달한 이 문명의 파라오로, 활발한 대외 원정 활동을 벌여 리비아와 누비아 등지를 장악하였다.

① 파피루스에 기록을 남겼다.
② 파르테논 신전을 건립하였다.
③ 함무라비 법전을 편찬하였다.
④ 갑골에 점복의 내용을 기록하였다.
⑤ 하라파와 모헨조다로를 건설하였다.

▸ 25059-0218

2 밑줄 친 '제국'에 대한 설명으로 옳은 것은? [3점]

제국의 건립자 아르다시르 1세의 칙령에 따라 조로아스터교를 제외한 대부분의 종교가 탄압받았다. 그가 멸망시킨 파르티아 영토 내의 신전과 신격화된 파르티아 왕의 동상은 무참하게 파괴되었다. …… 아르다시르 1세는 이단자들을 절대 용납하지 않았기에 이단 세력은 크게 위축되었다. …… 아르다시르 1세의 칙령은 종교라는 띠로 주민들을 하나로 묶어 그의 입지를 더욱 강화해주었다.

① 밀레트 제도를 운영하였다.
② 델로스 동맹을 결성하였다.
③ 비잔티움 제국과 대립하였다.
④ 우즈베크인의 침공으로 멸망하였다.
⑤ 카르타고 등 여러 도시를 건설하였다.

▸ 25059-0219

3 (가) 황제가 속한 왕조의 문화에 대한 설명으로 옳은 것은?

문학으로 읽는 세계사

회오리바람처럼 준마를 몰아
채찍을 휘두르며 위교(渭橋)를 나선다.
……
화살 깃 꽂고서 흉노를 무찔렀네.
전쟁 끝나 진을 해산하니 날이 밝고
군영이 텅 비고 안개도 걷혔는데
공 세워 기린각에 그림으로 남은 이는
오직 대장군 곽거병 한 사람뿐이네.

[해설] 이 시는 이백의 「새하곡6수(塞下曲六首)」의 일부로, 흉노 원정에 나선 곽거병의 활약을 묘사하고 있다. 곽거병은 (가) 의 명을 받아 대월지를 갔다 온 장건과 함께 군대를 이끌고 흉노를 토벌하는 등 전장에서 활약하였다.

① 성리학이 등장하였다.
② 수시력이 편찬되었다.
③ 기하원본이 간행되었다.
④ 청명상하도가 제작되었다.
⑤ 사마천이 역사서를 저술하였다.

▸ 25059-0220

4 다음 상황이 나타난 시기에 볼 수 있는 모습으로 가장 적절한 것은? [3점]

유의가 황제께 상소를 올려 "품(品)의 높고 낮음을 매기는 일이 사사로운 감정에 따라 이루어지고 있습니다."라고 하였다. 이는 당시 이루어진 관리 등용 제도의 폐단을 지적한 것으로 '상품(上品)에는 한문(寒門)*이 없고, 하품(下品)에는 세족(世族)**이 없다.'라는 내용을 담고 있다. …… 그러나 이러한 폐단을 고칠 수 있는 이가 아무도 없었으니, 당시 권력을 잡은 자들이 중정관이거나 품(品)이 높은 사람들이어서 좀처럼 법을 바꾸려 하지 않았기 때문이다.

* 한문(寒門) : 가난하고 문벌이 낮은 집안
** 세족(世族) : 여러 대를 계속하여 나라의 중요한 자리를 맡아 오거나 특권을 누려 오는 집안

① 청담 사상에 심취한 지식인
② 변방 지역을 방어하는 절도사
③ 황건적의 난을 진압하는 군인
④ 자금성 건설에 동원되는 농민
⑤ 사고전서 편찬에 참여하는 학자

▸ 25059-0221

5 (가) 왕조에 대한 설명으로 옳은 것은?

신종의 명을 받아 개혁을 단행한 왕안석은 백성들의 삶을 풍요롭게 하고 더욱 많은 부를 국고로 끌어들이려 하였다. 그는 황제를 보좌하여 (가) 의 재정을 재편하는 과정에서 균수법을 도입하는 한편, 농민에게 싼 이자로 영농 자금을 융자해 주는 청묘법, 요역 대신 돈을 거두고 이를 실업자에게 품삯으로 주고 일을 시키는 모역법 등을 도입하였다. 그러나 왕안석이 추진한 정책은 사마광 등 보수파 관료와 대지주의 반대에 직면하였다.

① 지정은제를 시행하였다.
② 황소의 난으로 쇠퇴하였다.
③ 파스파 문자를 제정하였다.
④ 호경에서 낙읍(뤄양)으로 천도하였다.
⑤ 거란(요), 서하에 비단 등의 물자를 지급하였다.

▸ 25059-0222

6 밑줄 친 '이 왕조'에서 있었던 사실로 옳은 것은?

이 왕조 시기에 이르러 통치자들은 행정력을 동원하여 성리학의 학문적 위상을 확고히 하고자 하였다. 이 왕조의 영락제는 성리학을 장려하기 위해 호광 등의 유학자에게 명하여 『사서대전』과 『오경대전』, 『성리대전』 등을 편찬하고 조서를 내려 천하에 반포하였다.

① 교자가 발행되었다.
② 균전제가 실시되었다.
③ 분서갱유가 단행되었다.
④ 곤여만국전도가 제작되었다.
⑤ 네르친스크 조약이 체결되었다.

▸ 25059-0223

7 밑줄 친 '막부' 시기에 있었던 사실로 옳은 것은?

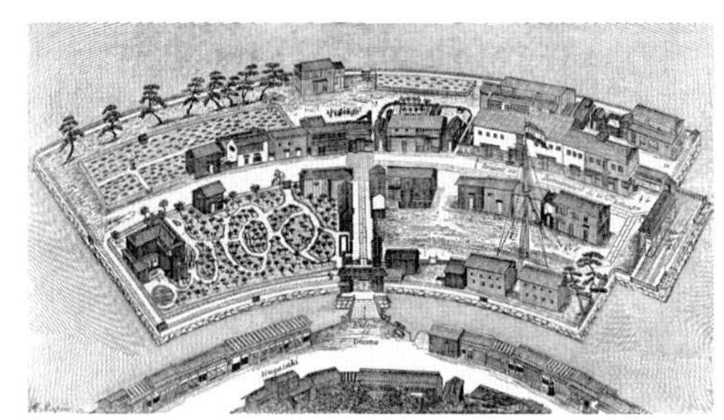

그림은 나가사키의 데지마를 표현한 것이다. 막부는 처음에는 포르투갈인을 수용하기 위한 시설로서 데지마를 건설하였으나 크리스트교 포교 문제로 포르투갈인을 추방한 이후 네덜란드 동인도 회사의 상관을 데지마로 옮겼다. 이후 데지마를 통해 서양 문물이 본격적으로 도입되어 난학이 발달하였다.

① 만엽집이 편찬되었다.
② 다이카 개신이 단행되었다.
③ 견당사 파견이 중지되었다.
④ 명과 감합 무역이 이루어졌다.
⑤ 산킨코타이 제도가 시행되었다.

▸ 25059-0224

8 (가) 왕조에 대한 설명으로 옳은 것은? [3점]

이 지도에는 아부 무슬림의 원정로가 나타나 있습니다. (가) 의 아랍인 우월주의에 불만을 품은 비아랍인, 시아파 세력으로 규합된 아부 무슬림의 군대는 티그리스강 상류의 지류인 자브강 일대에서 (가) 에 승리를 거두었고, 이후 알 아바스를 수장으로 하는 새로운 왕조가 성립하였습니다.

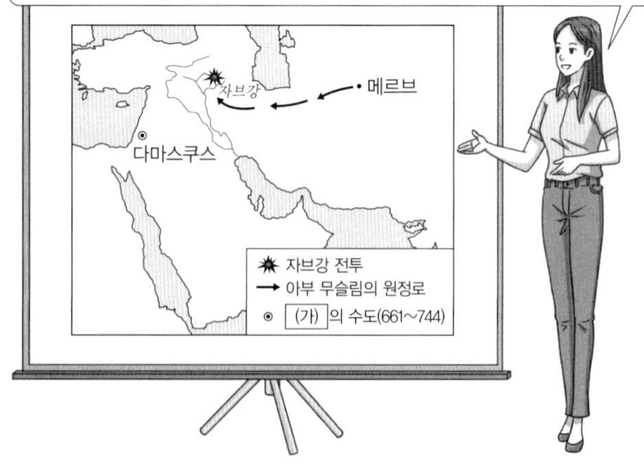

① 이스마일 1세가 건국하였다.
② 몽골군의 침입을 받아 멸망하였다.
③ 사산 왕조 페르시아를 정복하였다.
④ 이베리아반도까지 영토를 확장하였다.
⑤ 제4차 십자군의 공격을 받아 수도가 함락되었다.

▸ 25059-0225

9 밑줄 친 '술탄'에 대한 설명으로 옳은 것은? [3점]

그림은 술탄의 군대가 빈을 포위 공격하는 장면을 표현하고 있다. 비잔티움 제국을 무너뜨렸던 증조부 메(흐)메트 2세의 정복 사업을 이어나간 술탄은 헝가리를 정복하고, 빈 원정에 나섰다. 그러나 예니체리 등을 비롯한 대규모의 군대를 동원했음에도 불구하고 악천후와 보급 물자의 부족 등으로 술탄의 원정은 실패하였다.

① 몽골 제국의 재건을 내세웠다.
② 아스테카 제국을 정복하였다.
③ 이집트의 맘루크 왕조를 멸망시켰다.
④ 바그다드를 점령하고 훌라구 울루스를 세웠다.
⑤ 유럽 연합 함대를 물리쳐 동지중해의 제해권을 장악하였다.

▸ 25059-0226

10 (가) 제국의 문화에 대한 설명으로 옳은 것은? [3점]

그림은 (가) 의 황제가 마라타족의 지도자 시바지를 체포하기 위해 자신의 궁으로 불러들인 장면을 묘사하고 있다. 황제는 이슬람 제일주의를 내세워 마라타족 등 힌두교도의 반발을 초래하였다. 또한 데칸고원 등지에서 마라타족이 세력을 강화하자 황제는 군대를 보내 공격하고, 그들의 지도자인 시바지를 불러들여 체포하였다. 이후 시바지는 극적으로 탈출하였고, 마라타 왕국의 왕으로 즉위하여 저항을 이어나갔다.

① 산치 대탑이 세워졌다.
② 우르두어가 사용되었다.
③ 샤쿤탈라가 저술되었다.
④ 자이나교가 출현하였다.
⑤ 보로부두르가 축조되었다.

▸ 25059-0227

11 밑줄 친 '그'에 대한 설명으로 옳은 것은?

그는 이소스 전투에서 다리우스 3세를 격퇴하였다. …… 이소스 전투에서 승리한 이후 그는 다리우스 3세가 도망치도록 내버려 둔 채 정복지를 공고히 하는 일에 몰두하였다. …… 그는 페르시아인들이 그리스 풍속을 따르게 하였고, 한편으로는 페르시아인들이 가슴 아파하지 않도록 스스로는 페르시아인의 풍속을 따랐다. 또한 포로로 사로잡은 다리우스 3세의 아내와 어머니를 매우 정중하게 대하였다.

– 몽테스키외, 『법의 정신』 –

① 알렉산드리아를 건설하였다.
② 악티움 해전에서 승리하였다.
③ 니케아 공의회를 소집하였다.
④ 호르텐시우스법을 제정하였다.
⑤ 제1차 삼두 정치를 주도하였다.

▸ 25059-0228

12 (가) 인물에 대한 설명으로 옳은 것은?

그림은 (가) 이/가 대관식에서 교황으로부터 서로마 황제의 관을 수여 받는 모습을 나타내고 있다. (가) 은/는 크리스트교 보급에 앞장서 정복지에 교회와 수도원을 건립하는 등 로마 교회의 후원자 역할을 하였고, 이에 교황 레오 3세는 그에게 서로마 황제의 관을 수여하였다. 이 대관식으로 프랑크 왕국과 로마 교회의 제휴는 더욱 강화되었다.

① 노르망디 공국을 세웠다.
② 보름스 협약을 체결하였다.
③ 도편 추방제를 마련하였다.
④ 성상 파괴령을 반포하였다.
⑤ 카롤루스 르네상스를 일으켰다.

▸ 25059-0229

13 다음 자료에 나타난 전쟁에 대한 탐구 활동으로 가장 적절한 것은?

> 수개월 동안 영국군은 루아르강 북안에 있는 오를레앙성을 포위하고 있었다. 잔 다르크는 갑옷을 차려입은 다음 알랑송 공작 휘하의 군대와 함께 오를레앙성으로 출발하였다. 며칠 만에 그녀가 이끄는 병사들은 영국군이 주둔한 진영을 점령하고, 글래스데일이 이끄는 영국군을 격파한 뒤 주요 거점인 투렐 요새를 탈환하였다. 90일간 지속되었던 공성전 끝에 영국군의 사령관 윌리엄은 결국 오를레앙성에 대한 포위를 풀었다.

① 심사법이 제정된 배경을 살펴본다.
② 권리 장전이 승인된 과정을 분석한다.
③ 클레르몽 공의회에서 제기된 주장을 알아본다.
④ 아우크스부르크 화의가 이루어진 계기를 파악한다.
⑤ 플랑드르 지방에 대한 지배권을 놓고 대립한 결과를 찾아본다.

▸ 25059-0230

14 (가) 국왕에 대한 설명으로 옳은 것은?

> 이 그림은 레판토 해전의 전투 장면을 표현하고 있다. 레판토 해전은 에스파냐와 베네치아 및 로마 교황 등이 연합한 신성 동맹과 오스만 제국 간에 벌어진 전투이다. 이 해전에서 에스파냐의 (가) 은/는 오스만 제국을 격파하여 일시적으로 지중해 해상권을 장악하였다.

① 상트페테르부르크를 건설하여 수도로 삼았다.
② 영국 원정에서 엘리자베스 1세에게 패배하였다.
③ 종교 분쟁을 수습하고자 낭트 칙령을 발표하였다.
④ 오스트리아와의 전쟁으로 슐레지엔을 차지하였다.
⑤ 콘스탄티노폴리스를 점령하여 비잔티움 제국을 멸망시켰다.

▸ 25059-0231

15 밑줄 친 '이 의회'가 활동한 시기에 있었던 사실로 옳은 것은? [3점]

> <u>이 의회</u>가 공화정을 선포한 이후, 온건파 대의원들로 구성된 지롱드파는 급진파인 자코뱅파가 너무 많은 권한을 차지할까 봐 두려워하였다. 이 두려움은 현실이 되어 로베스피에르 등 자코뱅파는 지롱드파의 지도자들을 숙청하여 공안 위원회를 장악하였다. <u>이 의회</u>를 장악한 로베스피에르 등 자코뱅파는 파리와 지방에서 대중의 지지를 얻기 위해 봉건적 공납을 무상으로 폐지하고, 최고 가격제를 도입하는 등 급진적인 조치를 취하였다. 이러한 조치는 성공을 거두어 프랑스 시민들의 지지를 얻을 수 있었고, 혁명전쟁 중 필요한 군인을 징집하기 위한 국민 총동원령을 내리자 많은 장정이 앞장서 지원하였다.

① 삼부회가 소집되었다.
② 루이 16세가 처형되었다.
③ 대륙 봉쇄령이 공포되었다.
④ 테니스코트의 서약이 발표되었다.
⑤ 루이 필리프가 왕으로 추대되었다.

▸ 25059-0232

16 밑줄 친 '통일 운동' 중 있었던 사실로 옳은 것은? [3점]

> 그림은 국왕 에마누엘레 2세와 가리발디가 나폴리에 함께 입성하는 모습을 나타내고 있다. 가리발디는 의용군을 이끌고 원정에 나서 나폴리 등 남부 지역을 점령하였다. 이후 가리발디는 자신이 점령한 지역을 국왕에게 바쳐 지난 2년간 전개된 <u>통일 운동</u>이 완수되는 데 기여하였다.

① 트루먼 독트린이 발표되었다.
② 크롬웰이 호국경에 취임하였다.
③ 베스트팔렌 조약이 체결되었다.
④ 샤를 10세가 의회를 해산하였다.
⑤ 사르데냐 왕국이 이탈리아 중·북부를 통합하였다.

▸ 25059-0233

17 (가) 국가에 대한 설명으로 옳은 것은? [3점]

(가) 의 함대는 마닐라 인근의 카비테만에서 에스파냐의 함대를 침몰시켰다. (가) 의 듀이 제독은 마닐라에 주둔하고 있는 에스파냐 총독에게 포격을 중단하지 않으면 마닐라를 쑥대밭으로 만들겠다는 전갈을 보냈다. …… 결국 카비테만에 위치한 에스파냐의 무기고 위로 백기가 올라갔고, 모든 포격이 멈추었다. 마닐라만에서 벌어진 전투는 이렇게 막을 내렸고, 에스파냐는 약 7개월 뒤 필리핀에 대한 지배권을 상실하였다.

① 포츠머스 조약을 체결하였다.
② 아도와 전투에서 패배하였다.
③ 파쇼다에서 영국과 충돌하였다.
④ 수에즈 운하의 관리권을 차지하였다.
⑤ 무력시위를 통해 일본을 개항시켰다.

▸ 25059-0234

18 밑줄 친 '이 운동'에 대한 설명으로 옳은 것은?

빌헬름 2세께서는 이번 원정을 통해 서양 세력 배척을 명분으로 산둥 일대를 중심으로 확산된 <u>이 운동</u>을 진압함으로써 우리 독일 제국의 동아시아 진출이 가속화될 것을 기대하고 계십니다. 황제께서는 우리 군을 포함하여 총 8개국으로 구성된 연합군이 <u>이 운동</u>을 진압하고, 그 대가로 청 정부에 배상금을 요구할 계획임을 밝히셨습니다. 아울러 황제께서는 우리 제국의 해군 제독 벤더만이 점령에 실패했던 옌타이를 재공격하여 산둥 지역에서 우리가 점유한 이권을 확대할 것을 명하셨습니다.

① 천조전무 제도를 발표하였다.
② 철도 국유화 조치에 반발하여 일어났다.
③ 메이지 유신을 본받아 개혁을 추진하였다.
④ 제2차 아편 전쟁이 일어나는 배경이 되었다.
⑤ 외국 군대가 베이징에 주둔하는 계기가 되었다.

▸ 25059-0235

19 밑줄 친 '전쟁' 중에 있었던 사실로 옳은 것은? [3점]

처칠은 의회 연설에서 대서양 헌장은 공식 외교 문서가 아니며 <u>전쟁</u>이 언제 끝날지 모르는 상황에서 제시된 희망적인 선언에 불과하였다고 주장하였다. 또한 헌장에 규정된 피식민지 주권 회복 관련 조항이 나치에 의해 정복된 유럽 국가들에게만 적용되는 것이며, 영국의 식민지에는 해당하지 않는다고 강조하였다. 그뿐만 아니라 그는 영국령 식민지는 점진적으로 발전하고 있으며, 영국의 통치 없이는 극심한 혼란에 빠지게 될 것이라 주장하는 등 자국의 식민 통치 논리를 정당화하였다.

– 『루스벨트와 홉킨스 : 친밀한 역사』 –

① 국제 연맹이 창설되었다.
② 사라예보 사건이 일어났다.
③ 노르망디 상륙 작전이 전개되었다.
④ 북대서양 조약 기구[NATO]가 결성되었다.
⑤ 소비에트 사회주의 공화국 연방이 수립되었다.

▸ 25059-0236

20 밑줄 친 '봉쇄'가 일어난 시기를 연표에서 옳게 고른 것은? [3점]

풍자화로 보는 세계사

그림에는 소련이 <u>봉쇄</u> 조치를 단행했음에도 미국을 비롯한 서방 국가가 서베를린으로 군 수송기를 보내는 모습이 묘사되어 있다. 소련은 미국, 영국, 프랑스가 일방적으로 자신들의 독일 내 관할 구역에 새로운 통화 제도를 도입하자, 이를 비난하며 서베를린으로 통하는 길을 차단하였다. 이에 맞서 미국을 비롯한 서방 측이 서베를린에 군 수송기로 물자를 공수하면서 긴장이 고조되었다.

카이로 회담 개최	(가)	마셜 계획 발표	(나)	쿠바 미사일 위기 발생	(다)	닉슨 대통령의 중국 방문	(라)	독일 통일	(마)	세계 무역 기구[WTO] 출범

① (가)　② (나)　③ (다)　④ (라)　⑤ (마)

실전 모의고사 5회

제한 시간 30분 배점 50점 정답과 해설 51쪽

문항에 따라 배점이 다르니, 각 물음의 끝에 표시된 배점을 참고하시오. 3점 문항에만 점수가 표시되어 있습니다. 점수 표시가 없는 문항은 모두 2점입니다.

▸ 25059-0237

1 (가) 국가에 대한 설명으로 옳은 것은? [3점]

> 기원전 19세기경에 이르러 수무아붐(Sumuabum)이 아카드인을 제압하고 (가) 을/를 세웠다. 이 나라의 제6대 왕 함무라비는 이신(Isin)을 병합한 라르사의 왕을 격파하고, 나아가 마리(Mari) 등을 공격하여 지역 전체를 통일하였다. 강력한 정부를 수립하는 데 성공한 그는 이민족의 동화와 국가적 통합을 위하여, 예로부터 이 지역에 전해 오던 법률을 집대성하여 새로운 법전을 편찬하였다. 이 법전은 셈어의 일종인 아카드어로 기록되었는데, 아카드어는 훗날 유럽에서의 라틴어와 마찬가지로 이 지역의 국제어로 사용되었다.

① 베다를 제작하였다.
② 은허 유적을 남겼다.
③ 아무르인에 의해 건설되었다.
④ 파라오에 의한 신권 정치가 이어졌다.
⑤ 솔로몬왕 사후 이스라엘과 유대로 분열되었다.

▸ 25059-0238

2 밑줄 친 '나'가 속한 왕조 시기의 사실로 옳은 것은?

> 나는 『사기』를 짓기 시작한 지 7년 되던 해에 이릉(李陵)을 위해 변명하다 화를 입어 죄수로 유폐되었다. 이에 "내 죄로다! 내 죄로다! 궁형으로 쓸모없는 몸이 되었구나!"라며 탄식하였다. 나는 물러 나와 깊이 궁리해 보고는 이렇게 말했다. "…… 공자는 진(陳)나라와 채나라 사이에서 곤궁에 처했을 때 『춘추』를 지었고, …… 손빈은 무릎을 도려내는 형벌을 받고 나서야 『손빈병법』을 논했고, …… 한비자는 진(秦)나라에서 죄인의 몸으로 감금되어서야 「세난(說難)」과 「고분(孤憤)」이 나왔으니, …… 이들은 모두 마음속에 응어리진 바가 있으나 이를 풀 방도가 없었기에, 옛일을 기술하며 다가올 앞날을 생각했던 것이다."
>
> －「태사공자서」－

① 오수전이 유통되었다.
② 9품중정제가 실시되었다.
③ 호경에서 낙읍으로 천도하였다.
④ 상앙의 등용으로 변법이 추진되었다.
⑤ 화북과 강남을 잇는 대운하가 건설되었다.

▸ 25059-0239

3 (가) 황제에 대한 설명으로 옳은 것은?

> 현무문의 변으로 (가) 이/가 즉위하자 힐리가한(頡利可汗)은 수도인 장안 부근까지 침입하여 위세를 떨쳤다. 그는 동돌궐의 우두머리로, 화북 지역에 대한 약탈과 지배를 통해 정치적·경제적 기반을 강화하고 있었다. (가) 은/는 자신의 권위를 세우고 정통성을 확보하기 위해 힐리가한을 정벌하려 하였다. 이듬해, 폭설로 많은 양과 말을 상실한 동돌궐은 기근에 시달린 것은 물론 군사력이 크게 약화되었다. 이후 잇단 내부 분쟁으로 동돌궐의 지배 범위는 고비사막 남부와 중국 북부의 변경 지역으로 위축되었다. 마침내 이정(李靖)이 이끄는 군대가 음산(陰山)의 본진을 기습하자 힐리가한은 서쪽으로 도주했지만 결국 잡히면서 동돌궐은 멸망하였다.

① 과거제를 처음 시행하였다.
② 전국을 36군으로 나누었다.
③ 장건을 대월지에 파견하였다.
④ 정관의 치라는 번영을 이루었다.
⑤ 뤄양으로 천도하고 한화 정책을 추진하였다.

▸ 25059-0240

4 (가) 국가의 활동으로 옳은 것은? [3점]

> (가) 이/가 일어난 것은 주씨의 양(梁)* 초부터이니, 여러 오랑캐를 통솔하여 서로 세력이 성하였도다. 나라 세운 이의 이름은 아보기이며 성은 야율이니, 화인(華人)과 더불어 말을 몰아 고삐를 나란히 하였네. 처음에 암산(庵山)에 도읍하였다가 목엽(木葉)으로 옮기니, 가죽 천막과 가죽 수레가 늘어서 있고 깃발이 펄럭였다. …… 군사가 강하고 나라는 부유하여 중국을 제압하니, 들을 잇고 산을 덮는 천 만의 기병이라. 예왕(豫王)이 여색과 사냥에 빠져서 우연히 압록강에 이르렀다가 스스로 패하였구나.
>
> －『제왕운기』－
>
> * 주씨의 양(梁) : 주전충이 당의 애제(哀帝)로부터 선양 받아 세운 나라를 가리킴

① 교초를 발행하였다.
② 군기처를 설치하였다.
③ 연운 16주를 차지하였다.
④ 맹안 모극제를 운영하였다.
⑤ 정복지에 도호부를 설치하였다.

▸ 25059-0241

5 밑줄 친 '짐'의 활동으로 옳은 것은? [3점]

> 태조께서 확실한 천명을 받고 난징[南京]에 도읍하여 나라의 기초를 다지셨다. 외람되게 짐이 대통을 이어받아 국가의 발전만을 생각해 왔는데, 베이징[北京]을 돌아보니 실로 도읍지로 삼을 만하고 하늘의 뜻에 부합하는 곳이라 여겨진다. …… 베이징을 도성으로 건설하는 일에 천하 군민이 즐겨 봉사하고 하늘과 사람이 함께 힘을 모아 돕고 있다. 이미 일이 다 이루어졌으니 새해 정월 초하루 날에는 자금성 봉천전에서 백관과 조회할 것이다. 이에 조서를 공포하니 모든 사람이 잘 따르도록 하라.

① 남송을 정복하였다.
② 재상제를 폐지하였다.
③ 사고전서를 편찬하였다.
④ 몽골과 조선을 공격하였다.
⑤ 정화에게 대규모 항해를 명하였다.

▸ 25059-0242

6 (가) 국가에 대한 설명으로 옳은 것은?

> 키루스 2세는 메디아의 왕이자 자신과 대립한 외조부 아스티아게스를 물리치면서 (가) 의 기초를 마련하였다. 키루스 2세는 『구약성서』를 통해서도 널리 알려졌는데, 이른바 '고레스 칙령'으로 바빌로니아에서 유배 생활을 하던 유대인을 예루살렘으로 귀환시킨 인물이기도 하다. 키루스 2세를 이은 캄비세스 2세는 비록 오래 재위하지 못하고 일찍 사망했지만, 이집트까지 정복하여 '비옥한 초승달 지대'에 있는 모든 나라의 왕이 되었다. 큰 위업을 달성한 캄비세스 2세이지만 정작 당대에 작성된 기록이 많이 남아있지 않다. 그러나 그의 행적은 이후 즉위한 (가) 의 국왕이 비시툰산 암벽에 남긴 부조와 비문을 통해 어느 정도 알려져 있다.

① 니네베를 수도로 삼았다.
② 도시에 지구라트를 세웠다.
③ 페르세폴리스를 조성하였다.
④ 시아파 이슬람교를 국교로 정하였다.
⑤ 인도의 쿠샨 왕조, 중국의 한과 교류하였다.

▸ 25059-0243

7 (가), (나) 국가에 대한 설명으로 옳은 것은? [3점]

> 투그릴 베그의 영도 아래 크게 성장한 (가) 은/는 전성기인 11세기 후반의 말리크샤 시대에 와서는 동으로 톈산산맥, 서로는 지중해에 이르는 대제국으로 발전하였다. 그러나 팔레스타인 점령과 비잔티움 제국에 대한 압박으로 십자군 전쟁이 발발한 이후 오랫동안 크리스트교 세계와 치열하게 격돌하였다. 한편, 칭기즈 칸의 손자인 훌라구는 몽골 제국 통치자이자 자신의 큰형이기도 한 몽케 칸의 명령으로 원정에 나서 결국 바그다드를 함락시켰다. 이로써 500년이 넘는 역사를 이어 온 (나) 이/가 멸망하였으며, 이후 이슬람 세계는 소아시아에서 등장한 오스만 제국을 중심으로 서서히 재편되어 갔다.

① (가)는 파르티아를 멸망시켰다.
② (가)는 사마르칸트를 수도로 삼았다.
③ (나)는 탈라스 전투에서 패배하였다.
④ (나)는 이스마일 1세에 의해 건국되었다.
⑤ (가)는 (나)로부터 술탄의 칭호를 부여받았다.

▸ 25059-0244

8 (가) 왕조의 문화에 대한 설명으로 옳은 것은?

> 아케메네스 왕조 페르시아를 무너뜨린 알렉산드로스는 인도를 정복하기 위해 원정을 감행하였다. 그는 인더스강 유역을 공략한 후 계속 동쪽으로 진군하려 하였으나, 휘하의 병사들이 너무 지친 데다 갠지스강 유역의 마가다국을 몹시 두려워하고 있었기 때문에 약간의 주둔군만 남긴 채 귀환하였다. 알렉산드로스가 사망하자 찬드라굽타는 현지인의 저항 의식을 이용하여 펀자브 지방과 서북 인도를 차지하였다. 나아가 마가다국을 공격하여 왕을 죽이고 수도인 파탈리푸트라를 점령한 후 마침내 (가) 을/를 수립하였다. 이후 찬드라굽타는 알렉산드로스의 후계자를 자처하는 셀레우코스 1세의 동진을 차단하면서 왕조의 기반을 더욱 튼튼히 하였다.

① 타지마할이 준공되었다.
② 보로부두르가 조성되었다.
③ 상좌부 불교가 발달하였다.
④ 쿠트브 미나르가 건립되었다.
⑤ 칼리다사가 샤쿤탈라를 집필하였다.

▸ 25059-0245

9 (가) 국가에 대한 설명으로 옳은 것은? [3점]

파우사니아스*의 기록에 따르면 스토아 포이킬레**의 마지막 그림에는 마라톤 평야에서 벌어진 전투 장면이 다음과 같이 묘사되어 있었다. 플라타이아 군대와 (가) 의 병사들이 페르시아인과 맞붙는다. 그런데 스파르타를 포함하여 다른 폴리스의 흔적은 어디에도 없다. 어느 한쪽의 우세가 결정된 것은 아니지만 페르시아인이 서로를 밀치며 정신없이 도망가는 모습과 함선에 기어오르면서 무참히 공격당하는 모습이 보인다. 또한 지하 세계에서 올라오는 테세우스, 그리고 아테나와 헤라클레스의 모습이 그려져 있다.

* 파우사니아스(Pausanias) : 그리스의 여행자이자 지리학자로 110년에 태어나 180년에 사망한 것으로 알려져 있음

** 스토아 포이킬레(Stoa Poikile) : (가) 의 아고라에 있던 건물로 페리클레스에 의해 도편 추방되는 키몬에 의해 세워진 것으로 추정됨

① 도리스인에 의해 건국되었다.
② 호르텐시우스법을 제정하였다.
③ 동방의 전제 군주제를 도입하였다.
④ 펠로폰네소스 전쟁에서 패배하였다.
⑤ 수사에서 사르디스까지 도로를 건설하였다.

▸ 25059-0246

10 밑줄 친 ㉠ 시기의 역사적 사실로 옳은 것은?

황제가 칙령을 내리면서 성상 파괴 운동이 일어났다. 칙령을 내린 레오 3세가 콘스탄티노폴리스 궁전 입구에 금으로 그려진 예수의 성화를 제거한 것이 그 시작이었다. 성상 파괴 운동이 9세기 중반에 일단락되면서 이를 기념한 정교 주일*이 제정되었다. 그러나 ㉠레오 3세가 칙령을 내린 이후 정교 주일이 제정될 때까지 수많은 조각, 벽화, 모자이크가 파괴되었고, 성상 옹호자들과 상당수의 성직자가 가혹한 수감 생활과 고문을 견뎌야 했다.

* 정교 주일 : 성상 파괴에 대한 승리를 기념하는 그리스 정교의 축일로 성상을 들고 성가를 부르며 기도하는 행사를 거행함

① 교황청이 아비뇽으로 옮겨졌다.
② 클로비스가 로마 가톨릭교로 개종하였다.
③ 유스티니아누스 황제가 로마법을 집대성하였다.
④ 하인리히 4세가 카노사로 교황을 찾아가 사죄하였다.
⑤ 카롤루스 대제가 교황으로부터 서로마 황제의 관을 받았다.

▸ 25059-0247

11 (가) 국가의 활동으로 옳은 것은?

오스만 제국의 콘스탄티노폴리스 함락 이후 유럽 국가들 대부분이 동방 무역에서 큰 어려움을 겪는 와중에도, 막강한 해상력을 보유한 베네치아는 이슬람 세력의 용인 아래 아시아에서 온 향신료를 구할 수 있었다. 이를 통해 향신료 무역의 3분의 2 이상을 점유한 베네치아는 프랑스 전체 수입의 몇 배에 달하는 수익을 올렸다. 한편 베네치아에 뒤처진 (가) 은/는 이슬람 세력을 피해 아시아와 직접 거래할 방법을 바다에서 찾고 있었다. 당시에는 향신료 중에서도 후추가 가장 중요한 품목이었는데, (가) 의 바스쿠 다 가마가 인도의 캘리컷에 도착할 무렵에는 유럽 내에서 후추 한 줌의 가격이 사파이어 2개나 말 3마리, 또는 돼지 15마리에 달하였다.

① 콜베르를 중용하였다.
② 슐레지엔을 획득하였다.
③ 마카오를 거점으로 삼았다.
④ 아스테카 문명을 파괴하였다.
⑤ 상트페테르부르크를 건설하였다.

▸ 25059-0248

12 밑줄 친 '시위'에 대한 설명으로 옳은 것만을 〈보기〉에서 고른 것은? [3점]

자정이 되면서 무장한 파리 시민들이 왕궁인 튈르리궁으로 향하였다. 궁을 지키던 국민 방위군은 현장에서 이탈하였고, 스위스 용병들만 남게 되었다. 루이 16세와 그의 가족들은 의회로 피신하였다. 시위에 참가한 시민들은 국왕 일행에게 길을 내준 뒤 튈르리궁을 점령하려 하였고, 이에 맞서는 스위스 용병들은 시위대를 자극하고 있었다. 양측 간에 유혈 충돌이 발생하여 모두 1,000명 이상의 사상자가 나왔다. 의회 회의장에서도 포격 소리가 들렸고, 회의를 참관하던 사람들은 만세를 외쳤다. 시위대의 승리가 확실해지자 마침내 왕권 정지 등을 규정한 법이 통과되었다.

보기

ㄱ. 상퀼로트에 의해 주도되었다.
ㄴ. 국민 공회 수립의 계기가 되었다.
ㄷ. 로베스피에르의 퇴진을 요구하였다.
ㄹ. 테니스코트의 서약이 이루어지는 배경이 되었다.

① ㄱ, ㄴ ② ㄱ, ㄷ ③ ㄴ, ㄷ
④ ㄴ, ㄹ ⑤ ㄷ, ㄹ

▸ 25059-0249

13 다음 일기가 작성된 시기를 연표에서 옳게 고른 것은?

어찌하여 나폴레옹은 넓고 비옥한 영토, 광대한 정신과 청렴한 귀족, 왕권에 대한 확고한 지지, 모든 난관을 견딜 수 있게 해주는 엄격한 규율, 용기, 그리고 힘 있는 강건한 조직의 대군, 다양한 기후와 여러 민족을 아우르는 포용성, 게다가 마지막 보루로서 신앙과 관용을 지닌 우리 나라를 정복하러 왔단 말인가? 이는 결국 끔찍한 종말을 가져올 뿐이다. 나폴레옹의 프랑스 군대는 러시아에서 쓰러질 것이고, 러시아에서 그들의 뼈는 흩어지고 그들의 육신은 썩어질 것이다.

– 나데즈다 안드레예브나 두로바 –

	(가)	(나)	(다)	(라)	(마)	
바스티유 함락		테르미도르 반동	나폴레옹 황제 즉위	대륙 봉쇄령 선포	빈 회의 개최	프랑스 7월 혁명

① (가) ② (나) ③ (다) ④ (라) ⑤ (마)

▸ 25059-0250

14 (가) 인물의 활동으로 옳은 것은? [3점]

량치차오는 (가) 을/를 이상적 모델로 삼아 『의대리* 건국 삼걸전』을 집필하였다. 이것은 량치차오가 그를 통일 이탈리아의 국부라고 한 데서 뚜렷이 드러난다. 그 이유는 재상의 지위에 있던 (가) 이/가 이탈리아를 통일한 방식이 입헌 군주제라는 점에 있는 듯하다. 『의대리 건국 삼걸전』에는 왜 공화정을 선포하지 않느냐는 마치니의 질문에, "나는 공화정을 사랑하지만, 이탈리아를 더 사랑하오. 공화정을 버려야 통일할 수 있다면 만사를 희생하고라도 공화정을 버릴 것이니, 나는 오직 이탈리아의 통일을 바랄 뿐이오."라고 가리발디가 답변하는 대목이 있다. 량치차오가 삼걸 중 또 다른 한 사람인 가리발디를 통해 드러내고 있는 입헌 군주제에 대한 애정은 이처럼 지대한 것이었다.

* 의대리(意大利) : 이탈리아를 음차(音借)하여 표기한 것

① 차티스트 운동을 이끌었다.
② 청년 이탈리아당을 조직하였다.
③ 시칠리아와 나폴리를 점령하였다.
④ 오스트리아와의 전쟁에서 승리하였다.
⑤ 선거법 개정으로 부패 선거구를 없앴다.

▸ 25059-0251

15 (가) 국가의 활동으로 옳은 것은? [3점]

이 전쟁은 (가) 사람들의 집단 기억 중에서도 중요한 사건이었다. 특히 나폴레옹 3세와 다수의 병사를 사로잡은 스당 전투의 승리로, 이 전쟁은 '위대한 민족 전쟁'이나 '통일 전쟁'이라는 명칭으로 기념되었다. 1870년 9월 2일, 스당에서 포위된 나폴레옹 3세는 항복하였고 8만 명이 넘는 프랑스군이 포로가 되었다. 이후 1871년부터 1918년까지 매년 9월 2일은 '스당의 날'로 지정되어 (가) 의 중요한 축제가 되었다. 특히 1914년의 축제에서는 시가행진하던 군대가 제1차 세계 대전에서 최초로 포획한 러시아 군기를 공개하는 일도 있었다.

① 크림 전쟁에서 패배하였다.
② 사부아와 니스를 할양하였다.
③ 3국 동맹 체결을 주도하였다.
④ 곡물법과 항해법을 폐지하였다.
⑤ 제2 제정 이후 제3 공화정을 수립하였다.

▸ 25059-0252

16 (가) 국가에 대한 설명으로 옳은 것은?

민영환은 자신의 일기에서 '지금 여왕은 왕위에 있은 지 60년이다. 영토를 개척하여 더욱 넓혔으니, 아프리카와 오스트레일리아, 인도 및 남양(南洋)에 여러 항구가 있다. 땅이 서로 이어지진 않았지만 넓고 큰 규모가 러시아와 서로 비슷하다.'라고 하였다. 이재각과 그 일행도 산업 혁명 이래 급속도로 발달한 (가) 의 과학 문명을 보고 경탄하였다. 이종응은 크지 않은 섬나라인 (가) 이/가 전 세계에 11개의 식민지, 전 육지의 4분의 1을 보유하고 세계 경제를 지배하는 부강한 나라로 성공한 모습을 보면서 자신의 여행기에 '귀신이 아니면 어떻게 이런 부를 누릴 수 있겠는가!'라고 격찬하였다.

– 조세현, 「대한 제국 시기 유럽 출사 대신이 경험한 제국 항로」 –

① 베이징 조약으로 연해주를 획득하였다.
② 플라시 전투 이후 벵골 지역을 통치하였다.
③ 나가사키의 데지마를 통해 일본과 교역하였다.
④ 바르톨로메우 디아스의 항해 활동을 지원하였다.
⑤ 청과 전쟁을 벌여 베트남에 대한 지배권을 인정받았다.

▸ 25059-0253

17 밑줄 친 '진정한 개항'을 가져온 조약의 내용으로 옳은 것은? [3점]

> 실제로는 애초 통고한 봄보다는 늦어져 1853년 7월에 페리가 내항했고, 일단 미국 대통령의 국서를 넘겨주고 이듬해의 재방문을 약속한 뒤 중국으로 귀항했다. 막부가 애매한 타협책을 선호한 데다 페리 역시 통상을 고집하지 않았기 때문에, 이듬해에 체결된 화친 조약은 수교와 통상 개시를 규정하지 않아 쇄국 정책이 폐기되지도 않았다. 진정한 개항은 4년 뒤에 이루어졌다. 막부가 이러한 결단을 내리게 된 데에는 제2차 아편 전쟁에서 영국·프랑스 연합군이 청을 공격한 사실이 크게 작용하였다. 네덜란드는 영국과 프랑스가 일본에도 통상 사절을 보내올 것이라는 정보를 흘렸고, 막부 내에서도 불가피하다면 스스로 개항하는 게 낫다는 여론이 조성되었던 것이다.
>
> – 강진아, 「동아시아의 개항 : 난징 조약에서 강화도 조약까지」 –

① 공행 무역이 폐지되었다.
② 영사 재판권이 인정되었다.
③ 타이완 할양이 규정되었다.
④ 크리스트교 포교가 허용되었다.
⑤ 시모다와 하코다테가 개항되었다.

▸ 25059-0254

18 다음 자료를 활용한 탐구 활동으로 가장 적절한 것은?

> 19세기 중엽 이후 게르만족이 주도하는 오스트리아·헝가리 제국과 슬라브족의 종주국 격인 러시아는 원래 오스만 제국이 지배하던 발칸반도로 진출을 시도하였다. 이러한 상황에서 산스테파노 조약으로 보스니아·헤르체고비나 지역이 무주공산(無主空山)이 되자, 독일의 후광을 등에 업은 오스트리아·헝가리 제국이 이 지역을 차지해 버렸다. 비스마르크가 1878년에 개최된 베를린 회의에서 '발칸반도의 세력 균형을 유지한다.'라는 명분으로 이 지역을 게르만족 형제 국가인 오스트리아·헝가리 제국의 통제 아래에 두었기 때문이다. 이에 발칸반도에서 남슬라브의 맹주를 자처하던 세르비아의 불만이 매우 고조되었다.

① 사라예보 사건의 발생 배경을 파악한다.
② 무솔리니가 권력을 장악해 간 과정을 알아본다.
③ 농노 해방령이 러시아 정세에 끼친 영향을 분석한다.
④ 프리드리히 2세의 상수시 궁전 건립 과정을 조사한다.
⑤ 드골의 망명 정부가 독일에 저항하여 전개한 활동을 살펴본다.

▸ 25059-0255

19 밑줄 친 '다음 전투'가 끼친 영향으로 가장 적절한 것은?

> 암호명 '에이에프(AF)'가 일본의 목표인 것을 파악한 해군 정보반과 그 책임자 로슈포르는 기발한 역정보 작전을 구상하였다. 정보반은 미드웨이 주둔 통신대에 '미드웨이의 해수 담수화 시설이 고장 났다.'라는 전문 내용을 평문 무선통신으로 진주만에 타전하게끔 시켰다. 그리고 얼마 후, 통신 정보를 감청하던 정보반은 '에이에프(AF) 공격대에 급수선이 필요할지도 모른다.'라는 일본 측 전문 내용을 해득(解得)하였다. 이제 함대 사령관 니미츠는 공격 지점이 미드웨이인 것을 알게 되었다. 이로써 진주만에 이어 일본 해군이 노린 또 다른 기습은 무위로 돌아갔으며, 자연스럽게 다음 전투의 성격이 양국 항공 모함 간의 맞대결로 굳어져 버렸다.

① 볼셰비키가 혁명을 주도하였다.
② 독소 불가침 조약이 파기되었다.
③ 태평양 전쟁의 양상이 반전되었다.
④ 참호전의 전개로 전선이 고착되었다.
⑤ 영·미 정상이 대서양 헌장을 발표하였다.

▸ 25059-0256

20 (가) 회의에 대한 설명으로 옳은 것은? [3점]

> 국제 부흥 개발 은행 설립에 대해 일부 은행가들과 경제학자들이 반대하고 있습니다. (가) 에서 설립을 제안한 국제 부흥 개발 은행은 과거에 일부 개인 은행가들이 국제 금융에 행사했던 영향력을 제한할 것입니다. 하지만 결코 은행가들이 투자할 영역을 제한하지는 않을 것입니다. 국제 부흥 개발 은행은 자본이 합리적인 가격으로 정상적인 통로를 통해 유통되지 못하는 경우에만 대출을 집행할 것입니다. 그리하여 과거보다 더 낮은 이자율로 필요한 사람들에게 자본을 공급하게 될 것이며, 국제 금융의 성전에서 약탈적인 고리대금업자를 축출하게 될 것입니다.
>
> – 헨리 모겐소 주니어 –

① 소련의 대일전 참전을 결정하였다.
② 유럽 단일 화폐 사용을 결의하였다.
③ 국제 연합[UN]의 출범을 선포하였다.
④ 티토, 네루, 나세르 등이 참가하였다.
⑤ 미국 달러를 기축 통화로 확정하였다.

수능 대비의 킥은
수능특강 '짝꿍'시리즈

딴 데 가서 헤매지 말자!

가장 정확한
수능특강 첨삭지도서
수능특강 사용설명서

연계교재 어휘 학습을
한 권으로
수능연계교재의 VOCA 1800

수능특강 문학과의
완벽한 시너지
수능특강 문학 연계 기출

수능 영어
간접연계 대비
수능 영어 간접연계 서치라이트

EBS

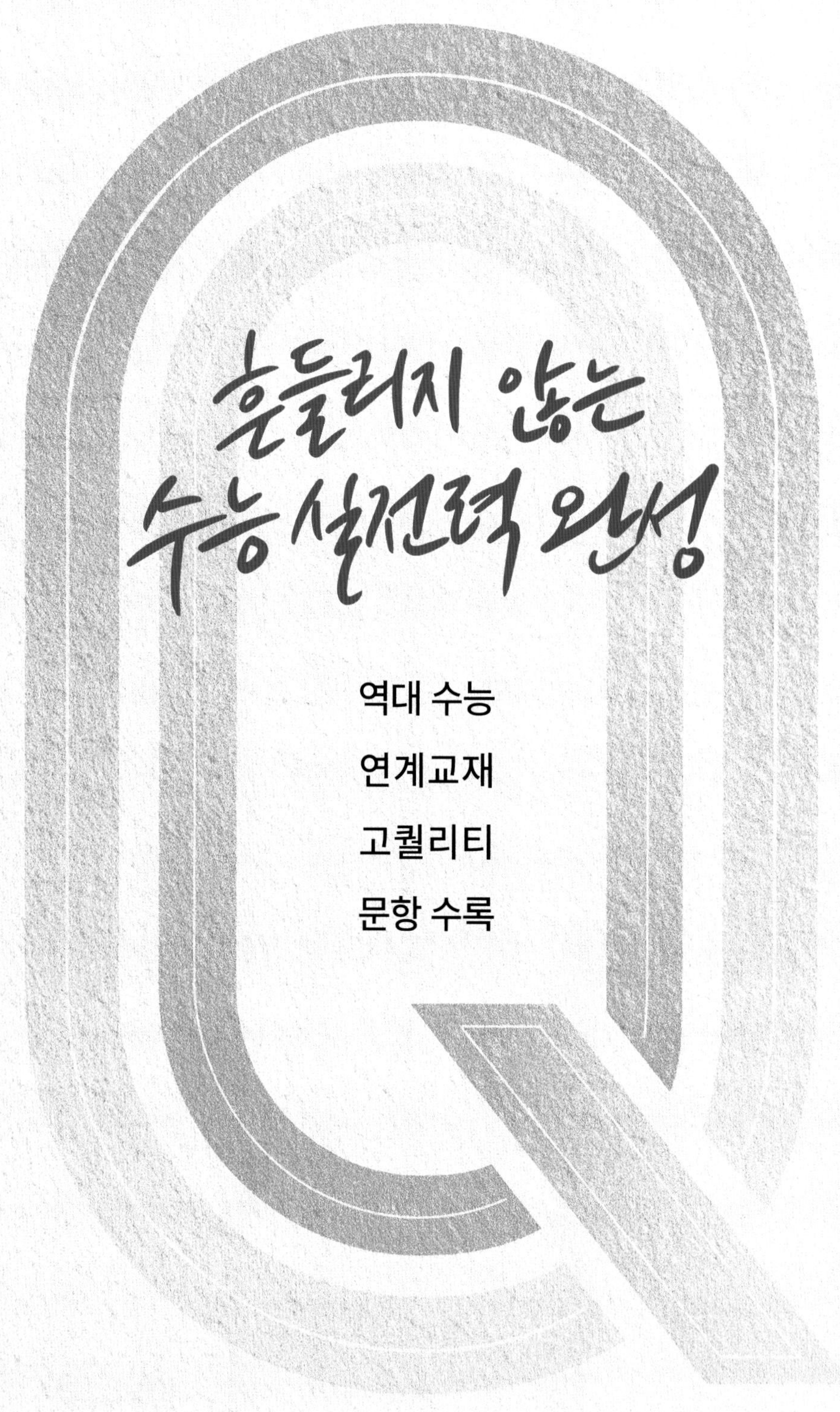

14회분 수록

미니모의고사로 만나는 수능연계 우수 문항집

수능특강Q 미니모의고사

국　어 Start / Jump / Hyper
수　학 수학Ⅰ / 수학Ⅱ / 확률과 통계 / 미적분
영　어 Start / Jump / Hyper
사회탐구 사회 · 문화
과학탐구 생명과학Ⅰ / 지구과학Ⅰ

한눈에 보는 정답

01 인류의 출현과 선사 문화, 문명의 발생

본문 5~7쪽

유형 연습 1 ⑤ 2 ④

2점 테스트
01 ② 02 ③ 03 ③ 04 ②

3점 테스트
1 ④ 2 ②

02 동아시아 세계의 형성

본문 10~14쪽

유형 연습 1 ④ 2 ②

2점 테스트
01 ④ 02 ③ 03 ③ 04 ④

3점 테스트
1 ④ 2 ⑤ 3 ① 4 ④
5 ⑤ 6 ①

03 동아시아 세계의 발전과 변동

본문 17~22쪽

유형 연습 1 ① 2 ①

2점 테스트
01 ⑤ 02 ⑤ 03 ④ 04 ⑤

3점 테스트
1 ② 2 ④ 3 ① 4 ①
5 ② 6 ⑤ 7 ⑤ 8 ④

04 서아시아의 여러 제국과 이슬람 세계의 형성

본문 25~29쪽

유형 연습 1 ③ 2 ②

2점 테스트
01 ⑤ 02 ④ 03 ① 04 ⑤

3점 테스트
1 ① 2 ⑤ 3 ② 4 ④
5 ③ 6 ③

05 인도의 역사와 다양한 종교·문화의 출현

본문 31~33쪽

유형 연습 1 ③ 2 ⑤

2점 테스트
01 ⑤ 02 ⑤ 03 ① 04 ①

3점 테스트
1 ⑤ 2 ③

06 고대 지중해 세계

본문 35~38쪽

유형 연습 1 ③ 2 ③

2점 테스트
01 ⑤ 02 ⑤ 03 ① 04 ①

3점 테스트
1 ④ 2 ⑤ 3 ④ 4 ⑤

07 유럽 세계의 형성과 변화

본문 42~48쪽

유형 연습 1 ⑤ 2 ②

2점 테스트
01 ④ 02 ③ 03 ⑤ 04 ③
05 ⑤ 06 ① 07 ② 08 ⑤

3점 테스트
1 ④ 2 ⑤ 3 ⑤ 4 ②
5 ② 6 ② 7 ③ 8 ①

08 시민 혁명과 산업 혁명(1)

본문 51~56쪽

유형 연습 1 ④ 2 ④

2점 테스트
01 ④ 02 ⑤ 03 ① 04 ④
05 ④ 06 ② 07 ③ 08 ④

3점 테스트
1 ③ 2 ② 3 ① 4 ②
5 ④ 6 ①

09 시민 혁명과 산업 혁명(2)

본문 58~62쪽

유형 연습 1 ⑤ 2 ③

2점 테스트

01 ⑤ 02 ⑤ 03 ④ 04 ⑤

3점 테스트

1 ⑤ 2 ⑤ 3 ③ 4 ⑤
5 ② 6 ①

10 제국주의와 민족 운동

본문 65~72쪽

유형 연습 1 ③ 2 ④

2점 테스트

01 ③ 02 ③ 03 ⑤ 04 ④
05 ① 06 ① 07 ⑤ 08 ①

3점 테스트

1 ③ 2 ① 3 ④ 4 ①
5 ④ 6 ② 7 ② 8 ①
9 ③ 10 ②

11 두 차례의 세계 대전

본문 75~80쪽

유형 연습 1 ⑤ 2 ⑤

2점 테스트

01 ⑤ 02 ① 03 ③ 04 ③
05 ② 06 ② 07 ③ 08 ⑤

3점 테스트

1 ③ 2 ③ 3 ① 4 ⑤
5 ⑤ 6 ②

12 냉전과 탈냉전, 21세기의 세계

본문 82~85쪽

유형 연습 1 ⑤ 2 ①

2점 테스트

01 ② 02 ③ 03 ① 04 ②

3점 테스트

1 ④ 2 ② 3 ⑤ 4 ④

실전 모의고사 1회

본문 88~92쪽

1 ② 2 ④ 3 ⑤ 4 ① 5 ①
6 ④ 7 ① 8 ⑤ 9 ⑤ 10 ②
11 ④ 12 ② 13 ④ 14 ③ 15 ④
16 ④ 17 ② 18 ⑤ 19 ③ 20 ③

실전 모의고사 2회

본문 93~97쪽

1 ① 2 ⑤ 3 ④ 4 ① 5 ④
6 ① 7 ③ 8 ⑤ 9 ④ 10 ⑤
11 ⑤ 12 ⑤ 13 ⑤ 14 ⑤ 15 ④
16 ② 17 ① 18 ③ 19 ② 20 ⑤

실전 모의고사 3회

본문 98~102쪽

1 ⑤ 2 ④ 3 ② 4 ① 5 ①
6 ④ 7 ① 8 ② 9 ① 10 ③
11 ⑤ 12 ④ 13 ④ 14 ① 15 ②
16 ① 17 ① 18 ① 19 ② 20 ③

실전 모의고사 4회

본문 103~107쪽

1 ① 2 ③ 3 ⑤ 4 ① 5 ⑤
6 ④ 7 ⑤ 8 ④ 9 ⑤ 10 ②
11 ① 12 ⑤ 13 ⑤ 14 ② 15 ②
16 ⑤ 17 ⑤ 18 ⑤ 19 ③ 20 ②

실전 모의고사 5회

본문 108~112쪽

1 ③ 2 ① 3 ④ 4 ③ 5 ⑤
6 ③ 7 ⑤ 8 ③ 9 ④ 10 ⑤
11 ③ 12 ① 13 ④ 14 ④ 15 ③
16 ② 17 ② 18 ① 19 ③ 20 ⑤

THEME 01 인류의 출현과 선사 문화, 문명의 발생

유형 연습 본문 5쪽

1 ⑤ 2 ④

1 메소포타미아 문명 이해

문제분석 자료에서 비석의 상부에 함무라비왕의 모습이 묘사되었다는 점, 비석의 기둥에 쐐기 문자로 기록된 법전이 있었다는 점 등을 통해 해당 문화유산이 함무라비 법전이며, (가) 문명이 메소포타미아 문명임을 알 수 있다.

정답찾기 ⑤ 메소포타미아 문명은 티그리스강과 유프라테스강 유역에서 발전하였다.

오답피하기 ① 중국 문명의 상 왕조는 은허 유적을 남겼다.
② 중국의 주 왕조는 종법에 기초한 봉건제를 실시하였다.
③ 인도 문명에서는 자연 현상 등을 찬미하는 『베다』를 제작하였는데, 이는 브라만교의 경전이 되었다.
④ 구석기 시대 크로마뇽인은 알타미라 동굴과 라스코 동굴 등에 풍요를 기원하며 벽화를 그린 것으로 추정된다.

2 이집트 문명 이해

문제분석 자료에서 나일강 중류에 있는 룩소르 서안이 제시된 점, 람세스 2세의 무덤 벽에 「사자의 서」가 그려진 점, 미라를 제작하였다는 점 등을 통해 밑줄 친 '이 문명'은 이집트 문명임을 알 수 있다.

정답찾기 ④ 이집트 문명에서는 파피루스에 문자를 기록하였다.

오답피하기 ① 청 왕조에서는 베이징을 중심으로 경극이 성행하였다.
② 인도 문명에서는 아리아인이 이동하여 정착하면서 카스트제가 형성되었다.
③ 고대 그리스인들은 4년마다 올림피아 제전을 개최하였다.
⑤ 빌렌도르프의 비너스는 오스트리아 빌렌도르프에서 발견된 구석기 시대의 유물이다.

수능 2점 테스트 본문 6쪽

01 ② 02 ③ 03 ③ 04 ②

01 메소포타미아 문명 이해

문제분석 자료에서 『길가메시 서사시』가 제시된 점, 현세적인 삶을 중시하였다는 점, 티그리스강과 유프라테스강 유역에서 발전하였다는 점 등을 통해 (가) 문명이 메소포타미아 문명임을 알 수 있다.

정답찾기 ② 메소포타미아 문명에서는 도시에 지구라트를 건설하여 도시의 수호신을 섬겼다.

오답피하기 ① 영국에 있는 스톤헨지는 신석기 시대 후기에 만들어지기 시작한 거석 기념물로, 다양한 형태의 돌들이 원형으로 줄지어 세워져 있다.
③ 쿠트브 미나르는 아이바크가 델리를 정복한 것을 기념하여 세운 승전 탑이다. 아이바크는 델리를 정복한 후 이슬람 왕조를 수립하였다.
④ 고대 그리스인들은 올림피아 제전을 개최하여 공동체의 결속력을 다졌다.
⑤ 인더스 문명의 사람들은 모헨조다로와 하라파 등의 계획도시를 건설하였다.

02 이집트 문명 이해

문제분석 자료에서 문화유산인 스핑크스가 제시된 점, 파라오는 종교적 권위를 바탕으로 신권 정치를 펼쳤다는 점 등을 통해 밑줄 친 '이 문명'이 이집트 문명임을 알 수 있다.

정답찾기 ③ 이집트 문명의 사람들은 나일강의 범람을 예측하는 과정에서 천문학이 발달하여 태양력을 만들었으며, 수학이 발달하여 10진법을 사용하였다.

오답피하기 ① 콜로세움은 고대 로마 시기에 세워진 원형 경기장으로서, 주로 검투 경기장으로 이용되었다.
② 메소포타미아 문명의 바빌로니아 왕국 시기에 함무라비왕이 함무라비 법전을 편찬하였다.
④ 헤브라이인은 여호와를 유일신으로 믿는 유대교를 성립시켰다.
⑤ 인도 문명의 아리아인은 자연 현상을 찬미하는 『베다』를 남겼다.

03 아리아인의 활동 이해

문제분석 자료에서 중앙아시아 일대에서 유목 생활을 하였다는 점, 인더스강 유역으로 남하하여 서북 인도 지방에 정착하였다는 점, 이후 동쪽으로 이동하였다는 점, 원주민을 지배하기 위하여 카스트제를 만들었다는 점 등을 통해 밑줄 친 '이들'이 아리아인임을 알 수 있다.

정답찾기 ③ 기원전 1500년경 중앙아시아에서 유목 생활을 하던 아리아인은 인더스강 유역으로 남하하였다. 이후 이들은 동쪽의 갠지스강 유역으로 진출하였다. 아리아인은 정복지의 원주민을 지배하기 위해 신분 제도인 카스트제를 만들었다.

오답피하기 ① 크메르족이 오늘날 캄보디아 지역에 세운 앙코르 왕조는 앙코르 와트 등의 문화유산을 남겼다.
② 북위 시기에 윈강 석굴 사원이 조성되기 시작하였다.
④ 명 · 청대 상인들은 회관과 공소 등을 세워 이익을 도모하였다.
⑤ 중국의 상 왕조에서는 점을 쳐서 신의 뜻을 파악하고 이를 바탕으로 신권 정치를 펼쳤으며, 점을 친 내용을 갑골에 기록하였다.

04 주 왕조의 특징 파악

문제분석 자료에서 무왕의 군대가 황허강을 건너 상의 도읍지 인근의 목야에 도착하였다는 점, 전쟁이 무왕의 승리로 끝났다는 점, 상의 마지막 왕 제신은 죽었다는 점, 목야 전투 패배 이후 상이 멸망하였다는 점 등을 통해 (가) 왕조가 주임을 알 수 있다.

정답찾기 ② 주는 상을 무너뜨리고 호경에 도읍하여 황허강 유역을 지배하였고, 이후 영토를 창장강 하류까지 확대하였다.

오답피하기 ① 진이 멸망한 뒤 유방(고조)은 한을 세우고 중국을 재통일하였다(기원전 202). 한 고조는 수도를 장안으로 정하고 군국제를 시행하였다.
③ 당은 변방을 지키기 위해 절도사라는 직책을 마련하였다.
④ 진시황제는 북방 유목 민족인 흉노를 몰아내고 만리장성을 쌓았다.
⑤ 한 무제는 동중서의 건의로 유교를 통치 이념으로 채택하고 황제 중심의 정치 체제를 확립하였다.

수능 3점 테스트

본문 7쪽

1 ④　　2 ②

1 이집트 문명의 사회 모습 이해

문제분석 자료에서 카이로에 있는 박물관을 방문하였다는 점, 문화 유산인 「사자의 서」, 투탕카멘의 황금 가면 등이 제시된 점, 왕가의 계곡에 있는 파라오의 무덤이 언급된 점 등을 통해 (가) 문명이 이집트 문명임을 알 수 있다.

정답찾기 ④ 이집트인은 나일강 유역에서 자라는 파피루스로 일종의 종이를 만들고 여기에 상형 문자를 기록하였다.

오답피하기 ① 페니키아인들은 카르타고 등의 도시를 북아프리카에 세웠다.
② 오스만 제국은 술탄의 친위 부대인 예니체리를 운영하였다.
③ 고대 아테네인들은 파르테논 신전을 아크로폴리스에 세웠다.
⑤ 이슬람 사회에서는 둥근 지붕과 뾰족한 탑을 특징으로 하는 모스크 양식을 갖춘 사원이 건축되었다. 또한 건축물의 장식으로 아라베스크 무늬를 많이 사용하였다.

2 메소포타미아 문명 파악

문제분석 자료에서 지형이 개방적이라는 점, 이민족의 침입이 잦아 수많은 국가가 난립하였다는 점, 우르, 라가시 같은 도시들이 있었다는 점, 지구라트라는 신전을 세웠다는 점 등을 통해 (가) 문명은 메소포타미아 문명임을 알 수 있다.

정답찾기 ② ㉡에 해당하는 지역은 티그리스강과 유프라테스강 유역으로 메소포타미아 문명이 발달하였던 곳이다.

오답피하기 ① ㉠은 나일강 유역으로 이집트 문명이 발달하였던 지역이다.
③ ㉢은 인더스강 유역으로 인더스 문명이 발달하였던 지역이다.
④ ㉣은 황허강 유역으로 상, 주 왕조가 중국 문명을 발전시켰던 지역이다.
⑤ ㉤은 잉카 문명이 발전하였던 지역이다.

THEME 02 동아시아 세계의 형성

유형 연습

본문 10쪽

1 ④　　2 ②

1 진시황제의 정책 이해

문제분석 자료에서 전국에 36개의 군을 설치한 점, 전국 시대 각국의 유력자들을 셴양으로 옮긴 점, 도량형을 통일한 점, 여러 형태의 문자를 폐한 이후 소전의 문자만 사용하게 한 점 등의 내용을 통해 밑줄 친 '황제'는 진시황제임을 알 수 있다. 진시황제는 전국을 36군으로 나누고 관리를 파견하는 군현제를 시행하였다.

정답찾기 ④ 진시황제는 법가 서적과 실용서를 제외한 제자백가의 서적을 불태우고, 유학자 등을 생매장하는 분서갱유를 일으켰다.

오답피하기 ① 명 태조 홍무제는 유교 문화 부흥을 위해 육유를 반포하였다.
② 칭기즈 칸은 천호제를 정비하여 강력한 몽골 군대를 편성하였다.
③ 송의 신종은 왕안석을 등용하여 청묘법, 시역법 등의 신법을 실시하였다.
⑤ 명의 영락제는 내각 대학사를 두어 황제를 보좌하게 하였다.

2 헤이안 시대의 사실 이해

문제분석 자료에서 가나로 쓰여진 와카가 수록된 점, 수도 헤이안쿄, 국풍 문화가 발달한 점 등의 내용을 통해 밑줄 친 '이 시대'는 헤이안 시대임을 알 수 있다. 일본에서는 8세기 말에 헤이안쿄로 천도하면서 헤이안 시대가 전개되었다.

정답찾기 ② 일본은 견당사라는 사절단을 당에 보내 중국의 선진 문물을 수용하였으나 헤이안 시대인 9세기 말에 견당사 파견이 중지되었다.

오답피하기 ① 나라 시대에는 『고사기』, 『만엽집』 등이 편찬되었다.
③ 메이지 정부는 서양 문물 시찰과 미국 등과 맺은 불평등 조약 개정을 위한 예비 협상 등을 목적으로 이와쿠라 사절단을 파견하였다.
④ 에도 막부 시기에 쇼군은 다이묘들을 통제하기 위해 정기적으로 다이묘를 에도에 머물다 가도록 하는 산킨코타이 제도를 시행하였다.
⑤ 쇼토쿠 태자는 6세기 말~7세기 초에 야마토 정권의 국정을 이끌었으며, 적극적인 불교 진흥책을 실시하여 아스카 문화 발전에 기여하였다.

수능 2점 테스트

본문 11쪽

01 ④　　02 ③　　03 ③　　04 ④

01 진의 정책 파악

문제분석 자료에서 법령과 형벌이 날이 갈수록 가혹해진 점, 진승과 오광 등이 반발하여 봉기한 점 등의 내용을 통해 (가) 왕조는 진임을 알 수 있다. 진은 대규모 토목 공사와 가혹한 통치에 대한 농민들의 불만으로 진승과 오광의 난 등 각지에서 반란이 일어나 멸망하였다.

정답찾기 ④ 진시황제는 흉노를 북쪽으로 몰아내고 만리장성을 쌓았으며, 남쪽으로는 광둥 지역까지 영토를 확장하였다.

오답피하기

① 청의 옹정제는 군기처를 설치하여 황제 독재권을 강화하였다.

② 수 문제(양견)는 9품중정제를 폐지하고, 시험으로 관리를 선발하는 과거제를 처음으로 도입하였다.

③ 한 무제는 국가 재정을 확충하기 위해 균수법과 평준법을 시행하였다.

⑤ 기원전 8세기경에 주 왕조는 견융의 침입을 받아 수도를 호경에서 낙읍(뤄양)으로 옮겼다.

02 위진 남북조 시대의 특징 파악

문제분석 자료에서 도연명, 북방 민족과 한족의 대립, 「귀거래사」 등의 내용을 통해 밑줄 친 '이 시대'는 위진 남북조 시대임을 알 수 있다.

정답찾기 ③ 위진 남북조 시대에는 중정관이 인물의 덕망, 재주 등을 9등급으로 평가하여 추천하면 국가가 이를 바탕으로 인재를 등용하는 9품중정제가 시행되었다.

오답피하기 ① 당대에는 주로 백색, 갈색, 녹색 등의 유약을 사용하여 만든 당삼채가 유행하였다.

② 춘추 전국 시대에는 제후국들이 부국강병을 추진하면서 능력 있는 인재들을 등용하였다. 이에 따라 제자백가라 불리는 다양한 사상가와 학파가 활약하였다.

④ 청은 주요 관직에 만주족과 한족을 같이 임명하는 만한 병용제를 실시하였다.

⑤ 몽골(원) 쿠빌라이 칸의 명령에 따라 파스파 문자가 제작되었다.

03 수의 특징 파악

문제분석 자료에서 진(陳)을 멸망, 황제가 고구려 공격을 명한 점, 평양성에 이르렀으나 복병에게 격파된 점 등의 내용을 통해 (가) 왕조는 수임을 알 수 있다.

정답찾기 ③ 수는 통제거, 영제거, 강남하 등 대운하를 건설하여 남북 간의 물자 유통을 원활히 하고자 하였다.

오답피하기 ① 원의 쿠빌라이 칸은 남송을 멸망시키고 중국 전역을 장악하였다.

② 탕구트족이 서하를 세웠다.

④ 지정은제는 청의 강희제 때 일부 지역에 시행된 후 옹정제 때 이르러 전국으로 확대되었다.

⑤ 당은 황소의 난 등 농민 봉기로 쇠퇴하였다.

04 나라 시대의 사회 모습 이해

문제분석 자료에서 새로운 수도로 헤이조쿄가 조성된 점 등의 내용을 통해 밑줄 친 '이 시대'는 나라 시대임을 알 수 있다. 헤이조쿄는 8세기 초에 나라에 건설되었으며, 이곳을 수도로 삼아 천도한 때부터 나라 시대라고 한다.

정답찾기 ④ 도다이사는 8세기 나라 시대에 조성되었다.

오답피하기 ① 에도 막부 시기 데지마의 네덜란드인을 통해 서양의 천문학과 의학 등이 유입되면서 서양의 학문과 의술 등을 연구하는 난학(란가쿠)이 발달하였다.

② 사쓰마번, 조슈번 등이 주도한 막부 타도 운동의 영향으로 1868년 천황 중심의 정권이 수립되었다. 새로 들어선 메이지 정부는 대대적인 개혁을 추진하였다(메이지 유신).

③ 1870년대 일본에서는 헌법 제정과 서양식 의회 설립 등을 요구하는 자유 민권 운동이 전개되었다.

⑤ 15세기 후반에 쇼군의 후계자를 둘러싼 분쟁이 일어나 무로마치 막부의 세력이 약화되면서 100여 년에 걸친 전국(센고쿠) 시대가 전개되었다.

수능 3점 테스트

본문 12~14쪽

1 ④ 2 ⑤ 3 ① 4 ④
5 ⑤ 6 ①

1 춘추 전국 시대의 사회 모습 이해

문제분석 자료에서 소진이 초 위왕에게 말한 점, 6국이 합종하여 진나라를 고립시키자는 점, 진나라가 초나라로 쳐들어올 것이라는 점 등의 내용을 통해 춘추 전국 시대와 관련된 것임을 알 수 있다.

정답찾기 ④ 춘추 전국 시대에는 제후국들이 부국강병을 추진하면서 유가, 법가 등 제자백가라 불리는 다양한 사상가와 학파가 활약하였다.

오답피하기 ① 청대에 『홍루몽』이 출간되어 다양한 계층의 사람들에게 널리 읽혔다.

② 후한 말에 황건적의 난이 발생하였다.

③ 원대에는 지폐인 교초가 발행되었다. 그러나 교초가 남발되면서 물가가 크게 오르는 등 경제적인 혼란이 심화되었다.

⑤ 북위 시기에 윈강 석굴 사원이 조성되기 시작하였다.

2 한 무제의 정책 파악

문제분석 자료에서 전국의 소금과 철을 모두 관장한 점, 물자가 귀해지면 물자를 팔고, 물자가 흔해지면 물자를 사들인 점, 평준법 등의 내용을 통해 밑줄 친 '황제'는 한 무제임을 알 수 있다. 한 무제는 소금과 철의 전매제, 균수법과 평준법 등의 정책을 실시하였다.

정답찾기 ⑤ 한 무제는 흉노를 견제하기 위해 장건을 서역에 파견하여 대월지와 동맹을 추진하였다.

오답피하기 ① 명 태조 홍무제는 재상제를 폐지하여 황제권을 강화하고 유교 문화 부흥을 위해 육유를 반포하였다.

② 명 영락제는 베이징에 자금성을 건설하고 난징에서 베이징으로 수도를 옮겼다.

③ 청 건륭제 치세에 『사고전서』가 편찬되었다.

④ 청 강희제는 오삼계 등이 일으킨 삼번의 난을 진압하였다.

3 북위 효문제의 정책 이해

문제분석 자료에서 호한 융합 정책을 통해 정권의 안정을 추구한 점, 선비족 복식을 금지하고 한족 복식을 착용하게 한 점, 황실의 성씨를 탁발씨에서 원씨로 바꾼 점 등의 내용을 통해 (가) 황제는 북위 효문제임을 알 수 있다.

정답찾기 ① 효문제는 자영농을 육성하기 위해 균전제를 시행하였는데, 균전제는 수·당에도 계승되었다.

오답피하기 ② 명 태조 홍무제는 조세 징수와 치안 유지 등을 담당하는 향촌 조직인 이갑제를 실시하였다.

③ 명 영락제는 환관 정화에게 여러 차례 대규모 항해를 추진하게 하였다.

④ 송 태조 조광윤은 과거제에 전시를 정례화하여 황제 독재 체제를 강화하였다.

⑤ 청 강희제는 시베리아에 진출한 러시아와 네르친스크 조약을 맺었다.

4 당대의 사실 파악

문제분석 자료에서 주전충이 황제를 시해하게 한 점 등의 내용을 통해 당 말의 상황과 관련된 것임을 알 수 있다. 당은 황소의 난을 계기로 급격히 쇠퇴하였고, 결국 절도사 주전충에 의해 멸망하였다.

정답찾기 ④ 당은 넓은 지역을 효과적으로 다스리기 위해 정복지에 도호부를 설치하고 간접적으로 다스렸다.

오답피하기 ① 후금(청)은 행정 단위이자 군사 조직인 팔기제를 운영하였다.

② 원의 통치에 반발하는 농민의 불만이 커지면서 백련교도가 중심이 된 홍건적의 난이 일어났다.

③ 한대에는 역사 서술에서 기전체 방식의 사서가 등장하였는데, 사마천의 『사기』가 대표적이다.

⑤ 남송 시기에 주희가 성리학을 집대성하였다.

5 당 왕조의 문화 이해

문제분석 자료에서 시인인 두보, 안사의 난 등의 내용을 통해 (가) 왕조는 당임을 알 수 있다. 당대에는 이백과 두보 등의 시인이 많은 작품을 남겼다.

정답찾기 ⑤ 당대에 공영달 등은 경전의 주석서인 『오경정의』를 편찬하였다.

오답피하기 ① 청대에 베이징을 중심으로 경극이 성행하였다.

② 명대에 형식화된 성리학을 비판하며 양명학이 발달하였다.

③ 원대에 곽수경 등은 이슬람 천문학의 영향을 받아 『수시력』을 제작하였다.

④ 후한의 반고가 전한의 역사를 정리한 『한서』를 저술하였다.

6 나라 시대의 사실 파악

문제분석 자료에서 쇼무 천황이 도다이사에 대불의 주조를 명한 점, 수도 헤이조쿄 등의 내용을 통해 밑줄 친 '이 시대'는 나라 시대임을 알 수 있다.

정답찾기 ① 나라 시대에는 『고사기』, 『만엽집』 등이 편찬되었으며, 견당사와 견신라사를 통해 선진 문물이 수용되었다.

오답피하기 ② 다이카 개신은 7세기 중반에 단행되었으며, 당의 율령 체제의 영향을 받아 국왕 중심의 중앙 집권 체제를 지향하였다.

③ 무로마치 막부는 감합 무역을 통해 명과 교역하였다.

④ 에도 막부는 나가사키 앞바다를 매립하여 인공 섬인 데지마를 조성하였다.

⑤ 가마쿠라 막부 시기에 두 차례에 걸쳐 원이 침공하였다.

03 동아시아 세계의 발전과 변동

유형 연습 본문 17쪽

1 ① 2 ①

1 쿠빌라이 칸의 활동 이해

문제분석 자료에서 새로운 궁성이 필요하다고 생각한 점, 새 수도의 건설을 명한 점, 중국인들이 대도라 부른 점 등의 내용을 통해 (가) 인물은 쿠빌라이 칸임을 알 수 있다. 쿠빌라이 칸은 수도를 대도로 옮기고 국호를 원으로 정하였다.

정답찾기 ① 쿠빌라이 칸은 남송을 멸망시키고 중국 전역을 장악하였다.

오답피하기 ② 명 태조 홍무제는 조세 징수와 치안 유지 등을 담당하는 향촌 조직인 이갑제를 실시하였다.
③ 명 영락제는 베이징에 자금성을 건설하고 난징에서 베이징으로 수도를 옮겼다.
④ 수 문제는 9품중정제를 폐지하고 과거제를 실시하였다.
⑤ 한 무제는 남월(남비엣)과 고조선을 정복하였다.

2 명 왕조 시기 사실 파악

문제분석 자료에서 예수회 선교사 마테오 리치가 『기하원본』을 간행한 점, 「곤여만국전도」가 중국인의 세계관에 큰 변화를 준 점 등의 내용을 통해 밑줄 친 '이 왕조'는 명임을 알 수 있다. 명 말 중국에 들어온 예수회 선교사 마테오 리치는 명의 학자 서광계와 함께 서양의 서적을 번역하여 『기하원본』을 간행하였다. 또한 그는 세계 지도인 「곤여만국전도」를 제작하였다.

정답찾기 ① 명 태조 홍무제는 토지 대장인 어린도책과 호적 대장 겸 조세 대장인 부역황책을 정비하였다.

오답피하기 ② 위진 남북조 시대에는 청담 사상이 유행하였는데, 위진 시대에 활동한 죽림칠현이 대표적인 인물이다.
③ 제1차 아편 전쟁의 결과 청은 영국과 난징 조약을 체결하였다.
④ 진시황제 사후에 진승·오광의 난 등 각지에서 반란이 일어나 진이 멸망하였다.
⑤ 신을 건국한 왕망은 토지를 국유화하고 노비 매매를 금지하는 등의 개혁을 실시하였으나 호족들의 반발로 실패하였다.

수능 2점 테스트 본문 18쪽

01 ⑤ 02 ⑤ 03 ④ 04 ⑤

01 왕안석의 신법 실시 배경 이해

문제분석 자료에서 신종, 왕안석, 청묘법, 시역법, 보갑법 등의 내용을 통해 밑줄 친 '신법'은 왕안석이 추진한 신법임을 알 수 있다. 송의 신종은 왕안석을 등용하여 청묘법, 시역법 등의 신법을 추진하였다.

정답찾기 ⑤ 송의 문치주의 정책으로 국방력이 약화된 틈을 타 거란(요), 서하 등이 송을 압박하였다. 송은 막대한 군사비 지출 등으로 재정난에 시달렸고, 이에 왕안석은 재정 수입의 확대와 부국강병을 위한 개혁 정책(신법)을 추진하였다.

오답피하기 ① 고구려 원정에 나섰던 왕조는 수, 당 등이다.
② 5호가 성장하여 화북 지역에 여러 국가를 세우자, 진(晉)의 일족은 강남으로 이주하여 건강(난징)을 수도로 동진을 건국하였다.
③ 명대에는 북쪽의 몽골과 남쪽의 왜구(북로남왜)를 막기 위한 군사비 지출이 늘어나면서 재정이 악화되었다.
④ 당은 9세기 후반 황소의 난을 계기로 급격히 쇠퇴하였다.

02 명 영락제의 정책 파악

문제분석 자료에서 황제의 명으로 처음 시작된 항해, 정화가 이끈 함대가 동남아시아와 인도는 물론 아프리카 동해안까지 진출한 점 등의 내용을 통해 (가) 황제는 명 영락제임을 알 수 있다. 명 영락제는 환관 정화에게 여러 차례 대규모 항해를 추진하게 하였다.

정답찾기 ⑤ 명의 영락제는 베이징에 자금성을 건설하고 난징에서 베이징으로 수도를 옮겼다.

오답피하기 ① 북위 효문제는 자영농을 육성하기 위해 균전제를 시행하였는데, 균전제는 수·당에도 계승되었다.
② 당 태종은 적극적인 대외 팽창에 나서 동돌궐을 복속시켰다.
③ 청 옹정제는 군기처를 설치하여 황제 독재권을 강화하였다.
④ 당은 넓은 영토를 효과적으로 통치하기 위해 직접 지배가 곤란한 지역은 도호부를 설치하고 간접적으로 다스렸다.

03 금의 특징 이해

문제분석 자료에서 고유 문자로 경서를 번역하여 반포한 점, 맹안과 모극 안에서 자제를 선발한 점 등의 내용을 통해 (가) 국가는 금임을 알 수 있다. 금은 여진족 등은 맹안 모극제로, 한족 등은 주현제로 다스리는 이원적 통치 체제를 시행하였다.

정답찾기 ④ 금은 12세기 전반 송과 연합하여 거란(요)을 공격하였다. 이후 거란(요)을 멸망시킨 후 송의 수도 카이펑까지 함락하였다.

오답피하기 ① 위진 남북조 시대에 관리 선발 제도로 9품 중정제가 시행되었다.
② 후한 말기에 황건적의 난이 발생하여 혼란이 심화되었다.
③ 9세기 후반 황소의 난을 계기로 급격히 쇠퇴한 당은 절도사 주전충에게 멸망하였다.
⑤ 진시황제는 중국을 통일한 후 흉노를 북으로 몰아내고 그들의 침입을 막기 위해 만리장성을 축조하였다.

04 에도 막부 시기의 사실 파악

문제분석 자료에서 나가사키에 있는 데지마 네덜란드 상관 터, 서양의 의학, 천문학, 조선술 등이 전래된 점 등의 내용을 통해 밑줄 친 '이 막부'는 에도 막부임을 알 수 있다.

정답찾기 ⑤ 에도 막부 시기에는 도시의 상공업자인 조닌이 성장하면서 가부키, 우키요에 등 조닌 문화가 발달하였다.

오답피하기 ① 야마토 정권 시기인 7세기 중반 당 율령 체제의 영향을 받아 국왕 중심의 중앙 집권 국가 체제를 지향한 다이카 개신이 단행되었다.
② 헤이안 시대인 9세기 말에 견당사 파견이 중지되었다.
③ 무로마치 막부 시기에 일본과 명 사이에 감합 무역이 이루어졌다.
④ 메이지 정부는 서구와 맺은 불평등 조약 개정을 위한 예비 협상, 서구 문물 시찰 등을 목적으로 이와쿠라 사절단을 파견하였다.

수능 3점 테스트

본문 19~22쪽

1 ②	2 ④	3 ①	4 ①
5 ②	6 ⑤	7 ⑤	8 ④

1 송 왕조의 경제 이해

문제분석 자료에서 「청명상하도」, 장택단, 수도 카이펑 등의 내용을 통해 밑줄 친 '이 왕조'는 송임을 알 수 있다.

정답찾기 ② 송대에는 농업에서 새로운 품종인 참파벼가 도입되어 수확량이 증대되었다.

오답피하기 ① 원대에는 지폐인 교초가 발행되었다.
③ 진은 시황제 때 도전, 포전 등 전국 시대에 사용되던 화폐를 반량전으로 통일하였다.
④ 명의 장거정은 16세기 후반에 전국적인 토지 조사를 추진하였으며 이를 토대로 일조편법을 확대 시행하였다.
⑤ 명·청대에는 전국적으로 상품을 유통하는 산시 상인과 휘저우 상인 같은 대상이 활약하였고, 이들은 회관, 공소 등을 세워 이익을 도모하였다.

2 송, 거란(요)의 대외 관계 파악

문제분석 자료에서 전연에서 믿음으로 서로 맹약을 굳게 지키겠다고 한 점, 매년 비단 20만 필과 은 10만 냥을 보낸다는 맹약을 체결 등의 내용을 통해 (가) 왕조는 송, (나) 왕조는 거란(요)임을 알 수 있다. 송은 거란(요)과 전연의 맹약을 맺었다(1004). 이 맹약으로 거란(요)은 송으로부터 매년 은과 비단을 받았고, 송은 거란(요)으로부터 평화를 보장받았다.

정답찾기 ④ 거란(요)은 북면관제와 남면관제로 유목 민족과 한족 등을 이원적으로 통치하였다.

오답피하기 ① 서하는 송의 서북쪽에 있던 탕구트족이 건국한 나라이다.
② 청은 주요 관직에 만주족과 한족을 함께 임명하는 만한 병용제를 시행하였다.
③ 아구다는 여진 부족을 통합하여 금을 개창하였다.
⑤ 한대에는 관리 선발 제도로 향거리선제가 실시되었다.

3 몽골 제국 이해

문제분석 자료에서 마르코 폴로의 『동방견문록』에 기술된 점, 남송의 수도였던 항저우를 점령한 점 등의 내용을 통해 (가) 제국은 몽골 제국임을 알 수 있다.

정답찾기 ① 몽골 제국은 역참제를 통해 중앙과 지방을 연결하여 대제국을 하나로 연결하였다.

오답피하기 ② 야율아보기는 여러 부족을 통합하여 거란(요)을 건국하였다.
③ 이자성의 농민군이 베이징을 점령하면서 명은 멸망하였다.
④ 주 왕조는 견융의 침입으로 호경에서 낙읍(뤄양)으로 천도하였다.
⑤ 당 태종은 각종 제도를 정비하여 당 제국의 기반을 공고히 하고, 동돌궐을 복속하는 등 '정관의 치'라고 일컫는 번영을 이룩하였다.

4 명 홍무제의 정책 이해

문제분석 자료에서 한족 문화의 부흥을 통해 건국의 정당성을 인정받으려 한 점, 재상제를 폐지한 점, 모든 서무를 6부를 거쳐 자신에게 집중되도록 한 점 등의 내용을 통해 (가) 황제가 명의 홍무제임을 알 수 있다.

정답찾기 ① 명의 홍무제는 유교 문화 부흥을 위해 육유를 반포하였다.

오답피하기 ② 청의 건륭제는 『사고전서』를 편찬하였다.
③ 주는 기원전 8세기경 수도를 호경에서 동쪽의 낙읍(뤄양)으로 옮겼다. 또한 북위의 효문제는 5세기 후반에 평성에서 뤄양으로 천도하였다.
④ 한 무제는 남월과 고조선을 정복하였다.
⑤ 한 무제는 동중서의 건의를 받아들여 유교를 국가의 통치 이념으로 삼았다.

5 명 왕조의 문화 이해

문제분석 자료에서 송응성이 『천공개물』을 편찬 등의 내용을 통해 (가) 왕조는 명임을 알 수 있다. 명말에는 실용성을 강조하는 실학이 발달하여 『본초강목』, 『농정전서』 등의 서적이 편찬되었다.

정답찾기 ② 명대에는 성리학을 비판하며 경전의 이해보다는 개인적인 깨달음과 실천을 중시하는 양명학이 발달하였다.

오답피하기 ① 경극은 청대 베이징을 중심으로 공연된 중국의 대표적인 전통 공연이다.
③ 후한 시기에 반고가 전한의 역사를 정리한 『한서』를 편찬하였다.
④ 당대에는 이백과 두보 등의 시인이 많은 작품을 남겼다.
⑤ 원대 곽수경 등은 이슬람 천문학의 영향을 받아 『수시력』을 편찬하였다.

6 청 강희제의 정책 파악

문제분석 자료에서 정성공이 타이완으로 거점을 옮긴 점, 오삼계 등이 반란을 일으킨 점, 타이완을 공격하여 평정한 점 등의 내용을 통해 (가) 황제는 강희제임을 알 수 있다. 청의 강희제는 오삼계 등이 일으킨 삼번의 난과 타이완의 반청 세력을 진압하였다.

정답찾기 ⑤ 청의 강희제는 러시아와의 국경 획정을 위한 네르친스크 조약을 체결하였다(1689).

오답피하기 ① 원의 통치에 반발하는 농민의 불만이 커지면서 백련교도가 중심이 된 홍건적의 난이 일어났다.
② 한 무제는 흉노를 견제하기 위해 장건을 대월지에 파견하였다.
③ 태평천국 운동은 청대 후반인 1851~1864년에 전개되었다.

④ 송의 신종 때 왕안석이 신법을 추진하였다.

7 청 왕조의 사회 모습 이해

문제분석 자료에서 서양 상선이 화물을 적재하고 광저우에 오는 점, 공행이 가격을 정하는 점 등의 내용을 통해 청의 공행 무역과 관련된 내용임을 알 수 있다. 청은 18세기 서양 상인의 대외 무역을 광저우로 제한하고, 상인 조합인 공행이 대외 무역을 담당하게 하였다.

정답찾기 ⑤ 청은 한족 지식인을 통제하기 위해 특정한 문자나 용어, 문구 사용을 구실로 문자옥을 일으켜 반청 사상을 탄압하였다.

오답피하기 ① 진시황제는 법가 서적과 실용서를 제외한 제자백가의 서적을 불태우고, 유학자 등을 생매장하는 분서갱유를 일으켰다.

② 명대 후기에 『본초강목』 등의 실용적인 서적이 편찬되었다.

③ 당대에 안녹산과 그의 부하 사사명이 안사의 난을 일으켰다.

④ 위진 남북조 시대에는 중정관이 인물의 덕망, 재주 등을 9등급으로 평가하여 추천하면 국가가 이를 바탕으로 인재를 등용하는 제도인 9품중정제가 실시되었다.

8 막부 정권의 변천 이해

문제분석 자료 (가)는 아시카가 다카우지, 가마쿠라를 탈환 등의 내용을 통해 무로마치 막부가 성립되기 직전의 상황임을 알 수 있다. 자료 (나)는 도요토미 히데요시가 대군을 거느리고 교토를 출발, 오다와라성을 포위 등의 내용을 통해 도요토미 히데요시가 전국(센고쿠) 시대를 통일하는 시기의 상황임을 알 수 있다.

정답찾기 ④ 15세기 후반에 쇼군의 후계자를 둘러싼 분쟁이 일어나 무로마치 막부의 세력이 약화되면서 전국(센고쿠) 시대가 시작되었다.

오답피하기 ① 미국은 페리 제독을 파견하여 일본을 압박한 끝에 미일 화친 조약을 체결하였다(1854).

② 나라 시대에는 『고사기』, 『만엽집』 등이 편찬되었다.

③ 가마쿠라 막부는 13세기 후반 두 차례에 걸친 원의 침략을 막아 내었다.

⑤ 쇼토쿠 태자는 6세기 말~7세기 초에 야마토 정권의 국정을 이끌었으며, 적극적인 불교 진흥책을 펼쳐 아스카 문화 발전에 기여하였다.

THEME 04 서아시아의 여러 제국과 이슬람 세계의 형성

유형 연습 본문 25쪽

1 ③ 2 ②

1 아바스 왕조의 특징 파악

문제분석 자료에서 751년 탈라스 전투에서 대승을 거두었다는 점, 당나라 장군 고선지가 당으로 돌아갈 수 밖에 없었다는 점 등을 통해 (가) 왕조가 아바스 왕조임을 알 수 있다.

정답찾기 ③ 아바스 왕조의 제2대 칼리프인 알 만수르가 티그리스강 인근에 건설한 수도 바그다드는 이슬람 세계의 교역과 문화의 중심지로 성장하였다.

오답피하기 ① 무함마드는 메카의 보수적인 귀족층의 박해를 피해 메디나로 이동하였는데, 이를 헤지라라고 한다(622).

② 오스만 제국은 종교 공동체인 밀레트를 인정하여 제국의 안정을 꾀하였다.

④ 기원전 5세기에 아케메네스 왕조 페르시아는 살라미스 해전에서 아테네를 중심으로 한 그리스 세계에 패배하였다.

⑤ 티무르 왕조는 티무르가 사망한 후 점차 약화되다가 우즈베크인에 의해 멸망하였다.

2 오스만 제국과 티무르 왕조의 특징 파악

문제분석 왼쪽 말풍선에서 메(흐)메트 2세가 콘스탄티노폴리스를 정복하고 수도로 삼았다는 내용을 통해 (가) 왕조가 오스만 제국임을 알 수 있다. 오른쪽 말풍선에서 사마르칸트가 수도라는 점, 왕조의 창건자가 몽골 제국의 재건을 목표로 내세웠다는 점 등을 통해 (나) 왕조가 티무르 왕조임을 알 수 있다.

정답찾기 ② 16세기 오스만 제국의 셀림 1세가 이끄는 군대는 북아프리카로 진출하여 이집트 등을 지배하던 이슬람 왕조인 맘루크 왕조를 정복하였다.

오답피하기 ① 이스마일 1세는 페르시아의 부활을 표방하면서 사파비 왕조를 세웠다.

③ 사산 왕조 페르시아는 조로아스터교를 국교로 삼았다.

④ 정통 칼리프 시대에 이슬람 세력은 이집트를 정복하고 사산 왕조 페르시아를 멸망시켰다.

⑤ 오스만 제국은 레판토 해전에서 에스파냐 등에 패배하였다.

수능 2점 테스트 본문 26쪽

01 ⑤ 02 ④ 03 ① 04 ⑤

01 아케메네스 왕조 페르시아의 특징 파악

문제분석 자료에서 아테네 근처의 마라톤에 상륙하였다는 점, 아테네인이 승리를 거두었다는 점, 마라톤 전투와 살라미스 전투의 패배가 제국의 쇠퇴에 영향을 끼쳤다는 점 등을 통해 (가) 왕조는 아케메네스 왕조 페르시아임을 알 수 있다.

정답찾기 ⑤ 아케메네스 왕조 페르시아의 다리우스 1세는 '왕의 눈', '왕의 귀'라는 감찰관을 지방에 파견하였다.

오답피하기 ① 오스만 제국은 다른 민족과 종교에 대한 관용 정책을 실시하여 지즈야만 납부하면 비이슬람교도의 신앙을 인정하였는데, 특히 종교 공동체인 밀레트를 인정하여 제국의 안정을 꾀하였다.
② 우마이야 왕조는 수도인 다마스쿠스를 중심으로 정복 활동을 전개하여 서쪽의 이베리아반도까지 진출하였다.
③ 아이바크가 델리를 점령한 후 이슬람 세력의 승리를 기념하기 위해 쿠트브 미나르를 세웠다.
④ 티그리스강과 유프라테스강 유역에서 발달한 메소포타미아 문명은 우르 등의 도시에 지구라트를 건설하여 신을 숭배하였다.

02 헤지라와 우마이야 왕조 개창 사이 시기 파악

문제분석 자료에서 무함마드가 메카를 떠나 야트리브(메디나)로 향하였다는 점 등을 통해 (가) 시기가 헤지라가 단행되었던 622년임을 알 수 있다. 알리와 무아위야의 군대가 유프라테스강 상류 지역에서 결전을 치렀다는 점, 제4대 칼리프인 알리를 지지하였던 동맹군이 결속을 잃어 갔다는 점, 알리가 암살당하였다는 점 등을 통해 (나) 시기는 우마이야 왕조 수립(661) 직전임을 알 수 있다.

정답찾기 ④ 651년 사산 왕조 페르시아는 정통 칼리프 시대의 이슬람 세력에 멸망하였다.

오답피하기 ① 아바스 왕조와 당은 탈라스 전투(751)에서 동서 교역의 주도권 두고 격돌하였다.
② 오스만 제국이 쇠퇴하자 아라비아반도에서는 이슬람교 초기의 순수함을 되찾자는 와하브 운동에 힘입어 와하브 왕국이 수립되었다.
③ 아이바크가 델리를 점령하고, 13세기에 델리 술탄 왕조 시대를 열었다.
⑤ 오스만 제국의 셀림 1세는 16세기에 이집트와 시리아 지역을 지배하던 이슬람 왕조인 맘루크 왕조를 멸망시켰다.

03 바그다드의 특징 파악

문제분석 자료에서 우마이야 왕조가 무너지고 새로운 왕조가 탄생하였다는 점, 칼리프인 알 만수르가 천도를 결심하고 수도 후보지로 선택하였다는 점 등을 통해 (가) 도시가 바그다드임을 알 수 있다.

정답찾기 ① 셀주크 튀르크는 바그다드에 입성하여 아바스 왕조의 칼리프로부터 술탄의 칭호를 획득하고 정치적 실권을 위임받았다.

오답피하기 ② 아잔타 석굴 사원은 인도 중부에 조성되었다.
③ 술탄 아흐메드 사원은 오스만 제국의 술탄 아흐메드 1세가 성 소피아 성당을 능가하기 위해 콘스탄티노폴리스(이스탄불)에 지은 사원이다. 푸른색 타일을 많이 사용해서 블루 모스크라고도 불린다.
④ 제4차 십자군은 비잔티움 제국의 콘스탄티노폴리스를 점령한 이후에 라틴 제국을 수립하였고, 전쟁 중에 약탈을 일삼기까지 하여 교황이 이들을 파문하기도 하였다.
⑤ 펠로폰네소스 전쟁이 끝난 이후 마케도니아의 왕 필리포스 2세는 그리스 세계를 침공하여 정복하였다.

04 술레이만 1세의 업적 파악

문제분석 자료에서 헝가리를 정복하고 오스트리아의 빈을 공격한다는 내용이 제시된 점, 예니체리가 언급된 점 등을 통해 밑줄 친 '술탄'은 오스만 제국의 술탄 술레이만 1세임을 알 수 있다.

정답찾기 ⑤ 술레이만 1세는 유럽의 연합 함대를 무찔러 동지중해의 해상권을 장악하였다.

오답피하기 ① 티무르 왕조는 중앙아시아에서 서아시아에 이르는 제국을 건설하였는데, 수도 사마르칸트를 중심으로 동서 무역을 통해 번영하였다.
② 유스티니아누스 황제 사후 비잔티움 제국에서는 외침에 대비하기 위해 군관구제와 둔전병제를 실시하여 국방력을 강화하였다.
③ 영국과 러시아 등 강대국의 압박으로 점차 쇠퇴하던 오스만 제국은 19세기 전반에 근대적 개혁인 탄지마트를 시작하였다.
④ 로마 공화정 말기 옥타비아누스는 악티움 해전에서 안토니우스의 군대를 물리쳤다.

수능 3점 테스트

본문 27~29쪽

1 ①	2 ⑤	3 ②	4 ④
5 ③	6 ③		

1 아케메네스 왕조 페르시아의 사회 모습 이해

문제분석 자료에서 수사에 도착한다는 점, 다리우스 1세가 사르디스에서 수사를 잇는 도로를 건설하였다는 점 등을 통해 밑줄 친 '제국'이 아케메네스 왕조 페르시아임을 알 수 있다.

정답찾기 ① 페르세폴리스는 기원전 6세기에 다리우스 1세가 건설한 도시이다.

오답피하기 ② 군사적 봉건제인 티마르제는 오스만 제국에서 시행되었다. 티마르제는 촌락에 거주하는 기병에게 토지에 대한 징세권을 주고, 그 대가로 말과 무기를 갖추어 전쟁에 참여하도록 한 제도이다.
③ 티무르는 14세기 후반 몽골 제국의 재건을 내세우며 티무르 왕조를 개창하였다.
④ 아크바르 황제는 무굴 제국의 황제이다.
⑤ 8세기에 우마이야 가문의 일족이 지지 세력을 모아 이베리아 반도에 있는 코르도바를 수도로 후우마이야 왕조를 세웠다.

2 파르티아와 사산 왕조 페르시아의 특징 파악

문제분석 자료에서 아케메네스 왕조가 멸망한 후 이란 지역에서 페르시아 문화의 계승자 역할을 하였다는 점, 동으로는 인도, 서쪽으로는 티그리스강 주변까지 영토를 다스렸다는 점, 아르다시르 1세가 개창한 왕조에게 멸망하였다는 점 등을 통해 (가) 왕조가 파르티아임을 알 수 있다. 옛 페르시아 제국의 영광을 재현하기 위하여 로마와 전쟁을 벌였다는 점, 조로아스터교를 국교로 삼았다는 점 등을 통해 (나) 왕조는 사산 왕조 페르시아임을 알 수 있다.

정답찾기 ⑤ 파르티아와 사산 왕조 페르시아는 모두 크테시폰을 수도로 삼았다.

오답피하기 ① 마니교는 사산 왕조 페르시아에서 등장하였으며, 조로아스터교와의 대립 등으로 탄압받기도 하였다.

② 메소포타미아 문명의 사람들은 『길가메시 서사시』 등의 문학 작품을 남겼다.

③ 이소스 전투는 기원전 333년 소아시아 지역의 이소스 평원에서 벌어진 전투로, 아케메네스 왕조 페르시아가 알렉산드로스에게 패배하였다.

④ 오스만 제국은 데브시르메 제도를 통해 예니체리와 관료를 육성하였다.

3 시아파의 활동 이해

문제분석 자료에서 제4대 칼리프 알리가 살해되고 시리아 총독 무아위야가 칼리프가 되었다는 점, 야지드가 카르발라에서 후세인과 그의 아들 등을 살해하였다는 점, 무아위야를 거부하고 오직 알리의 후손들이 이슬람의 지도자가 되어야 한다고 주장하였다는 점 등을 통해 (가) 종파는 시아파임을 알 수 있다.

정답찾기 ② 시아파는 아바스 가문을 도와 우마이야 왕조를 멸망시키고 아바스 왕조 개창에 기여하였다.

오답피하기 ① 622년에 무함마드는 메카의 보수적인 귀족층의 박해를 피하여 메디나로 이주하였다. 이를 헤지라라고 한다.

③ 사산 왕조 페르시아는 정통 칼리프 시대 이슬람 세력의 침공으로 멸망하였다.

④ 힌두교에서는 카스트에 따른 의무 수행을 중시하였다.

⑤ 쿠샨 왕조의 카니슈카왕은 불교를 보호하여 불경을 모으는 일을 지원하고 포교에 힘썼다. 그의 지원에 힘입어 대승 불교가 발전하였다.

4 아바스 왕조의 특징 파악

문제분석 자료에서 탈라스 전투가 제시된 점, 고선지 장군이 석국을 점령하자 일부 국가들과 합세하여 당과 대치하였다는 점, 전투에서 승리하여 동서 무역의 주도권을 장악하였다는 점 등을 통해 (가) 왕조가 아바스 왕조임을 알 수 있다.

정답찾기 ④ 아바스 왕조는 탈라스 전투에서 승리하는 등 번영을 구가하였으나 지방 총독들의 독립과 이민족의 침입으로 쇠퇴하였고, 결국 13세기 몽골의 침략으로 멸망하였다.

오답피하기 ① 카롤루스 대제 사후 프랑크 왕국은 베르됭 조약과 메르센 조약에 의해 서프랑크, 중프랑크, 동프랑크로 분열되었다.

② 에스파냐 펠리페 2세의 함대는 16세기 레판토 해전 등에서 승리를 거두었다.

③ 사파비 왕조는 아바스 1세 때 수도를 이스파한으로 옮기고 전성기를 누렸다.

⑤ 마케도니아의 알렉산드로스는 정복지 곳곳에 자신의 이름을 딴 도시인 알렉산드리아를 건설하였다.

5 이슬람 세계의 발전 과정 이해

문제분석 자료에서 셀주크 튀르크를 이끄는 투그릴 베그가 칼리프에게 사자를 보냈다는 점, 아바스 왕조의 유력자들이 복종하겠다는 뜻의 선서를 하도록 하였다는 점, 투그릴 베그가 바그다드에 입성하였다는 점 등을 통해 (가) 시기가 셀주크 튀르크가 바그다드에 입성한 1055년임을 알 수 있다. 맘루크 왕조의 수도가 완전히 무방비로 노출되었다는 점, 오스만 제국의 술탄 셀림 1세가 이끄는 군대가 카이로를 정복하여 이집트의 맘루크 왕조가 멸망하였다는 점 등을 통해 (나) 시기가 16세기임을 알 수 있다.

정답찾기 ③ 14세기 후반에 티무르는 몽골 제국의 부활을 내세우며 티무르 왕조를 세웠다.

오답피하기 ① 17세기 후반 무굴 제국의 아우랑제브 황제는 이슬람 제일주의를 내세우며 지즈야를 부활시켰다.

② 카롤루스 마르텔은 732년 투르·푸아티에 전투에서 승리하였다.

④ 함무라비왕은 기원전 18세기경 함무라비 법전을 편찬하였다.

⑤ 18세기에 이븐 압둘 와하브는 이슬람 본래의 순수함을 되찾자는 와하브 운동을 전개하였다.

6 티무르 왕조와 사파비 왕조의 특징 파악

문제분석 자료에서 오스만 제국의 오른편에 위치한 왕조이며 사마르칸트를 수도로 한다는 점 등을 통해 (가) 왕조는 티무르 왕조임을 알 수 있다. 오스만 제국의 오른편에 위치하며 이스파한을 수도로 한다는 점 등을 통해 (나) 왕조는 사파비 왕조임을 알 수 있다.

정답찾기 ③ 사파비 왕조는 아프간족의 침입으로 쇠퇴하다가 멸망하였다.

오답피하기 ① 청의 강희제는 시베리아에 진출한 러시아와 네르친스크 조약을 맺어 국경을 안정시켰다.

② 아케메네스 왕조 페르시아의 다리우스 1세는 '왕의 눈', '왕의 귀'라고 불리는 감찰관을 파견하여 총독을 감시하였다.

④ 16세기 초 바부르는 델리 술탄 왕조 시대를 종식시키고 무굴 제국을 세웠다.

⑤ 아바스 왕조는 정치와 군사의 실권을 지닌 총독들이 점차 독립하면서 칼리프의 권력이 약화되었고, 13세기에 훌라구가 이끈 몽골군의 침입을 받았다.

인도의 역사와 다양한 종교·문화의 출현

유형 연습 본문 31쪽

1 ③ 2 ⑤

1 쿠샨 왕조의 특징 파악

문제분석 자료에서 카피시의 유적에서 로마 제국, 한 왕조 등 각지의 유물이 출토되었다는 점, 동서 간의 교역이 활발히 이루어졌음을 추측할 수 있다는 점, 카니슈카왕 치세에 전성기를 맞았다는 점 등을 통해 (가) 왕조가 쿠샨 왕조임을 알 수 있다.

정답찾기 ③ 쿠샨 왕조 때 간다라 지방에서 헬레니즘 문화의 영향을 받아 간다라 미술이 발전하였다.

오답피하기 ① 샤일렌드라 왕조 때 자와섬에 보로부두르가 조성되었다.

② 오스만 제국에서는 데브시르메 제도를 통해 크리스트교도 청소년 등을 징집하여 이슬람교도로 개종시킨 후 술탄의 친위 부대인 예니체리나 관료로 육성하였다.

④ 찬드라굽타 1세는 4세기경 인도 북부에서 굽타 왕조를 개창하였다.

⑤ 무굴 제국에서는 마라타 동맹의 반란이 일어났다.

2 아크바르 황제의 통치 활동 파악

문제분석 자료에서 바부르, 후마윤에 이어 제국의 제3대 황제로 즉위하였다는 점, 포용 정책을 펼쳐 힌두교도를 관료로 임명하였다는 점, 지즈야(인두세)를 폐지하였다는 점 등을 통해 (가) 황제는 무굴 제국의 아크바르 황제임을 알 수 있다.

정답찾기 ⑤ 아크바르 황제는 데칸고원 이남을 제외한 인도 대부분을 장악하였다.

오답피하기 ① 오스만 제국은 군사적 봉건제인 티마르제를 시행하였다.

② 마우리아 왕조의 아소카왕이 산치 대탑을 건립하였다.

③ 아이바크는 델리를 정복하고 쿠트브 미나르를 건립하였다.

④ 오스만 제국의 셀림 1세는 16세기에 이집트와 시리아 지역을 지배하던 이슬람 왕조인 맘루크 왕조를 멸망하였다.

수능 2점 테스트 본문 32쪽

01 ⑤ 02 ⑤ 03 ① 04 ①

01 마우리아 왕조의 특징 파악

문제분석 자료에서 석주 윗부분이 사진으로 제시된 점, 상좌부 불교가 널리 전파되었다는 점, 수도가 파탈리푸트라인 점 등을 통해 (가) 왕조가 마우리아 왕조임을 알 수 있다.

정답찾기 ⑤ 다양한 세력이 공존하고 있던 인도는 기원전 4세기경 알렉산드로스의 침입 이후 혼란해졌다. 찬드라굽타 마우리아가 이 혼란을 수습하여 마우리아 왕조를 세우고 북인도를 통일하였다.

오답피하기 ① 샤일렌드라 왕조 때 보로부두르가 자와섬에 조성되었다.

② 사파비 왕조는 아바스 1세 때 수도를 이스파한으로 옮기고 군사력을 강화하였다.

③ 무굴 제국의 아우랑제브 황제는 이슬람 제일주의를 지향하며 힌두교 사원을 파괴하고 지즈야를 부활하는 등 비이슬람교도에 대한 탄압을 강화하였다. 이후 무굴 제국에서는 시크교도의 반란과 마라타 동맹 등의 반란이 일어났다.

④ 14세기 후반 티무르가 중앙아시아에서 몽골 제국의 재건을 내걸고 티무르 왕조를 세웠다.

02 쿠샨 왕조의 사회 모습 이해

문제분석 자료에서 간다라 지방이 중심지였다는 점, 간다라 지역의 사람들이 그리스인이 신을 인간의 모습으로 조각하는 것에 영향을 받아 불상을 제작하였다는 점 등을 통해 밑줄 친 '이 왕조'는 쿠샨 왕조임을 알 수 있다.

정답찾기 ⑤ 쿠샨 왕조는 카니슈카왕 때 간다라 지방을 포함한 최대 영토를 확보하여 전성기를 이룩하였다.

오답피하기 ① 앙코르 와트는 크메르 제국이 세운 힌두교 사원으로, 후대에 불교 사원으로 사용되었다.

② 영국 동인도 회사의 용병인 세포이들은 영국이 인도에 대해 압박을 강화하고, 인도인의 종교적 전통을 무시하였다고 여겨 1857년에 항쟁을 일으켰다.

③ 오스만 제국은 다른 민족과 종교에 대한 관용 정책을 실시하여 지즈야만 납부하면 비이슬람교도의 신앙을 인정하였는데, 특히 종교 공동체인 밀레트를 인정하여 제국의 안정을 꾀하였다.

④ 인더스 문명의 대표적 유적인 하라파와 모헨조다로는 포장도로와 배수 시설, 공중목욕탕 등을 갖춘 계획도시였다.

03 굽타 왕조에서 있었던 사실 파악

문제분석 자료에서 저자가 칼리다사라는 점, 『샤쿤탈라』가 인도 고대 서사시 『마하바라타』에 나오는 신화를 토대로 재구성한 것이라는 점 등을 통해 (가) 왕조는 굽타 왕조임을 알 수 있다.

정답찾기 ① 굽타 왕조는 에프탈의 침입과 왕위 계승을 둘러싼 내분으로 쇠퇴하다가 6세기 중엽에 멸망하였다.

오답피하기 ② 무굴 제국 시기에는 전통적인 인도 양식과 페르시아의 세밀화가 조화를 이룬 무굴 회화가 발달하였다.

③ 751년에 발발한 탈라스 전투에서 아바스 왕조는 당의 군대를 물리쳤다.

④ 오스만 제국은 데브시르메 제도를 통해 예니체리와 관료를 육성하였다.

⑤ 아케메네스 왕조 페르시아는 수사에서 사르디스에 이르는 '왕의 길'을 건설하여 제국의 효율적인 통치를 꾀하였다.

04 아우랑제브 황제의 통치 활동 파악

문제분석 자료에서 인도 남부의 대부분을 차지하여 제국의 최대 판도를 이루었다는 점, 부친 샤자한과 마찬가지로 이슬람교도로서 제국을 통치하였다는 점, 힌두교 사원을 파괴하라는 명령을 내린 점 등을 통해 밑줄 친 '그'가 아우랑제브 황제임을 알 수 있다.

정답찾기 ① 아우랑제브 황제는 지즈야를 부활시키는 등 비이슬람교도에 대한 탄압을 강화하였다.

오답피하기 ② 오스만 제국은 술탄의 친위 부대인 예니체리를 창설하였다.

③ 마우리아 왕조의 전성기를 이끈 아소카왕은 불경을 정리하고 산치 대탑과 같은 불탑(스투파)을 세우는 등 불교를 장려하였다.

④ 플라시 전투는 영국과 벵골·프랑스 연합군이 무력 충돌한 사건이다(1757). 플라시 전투에서 승리한 영국은 벵골 지역의 통치권을 장악하였다.

⑤ 정통 칼리프 시대에 이슬람 세력은 사산 왕조 페르시아를 멸망시켰다.

수능 3점 테스트

본문 33쪽

1 ⑤ **2** ③

1 파르티아와 쿠샨 왕조의 특징 파악

문제분석 자료에서 기원전 3세기에서 기원후 3세기 초까지 존속하였다는 점, 수도가 크테시폰인 점 등을 통해 (가) 왕조가 파르티아임을 알 수 있다. 1세기에서 4세기까지 존속하였다는 점, 대표 문화유산으로 불상이 제시된 점 등을 통해 (나) 왕조가 쿠샨 왕조임을 알 수 있다.

정답찾기 ⑤ 기원전 3세기 중엽 알렉산드로스 제국의 분열을 틈타 이란 계통의 민족이 파르티아를 세웠다. 쿠샨 왕조는 1세기 중엽 이란 계통의 민족이 건국하였다.

오답피하기 ① 오스만 제국은 주로 지방의 기병에게 군사적 봉사의 대가로 토지에 대한 징세권을 부여하는 티마르제를 실시하였다.

② 아케메네스 왕조 페르시아는 살라미스 해전에서 그리스 세계에 패하였다.

③ 무굴 제국의 샤자한 황제는 타지마할을 건설하였다.

④ 16세기 초에 바부르가 아프가니스탄 지방을 점령하고 북인도로 침입하여 델리 술탄 왕조 시대를 종식시키고 무굴 제국을 수립하였다.

2 가즈니 왕조의 인도 침입과 무굴 제국 수립 사이 시기 파악

문제분석 자료에서 가즈니 왕조의 마흐무드가 솜나트까지 진격하여 신상을 파괴하였다는 점 등을 통해 (가) 시기가 가즈니 왕조가 인도를 침공한 11세기경임을 알 수 있다. 가즈니 왕조는 10세기 후반에 세워졌으며 그 이후 여러 차례 인도에 침입하였다. 바부르가 로디 왕조의 군대와의 전투에서 승리하였고, 아그라를 점령한 뒤 황제임을 선포하였다는 점 등을 통해 (나) 시기가 무굴 제국이 수립된 16세기 전반임을 알 수 있다.

정답찾기 ③ 아이바크는 델리를 점령한 후 이슬람 세력의 승리를 기념하기 위해 쿠트브 미나르를 세웠고, 13세기에 델리 술탄 왕조 시대를 열었다.

오답피하기 ① 자이나교는 브라만교에 반대하며 기원전 6세기에 바르다마나(마하비라)가 창시한 종교이다.

② 벵골 분할령(1905)은 영국이 벵골 지역을 이슬람교도 거주 지역과 힌두교도 거주 지역으로 분할하려 한 것으로, 반영 운동을 약화시키려는 의도가 담겨 있었다.

④ 메소포타미아 문명의 사람들은 우르에 지구라트를 건설하여 도시의 수호신을 섬겼다.

⑤ 무굴 제국의 제3대 황제인 아크바르 황제는 관료제와 지방 행정 기구를 정비하여 중앙 집권 체제를 구축함으로써 황제의 명령이 지방에까지 골고루 미치도록 하였다.

THEME 06 고대 지중해 세계

유형 연습 본문 35쪽

1 ③ 2 ③

1 스파르타의 특징 파악

문제분석 자료에서 반자유민들인 페리오이코이가 무역이나 상공업 등에 종사한 점, 최하위 계층인 헤일로타이가 농사를 지으며 노역 등에 동원되었다는 점 등을 통해 (가) 도시 국가는 스파르타임을 알 수 있다.

정답찾기 ③ 스파르타는 도리스인이 원주민을 정복하고 세운 폴리스이다.

오답피하기 ① 아테네의 솔론은 기원전 6세기 초에 귀족과 평민들의 대립 속에서 재산 정도에 따라 참정권을 차등 분배(금권정)하는 개혁을 단행하였다.

② 아테네의 클레이스테네스는 기원전 6세기에 기존의 혈연 중심의 부족제를 거주지 중심으로 개편하고, 이를 바탕으로 500인 평의회를 설치하였다.

④ 로마에서 기원전 3세기에 평민회의 결의가 법적 효력을 갖는 호르텐시우스법이 제정되었다.

⑤ 헤브라이인은 여호와를 유일신으로 섬기는 유대교를 성립시켰다.

2 테오도시우스 황제의 활동 이해

문제분석 자료에서 379년 동방 황제가 된 점, 그의 사망 이후 제국이 동서로 분리되었다는 점 등을 통해 (가) 황제는 테오도시우스 황제임을 알 수 있다. 로마 제국은 테오도시우스 황제 사후인 395년에 동서로 분리되었다.

정답찾기 ③ 4세기 말 테오도시우스 황제는 크리스트교를 국교화하는 조치를 단행하였다.

오답피하기 ① 카롤루스 대제 사후에 베르됭 조약(843)이 체결되었으며 프랑크 왕국이 동프랑크, 서프랑크, 중프랑크로 분열되었다.

② 콘스탄티누스 황제가 콘스탄티노폴리스를 건설하고 수도로 삼았다.

④ 비잔티움 제국의 유스티니아누스 황제는 로마법을 집대성하여 『유스티니아누스 법전』을 편찬하였다.

④ 아시리아는 수도 니네베에 왕립 도서관을 건립하였다.

수능 2점 테스트 본문 36쪽

01 ⑤ 02 ⑤ 03 ① 04 ①

01 아테네의 특징 이해

문제분석 자료에서 클레이스테네스가 도편 추방에 관한 법을 마련하였다는 점, 마라톤 전투에서 승리하였다는 점, 페이시스트라토스가 참주가 되었다는 점 등을 통해 (가) 도시 국가는 아테네임을 알 수 있다.

정답찾기 ⑤ 기원전 5세기 페리클레스 시대에 아테네의 민주 정치는 전성기를 맞이하였다. 페리클레스는 공무 수당을 지급하는 정책을 실시하였고, 장군과 같은 특수직을 제외한 대부분의 관직과 배심원을 추첨으로 임명하였다.

오답피하기 ① 기원전 4세기에 로마에서는 리키니우스법이 제정되어 집정관 중 1인은 평민 중에서 선출되었다.

② 페르세폴리스는 아케메네스 왕조 페르시아의 다리우스 1세가 건설하였다.

③ 페니키아는 지중해와 흑해를 무대로 해상 무역을 전개하였으며, 카르타고 등 여러 도시를 건설하였다.

④ 스파르타가 펠로폰네소스 전쟁에서 승리하여 그리스 세계의 패권을 차지하였다.

02 알렉산드로스의 업적 이해

문제분석 자료에서 페르시아를 멸망시킨 점, 자신의 왕국 풍습과 페르시아의 풍습을 융합시켜 보려고 애쓴 점, 페르시아인 가운데 청년들을 뽑아 그리스어를 가르친 점 등을 통해 (가) 인물은 알렉산드로스임을 알 수 있다.

정답찾기 ⑤ 알렉산드로스는 그리스인과 페르시아인의 결혼을 장려하는 등 동서 융합을 꾀하였다. 또한 정복지 곳곳에 자신의 이름을 딴 도시인 알렉산드리아를 건설하였다.

오답피하기 ① 파르티아는 로마와의 대립으로 쇠퇴하다가 3세기에 사산 왕조 페르시아에 멸망하였다.

② 메르센 조약은 프랑크 왕국에서 카롤루스 대제 사후에 체결되었다.

③ 성 소피아 성당은 비잔티움 제국의 유스티니아누스 황제가 수도 콘스탄티노폴리스에 세웠다.

④ 메로베우스 왕조는 프랑크 왕국의 클로비스가 5세기 말에 개창하였다.

03 그라쿠스 형제의 개혁 파악

문제분석 자료에서 이들 형제가 평민의 자유를 위해 노력한 점, 티베리우스는 호민관 재선을 시도하던 중 살해되고 이후 가이우스 역시 그의 형처럼 개혁을 추진하던 중 귀족들의 강한 반발을 샀다는 점 등을 통해 밑줄 친 ㉠은 그라쿠스 형제의 개혁 내용과 관련된 것임을 알 수 있다.

정답찾기 ① 포에니 전쟁 이후 정복지로부터 많은 양의 곡물과 노예가 유입되어 자영농 계층이 몰락하면서 로마 공화정은 위기를 맞이하였다. 이에 기원전 2세기 호민관인 티베리우스 그라쿠스는 농지법을 통해 유력자의 공유지 과다 점유를 제한하고 농민에게 토지를 재분배하려고 하였고, 그의 동생 가이우스 그라쿠스는 곡물법을 통해 곡물을 안정적으로 분배하고자 하였다.

오답피하기 ② 스파르타는 여러 폴리스와 펠로폰네소스 동맹을 결성하였고, 이 동맹의 맹주 역할을 하였다. 아테네의 세력이 점차 커지자 스파르타가 주도하는 펠로폰네소스 동맹은 아테네와 대립하였다.

③ 프랑크 왕국은 투르·푸아티에 전투에서 이베리아반도를 넘어 침입해 온 이슬람군을 물리쳤다.

④ 아테네의 클레이스테네스는 기원전 6세기에 기존의 혈연 중심의 부족제를 거주지 중심으로 개편하고, 이를 바탕으로 500인 평의회를 설치하였다.
⑤ 비잔티움 제국의 황제 레오 3세가 성상 파괴령을 내린 이후에 동서 교회의 대립이 격화되었다.

04 콘스탄티누스 황제의 활동 이해

문제분석 자료에서 밀라노 칙령으로 크리스트교를 공인하였다는 점 등을 통해 (가) 황제는 콘스탄티누스 황제임을 알 수 있다.
정답찾기 ① 콘스탄티누스 황제가 개최한 니케아 공의회에서 아리우스파를 이단으로 규정하고 아타나시우스파의 교리를 정통으로 인정하였다.
오답피하기 ② 테오도시우스 황제는 크리스트교를 로마의 국교로 선포하였다.
③ 비잔티움 제국의 유스티니아누스 황제는 로마법을 집대성하여 『유스티니아누스 법전』을 편찬하였다.
④ 아케메네스 왕조 페르시아의 다리우스 1세는 '왕의 눈', '왕의 귀'라고 불린 감찰관을 파견하였다.
⑤ 페리클레스는 장군과 같은 특수직을 제외한 대부분의 관직과 배심원을 추첨으로 임명하는 추첨제를 도입하였다.

1 그리스·페르시아 전쟁의 이해

문제분석 자료에서 살라미스 해전의 패배, 페르시아의 크세르크세스가 언급된 점 등을 통해 밑줄 친 '전쟁'은 그리스·페르시아 전쟁임을 알 수 있다.
정답찾기 ④ 기원전 5세기에 아테네를 중심으로 한 그리스 세계는 마라톤 전투와 살라미스 해전 등에서 승리하여 아케메네스 왕조 페르시아의 공격을 물리쳤다. 이를 계기로 아테네는 아케메네스 왕조 페르시아의 재침에 대비한다는 명분으로 다른 폴리스들과 델로스 동맹을 결성하고 동맹을 이끌었다.
오답피하기 ① 12표법은 로마 공화정 시기인 기원전 5세기 중엽에 평민권이 성장하면서 제정되었다.
② 포에니 전쟁 이후 로마에서는 자영농이 몰락하고 노예 노동을 이용한 대농장(라티푼디움)이 확산되었다.
③ 스파르타쿠스의 난은 기원전 1세기에 일어났으나, 크라수스 등에 의해 진압되었다.
⑤ 올림피아 제전은 그리스·페르시아 전쟁이 발생하기 이전부터 개최되었다. 고대 그리스인들은 올림피아 제전을 개최하여 공동체의 결속을 강화하였다.

2 포에니 전쟁의 이해

문제분석 자료에서 카르타고 원로원이 스키피오에게 화친을 요청하였다는 점, 카르타고가 로마에 엄청난 배상금을 지불해야 했다는 점 등을 통해 자료가 포에니 전쟁(기원전 264~기원전 146)과 관련된 것임을 알 수 있다.
정답찾기 ⑤ 로마는 세 차례에 걸쳐 카르타고와 포에니 전쟁을 벌여 승리함으로써 서지중해의 패권을 장악하였다.
오답피하기 ① 이소스 전투에서 마케도니아의 알렉산드로스가 아케메네스 왕조 페르시아의 다리우스 3세를 상대로 대승을 거두었다.
② 클레르몽 공의회에서 교황 우르바누스 2세가 성지 회복을 위한 전쟁을 호소한 것을 계기로 십자군 전쟁이 시작되었다.
③ 사산 왕조 페르시아는 비잔티움 제국과의 계속된 전쟁과 왕실의 내분으로 점차 쇠퇴하다가 7세기 중엽 정통 칼리프 시대의 이슬람 세력에 멸망하였다.
④ 테오도시우스 황제 사후 395년에 로마 제국은 동서로 분리되었다.

3 옥타비아누스의 활동 이해

문제분석 자료에서 안토니우스와의 협력 관계를 파기하고 전투를 통해 안토니우스를 격파했다는 점 등을 통해 (가) 인물은 옥타비아누스임을 알 수 있다.
정답찾기 ④ 옥타비아누스는 '프린켑스(제1 시민)'라는 칭호를 사용하였다.
오답피하기 ① 고대 아테네인들은 아테네의 수호신 아테나에게 바치는 파르테논 신전을 건립하였다.
② 디오클레티아누스 황제는 제국을 4분할하여 통치하는 체제를 마련하였다.
③ 카이사르는 폼페이우스, 크라수스와 함께 제1차 삼두 정치를 주도하였다.
⑤ 콘스탄티누스 황제가 개최한 니케아 공의회에서 아타나시우스파의 교리를 정통으로 인정하였다.

4 로마 제정의 쇠퇴 과정 파악

문제분석 자료에서 단독 지배자로 집권, 콘스탄티노폴리스를 제국의 수도로 삼은 점을 통해 (가)는 콘스탄티누스 황제가 집권한 4세기 전반, 오도아케르가 서로마 제국의 통치자가 되었다는 점을 통해 (나)는 서로마 제국이 멸망한 5세기임을 알 수 있다.
정답찾기 ⑤ 4세기 말 테오도시우스 황제는 크리스트교를 로마의 국교로 선포하였다.
오답피하기 ① 기원전 3세기에 포에니 전쟁이 시작되었다.
② 843년에 베르됭 조약이 체결되었다.
③ 기원전 4세기에 로마에서 리키니우스법이 제정되었다.
④ 기원전 1세기에 옥타비아누스가 안토니우스, 레피두스와 함께 제2차 삼두 정치를 주도하였다.

유럽 세계의 형성과 변화

유형 연습

본문 42쪽

1 ⑤ 2 ②

1 피핀의 업적 이해

문제분석 자료에서 이베리아반도를 넘어 침입해 온 이슬람군을 물리쳐 크리스트교 세계를 보호하였던 궁재의 아들이라는 점 등을 통해 (가) 인물은 피핀임을 알 수 있다.

정답찾기 ⑤ 피핀은 롬바르드족(랑고바르드족)을 공격하여 얻은 이탈리아 중부 지역을 교황에게 기증하였다.

오답피하기 ① 아테네의 클레이스테네스는 기원전 6세기에 기존의 혈연 중심의 부족제를 거주지 중심으로 개편하고, 이를 바탕으로 500인 평의회를 설치하였다.

② 기원전 1세기에 옥타비아누스가 안토니우스, 레피두스와 함께 제2차 삼두 정치를 주도하였다.

③ 스파르타쿠스의 난은 기원전 73년에 일어났다. 스파르타쿠스의 난은 크라수스 등에 의해 진압되었다.

④ 로마 제국의 콘스탄티누스 황제는 밀라노 칙령을 통해 크리스트교를 공인하였다.

2 에스파냐의 신항로 개척

문제분석 자료에서 콜럼버스의 항해를 후원한 점, 페르난도와 이사벨라가 공동 통치자였다는 점 등을 통해 (가) 국가는 에스파냐임을 알 수 있다.

정답찾기 ② 에스파냐의 코르테스는 아스테카 제국을 멸망시켰다.

오답피하기 ① 영국은 플라시 전투에서 벵골·프랑스 연합군에 승리하였다.

③ 오스만 제국은 데브시르메 제도 등을 통해 예니체리와 관료를 육성하였다.

④ 독일은 나미비아 지역에 살고 있던 헤레로족의 봉기를 무력으로 진압하였다.

⑤ 러시아의 표트르 대제는 상트페테르부르크를 건설하여 수도로 삼았다.

수능 2점 테스트

본문 43~44쪽

01 ④	02 ③	03 ⑤	04 ③
05 ⑤	06 ①	07 ②	08 ⑤

01 카롤루스 대제의 활동 파악

문제분석 자료에서 교황 레오 3세로부터 황제의 관을 받은 점 등을 통해 (가) 인물은 카롤루스 대제임을 알 수 있다.

정답찾기 ④ 카롤루스 대제는 궁정 학교를 세우고 학문과 고전 연구를 후원하는 등 문화 발전에 힘써 카롤루스 르네상스를 일으켰다.

오답피하기 ① 비잔티움 제국의 황제 레오 3세는 726년에 성상 파괴령을 반포하였다. 이를 로마 가톨릭교회가 거부하면서 동서 교회의 대립이 격화되었다.

② 프랑스의 앙리 4세는 1598년 위그노에게 신앙의 자유를 부분적으로 인정하는 낭트 칙령을 공포하였다.

③ 프랑크 왕국의 클로비스는 5세기 말에 메로베우스 왕조를 세우고 로마 가톨릭교로 개종하였다.

⑤ 아바스 왕조는 중국의 당과 벌인 탈라스 전투에서 승리하고 동서 교역의 주도권을 장악하였다.

02 봉건제의 주종 관계 특징 이해

문제분석 자료에서 주군에게 복종과 충성을 맹세한다는 점 등을 통해 (가)에는 서유럽 봉건제의 주종 관계 속에서 봉신의 특징이 들어가야 한다는 것을 알 수 있다.

정답찾기 ㄴ. 주종 관계는 쌍무적 계약 관계로 어느 한쪽이 의무를 이행하지 않으면 원칙적으로 파기되었다.

ㄷ. 봉신은 주군의 간섭 없이 자신의 영지에서 재판권과 징세권을 행사하는 불입권을 인정받았다.

오답피하기 ㄱ. 농노는 영주에게 예속된 존재로 거주 이전의 자유가 없었다.

ㄹ. 농노는 영주의 장원에서 거주하며 장원의 시설물을 의무적으로 이용하고 비용을 지불하였다.

03 카노사의 굴욕 사건 이해

문제분석 자료에서 하인리히 4세가 교황의 파문 결정 이후 제후들의 정치적 도전에 직면하였다는 점, 교황의 용서와 사면을 위해 이탈리아로 가서 성 밖에서 간청하였다는 점 등을 통해 자료가 카노사의 굴욕 사건과 관련된 것임을 알 수 있다.

정답찾기 ⑤ 교황 그레고리우스 7세는 성직자 서임권을 둘러싸고 신성 로마 제국 황제 하인리히 4세와 대립하였다. 교황은 세속 군주의 성직자 서임을 금지하였으나, 하인리히 4세가 이를 무시하자 그를 파문하였다. 이에 맞서 교황을 폐위하려던 하인리히 4세는 제후들의 지지를 얻지 못하자 카노사로 교황을 찾아가 사죄하였다(카노사의 굴욕, 1077).

오답피하기 ① 제4차 십자군 전쟁 때 베네치아 상인들의 개입으로 십자군은 비잔티움 제국의 수도 콘스탄티노폴리스를 점령하고 라틴 제국을 수립하였다.

② 독일 지역에서 구교와 신교 간의 충돌로 30년 전쟁이 일어났다.

③ 로욜라는 종교 개혁 운동에 대항하여 로마 가톨릭교회의 결속을 다지고 역량을 결집하기 위해 예수회를 설립하였다.

④ 콘스탄티누스 황제가 개최한 니케아 공의회에서 아타나시우스파의 교리를 정통으로 인정하였다.

04 유스티니아누스 황제의 업적 이해

문제분석 자료에서 기존의 로마 법률, 판례, 칙령 등을 집대성하여 법전을 편찬하였다는 점, 529년 12권의 법전으로 공포되었다는 점 등을 통해 밑줄 친 '황제'는 유스티니아누스 황제임을 알 수 있다.

정답찾기 ③ 유스티니아누스 황제는 로마법을 집대성하여 『유스티니아누스 법전』을 편찬하고, 수도 콘스탄티노폴리스에 성 소피아 성당을 건립하였다.

오답피하기 ① 클레이스테네스는 참주의 출현을 막기 위해 도편 추방제를 마련하였다.
② 프랑크 왕국에서 카롤루스 대제 사후 베르됭 조약과 메르센 조약이 체결되었다.
④ 콘스탄티누스 황제는 로마 제국의 부흥을 위해 콘스탄티노폴리스를 건설하고 천도하였다.
⑤ 알렉산드로스는 아케메네스 왕조 페르시아를 정복하고 인더스강 유역까지 진출하였다.

05 아비뇽 유수의 배경 이해

문제분석 자료에서 교황 보니파키우스 8세와 프랑스 왕이 교회 및 성직자에 대한 과세 문제 등을 놓고 대립하고 있는 상황을 통해 밑줄 친 '대립'이 아비뇽 유수가 일어나기 직전의 사실임을 알 수 있다.

정답찾기 ⑤ 교황 보니파키우스 8세가 필리프 4세에게 패배한 이후 교황청은 로마에서 아비뇽으로 옮겨져 수십 년 동안 프랑스 왕의 영향력 아래 놓이게 되었다(아비뇽 유수).

오답피하기 ① 영국의 찰스 1세가 의회의 승인 없이 과세하고 청교도를 박해하자 의회는 권리 청원을 제출하여 승인을 받았다.
② 신성 로마 제국 황제는 로마 교황과 보름스 협약을 체결하여 교황의 성직자 서임권을 공식적으로 인정하였다.
③ 프랑스의 나폴레옹은 신성 로마 제국을 해체하였다.
④ 교황 우르바누스 2세가 클레르몽 공의회를 소집하여 성지 회복을 위한 전쟁을 호소하였다.

06 르네상스의 이해

문제분석 자료에서 콘스탄티노폴리스가 정복되었을 때 그리스 사람이 고대 그리스의 필사본을 들고 피렌체로 이주한 점, 피렌체의 부유함과 메디치 가문이 보티첼리, 미켈란젤로 등 예술가를 후원한 점 등을 통해 (가) 문화 운동은 르네상스임을 알 수 있다.

정답찾기 ① 14~16세기에 인간의 개성과 합리성, 그리고 세속적 욕구를 그리스와 로마의 고전 문화에서 찾으려는 인문주의에 바탕을 둔 문예 부흥 운동인 르네상스가 이탈리아에서 일어났다.

오답피하기 ② 19세기에 마르크스와 엥겔스는 협동과 공동체를 강조하는 초기 사회주의자들의 주장을 비판하면서, 이른바 과학적 사회주의를 주창하였다.
③ 영국에서 랭커스터 가문과 요크 가문이 왕위 계승 문제를 둘러싸고 장미 전쟁을 벌였다.
④ 쿠샨 왕조 시기에 인도 문화와 헬레니즘 문화가 융합되면서 간다라 지방에서 간다라 양식의 불상이 제작되었다.
⑤ 중세 초기에 아우구스티누스의 교부 철학이 발달하였다.

07 바스쿠 다 가마의 활동 이해

문제분석 자료에서 벨렝항을 떠난 점, 희망봉을 돌아 말린디에 도착한 점, 1498년 인도 캘리컷(코지코드)에 도착하였다는 점 등을 통해 (가) 인물은 바스쿠 다 가마임을 알 수 있다.

정답찾기 ② 바스쿠 다 가마는 포르투갈의 후원을 받아 희망봉을 돌아 인도의 캘리컷에 도착하여 인도로 가는 항로를 개척하였다.

오답피하기 ① 에스파냐의 피사로는 잉카 제국을 정복하였다.
③ 에스파냐의 후원을 받은 콜럼버스는 아메리카 대륙의 서인도 제도에 도착하였다. 이를 계기로 에스파냐는 서인도 제도를 발견하였다.
④ 백년 전쟁 초반에는 영국이 우세하였으나, 잔 다르크의 활약 등으로 전세가 역전되어 프랑스가 승리를 거두었다.
⑤ 마젤란은 에스파냐의 후원으로 대서양과 태평양을 건너 필리핀에 도착하였고, 마젤란 사망 이후 그의 일행은 인도양을 거쳐 귀환하여 세계 일주에 성공하였다.

08 프리드리히 2세의 활동 이해

문제분석 자료에서 상수시 궁전을 건설한 점, '국가 제일의 공복'이라고 자처한 점 등을 통해 밑줄 친 '국왕'은 프리드리히 2세임을 알 수 있다.

정답찾기 ⑤ 프로이센의 프리드리히 2세는 오스트리아와 벌인 전쟁에서 승리하고 슐레지엔을 차지하였다. 또한 계몽사상의 영향을 받아 '국가 제일의 공복'임을 자처하며 산업을 장려하고 종교적 관용 정책을 펼쳤다.

오답피하기 ① 프랑스의 루이 14세는 콜베르를 등용하여 중상주의 정책을 실시하였다.
② 프랑스의 나폴레옹이 영국을 고립시켜 경제적 타격을 입힐 목적으로 대륙 봉쇄령을 발표하였다.
③ 영국에서는 앤 여왕 사후 독일 하노버가의 조지 1세가 즉위하여 하노버 왕조가 개창되었다.
④ 러시아는 표트르 대제 재위 시기에 청과 네르친스크 조약을 체결하였다.

수능 3점 테스트

본문 45~48쪽

1 ④	2 ⑤	3 ⑤	4 ②
5 ②	6 ②	7 ③	8 ①

1 메로베우스 왕조의 이해

문제분석 자료에서 프랑크족의 왕이 로마 가톨릭교로 개종하였다는 점 등을 통해 (가) 인물은 클로비스이고, 그가 개창한 왕조는 메로베우스 왕조임을 알 수 있다.

정답찾기 ④ 카롤루스 마르텔은 메로베우스 왕조의 궁재로 실권을 장악하였으며, 투르·푸아티에 전투에서 이슬람 세력에 승리하였다.

오답피하기 ① 카롤루스 왕조의 카롤루스 대제 사후에 메르센 조약이 체결되었다.
② 11세기에 비잔티움 제국은 셀주크 튀르크의 위협을 받았다.
③ 아테네를 중심으로 한 그리스 세계는 아케메네스 왕조 페르시아와 그리스·페르시아 전쟁을 벌였다. 한편, 마케도니아의 알렉산드로스도 이소스 전투 등에서 아케메네스 왕조 페르시아를 상대로 대승을 거두었다.

⑤ 카롤루스 왕조의 피핀은 롬바르드족을 공격하여 얻은 이탈리아 중부 지역을 교황에게 기증하였다.

2 비잔티움 제국의 이해

문제분석 자료에서 아프리카의 반달 왕국을 정복하여 반달 왕국이 차지하고 있던 아프리카 북부 지방을 장악한 점, 사산 왕조 페르시아와 전쟁을 벌인 점 등을 통해 밑줄 친 '제국'은 비잔티움 제국임을 알 수 있다.

정답찾기 ⑤ 비잔티움 제국은 유스티니아누스 황제 사후 제국의 방어를 위해 군관구제와 둔전병제를 실시하였다.

오답피하기 ① 티무르 왕조는 티무르 사후 점차 약화되다가 우즈베크인에게 멸망하였다.

② 중세 유럽의 뤼베크, 함부르크 등의 도시들이 중심이 되어 한자 동맹을 결성하고 북해와 발트해 연안의 무역을 주도하였다.

③ 프랑스의 샤르트르 대성당은 중세 서유럽의 고딕 양식을 대표하는 건물이다.

④ 러시아의 표트르 대제는 상트페테르부르크를 건설하여 수도로 삼았다.

3 십자군 전쟁의 이해

문제분석 자료에서 셀주크 튀르크가 비잔티움 제국과 전투를 벌여 아나톨리아반도의 동부로 세력을 확장한 점, 예루살렘을 방문하는 크리스트교도의 성지 순례를 위협한 점, 교황청이 성지를 탈환하자는 구호를 내세운 점 등을 통해 밑줄 친 '전쟁'은 십자군 전쟁임을 알 수 있다.

정답찾기 ⑤ 클레르몽 공의회에서 교황 우르바누스 2세가 성지 회복을 위한 전쟁을 호소하면서 십자군 전쟁이 시작되었다.

오답피하기 ① 나폴레옹 전쟁의 전후 처리를 위해 오스트리아의 메테르니히 주도로 빈 회의가 개최되어 유럽 각국의 지배권과 영토를 프랑스 혁명 이전으로 되돌리려는 방안이 논의되었다.

② 오스만 제국은 데브시르메 제도를 통해 예니체리와 관료를 육성하였다.

③ 포에니 전쟁 이후 로마에서는 자영농이 몰락하고 노예 노동을 이용한 대농장(라티푼디움) 경영이 확대되었다.

④ 독일 지역에서 구교와 신교 사이의 갈등으로 시작된 30년 전쟁은 베스트팔렌 조약의 체결로 마무리되었다.

4 콘스탄츠 공의회의 특징 이해

문제분석 자료에서 로마 교황, 아비뇽 교황 등 여러 교황을 모두 물러나게 하고 새로운 교황을 선출하여 교회의 대분열을 수습한 점 등을 통해 (가) 공의회는 콘스탄츠 공의회임을 알 수 있다.

정답찾기 ② 콘스탄츠 공의회는 교회의 대분열을 수습하기 위해 당시 난립하던 여러 교황을 물러나게 하고 새로운 단일 교황을 선출하였으며, 위클리프를 이단으로 규정하였다.

오답피하기 ① 비잔티움 제국의 황제 레오 3세가 성상 파괴령을 내리자 로마 가톨릭교회가 이를 거부하면서 동서 교회의 대립이 격화되었다.

③ 교황 그레고리우스 7세와 신성 로마 제국의 황제 하인리히 4세는 성직자 서임권을 둘러싸고 대립하였다. 교황과 황제의 대립은 결국 카노사의 굴욕 사건(1077)으로 이어졌다.

④ 콘스탄티누스 황제가 개최한 니케아 공의회에서 아타나시우스파의 교리를 정통으로 인정하였다.

⑤ 프랑스의 앙리 4세는 낭트 칙령을 발표하여 신교도인 위그노에게 신앙의 자유를 부분적으로 허용하였다.

5 백년 전쟁 시기의 사실 파악

문제분석 자료에서 모직물 공업의 중심지였던 플랑드르 지역의 지배권을 놓고 영국 왕과 프랑스 왕이 대립한 점, 영국 왕 에드워드 3세가 프랑스 왕위 계승권을 주장한 점 등을 통해 (가)에는 백년 전쟁(1337~1453) 기간에 벌어진 일이 들어가야 함을 알 수 있다

정답찾기 ② 14세기 중엽 흑사병의 유행으로 인구가 크게 감소한 가운데, 일부 영주들의 속박이 강화되자 이에 반발하여 프랑스에서는 자크리의 난, 영국에서는 와트 타일러의 난 등이 일어났다.

오답피하기 ① 영국의 헨리 8세는 교황이 자신의 이혼을 허락하지 않자 1534년 수장법을 공포하여 스스로 영국 교회의 수장이 되었다.

③ 라틴 제국은 1204년에 제4차 십자군이 콘스탄티노폴리스를 점령하고 세운 나라이다.

④ 프랑스의 루이 14세는 1685년 낭트 칙령을 폐지하였다. 이에 상공업에 종사하던 위그노가 반발하여 프랑스를 떠나면서 국내 산업이 침체되었다.

⑤ 영국의 찰스 1세가 의회의 승인 없이 과세하고 청교도를 박해하자 의회는 권리 청원을 제출하여 승인을 받았다(1628).

6 루터의 종교 개혁 이해

문제분석 자료에서 1517년에 반박문을 발표한 점, 성경 말씀을 중시한 점 등을 통해 (가) 인물은 루터임을 알 수 있다.

정답찾기 ② 루터는 교황 레오 10세가 성 베드로 성당의 증축 비용을 마련하기 위해 면벌부를 판매하자, 1517년에 이를 비판하는 「95개조 반박문」을 발표하였다. 또한 인간의 구원은 오직 신앙과 신의 은총에 달려 있고 신앙의 근거는 『성서』라고 주장하였다.

오답피하기 ① 뉴턴은 '만유인력의 법칙'을 발견하고, 천체의 운동을 수학 공식으로 나타냄으로써 기계론적 우주관을 확립하였다.

③ 로욜라는 종교 개혁 운동에 대항하여 로마 가톨릭교회의 결속을 다지고 역량을 결집하기 위해 예수회를 설립하였다.

④ 칼뱅은 『크리스트교 강요』에서 인간의 구원은 신에 의해 미리 예정되어 있다는 예정설을 주장하였다.

⑤ 에라스뮈스는 『우신예찬』을 통해 교회의 폐단과 성직자들의 타락을 신랄하게 풍자하였다.

7 아스테카 제국의 특징 이해

문제분석 자료에서 에스파냐의 코르테스가 수도를 방문한 점, 수도가 테노치티틀란인 점 등을 통해 (가) 제국은 아스테카 제국임을 알 수 있다.

정답찾기 ③ 아스테카인은 멕시코고원 일대에 피라미드식 신전 등 거대한 건축물을 세웠다.

오답피하기 ① 메소포타미아 지역에 건설된 바빌로니아 왕국의 함무

라비왕은 이전의 법을 집대성하여 함무라비 법전을 편찬하였다.
② 잉카 문명의 사람들은 마추픽추 등의 유적을 건설하였다.
④ 이집트 문명에서는 최고 통치자를 파라오라 불렀으며, 파라오는 태양신 '라'의 아들이자 신으로 군림하는 신권 정치를 실시하였다.
⑤ 인더스 문명의 사람들은 계획도시인 모헨조다로, 하라파를 건설하였다.

8 엘리자베스 1세의 활동 이해

문제분석 자료에서 국왕의 명을 받은 영국의 제독들이 에스파냐의 함대를 공격한 점, 무적함대가 칼레 해전에서 패배하고 북해를 향해 떠난 점 등을 통해 밑줄 친 '국왕'은 엘리자베스 1세임을 알 수 있다.

정답찾기 ㄱ. 엘리자베스 1세는 1559년 통일법을 반포하여 로마 가톨릭교의 의식과 신교의 교리를 절충한 영국 국교회를 확립하였다.
ㄴ. 엘리자베스 1세는 1600년 동인도 회사를 설립하여 해외 시장 개척에 나섰다.

오답피하기 ㄷ. 18세기 초 앤 여왕이 후사 없이 사망하면서 스튜어트 왕조가 단절되자 하노버가의 조지 1세가 즉위하여 하노버 왕조가 개창되었다.
ㄹ. 14세기 흑사병으로 인구가 크게 감소한 가운데, 일부 영주들의 속박이 강화되자 이에 반발하여 프랑스에서는 자크리의 난, 영국에서는 와트 타일러의 난 등이 발생하였다.

THEME 08 시민 혁명과 산업 혁명(1)

유형 연습 (본문 51쪽)

1 ④　　2 ④

1 미국 혁명의 전개 과정 이해

문제분석 자료에서 요크타운 전투가 일어난 점, 북아메리카 식민지가 마침내 영국의 지배에 벗어난 점 등을 통해 밑줄 친 '독립 전쟁'은 미국 독립 전쟁임을 알 수 있다.

정답찾기 ④ 미국 혁명의 결과 연방주의에 기초한 공화국이 수립되었다.

오답피하기 ① 영국에서 일어난 산업 혁명으로 대도시의 노동자들이 대거 늘어났지만, 제1차 선거법 개정 결과 노동자들에게는 선거권이 부여되지 않았다. 이에 인민헌장을 내건 차티스트 운동이 전개되었다.
② 크림 전쟁 중 즉위한 러시아의 알렉산드르 2세는 패전을 계기로 내정 개혁을 추진하는 과정에서 농노 해방령을 발표하였다.
③ 독일에서 일어난 30년 전쟁은 베스트팔렌 조약의 체결(1648)로 마무리되었다.
⑤ 1688년에 영국 의회는 제임스 2세를 폐위하고, 메리와 윌리엄을 공동 왕으로 추대하였다.

2 나폴레옹의 활동 이해

문제분석 자료에서 이탈리아 원정을 한 점, 이집트 원정을 감행한 점, 쿠데타를 일으켜 통령 정부를 수립한 점 등을 통해 (가) 인물은 나폴레옹임을 알 수 있다. 나폴레옹은 쿠데타를 통해 총재 정부를 무너뜨리고 통령 정부를 수립하였다. 이후 국민 투표를 통해 황제에 즉위하여 프랑스의 제1 제정을 수립하였다.

정답찾기 ④ 나폴레옹은 오스트리아·러시아 연합군을 물리치고 신성 로마 제국을 해체하여 유럽 대륙의 패권을 장악하였다.

오답피하기 ① 루이 14세는 콜베르를 등용하고 중상주의 정책을 펼쳐 국가 재정을 확보하였다.
② 앙리 4세는 낭트 칙령을 발표하여 위그노 전쟁을 수습하였다.
③ 아테네의 클레이스테네스는 도편 추방제를 마련하였다.
⑤ 크롬웰은 항해법을 제정하여 네덜란드를 견제하였다.

수능 2점 테스트 (본문 52~53쪽)

01 ④	02 ⑤	03 ①	04 ④
05 ④	06 ②	07 ③	08 ④

01 뉴턴의 활동 이해

문제분석 자료에서 '만유인력의 법칙', 중력의 작용 등의 내용을 통해 밑줄 친 '그'는 뉴턴임을 알 수 있다.

정답찾기 ④ 뉴턴은 '만유인력의 법칙'을 발견하였고, 수학 공식의 계산을 통해 천체의 운행과 지상의 물리적 현상을 기계 원리처럼 설명함으로써 기계론적 우주관을 확립하였다.

오답피하기 ① 14세기에 보카치오는 『데카메론』에서 사회의 타락상과 인간의 위선을 묘사하였다.

② 토마스 아퀴나스는 『신학대전』에서 신앙과 이성의 조화를 꾀하며 스콜라 철학을 집대성하였다.

③ 교황 레오 10세가 성 베드로 성당의 증축을 위한 비용 마련을 위해 면벌부를 판매하자, 이에 반발하여 루터는 「95개조 반박문」을 발표하였다. 이를 계기로 종교 개혁이 전개되었다.

⑤ 케플러는 행성이 태양 주위를 타원 궤도로 도는 것을 발견하였다.

02 계몽사상의 이해

문제분석 자료에서 볼테르, 디드로, 달랑베르가 내세움, 인간의 이성을 통해 얻은 지식으로 사회를 개혁, 인간의 자유와 평등을 옹호 등의 내용을 통해 (가) 사상은 계몽사상임을 알 수 있다.

정답찾기 ⑤ 계몽사상은 18세기 유럽에서 확산되었으며 미국과 프랑스에서 일어난 시민 혁명 발발에 영향을 끼쳤다.

오답피하기 ① 중세 초기에 아우구스티누스의 교부 철학이 발달하였다.

② 산업 혁명 이후 빈부 격차의 심화와 비참한 노동 현실을 배경으로 사회주의 사상이 확산되었다. '과학적 사회주의'를 주장한 마르크스와 엥겔스는 19세기 중엽에 『공산당 선언』을 발표하여 자본가 계급을 타도하고 권력을 쟁취함으로써 사회주의 국가를 건설할 수 있다고 주장하였다.

③ 16세기 알프스 이북에서는 로마 가톨릭교회의 부패와 성직자의 타락을 비판하면서 종교 개혁의 움직임이 활발하였다. 스위스에서는 칼뱅 등이 종교 개혁을 추진하였는데, 그는 인간의 구원은 신에 의해 미리 정해져 있다는 예정설을 펼치며 현세에서의 금욕적인 생활 윤리와 근면 절약을 강조하였다.

④ 굽타 왕조 시대에 산스크리트어가 공용어가 되면서 산스크리트 문학이 발달하였다. 칼리다사는 『샤쿤탈라』를 남겼다.

03 크롬웰의 활동 이해

문제분석 자료에서 왕당파와 의회파 간의 내전, 찰스 1세를 처형, 호국경에 취임 등을 통해 (가) 인물이 크롬웰임을 알 수 있다. 영국에서 벌어진 의회파와 왕당파 사이의 내전 과정에서 의회파가 승리하였고, 의회파의 주도로 찰스 1세가 처형되고 공화정이 수립되었다. 이후 크롬웰이 호국경에 취임하였다.

정답찾기 ① 크롬웰은 항해법을 공포하여 네덜란드의 무역 활동을 견제하는 등 중상주의 정책을 강화하였다.

오답피하기 ② 메테르니히의 주도로 열린 빈 회의의 결과로 유럽 각국의 지배권과 영토를 프랑스 혁명 이전의 상태로 돌리려는 보수적인 빈 체제가 형성되었다.

③ 프로이센의 프리드리히 2세는 오스트리아와의 전쟁 끝에 슐레지엔을 차지하였다.

④ 에스파냐의 펠리페 2세는 레판토 해전에서 오스만 제국을 격파하였다.

⑤ 대서양 진출에 유리한 지역에 위치한 포르투갈은 바스쿠 다 가마의 탐사 활동을 지원하는 등 신항로 개척을 주도하였다.

04 미국 혁명의 전개 과정 이해

문제분석 자료에서 북아메리카 식민지인들이 항의하여 보스턴항에 정박한 동인도 회사 선박에 실린 차 상자를 바다에 버린 점 등을 통해 자료의 사건은 보스턴 차 사건임을 알 수 있다. 이를 배경으로 일어난 혁명은 미국 혁명이다.

정답찾기 ④ 보스턴 차 사건을 계기로 영국 정부가 보스턴항을 폐쇄하자 북아메리카 식민지인들은 필라델피아에서 제1차 대륙 회의를 개최하여 영국에 항의하였다.

오답피하기 ① 헨리 8세는 수장법을 통해 국왕이 영국 교회의 수장임을 선포하였다.

② 왕정복고로 즉위한 찰스 2세가 가톨릭교도를 우대하자 의회는 1673년 심사법을 제정하여 이에 대응하였다.

③ 17세기 초 영국의 제임스 1세는 왕권신수설을 내세워 의회를 무시하고 전제 정치를 실시하였다.

⑤ 17세기 후반 영국 의회는 명예혁명에 성공한 뒤 권리 장전을 제출하였고 공동 왕으로 추대된 메리와 윌리엄은 이를 승인하였다.

05 국민 의회 시기의 사실 이해

문제분석 자료에서 국왕이 의회를 탄압하려고 한 점, 시민들이 바스티유를 함락한 점 등을 통해 (가)는 국민 의회임을 알 수 있다. 프랑스 혁명 당시 국민 의회는 농민들의 불만을 달래기 위해 봉건제 폐지를 선언하였다.

정답찾기 ④ 루이 16세가 국민 의회를 탄압하자 파리 시민들은 전제 정치의 상징인 바스티유를 습격하였다. 혁명은 지방으로 퍼져 농민들이 귀족을 공격하고 장원의 문서를 불태웠다. 이에 국민 의회는 봉건제 폐지를 선언하고, 「인간과 시민의 권리 선언」을 발표하였다.

오답피하기 ① 영국의 제1차 선거법 개정(1832)의 혜택을 받지 못한 노동자들이 인민헌장을 발표하고 참정권 확대를 요구하는 차티스트 운동을 전개하였다.

② 독일에서 일어난 30년 전쟁의 결과 베스트팔렌 조약이 체결되었다(1648).

③ 1830년 프랑스 7월 혁명의 결과 루이 필리프가 국왕으로 추대되었다.

⑤ 입법 의회는 오스트리아 등에 맞서 혁명전쟁을 시작하였다.

06 국민 공회의 활동 이해

문제분석 자료에서 로베스피에르 등 자코뱅파, 공포 정치 등을 통해 자료가 국민 공회 활동과 관련 있음을 알 수 있다.

정답찾기 ② 로베스피에르의 공포 정치에 대한 불만이 커지면서 1794년에 테르미도르 반동이 발생하였다. 이로 인해 로베스피에르가 실각하고 총재 정부가 수립되었다.

오답피하기 ① 영국과 러시아 등 강대국의 압박으로 점차 쇠퇴하던 오스만 제국은 19세기 전반에 근대적 개혁인 탄지마트를 시작하였다.
③ 교황 그레고리우스 7세와 신성 로마 제국의 황제 하인리히 4세는 성직자 서임권을 둘러싸고 대립하였다. 교황과 황제의 대립은 결국 카노사의 굴욕 사건으로 이어졌다.
④ 19세기 전반 러시아에서는 자유주의 운동인 데카브리스트의 봉기가 일어났으나, 니콜라이 1세에 의해 진압되었다.
⑤ 포에니 전쟁 이후 로마의 유력자들이 넓은 땅을 차지하고 노예 노동을 이용한 라티푼디움이라는 대농장을 경영하였다. 반면에 농지를 잃고 빈민이 된 농민들은 로마로 몰려들어 사회의 불안감이 고조되었다. 이러한 사회 문제를 해결하기 위해 그라쿠스 형제는 개혁을 추진하였다.

07 프랑스 혁명의 전개 과정 이해

문제분석 자료에서 (가)는 루이 16세가 1789년 5월 삼부회를 소집한 상황이고, (나)는 국민 공회가 루이 16세를 처형한 상황이다. 프랑스 왕실은 화려한 궁중 생활 유지와 미국 혁명 지원 등으로 재정이 매우 궁핍해졌다. 결국 루이 16세는 재정 위기를 해결하기 위해 삼부회를 소집하였다. 한편 국민 공회는 1792년 공화정을 선포하였으며, 이듬해 루이 16세를 처형하였다.

정답찾기 ③ '테니스코트의 서약'은 국민 의회를 결성한 평민 대표들이 국왕의 탄압에 맞서 헌법이 제정될 때까지 해산하지 않겠다고 다짐한 것으로 1789년 6월 20일에 이루어졌다.

오답피하기 ① 테르미도르 반동 이후 5명의 총재가 이끄는 총재 정부가 수립되었다. (나) 이후의 사실이다.
② 프랑스의 나폴레옹은 1799년 쿠데타로 권력을 장악하였으며, 이후 프랑스 은행 설립 등의 개혁을 단행하였다. (나) 이후의 사실이다.
④ 프랑스에서는 1848년 2월 혁명 이후 루이 나폴레옹이 대통령에 당선되었다. (나) 이후의 사실이다.
⑤ 14세기 초 교회와 성직자에 대한 과세 문제로 교황 보니파키우스 8세와 대립한 프랑스 왕 필리프 4세는 교황을 굴복시켰으며, 이후 교황청이 로마에서 아비뇽으로 옮겨지는 아비뇽 유수가 전개되었다. (가) 이전의 사실이다.

08 나폴레옹의 활동 이해

문제분석 자료에서 프랑스 제1 제정을 수립, 트라팔가르 해전에서 넬슨이 이끄는 영국 해군에 패배 등을 통해 (가) 인물은 나폴레옹임을 알 수 있다.

정답찾기 ④ 프랑스의 나폴레옹은 영국을 고립시켜 경제적 타격을 입힐 목적으로 대륙 봉쇄령을 공포하였다.

오답피하기 ① 프랑스의 루이 14세는 콜베르를 등용하여 중상주의 정책을 실시하였다.
② 프랑스의 앙리 4세는 1598년 낭트 칙령을 발표하여 칼뱅파 신교도인 위그노에게 신앙의 자유를 부분적으로 허용하였다.
③ 1830년 프랑스 7월 혁명의 결과 루이 필리프가 국왕으로 즉위하였다.
⑤ 프로이센의 프리드리히 2세가 상수시 궁전을 건립하였다.

수능 3점 테스트

본문 54~56쪽

1 ③　2 ②　3 ①　4 ②
5 ④　6 ①

1 계몽사상의 이해

문제분석 자료에서 18세기에 이성의 소유자인 인간 개개인의 자유와 평등을 옹호, 볼테르, 불공평과 편협을 타파, 루소, 『사회계약론』 등을 통해 밑줄 친 '이 사상'은 계몽사상임을 알 수 있다.

정답찾기 ③ 계몽사상가들은 인간의 이성으로 낡은 관습과 미신을 타파하여 사회가 진보할수 있다고 믿었다.

오답피하기 ① 에스파냐의 후원을 받아 항해에 나선 마젤란 일행은 1522년 세계 일주에 성공하였다. 이들의 항해로 지구가 둥글다는 사실이 증명되었다.
② 에스파냐의 로욜라는 예수회를 설립하여 로마 가톨릭 세력의 확대를 도모하고 포교 활동을 전개하였다.
④ 독일 지역에서 구교와 신교 사이의 갈등으로 시작된 30년 전쟁은 베스트팔렌 조약의 체결(1648)로 마무리되었다. 베스트팔렌 조약을 통해 칼뱅파가 인정되었으며, 스위스와 네덜란드의 독립이 정식으로 승인되었다.
⑤ 중세 서유럽에서는 크리스트교 중심의 문화가 발전하면서 철학도 신학의 보조 학문으로 발전하였다.

2 찰스 1세 파악

문제분석 자료에서 크롬웰이 이끈 의회파와의 내전에서 패배한 점, 의회를 무력으로 탄압한 점, 재판에서 사형을 선고받고 처형된 점 등의 내용을 통해 (가) 국왕이 찰스 1세임을 알 수 있다. 영국에서 벌어진 의회파와 왕당파 사이의 내전 과정에서 의회파의 주도로 찰스 1세가 처형되었다.

정답찾기 ② 17세기 전반 영국의 찰스 1세가 의회의 승인 없이 과세하자 의회가 권리 청원을 제출하였고, 찰스 1세는 이를 승인하였으나 곧 의회를 해산하였다.

오답피하기 ① 엘리자베스 1세는 통일법을 반포하여 로마 가톨릭교의 의식과 신교의 교리를 절충한 영국 국교회를 확립하였다.
③ 앤 여왕 사후 독일 하노버가의 조지 1세가 즉위함으로써 하노버 왕조가 수립되었다.
④ 프랑스의 황제로 즉위한 나폴레옹은 19세기 초에 신성 로마 제국을 해체하였다.
⑤ 1555년 아우크스부르크 화의에서 루터파가 공식적으로 인정받게 되었다.

3 미국 혁명의 전개 과정 이해

문제분석 자료에서 (가)는 의회, 북아메리카 식민지, 인지세법 등을 통해 미국 혁명 직전임을 알 수 있다. (나)는 요크타운, 워싱턴, 항복

선언 등을 통해 요크타운 전투(1781)에서 승리한 시기임을 알 수 있다.

정답찾기 ① 미국 혁명 과정 중 제2차 대륙 회의에서 독립 선언문이 발표되었다(1776).

오답피하기 ② 연방 헌법이 제정된 후 1789년에 워싱턴이 초대 대통령으로 선출되었다. (나) 이후의 사실이다.

③ 1869년에 미국의 대륙 횡단 철도가 최초로 개통되었다. (나) 이후의 사실이다.

④ 1929년 미국 증권 거래소의 주가 폭락을 계기로 대공황이 전 세계로 확산되었다. 미국의 루스벨트 대통령은 와그너법 등 뉴딜 정책을 추진하여 대공황을 극복하고자 하였다. (나) 이후의 사실이다.

⑤ 북아메리카 식민지인들은 파리 조약(1783)으로 독립을 승인받았다. (나) 이후의 사실이다.

4 프랑스 혁명 전개 과정 파악

문제분석 자료에서 바스티유가 파리 민중의 공격을 받아 함락, 의회의 간청 등을 통해 자료의 편지가 작성된 시기가 국민 의회 시기임을 알 수 있다.

정답찾기 ② 루이 16세가 국민 의회를 탄압하자 파리 시민들은 1789년 7월 14일에 전제 정치의 상징인 바스티유를 함락하였다. (나) 시기에 바스티유가 함락되었다. '테니스코트의 서약'은 1789년 6월 20일에 이루어졌고, 혁명전쟁은 1792년 4월 입법 의회가 오스트리아에 선전 포고를 함으로써 시작되었다.

5 국민 공회 시기의 사회 모습 이해

문제분석 자료에서 공화정 선포, 혁명 재판소 등을 통해 (가) 의회가 프랑스 혁명의 전개 과정에서 수립된 국민 공회임을 알 수 있다. 국민 공회 시기에 혁명 재판소가 설치되어 운영되었다.

정답찾기 ④ 18세기 후반 프랑스 혁명의 전개 과정 중 국민 공회 시기에 자코뱅파는 권력을 장악한 뒤 혁명 재판소와 공안 위원회를 통해 반혁명 세력을 처형하며 공포 정치를 펼쳤다.

오답피하기 ① 1848년에 발생한 프랑스 2월 혁명의 영향으로 오스트리아에서 메테르니히가 실각하였다. 국민 공회 활동 시기 이후에 볼 수 있는 모습이다.

② 링컨은 남북 전쟁 중인 1863년 노예 해방 선언을 발표하였다. 국민 공회 활동 시기 이후에 볼 수 있는 모습이다.

③ 1832년 영국에서는 부패 선거구 폐지, 도시의 상공업자에게 선거권을 부여하는 제1차 선거법 개정이 이루어졌다. 국민 공회 활동 시기 이후에 볼 수 있는 모습이다.

⑤ 프랑스 왕 필리프 4세는 교회와 성직자에 대한 과세 문제로 교황과 대립하였다. 그는 삼부회를 소집하여 교황을 굴복시켰고, 이후 교황청은 로마에서 아비뇽으로 옮겨졌다(아비뇽 유수). 국민 공회 활동 시기 이전에 볼 수 있는 모습이다.

6 나폴레옹의 활동 이해

문제분석 자료에서 정변을 일으켜 총재 정부를 끝냈다는 점, 통령 정부를 세웠다는 점 등을 통해 (가) 인물은 나폴레옹임을 알 수 있다.

정답찾기 ① 총재 정부를 무너뜨리고 쿠데타를 통해 통령이 된 나폴레옹은 국민 투표를 통해 황제에 즉위하였다(제1 제정).

오답피하기 ② 북아메리카 식민지 대표들은 1775년 필라델피아에서 제2차 대륙 회의를 개최하여 군대(대륙군)를 조직하고 워싱턴을 총사령관으로 임명하였다.

③ 러시아의 표트르 대제는 상트페테르부르크를 건설하여 수도로 삼았다.

④ 러시아의 예카테리나 2세는 프로이센, 오스트리아와 함께 폴란드를 분할 점령하였다.

⑤ 헨리 8세는 수장법을 통해 국왕이 영국 교회의 수장임을 선포하였다.

THEME 09 시민 혁명과 산업 혁명(2)

유형 연습

본문 58쪽

1 ⑤ 2 ③

1 7월 혁명의 전개 과정 이해

문제분석 자료에서 샤를 10세가 퇴위한 점, 루이 필리프가 왕으로 즉위한 점, '시민의 왕'의 지배가 시작된 점 등을 통해 7월 혁명 이후의 상황임을 알 수 있다.

정답찾기 ⑤ 7월 혁명의 결과로 샤를 10세가 추방되고 루이 필리프의 입헌 군주정이 수립되었다(7월 왕정). 루이 필리프의 집권 시기에는 소수의 부유한 시민에게만 선거권이 주어졌다.

오답피하기 ① 오스만 제국은 레판토 해전에서 에스파냐 등에 패배하였다.

② 아케메네스 왕조 페르시아는 마케도니아의 알렉산드로스에 의해 멸망하였다.

③ 2월 혁명 이후 대통령으로 선출된 루이 나폴레옹은 쿠데타를 통해 권력을 장악하고 제2 제정 시대를 열었다.

④ 국민 공회 시기에 혁명 재판소와 공안 위원회가 설치되어 운영되었다.

2 이탈리아 왕국의 특징 파악

문제분석 자료에서 가리발디가 시칠리아섬, 나폴리 등지에 대한 원정을 감행한 점, 점령지를 에마누엘레 2세에게 바친 점 등을 통해 (가) 왕국은 이탈리아 왕국임을 알 수 있다.

정답찾기 ③ 이탈리아의 통일 과정에서 가리발디는 시칠리아와 나폴리를 점령하였고, 자신의 점령지를 사르데냐 국왕에게 바쳤다. 이로써 남북을 통일한 이탈리아 왕국이 탄생하였다. 이후 이탈리아 왕국은 프로이센·오스트리아 전쟁에 참여하여 베네치아를 병합하고 이어서 프로이센·프랑스 전쟁을 틈타 로마 교황령까지 점령하였다.

오답피하기 ① 재상 비스마르크의 주도로 강력한 군비 확장 정책(철혈 정책)을 펼친 프로이센은 영토 문제를 놓고 덴마크와 오스트리아를 상대로 전쟁을 벌여 승리하고 북독일 연방을 결성하였다.

② 북아메리카의 식민지는 파리 조약(1783)을 통해 독립을 인정받았다.

④ 이탈리아는 아도와에서 에티오피아군에 패배하였다.

⑤ 포르투갈은 고아와 마카오 등에 무역 거점을 마련하여 동방과의 향신료 무역을 주도하였다.

수능 2점 테스트

본문 59쪽

01 ⑤ 02 ⑤ 03 ④ 04 ⑤

01 19세기 각국의 자유주의와 민족주의 운동 이해

문제분석 자료에서 이집트가 사실상 반독립 상태에 놓여 있었다는 점, 그리스의 독립, 영국 시인 바이런의 의용병 참전 등을 통해 오스만 제국에 저항한 내용을 다루고 있음을 알 수 있으며, (가) 국가는 오스만 제국임을 알 수 있다.

정답찾기 ⑤ 오스만 제국은 흑해 방면으로 진출하려는 러시아와 크림 전쟁을 벌였다. 러시아는 크림 전쟁에서 패하여 흑해 방면으로의 남하가 저지되었다.

오답피하기 ① 프랑스의 황제로 즉위한 나폴레옹은 19세기 초에 신성 로마 제국을 해체시켰다.

② 미국은 19세기 말 에스파냐와의 전쟁에서 승리하여 쿠바를 보호국화하고, 괌과 하와이 제도를 차지하였다.

③ 러시아의 니콜라이 1세는 데카브리스트의 봉기를 진압하였다.

④ 에스파냐의 코르테스는 아스테카 제국을 정복하였고, 에스파냐의 피사로는 잉카 제국을 침략하여 멸망시켰다.

02 인민헌장 발표 시기 파악

문제분석 자료에서 새로 개정된 법안에 따라 부패 선거구가 폐지, 여전히 선거권이 도시 상공업자 등 일부 성인 남성에게만 부여, 재산 소유에 따라 하원 의원 자격을 얻을 수 있다는 점, 의원의 재산 자격 제한 철폐 요구, 인민헌장이 하원에서 즉시 가결되기를 간곡히 기원한 점 등을 통해 다음 연설이 행해진 시기는 인민헌장이 발표된 시기임을 알 수 있다.

정답찾기 ⑤ 제1차 선거법 개정의 혜택을 받지 못한 노동자들이 1838년에 인민헌장을 발표하고 참정권 확대를 요구하는 차티스트 운동을 전개하였다. 보스턴 차 사건은 1773년에 발생하였고, 3국 협상은 1907년에 성립하였다. 따라서 (마) 시기에 인민헌장이 발표되었다.

03 카보우르 활동 이해

문제분석 자료에서 사르데냐 왕국의 재상, 나폴레옹 3세를 끌어들였다는 점 등을 통해 (가) 인물이 카보우르임을 알 수 있다.

정답찾기 ④ 19세기 후반 사르데냐 왕국의 재상 카보우르는 프랑스의 지원을 받아 오스트리아를 물리치고, 이탈리아 중부와 북부 지역을 통합하였다.

오답피하기 ① 가리발디는 시칠리아와 나폴리 등지를 점령한 후 점령지를 사르데냐 국왕에게 바쳐 이탈리아의 통일에 기여하였다.

② 1799년 쿠데타로 권력을 장악한 프랑스의 나폴레옹은 『나폴레옹 법전』을 편찬하여 시민 사회의 새로운 규범을 제시하였다.

③ 국민 공회 시기 로베스피에르의 공포 정치에 대한 불만이 커지면서 결국 1794년에 테르미도르 반동이 발생하였다. 이로 인해 로베스피에르가 실각하였다.

⑤ 루이 14세는 콜베르를 등용하여 국가의 수입 증대를 위해 중상주의 정책을 실시하였다.

04 산업 혁명에 따른 변화 이해

문제분석 자료에서 제임스 와트의 증기 기관 개량, 조지 스티븐슨이 증기 기관차 제작, 리버풀시와 맨체스터시 간 철도 개통 등을 통해 밑줄 친 '변화'는 산업 혁명에 따른 변화임을 알 수 있다.

정답찾기 ⑤ 산업 혁명의 전개 과정에서 증기 기관을 동력원으로 하는 공장제 기계 공업이 확산되었다.

오답피하기 ① 무함마드는 메카의 보수적인 귀족층의 박해를 피해 메디나로 이주하였다(헤지라).

② 중세 유럽 북부 독일의 뤼베크, 함부르크 등의 도시들이 중심이 되어 한자 동맹을 결성하고 발트해와 북해의 무역을 주도하였다.

③ 포에니 전쟁으로 로마에서는 자영농이 몰락하고 노예 노동을 이용한 대농장(라티푼디움) 경영이 확대되었다.

④ 교황 우르바누스 2세가 클레르몽 공의회에서 성지 회복을 위한 전쟁을 호소하면서 1096년부터 십자군 전쟁이 시작되었다.

수능 3점 테스트

본문 60~62쪽

1 ⑤	2 ⑤	3 ③	4 ⑤
5 ②	6 ①		

1 빈 회의 파악

문제분석 자료에서 나폴레옹이 유배된 점, 유럽 각국이 시곗바늘을 되돌리려 한 점, 루이 18세가 권력을 이양받아 부르봉 왕가가 복귀한 점 등을 통해 밑줄 친 '이 회의'는 빈 회의(1814~1815)임을 알 수 있다.

정답찾기 ⑤ 오스트리아의 메테르니히가 주도하여 빈 회의가 개최된 결과로 보수적인 빈 체제가 형성되었다.

오답피하기 ① 파리 시민들이 바스티유를 함락한 뒤 혁명은 지방으로 퍼져 농민들이 귀족을 공격하고 장원의 문서를 불태웠다. 이에 국민 의회는 농민을 달래기 위해 봉건제 폐지를 선언하였다.

② 북아메리카 식민지는 파리 조약(1783)으로 독립을 인정받았다.

③ 19세기 전반 그리스는 영국, 프랑스 등 유럽 국가들의 지원으로 오스만 제국과의 전쟁에서 승리하여 독립을 쟁취하였다.

④ 나폴레옹 전쟁의 전후 처리를 위해 빈 회의가 열렸다. 프랑스 제2 제정은 1852년부터 1870년까지 유지되었다.

2 7월 혁명의 전개 과정

문제분석 자료에서 샤를 10세의 전제 정치에 항거하여 일어난 점, 샤를 10세가 퇴위한 점 등을 통해 밑줄 친 '봉기'가 1830년에 발발한 7월 혁명임을 알 수 있다.

정답찾기 ⑤ 1830년 프랑스 7월 혁명의 결과 루이 필리프가 국왕으로 추대되었다.

오답피하기 ① 1940년 6월 파리가 독일군에 의해 함락되자 프랑스의 페탱 장군을 수반으로 하는 비시 정부가 수립되었다.

② 앤 여왕 사후 독일 하노버가의 조지 1세가 즉위함으로써 하노버 왕조가 수립되었다.

③ 나폴레옹은 쿠데타를 통해 총재 정부를 무너뜨리고 통령 정부를 수립하였다.

④ 프랑스 왕 필리프 4세는 교회와 성직자에 대한 과세 문제로 교황과 대립하였다. 그는 삼부회를 소집하여 교황을 굴복시켰고, 이후 교황청은 로마에서 아비뇽으로 옮겨졌다(아비뇽 유수).

3 이탈리아의 통일 과정 이해

문제분석 자료에서 가리발디의 의용군이 시칠리아에 상륙한 이후의 상황, 가리발디는 의용군을 이끌고 남부 원정, 가리발디가 자신이 정복한 지역을 사르데냐 국왕인 에마누엘레 2세에게 바친 점 등을 통해 (가) 국가는 이탈리아 왕국임을 알 수 있다.

정답찾기 ③ 이탈리아 왕국의 통일 과정에서 사르데냐 왕국의 재상 카보우르는 프랑스의 지원을 받아 오스트리아를 물리치고, 이탈리아 중부와 북부 지역을 통합하였다.

오답피하기 ① 영국의 청교도 혁명 과정에서 의회파는 찰스 1세를 처형하였으며, 1653년에 크롬웰이 호국경에 취임하였다.

② 독일에서 일어난 30년 전쟁의 결과 베스트팔렌 조약이 체결되었다.

④ 비잔티움 제국의 전성기를 이끈 유스티니아누스 황제는 로마법을 집대성하여 『유스티니아누스 법전』을 편찬하였다.

⑤ 미국 혁명의 과정에서 식민지군은 프랑스 등의 지원을 받아 요크타운 전투(1781)에서 영국에 승리를 거두었다.

4 프로이센의 활동 이해

문제분석 자료에서 프랑스와 전쟁을 한 점, 나폴레옹 3세를 포로로 붙잡은 점 등을 통해 (가) 국가는 프로이센임을 알 수 있다.

정답찾기 ⑤ 프로이센은 관세 동맹 체결을 주도함으로써 독일의 경제적 통합을 추구하였다.

오답피하기 ① 탄지마트는 19세기에 대내외적 위기를 타개하고, 서양 문물을 적극적으로 받아들여 부국강병을 추구하려고 하였던 오스만 제국의 개혁이다.

② 1905년 영국은 벵골 분할령을 발표하였다.

③ 인도차이나 연방은 19세기 말에 프랑스가 베트남과 캄보디아, 라오스 일대를 아우르면서 수립하였다.

④ 북아메리카 식민지인들은 파리 조약(1783)을 통해 독립을 인정받았다.

5 남북 전쟁 파악

문제분석 자료에서 연방 정부의 링컨 대통령, 남부와 북부의 경제 구조의 차이 등으로 대립, 남부의 여러 주가 연방에서 탈퇴, 게티즈버그 전투 등을 통해 밑줄 친 '이 전쟁'은 미국의 남북 전쟁(1861~1865)임을 알 수 있다.

정답찾기 ② 링컨이 대통령에 당선되자 남부 7개 주는 연방에서 탈퇴하여 남부 연합을 창설하였고, 곧 남북 전쟁이 시작되었다. 링컨은 전쟁 중인 1863년 노예 해방 선언을 발표하였고, 결국 노예 해방 명분을 앞세운 북부가 전쟁에서 승리하였다.

오답피하기 ① 미국의 루스벨트 대통령은 뉴딜 정책을 추진하여 대공황을 극복하고자 하였다. 남북 전쟁 이후의 사실이다.

③ 미국 혁명의 결과 연방 헌법이 제정되고 초대 대통령으로 워싱턴이 선출되었다. 남북 전쟁 이전의 사실이다.

④ 보스턴 차 사건을 계기로 영국 정부가 보스턴항을 폐쇄하자 북아메리카 식민지인들은 필라델피아에서 제1차 대륙 회의를 개최하여 영국에 항의하였다. 남북 전쟁 이전의 사실이다.
⑤ 1869년에 미국의 대륙 횡단 철도가 개통되었다. 남북 전쟁 이후의 사실이다.

6 알렉산드르 2세 파악

문제분석 자료에서 차르가 농노 해방령을 발표한 점, 차르가 암살당했다는 점 등을 통해 밑줄 친 '차르'가 러시아의 알렉산드르 2세임을 알 수 있다. 알렉산드르 2세는 1861년에 농노 해방령을 발표하였다.
정답찾기 ① 알렉산드르 2세 재위 시기에 지식인들이 브나로드 운동을 전개하였다.
오답피하기 ② 제1차 세계 대전 이후인 1923년 무스타파 케말이 튀르키예 공화국을 수립하였다. 알렉산드르 2세 재위 이후의 모습이다.
③ 미국 혁명 과정 중 제2차 대륙 회의에서 독립 선언문이 발표되었다(1776). 알렉산드르 2세 재위 이전의 모습이다.
④ 러시아력 10월 혁명(11월 혁명) 이후 레닌은 전시 공산주의 체제에서 식량과 노동력 징발에 따른 농민층의 불만과 경제적 혼란을 극복하기 위해 1921년 신경제 정책[NEP]을 실시하여 자본주의적 요소를 일부 도입하였다. 알렉산드르 2세 재위 이후의 모습이다.
⑤ 1914년 6월 28일에 세르비아 민족주의를 지지하는 청년이 보스니아의 사라예보를 방문한 오스트리아·헝가리 제국의 황태자 부부를 암살한 사라예보 사건이 발생하였다. 이를 계기로 제1차 세계 대전이 발발하였다. 알렉산드르 2세 재위 이후의 모습이다.

THEME 10 제국주의와 민족 운동

유형 연습 본문 65쪽

1 ③　　2 ④

1 중화민국의 수립 이해

문제분석 자료에서 위안스카이 토벌을 위한 투쟁이 전개된 점, 복벽의 시도가 평정된 점 등이 거론되었으므로, (가) 국가는 중화민국임을 알 수 있다. 1911년 우창에서 신군이 일으킨 봉기가 전국으로 퍼졌다(신해혁명). 혁명 세력은 난징을 점령하고 쑨원을 임시 대총통으로 선출하여 중국 최초의 공화제 국가인 중화민국을 세웠다.
정답찾기 ③ 프랑스의 식민 지배하에 있던 베트남의 판보이쩌우는 자국 젊은이들의 일본 유학을 추진하는 동유 운동을 전개하였다.
오답피하기 ① 1925년에 쑨원이 사망하자, 장제스는 북쪽의 군벌 정부를 타도하는 북벌을 단행하여 베이징을 점령하였다(1928).
② 장쉐량은 1936년 시안에서 장제스를 감금하고 내전 중단과 항일 투쟁을 호소하였다(시안 사건).
④ 쑨원의 뒤를 이어 중화민국의 대총통에 취임한 위안스카이는 혁명파를 탄압하고 황제 제도를 부활하려는 복벽을 시도하다가 병사하였다(1916).
⑤ 위안스카이 사망 이후 중화민국은 각지에서 군벌이 난립해 혼란에 빠졌다. 이러한 가운데 천두슈, 후스 등의 지식인들은 유교를 비판하고 과학과 민주주의를 내세우는 신문화 운동을 전개하였다.

2 인도의 민족 운동 파악

문제분석 자료에서 동인도 회사와 맺은 조약이나 계약이 왕실에 의해 수용된 점, 영국인이 살해당한 점, 포고문이 1858년에 발표된 점 등이 거론되었으므로, 밑줄 친 '이 사건'은 세포이의 항쟁임을 알 수 있다.
정답찾기 ④ 영국은 세포이의 항쟁을 계기로 무굴 제국의 황제를 폐위시켰다. 그리고 인도를 직접 통치하기 위해 인도 통치 개선법을 제정하여 동인도 회사의 인도 지배권을 박탈하였다.
오답피하기 ① 1885년 인도 뭄바이에서는 영국에 협조적인 지식인, 관리, 자본가, 지주 등이 주로 참여한 인도 국민 회의가 결성되었다.
② 영국은 소금법을 제정하여 인도에서 소금의 생산과 판매를 통제하였다. 이에 맞서 간디가 주도한 1930년의 소금 행진은 전 인도인의 관심을 불러 일으켰다.
③ 19세기 전반 인도에서는 람 모한 로이의 주도로 브라흐마 사마지 운동이 전개되었다.
⑤ 영국은 플라시 전투에서 벵골·프랑스 연합군을 물리쳤다(1757).

수능 2점 테스트 본문 66~67쪽

01 ③ 02 ③ 03 ⑤ 04 ④
05 ① 06 ① 07 ⑤ 08 ①

01 독일의 아프리카 분할 양상 파악

문제분석 자료에서 비스마르크가 회담을 주도한 점, 베를린 회담을 통해 카메룬과 탄자니아, 나미비아 등에 대한 권리를 확보한 점 등이 거론되었으므로, (가) 국가는 독일임을 알 수 있다.

정답찾기 ③ 독일과 프랑스는 모로코를 둘러싸고 두 차례 대립하였으나(모로코 사건, 1905·1911), 영국이 프랑스를 지지하여 독일이 퇴각하였다.

오답피하기 ① 러일 전쟁에서 패배한 러시아는 미국의 중재로 일본과 포츠머스 조약을 체결하였다(1905).

② 무함마드 알리의 뒤를 이어 이집트를 통치한 무함마드 사이드는 프랑스와 함께 수에즈 운하를 건설하였다. 그러나 재정적 어려움 등의 이유로 결국 영국이 수에즈 운하의 경영권을 차지하였다.

④ 에스파냐와 전쟁을 벌여 승리한 미국은 쿠바를 보호국화하고 필리핀, 괌섬 등을 차지하였다.

⑤ 프랑스는 아프리카에서 알제리와 마다가스카르를 잇는, 이른바 횡단 정책으로 불리는 식민화 정책을 추진하였다.

02 19~20세기 벨기에의 역사 이해

문제분석 자료에서 영국에 뒤이어 19세기 전반에 이미 광업 등을 중심으로 산업화가 이루어진 점, 에스파냐, 프랑스 등에 병합된 적이 있는 점, 레오폴드 2세 치하에서 대외 팽창적인 모습을 보인 점, 중립국인데도 두 차례의 세계 대전에서 번번이 독일에 의해 점령당한 점 등이 거론되었으므로, 밑줄 친 '이 나라'는 벨기에임을 알 수 있다.

정답찾기 ③ 벨기에의 국왕 레오폴드 2세는 콩고를 자신의 사유지로 삼았다. 이후 콩고는 벨기에 정부가 관리하는 식민지로 전환되었다.

오답피하기 ① 포르투갈은 인도 항로를 개척한 이후 고아, 믈라카, 마카오 등 거점 항구를 장악하고 무역 기지로 삼았다.

② 에스파냐는 필리핀의 독립을 요구하는 호세 리살을 탄압하였으며, 결국 그를 처형하였다.

④ 러시아는 흑해 방면으로 영토를 확장하면서 오스만 제국을 압박하였는데, 이 과정에서 크림 전쟁(1853~1856)이 벌어지기도 하였다.

⑤ 일본의 에도 막부는 서양 국가 중에서는 유일하게 네덜란드만이 나가사키의 데지마를 통해 일본과 교역할 수 있도록 허용하였다.

03 프랑스와 영국의 패권 경쟁 과정 파악

문제분석 자료에서 베트남을 지배하고 있는 점, 베트남 사신들이 방문하고 있는 점, 사신들이 마르세유항에 도착한 점 등이 거론되었으므로, (가) 국가는 프랑스임을 알 수 있다. 또한 말레이시아의 페낭을 식민 지배한 점, 싱가포르를 동아시아 진출의 요충지로 이용한 점 등이 거론되었으므로, (나) 국가는 영국임을 알 수 있다.

정답찾기 ⑤ 아프리카를 식민화하는 과정에서 프랑스는 알제리와 마다가스카르를 잇는 횡단 정책을 추진하였으며, 영국은 이집트의 카이로와 아프리카 최남단의 케이프타운을 잇는 종단 정책을 추진하였다. 결국 이 두 나라는 아프리카의 파쇼다에서 충돌하였다(1898).

오답피하기 ① 영국은 인도를 발판으로 삼아 싱가포르 식민지를 건설하였고, 미얀마를 식민화한 뒤 인도에 병합하였다(1886).

② 영국은 세포이의 항쟁을 계기로 무굴 제국의 황제를 폐위시키고 인도 통치 개선법을 제정하여 영국 동인도 회사의 인도 통치권을 폐지하였다.

③ 제2차 아편 전쟁 후 러시아는 베이징 조약을 통해 청으로부터 연해주를 할양받았다.

④ 인도에서 영국에 밀려난 프랑스는 베트남과 캄보디아 일대를 식민지로 삼아 프랑스령 인도차이나 연방을 조직하였다.

04 대중국 삼각 무역의 성립 과정 이해

문제분석 자료에서 영국 동인도 회사의 중국산 차 구매량이 급증한 점, 중국에 대한 영국의 무역 수지가 크게 악화한 점 등이 거론되었으므로, (가)에는 영국이 대중국 무역 적자를 해소하기 위하여 추진한 활동 또는 정책의 내용이 들어가야 문맥이 적절하게 이어진다.

정답찾기 ④ 영국은 인도에서 생산한 아편을 중국에 밀수출하는 삼각 무역으로 대중국 무역 적자에 대응하였다.

오답피하기 ① 16세기에 모직물 산업의 발달로 영국 내에서 농경지에 울타리를 쳐 방목지로 만드는 현상이 널리 퍼진 것을 제1차 인클로저 운동이라 하고, 18세기에 도시의 인구 증가로 곡물 가격이 오르자 영국의 지주들이 대농장을 확대한 것을 제2차 인클로저 운동이라 한다.

② 신항로 개척 이후 가혹한 노동과 질병으로 아메리카 원주민의 인구가 급감하자 유럽인은 아프리카인을 노예로 삼아 대서양을 가로질러 아메리카에 팔았다.

③ 18세기 후반 영국에서 시작된 산업 혁명은 19세기 초에 벨기에와 프랑스, 19세기 중반에 독일과 미국, 19세기 후반에는 러시아와 일본으로까지 확산되었다.

⑤ 영국은 프랑스 등과 7년 전쟁(1756~1763)을 치르면서 재정이 악화하자 북아메리카 13개 식민지에 대한 중상주의 정책을 강화하였다.

05 홍수전의 활동 파악

문제분석 자료에서 난징을 수도로 정한 점, 자신이 예수에 이은 하느님의 둘째 아들이라고 주장한 점 등이 거론되었으므로, (가) 인물은 홍수전임을 알 수 있다.

정답찾기 ① 홍수전은 크리스트교 신앙을 바탕으로 상제회를 조직하고, 유교 이념 및 만주족의 지배에 저항하면서 태평천국을 수립하였다(1851).

오답피하기 ② 금릉 기기국은 양무운동 과정에서 난징에 설치된 군수 공장으로, 총포와 화약 등 서양식 근대 무기를 생산하였다.

③ 청의 강희제는 오삼계 등이 일으킨 삼번의 난을 진압하였으며, 타이완의 반청 세력을 제압하였다.

④ 아편으로 인한 사회·경제적 문제가 심각해지자 청은 임칙서를 광저우에 파견하여 아편을 단속하였다. 영국은 이를 빌미로 제1차 아편 전쟁(1840~1842)을 일으켰다.

⑤ 송대에 왕안석은 신종의 명을 받아 재정 수입 확대와 부국강병을 위한 신법을 추진하였다.

06 캉유웨이의 개혁 사상 이해

문제분석 자료에서 량치차오와 함께 활동한 점, 중국의 정치 체제를 입헌 군주제로 개혁해야 한다고 역설한 점 등이 거론되었으므로, (가) 인물은 캉유웨이임을 알 수 있다.

정답찾기 ① 산둥성을 중심으로 한 비밀 결사인 의화단은 청을 도와 서양 세력을 멸하자는 '부청멸양'의 구호를 내걸고 외국인과 교회 등을 공격하였으며, 베이징을 점령한 후 외국 공관을 습격하기도 하였으나 영국, 일본 등 8개국이 결성한 연합군에 의해 진압되었다.

오답피하기 ② 캉유웨이, 량치차오 등은 광서제의 신임을 얻어 과거제 개혁, 신교육 실시, 상공업 육성 등 여러 방면에서 근대적 개혁을 추진하였다.

③ '변법자강'이란 법을 고쳐 스스로 강하게 한다는 뜻이다. 청 말기에 캉유웨이, 량치차오 등은 변법자강 운동을 전개하였는데, 이들은 광서제의 호응을 얻어 무술변법을 추진하였다(1898).

④ 캉유웨이, 량치차오 등이 추진한 변법자강 운동은 서태후를 비롯한 보수파의 반격으로 좌절되었다(무술정변).

⑤ 변법자강 운동을 주도한 캉유웨이, 량치차오 등은 일본의 메이지 유신을 모델로 삼아 개혁을 추진하였다.

07 일본 메이지 정부의 정책 파악

문제분석 자료에서 사쓰마번과 조슈번 출신 인사들이 주도하고 있는 점, 이와쿠라 도모미를 중심으로 한 대규모 사절단을 조직한 점 등이 거론되었으므로, (가) 정부는 일본의 메이지 정부임을 알 수 있다.

정답찾기 ⑤ 메이지 정부는 에도를 도쿄로 개칭하여 수도로 삼고 폐번치현을 단행하였는데, 그 결과 정부가 전국의 토지와 인민을 직접 통제하는 중앙 집권 체제가 수립되었다.

오답피하기 ① 야마토 정권은 다이카 개신으로 당의 율령 제도를 도입하여 국왕을 중심으로 한 중앙 집권적 통치 체제를 확립하려 하였다.

② 태평천국은 토지 균분 등을 내세운 천조전무 제도를 발표하였다.

③ 청 왕조는 서양 상인들이 광저우의 공행을 통해서만 교역할 수 있도록 무역을 제한하였다.

④ 일본의 에도 막부는 1854년에 미일 화친 조약을 체결하였다.

08 인도의 스와라지 이해

문제분석 자료에서 인도 국민 회의 지도부가 '영국 식민 지배하에서 자치의 획득'이라고 정의한 점, 아우로빈도라는 인물이 '영국 식민 지배로부터의 완전한 독립'으로 정의한 점 등이 거론되었으므로, 밑줄 친 '이 강령'은 스와라지임을 알 수 있다.

정답찾기 ① 틸라크를 중심으로 한 인도 국민 회의의 급진파는 1906년 콜카타 대회를 열어 영국 상품 불매, 인도인의 자치를 의미하는 스와라지, 국산품 애용을 뜻하는 스와데시, 국민 교육 실시 등의 4대 강령을 채택하였다.

오답피하기 ② 람 모한 로이를 중심으로 한 브라흐마 사마지 운동에서는 순수 힌두교 교리로의 회귀, 카스트제 반대, 폐습 타파 등의 주장이 제기되었다.

③ 메이지 유신 이후 일본은 전통적인 신도를 사실상의 국교로 삼아 천황에 대한 충성과 배타적 민족주의를 강요하면서, 일본 사회의 여러 문제점과 불만을 식민지 확보로 해소하기 위하여 동아시아 침략에 나섰다.

④ 태국의 짜끄리 왕조는 동진하는 영국과 서진하는 프랑스 사이에서 완충 지대로 자리매김하는 효과적인 외교 정책을 펼쳐 동남아시아에서 유일하게 독립을 유지하였다.

⑤ 영국은 세포이의 항쟁을 계기로 무굴 제국의 황제를 폐위시키고 인도 통치 개선법을 제정하여 영국 동인도 회사의 인도 통치권을 폐지하였다.

수능 3점 테스트

본문 68~72쪽

1 ③	2 ①	3 ④	4 ①
5 ④	6 ②	7 ②	8 ①
9 ③	10 ②		

1 영국의 제국주의 정책 파악

문제분석 자료에서 프랑스의 레셉스가 건설한 운하인 점, 이집트에 있는 이 운하에 통행료 징수 기관을 설치하여 운영하는 점, 운하의 지분을 이집트와 프랑스로부터 인수한 점 등이 거론되었으므로, 이 운하는 수에즈 운하이며 (가) 국가는 영국임을 알 수 있다.

정답찾기 ③ 영국은 아프리카를 식민화하는 과정에서 이집트의 카이로와 아프리카 최남단의 케이프타운을 잇는 종단 정책을 추진하였다.

오답피하기 ① 프랑스는 북아프리카의 알제리, 튀니지를 획득한 이후 남하하여 사하라 사막과 그 이남의 서아프리카까지 광대한 지역을 차지하였다.

② 태평양 섬 지역에 대한 제국주의 열강의 영토 분할 과정에서 독일은 비스마르크 제도와 마셜 제도 등을 점령하였다.

④ 나폴레옹이 몰락한 이후 러시아, 오스트리아, 프로이센은 신성 동맹을 결성하였다.

⑤ 청일 전쟁 이후 시모노세키 조약이 체결되자 러시아는 프랑스, 독일과 삼국 간섭을 주도하여 일본에 랴오둥반도 반환을 강요하였다.

2 미국의 대외 팽창 정책 파악

문제분석 자료에서 필리핀 보유를 위하여 하와이가 필요하다고 주장된 점, 필리핀으로 가는 중간 기착지로 하와이의 합병이 주장된 점 등이 거론되었으므로, 밑줄 친 '우리 나라'는 미국임을 알 수 있다.

정답찾기 ① 미국은 에스파냐와의 전쟁에서 승리하여 필리핀을 식민지로 삼고, 하와이와 괌섬을 차지하였다.

오답피하기 ② 러시아의 알렉산드르 2세는 농노 해방령(1861)을 선포하는 등 내정 개혁을 추진하였다.

③ 오스트리아·헝가리 제국은 사라예보 사건으로 자국의 황태자 부부가 사망하자 사건의 배후로 지목된 세르비아에 선전 포고하였다.

④ 태평양 지역에 대한 제국주의 열강의 영토 분할 과정에서 영국은

오스트레일리아와 뉴질랜드를 자치령으로 삼았다.
⑤ 인도에서 영국에 밀려난 프랑스는 베트남과 캄보디아 일대를 식민지로 삼아 프랑스령 인도차이나 연방을 조직하였다.

3 난징 조약의 내용 이해

문제분석 자료에서 청이 영국에 패전하면서 체결된 조약인 점, 중국 최초의 불평등 조약인 점 등이 거론되었으므로, 밑줄 친 '이 조약'은 난징 조약임을 알 수 있다.

정답찾기 ④ 난징 조약 체결 이후 영국은 애로호 사건을 계기로 프랑스와 연합하여 청과 다시 전쟁을 벌였다(제2차 아편 전쟁, 1856~1860). 이 전쟁에서도 패배한 청은 톈진 조약과 베이징 조약을 통해 추가 개항 및 외국 공사의 베이징 주재 등을 허용하였다.

오답피하기 ① 제1차 아편 전쟁에서 패배한 청은 난징 조약을 체결하여 영국에 홍콩섬을 할양하였다.
② 청 왕조는 서양 상인들이 광저우의 공행을 통해서만 교역할 수 있도록 무역을 제한하였다(공행 무역). 이 같은 공행 무역은 난징 조약으로 폐지되었다.
③ 제1차 아편 전쟁은 청의 일방적인 패배로 끝났고, 공행 무역 폐지, 홍콩섬 할양, 배상금 지불 등을 규정한 난징 조약이 체결되었다.
⑤ 난징 조약으로 상하이 등의 항구를 추가 개항하여 총 5개 항구가 개방되었다.

4 중국 양무운동의 성격 이해

문제분석 자료에서 중국 정부가 외국 군함을 구매하고 있는 점, 이 과정에서 중국 측 대표자가 이홍장인 점, 1870년대에 구매가 이루어진 점 등이 거론되었으므로, 자료를 통해 파악할 수 있는 당시 중국의 상황으로는 양무운동이 적절함을 알 수 있다.

정답찾기 ① 청 왕조는 아편 전쟁과 태평천국 운동을 겪으면서 서양 무기의 우수성을 인식하고, 이를 도입하려는 양무운동을 전개하였다. 태평천국 운동 진압에 공을 세운 증국번, 이홍장 등의 한인 출신 고위 관료가 주도한 양무운동은 중체서용을 바탕으로 전개되었다.

오답피하기 ② 홍수전은 태평천국을 수립하고 난징을 수도로 삼았다.
③ 애로호 사건은 1856년 청의 관리가 광저우에 정박해 있던 애로호를 밀수 혐의로 단속한 사건이다. 영국은 이 사건을 빌미로 프랑스와 연합하여 제2차 아편 전쟁을 일으켰다.
④ 의화단 운동 당시 영국, 일본 등 8개국은 연합군을 조직하여 의화단을 진압하고, 베이징을 점령한 뒤 청과 신축조약(베이징 의정서)을 체결하였다(1901).
⑤ 의화단 운동 진압 이후 청 정부는 과거제 폐지, 신식 군대 편성 등의 개혁을 단행하였는데, 이를 광서신정이라 한다.

5 쑨원의 사상과 행적 이해

문제분석 자료에서 1905년에 중국 동맹회를 결성한 점 등이 거론되었으므로, (가) 인물은 쑨원임을 알 수 있다.

정답찾기 ④ 우창의 신군 봉기가 전국으로 확산되면서 신해혁명이 전개되었다. 혁명 세력은 쑨원을 임시 대총통에 선출하여 난징을 수도로 중국 최초의 공화제 국가인 중화민국을 수립하였다(1912).

오답피하기 ① 영국, 일본 등 8개국이 결성한 연합군이 의화단을 진압하면서 청과 열강 사이에 신축조약(베이징 의정서)이 체결되었다(1901).
② 신해혁명 이후 쑨원의 뒤를 이어 대총통으로 취임한 위안스카이는 황제 제도의 부활을 시도하였다.
③ 신해혁명 이후 천두슈, 후스 등 중국의 지식인들은 신문화 운동을 전개하였다. 이들은 잡지 『신청년』을 창간하여 유교 문화를 비판하였으며 서양 과학과 민주주의의 수용을 주장하였다.
⑤ 시안 사건은 1936년 중국 시안에서 장쉐량이 공산당 토벌을 격려하러 온 장제스를 감금하고 내전 정지와 항일 투쟁을 호소한 사건이다.

6 일본의 '21개조 요구'에 대한 중국 민중의 대응 파악

문제분석 자료에서 칭다오를 접수한 일본이 중국에 요구한 점, 중국의 위안스카이 정부가 결국 이를 수용한 점 등이 거론되었으므로, (가)는 일본의 대중국 '21개조 요구'임을 알 수 있다.

정답찾기 ② 파리 강화 회의에서 산둥반도의 이권 회수를 요구한 중국의 입장이 받아들여지지 않자, 1919년 베이징의 학생들이 톈안먼 광장에서 격렬한 항의 시위를 전개하였다(5·4 운동). 상인과 노동자가 가세하면서 시위는 대규모 민족 운동으로 발전하였다. 이들은 일본의 대중국 '21개조 요구' 철폐, 군벌 타도, 친일파 타도 등을 주장하였다.

오답피하기 ① 천두슈, 후스 등 신문화 운동을 주도한 중국의 지식인들은 유교 중심의 전통문화를 비판하였다.
③ 의화단은 '부청멸양'을 내세우며 외국인을 공격하고 교회와 철도 등 서양 문물을 파괴하였다.
④ 태평천국 운동 진압에 공을 세운 증국번, 이홍장 등 한인 출신 관료들은 중체서용을 바탕으로 부국강병을 추구하는 양무운동을 추진하였다.
⑤ 우창의 신군이 봉기하자 이에 호응하여 각 성이 청으로부터 독립을 선언하였다. 이듬해 독립을 선언한 성의 대표들이 난징에서 쑨원을 임시 대총통으로 선출하고 중화민국을 수립하였다.

7 미국에 의한 일본의 개항 과정 파악

문제분석 자료에서 네덜란드 이외의 다른 서구 국가와는 통상하지 않았던 점 등이 거론되었으므로, (가) 국가는 일본임을 알 수 있다. 또한 페리 함대를 파견하여 통상을 요구한 점 등이 거론되었으므로, (나) 국가는 미국임을 알 수 있다.

정답찾기 ② 에도 막부가 미국의 무력시위에 굴복하여 개항을 단행하자 막부에 반대하던 세력들은 사쓰마번과 조슈번을 중심으로 막부 타도 운동을 전개하였다. 그 결과 1868년에는 천황 중심의 새로운 정부가 수립되는 왕정복고가 이루어졌다.

오답피하기 ① 프랑스의 식민 지배하에 있던 베트남의 판보이쩌우는 자국 젊은이들의 일본 유학을 추진하는 동유 운동을 전개하였다.
③ 일본은 운요호 사건(1875)을 빌미로 조선과 불평등 조약을 체결하였고, 류큐 왕국을 병합하여 오키나와현으로 만들었다.
④ 오스만 제국이 쇠퇴하자 아라비아반도에서는 이슬람교 초기의 순수함을 되찾자는 와하브 운동에 힘입어 와하브 왕국이 수립되었다.
⑤ 청일 전쟁에서 패배한 청은 일본과 시모노세키 조약을 체결하여

타이완과 랴오둥반도를 할양하고 막대한 배상금 지급을 약속하였다.

8 영국 동인도 회사의 활동 파악

문제분석 자료에서 인도 통치 개선법 제정으로 인도에 대한 지배권을 상실한 점 등이 거론되었으므로, (가) 기구는 영국 동인도 회사임을 알 수 있다.

정답찾기 ① 세포이는 영국 동인도 회사에 고용된 인도인 용병들로서, 영국의 인도 식민 지배에 이바지하였다. 한편 영국 동인도 회사는 세포이의 항쟁 이후 인도 통치 개선법이 제정(1858)되면서 인도에 대한 통치권을 상실하였다.

오답피하기 ② 영국은 힌두교도와 이슬람교도의 분열을 꾀하기 위해 벵골 지역을 힌두교도 거주 지역인 서벵골과 이슬람교도 거주 지역인 동벵골로 분할하는 벵골 분할령을 발표하였다(1905).

③ 영국은 인도 지식인을 회유하고 포섭하기 위해 인도인이 정치 조직을 만들도록 지원하였는데, 그 결과 인도 국민 회의가 결성되었다(1885).

④ 영국은 1879년 이산들와나 전투에서 아프리카의 줄루족과 싸워 크게 패배하였다.

⑤ 브라흐마 사마지 운동은 힌두교의 순수한 교리로 돌아가자는 종교 운동으로, 19세기 전반 람 모한 로이의 주도로 시작되었다.

9 청년 튀르크당의 활동 파악

문제분석 자료에서 술탄의 실정으로 오스만 제국이 쇠퇴한 점, 일반인들이 개혁을 통한 서구화에 관심을 가지게 된 점, 술탄의 권한에 제약을 가한 입헌 군주제가 시행된 점 등이 거론되었으므로, (가)에는 청년 튀르크당의 무장봉기와 정권 장악에 관한 내용이 들어가야 문맥이 적절하게 이어진다.

정답찾기 ③ 오스만 제국에서 개혁의 실패와 패전으로 도리어 전제 정치가 강화되자 젊은 장교와 관료, 지식인이 중심이 되어 청년 튀르크당을 결성하였다. 이들은 1908년 무장봉기로 정권을 장악하고 헌법을 부활시켰으며, 산업을 육성하고 조세를 감면하는 등의 개혁을 추진하였다.

오답피하기 ① 오스만 제국의 탄지마트 과정에서 미드하트 파샤를 비롯한 관료들은 입헌 군주제 실시, 의회 설립 등의 내용을 담은 헌법을 제정하였다(1876). 그러나 러시아와의 전쟁 등을 구실로 술탄 압둘 하미드 2세와 보수 세력들은 이 헌법의 시행을 유보하였다.

② 이란의 카자르 왕조가 쇠퇴하면서 영국, 러시아 등의 외세가 침략하여 이란 지역의 이권을 차지하였다.

④ 19세기 후반 아프리카의 수단에서는 무함마드 아흐마드가 스스로 '마흐디(구세주)'라 부르며 외세를 배격하고 순수한 이슬람 신앙을 회복하자는 마흐디 운동을 전개하였다.

⑤ 무함마드 알리가 그리스 독립 전쟁에서 오스만 제국을 지원함으로써 이집트는 오스만 제국으로부터 자치권을 얻어 사실상 독립하게 되었다.

10 에티오피아의 민족 운동 이해

문제분석 자료에서 메넬리크 2세가 국왕인 점, 이탈리아의 제국주의적 팽창 정책에 맞서고 있는 점 등이 거론되었으므로, (가) 국가는 에티오피아임을 알 수 있다.

정답찾기 ② 메넬리크 2세가 재위하던 1896년, 에티오피아는 아도와 전투에서 이탈리아군에 승리를 거두었다.

오답피하기 ① 알렉산드르 2세의 농노 해방령(1861) 이후 러시아의 지식인들은 농민을 혁명 세력으로 계몽하려는 브나로드 운동을 전개하였다.

③ 1904년 남아프리카 나미비아의 헤레로족은 독일에 맞서 봉기하였다. 그러나 독일은 많은 헤레로족을 살해하는 등 봉기를 무참하게 진압하였다.

④ 필리핀의 아기날도는 미국과 에스파냐가 전쟁을 벌이자 독립을 약속한 미국을 지원하면서 필리핀 공화국을 선포하였다.

⑤ 이집트의 아라비 파샤는 영국의 지배에 맞서 '이집트인을 위한 이집트의 건설'을 내걸고 반영 운동을 전개하였으나, 영국에 의해 실패하였다.

두 차례의 세계 대전

유형 연습 본문 75쪽

1 ⑤ 2 ⑤

1 제1차 세계 대전 파악

문제분석 자료에서 전쟁이 중단되어야 한다고 한 점, 임시 정부를 지지해서는 안 된다고 한 점, 소비에트 형태의 정부를 추구한 점 등이 거론되었으므로, 이 자료가 러시아에서 작성되었다는 사실과 밑줄 친 '전쟁'이 제1차 세계 대전임을 알 수 있다.

정답찾기 ⑤ 제1차 세계 대전을 주도한 독일은 1918년 서부 전선에서 마지막 대공세를 펼쳤으나 실패하였다. 이후 오스트리아·헝가리 제국 등이 항복하였고, 킬 군항에서는 해군 내부에서 반란이 일어났다. 결국 빌헬름 2세가 퇴위하고 공화국이 수립되었으며, 새로운 독일의 공화국 정부가 연합국 측과 휴전 조약을 체결하면서 제1차 세계 대전은 막을 내렸다.

오답피하기 ① 제2차 세계 대전 당시 독일군이 파리를 점령하자 프랑스 남부에서는 독일에 협조적인 비시 정부가 들어섰다.

② 17세기 후반 국경 분쟁을 해결하기 위해 청과 러시아 간에 네르친스크 조약이 체결되었다.

③ 황제에 즉위한 나폴레옹은 오스트리아 등을 격파하고 신성 로마 제국을 해체하였다.

④ 미국은 에스파냐와의 전쟁에서 승리하여 필리핀을 식민지로 삼았다(1898).

2 제2차 세계 대전 이해

문제분석 자료에서 중국으로부터 만주·타이완·펑후 제도 등을 탈취한 점, 한국인이 노예적 상태에 놓인 점 등이 거론되었으므로, (가) 국가는 일본임을 알 수 있다.

정답찾기 ⑤ 1945년 8월 일본은 히로시마와 나가사키에 원자 폭탄이 투하되고 소련이 만주로 진격해 오자 연합국 측에 항복하였다.

오답피하기 ① 1945년 2월 미국, 영국, 소련의 정상들이 얄타에 모여 독일 처리 문제를 협의하고 소련의 대일전 참전을 결정하였다.

② 1938년에 독일은 오스트리아를 합병하고 체코슬로바키아의 수데텐 지방까지 점령하였다.

③ 1896년 아도와 전투에서 에티오피아가 이탈리아에 승리를 거두었다.

④ 러시아력 10월 혁명 이후 레닌은 경제난을 극복하기 위해 시장 경제 요소를 일부 도입한 신경제 정책[NEP]을 추진하였다.

수능 2점 테스트 본문 76~77쪽

01 ⑤	02 ①	03 ③	04 ③
05 ②	06 ②	07 ③	08 ⑤

01 독일의 대외 정책 변화 과정 파악

문제분석 자료에서 오스트리아·헝가리 제국, 이탈리아와 3국 동맹을 체결한 점, 비유럽 지역에서 영국의 패권을 인정한 점 등이 거론되었으므로, (가) 국가는 독일임을 알 수 있다.

정답찾기 ⑤ 독일의 빌헬름 2세는 즉위 후 비스마르크를 해임하고 베를린·비잔티움(이스탄불)·바그다드 철도 건설을 추진하는 등 팽창주의 정책을 강화하여 영국이 추진하는 카이로·케이프타운·콜카타 연결 정책과 충돌하였다.

오답피하기 ① 오스만 제국의 쇠퇴로 발칸반도의 여러 민족이 독립하자 러시아 등은 범슬라브주의를 표방하면서 발칸반도에서 세력을 확대하였다.

② 아프리카를 식민화하는 과정에서 이집트의 카이로와 아프리카 최남단의 케이프타운을 잇는 종단 정책을 추진하던 영국과 알제리와 마다가스카르를 잇는 횡단 정책을 추진하던 프랑스는 파쇼다에서 서로 충돌하였다(1898).

③ 이탈리아의 무솔리니는 파시스트당을 결성하고 1922년 로마 진군을 통해 집권하였다.

④ 오스만 제국은 발칸 전쟁(1912~1913)에서 패배하여 유럽 영토의 대부분을 상실하였다.

02 3국 협상의 성립 과정 이해

문제분석 자료에서 프랑스가 1894년에 러시아와 동맹을 체결한 점, 1904년에 영국과 적대 관계를 청산한 점, 1907년에 영국과 러시아 간의 협상을 중재한 점 등이 거론되었으므로, 자료를 활용한 탐구 주제로는 3국 협상에 관한 내용 정도가 적절함을 알 수 있다.

정답찾기 ① 독일, 오스트리아·헝가리 제국, 이탈리아가 3국 동맹을 결성하자(1882), 러·프 동맹(1894), 영·프 협상(1904), 영·러 협상(1907)을 통해 3국 동맹에 맞서는 프랑스·영국·러시아의 3국 협상이 성립되었다.

오답피하기 ② 유럽 공동체 소속 국가들은 1992년 마스트리흐트 조약을 체결하여 공동 외교와 안보 정책, 유럽 단일 통화 등을 결의하였다.

③ 러시아의 니콜라이 1세는 흑해 방면으로 남하 정책을 추진하며 크림 전쟁(1853~1856)을 일으켰지만 패배하였다.

④ 프랑스 혁명으로 발발한 혁명전쟁을 통해 영향력을 확대한 나폴레옹은 쿠데타를 일으켜 총재 정부를 무너뜨리고 통령 정부를 구성하였다(1799).

⑤ 발칸 전쟁 이후 발칸반도에서는 보스니아를 차지한 오스트리아·헝가리 제국과 이에 불만을 가진 세르비아 간의 갈등이 증폭되었다.

03 제1차 세계 대전의 종결 과정 파악

문제분석 자료에서 전쟁 막바지에 킬 군항의 해군들이 봉기를 감행한 점, 황제가 퇴위하고 이틀 뒤에 끝난 점 등이 거론되었으므로,

(가) 전쟁은 제1차 세계 대전임을 알 수 있다.

정답찾기 ③ 참호전이란 기관총 등의 보급으로 보병의 전진이 어려워져 참호를 파고 장기간 대치하는 전쟁의 양상을 가리킨다. 제1차 세계 대전 당시 독일군이 마른 전투에서 프랑스군에게 저지되자, 서부 전선은 교착 상태에 빠져 참호를 파고 서로 대치하는 참호전이 전개되었다.

오답피하기 ① 러일 전쟁은 미국의 중재로 러시아와 일본이 포츠머스 조약을 맺으면서 종결되었다(1905).
② 사라예보 사건으로 오스트리아·헝가리 제국, 독일과 3국 협상 국가들이 잇달아 선전 포고하면서 제1차 세계 대전이 발발하였다.
④ 제1차 세계 대전 중인 1917년에 러시아에서 두 차례의 혁명이 발생하였다(러시아력 2월 혁명, 러시아력 10월 혁명).
⑤ 오스만 제국의 쇠퇴로 발칸반도의 여러 민족이 독립하자 독일과 오스트리아·헝가리 제국 등은 범게르만주의를 표방하면서 발칸반도에서 세력을 확대하였다.

04 러시아의 단독 강화 조약 체결 배경 이해

문제분석 자료에서 러시아가 동부 전선의 평화를 대가로 독일을 비롯한 동맹국 진영과 조약을 체결한 점, 혹독한 요구 사항에도 불구하고 결국 러시아가 조약을 체결한 점 등이 거론되었으므로, (가) 조약은 러시아가 제1차 세계 대전 중에 체결한 단독 강화 조약임을 알 수 있다.

정답찾기 ③ 제1차 세계 대전 당시 독일과 동부 전선에서 대립하던 러시아에서는 레닌과 볼셰비키가 주도하는 혁명(러시아력 10월 혁명)이 일어나 독일 등 동맹국과 단독 강화 조약(브레스트-리토프스크 조약)을 체결하고 전선에서 이탈하였다.

오답피하기 ① 트라팔가르 해전에서 패배한 나폴레옹은 영국을 고립시키기 위해 대륙과의 통상을 금지하는 대륙 봉쇄령을 선포하였다.
② 러시아력 10월 혁명 이후 권력을 장악한 레닌과 볼셰비키는 경제적 어려움을 타개하기 위해 자본주의적 요소를 일부 인정하는 신경제 정책[NEP]을 추진하였다.
④ 1905년 니콜라이 2세 치하의 러시아에서 개혁을 요구하는 대규모 군중 시위가 일어났고, 이를 진압하는 과정에서 많은 사상자가 발생하였다. 이 사건을 '피의 일요일 사건'이라고 한다.
⑤ 표트르 대제 때 러시아는 스웨덴과의 북방 전쟁에서 승리하여 발트해로 진출하고, 상트페테르부르크를 건설하여 수도로 삼았다.

05 국제 연맹의 창설 배경 이해

문제분석 자료에서 파리 강화 회의 이후의 시기인 점, 전쟁 상황을 미연에 방지하기 위한 집단 안보 체제가 요구된 점 등이 거론되었으므로, (가)에는 국제 연맹 창설 정도의 내용이 들어가야 적절함을 알 수 있다.

정답찾기 ② 제1차 세계 대전 이후 국제 사회는 전쟁에 대한 반성과 성찰 속에서 국제 연맹을 창설하였다(1920).

오답피하기 ① 나폴레옹 몰락 이후 오스트리아 등의 주도로 프랑스 혁명 이전의 유럽으로 되돌아가려는 움직임이 나타났는데, 이처럼 보수화된 당시 유럽의 국제 질서를 빈 체제라 한다.
③ 제2 제정을 이끌던 나폴레옹 3세는 프로이센과의 전쟁에서 패하여 몰락하였다. 이때 프로이센군에 포위된 파리의 시민과 노동자들은 파리 코뮌이라는 자치 정부를 수립하고 저항하였으나, 결국 진압되었다.
④ 유럽 대부분의 국가가 구교와 신교로 나뉘어 서로 싸운 30년 전쟁(1618~1648)은 베스트팔렌 조약이 체결되면서 마무리되었다.
⑤ 제2차 세계 대전 이후 미국과 서유럽 국가들은 군사 방위 체제를 구축하기 위해 북대서양 조약 기구[NATO]를 결성하였다. 이에 맞서 소련과 동유럽 국가들은 바르샤바 조약 기구[WTO]를 창설하였다.

06 무스타파 케말의 사상과 행적 이해

문제분석 자료에서 이스탄불이 아닌 앙카라를 수도로 하는 공화국의 초대 대통령인 점, 국민 교육 제도를 도입하고 여성에게도 교육의 기회를 부여한 점 등이 거론되었으므로, 밑줄 친 '그'는 무스타파 케말임을 알 수 있다.

정답찾기 ② 무스타파 케말은 그동안 사용해 오던 아랍 문자 대신 로마자를 변형한 새로운 문자로 튀르키예어를 표기하도록 하였다.

오답피하기 ① 제1차 세계 대전 이후 영국은 인도인을 영장 없이 체포하거나 재판 없이 투옥할 수 있는 롤럿법을 제정하여 인도의 민족 운동을 억압하였다. 이에 간디는 롤럿법의 폐지와 인도인의 자치를 요구하며 비폭력·불복종 운동을 전개하였다.
③ 제1차 세계 대전으로 제정이 붕괴한 독일에서는 소도시인 바이마르에서 제정된 헌법을 바탕으로 공화국이 수립되었는데, 이 공화국을 '바이마르 공화국'이라고 한다.
④ 중국 국민당의 토벌 작전으로 궁지에 몰린 공산당은 국민당군의 포위망을 뚫고 대장정을 시작하였다(1934).
⑤ 제1차 세계 대전 이후 열린 워싱턴 회의에서는 태평양과 동아시아의 새로운 질서 구축 및 군비 축소가 논의되었다.

07 뉴딜 정책의 성격 이해

문제분석 자료에서 농업 조정법이 시행된 점, 실업자 구호를 위해 대규모 공공사업이 전개된 점, 사회 보장법으로 현대적인 복지 제도가 도입된 점 등이 거론되었으므로, (가) 정책은 루스벨트 미국 대통령이 추진한 뉴딜 정책임을 알 수 있다.

정답찾기 ③ 미국 대통령 루스벨트는 대공황을 극복하기 위해 자유방임주의 경제 원칙을 일부 포기하고 시장에서 정부가 적극적인 역할을 수행하는 뉴딜 정책을 추진하였다.

오답피하기 ① 쑨원 사후 장제스는 북쪽의 군벌들을 타도하는 북벌을 단행하여 베이징을 점령하였다(1928).
② 크림 전쟁 패배 이후 개혁의 필요성을 절감한 러시아의 알렉산드르 2세는 농노 해방령을 선포하였다(1861).
④ 이탈리아의 무솔리니, 독일의 히틀러, 일본의 군국주의 세력 등은 전체주의 확립을 내세우며 자신들의 독재 권력을 강화하였다.
⑤ 영국은 1832년 선거법을 개정하여 부패 선거구를 없애고 신흥 상공업자에게도 선거권을 부여하였다.

08 제2차 세계 대전의 전개 과정 파악

문제분석 자료에서 세계 대전의 전세를 바꿀 지상 최대의 작전이 전개된 점, 미국, 영국, 캐나다, 자유 프랑스 등의 장병이 동원된 점 등이 거론되었으므로, 밑줄 친 '이 작전'은 노르망디 상륙 작전임을 알 수 있다.

정답찾기 ⑤ 제2차 세계 대전 당시 연합군은 노르망디 상륙 작전으로 프랑스 서북부 해안에 상륙하여 독일군을 몰아내고 파리를 되찾았다(1944).

오답피하기 ① 독일이 폴란드를 점령한 후 파리를 함락시키자, 프랑스에서는 페탱 장군을 수반으로 하는 비시 정부가 수립되었다. 이에 드골은 영국으로 망명하여 '자유 프랑스' 정부를 수립하였다.

② 1933년에 독일 총리가 된 히틀러는 이듬해인 1934년 대통령이던 힌덴부르크가 사망하자, 총리의 권한과 대통령의 권한을 모두 행사하는 총통이라는 직책을 신설하고 스스로 총통에 취임하였다.

③ 독일은 소련과 맺은 불가침 조약을 파기하고 1941년 소련을 침공하여 모스크바 부근까지 진격하였다. 그러나 독일군은 스탈린그라드 전투(1942~1943)에서 소련군에 패배하면서 동부 전선에서 물러났다.

④ 중일 전쟁 발발 이후 난징을 점령한 일본군은 1937년 연말에서 1938년 연초로 이어지는 약 6주 동안 30만 명에 달하는 중국인을 살해하였다(난징 대학살).

수능 3점 테스트

본문 78~80쪽

1 ③	2 ③	3 ①	4 ⑤
5 ⑤	6 ②		

1 제1차 세계 대전의 전개 과정 파악

문제분석 자료에서 세르비아를 지지한 점, 프랑스, 영국과 같은 편으로 제1차 세계 대전을 수행한 점, 전쟁 초기부터 독일의 공격을 받은 점 등이 거론되었으므로, (가) 국가는 러시아임을 알 수 있다.

정답찾기 ③ 제1차 세계 대전 당시 독일과 동부 전선에서 대립하던 러시아에서는 레닌과 볼셰비키가 주도하는 혁명(러시아력 10월 혁명)이 일어나 독일 등 동맹국과 단독 강화 조약(브레스트-리토프스크 조약)을 체결하고 전선에서 이탈하였다.

오답피하기 ① 에스파냐의 펠리페 2세는 레판토 해전에서 오스만 제국을 격파하였다.

② 오스트리아·헝가리 제국은 사라예보 사건으로 자국의 황태자 부부가 사망하자 사건의 배후로 지목된 세르비아에 선전 포고하였다.

④ 영국은 카이로·케이프타운·콜카타를 연결하는 세계 식민화 정책을 추진하였다.

⑤ 이탈리아는 독일이 주도한 3국 동맹의 일원이었지만, 오스트리아·헝가리 제국과 이해관계가 엇갈려 제1차 세계 대전 발발 이후 협상국(연합국) 측에 가담하였다(1915).

2 러시아력 10월 혁명(11월 혁명)의 성격 이해

문제분석 자료에서 러시아력 2월 혁명 이후 수립된 임시 정부 시기에 정치의 주연으로 떠오른 점, 다수파라는 뜻을 가진 러시아 사회 민주 노동당 내의 한 정파인 점, 임시 정부를 무너뜨리고 노동자와 농민에 기반한 새로운 정부를 수립하려 한 점 등이 거론되었으므로, (가) 세력은 볼셰비키임을 알 수 있다.

정답찾기 ③ 러시아력 2월 혁명(3월 혁명) 이후 임시 정부가 전쟁을 계속하자 볼셰비키 지도자인 레닌은 임시 정부의 모든 권력을 소비에트로 이양할 것과 전쟁을 중지할 것을 주장하였다. 마침내 레닌과 볼셰비키가 주도한 무장봉기로 임시 정부가 무너지고 소비에트 정부가 수립되었다(러시아력 10월 혁명).

오답피하기 ① 베르사유 조약은 제1차 세계 대전의 강화 조약으로 종전 이후인 1919년에 체결되었다.

② 만주국 수립 이후 일본의 중국 침략이 확대되는 가운데 내전을 중지하고 중국 국민당과 공산당이 일치 단결하여 항일 투쟁에 나서라는 요구가 점점 강해지면서 시안 사건이 일어났다(1936). 뒤이어 중일 전쟁이 발발하자 국민당 정부는 공산당과 다시 통일 전선을 형성하였다(제2차 국공 합작).

④ 오스만 제국의 쇠퇴로 발칸반도의 여러 민족이 독립하자 독일과 오스트리아·헝가리 제국은 게르만족 전체의 단결을 촉구하는 범게르만주의를 표방하면서 발칸반도에서 영향력을 확대하였다.

⑤ 덩샤오핑은 '검은 고양이든 흰 고양이든 쥐만 잘 잡으면 된다.'라는 뜻의 흑묘백묘론을 내세우며 중국의 개혁과 개방을 이끌었다.

3 레닌의 활동 파악

문제분석 자료에서 사회주의 성향의 인물로 러시아력 2월 혁명(3월 혁명) 직후 귀국한 거물 정치인인 점, 제1차 세계 대전에 부정적인 견해를 드러낸 점 등이 거론되었으므로, (가) 인물은 레닌임을 알 수 있다.

정답찾기 ① 러시아력 10월 혁명 이후 혁명파와 반혁명파 간에 내전이 일어났다. 전시 체제하에서 식량과 노동력의 징발로 농민층의 불만이 커지자 레닌은 시장 경제의 자본주의적 요소를 일부 인정하는 신경제 정책[NEP]을 시행하였고, 내전이 수습되자 소비에트 사회주의 공화국 연방(소련)을 공식 선포하였다(1922).

오답피하기 ② 1930년 영국은 소금법을 제정하여 인도에서 소금의 생산과 판매를 통제하였다. 이에 간디는 바다로 가서 직접 소금을 만들자며 일행과 함께 수백 킬로미터를 행진하였는데(소금 행진), 이 소식을 들은 인도인들이 합류하여 해안에 도착할 무렵에는 행렬에 동참한 사람의 수가 약 2만 명에 이르렀다.

③ 레닌 사망 후 정권을 장악한 스탈린은 경제 개발 5개년 계획을 추진하여 중공업 중심의 산업화와 농업 집단화를 꾀하였다.

④ 비스마르크는 독일 통일 이후 유럽의 현상 유지와 프랑스의 고립화를 추구하였는데, 이를 위해 오스트리아·헝가리 제국 및 이탈리아와 3국 동맹을 결성하였다(1882).

⑤ 미국 대통령 윌슨은 제1차 세계 대전과 같은 비극적이고도 치명적인 전쟁을 방지하기 위하여 비밀 외교 금지와 민족 자결주의 등을 포함한 평화 원칙 14개조를 제안하였다.

4 파리 강화 회의 이후 독일의 상황 파악

문제분석 자료에서 영국, 미국, 프랑스 등 제1차 세계 대전의 승전국이 독일에 선고하는 형식의 회의였던 점, 패전국인 독일은 결정된 사항을 받아들이지 않을 수 없는 회의였던 점 등이 거론되었으므로, (가) 회의는 파리 강화 회의임을 알 수 있다.

정답찾기 ⑤ 파리 강화 회의에서는 전승국의 이익을 보장하고 패전국을 응징하는 내용의 베르사유 조약이 체결되었다(1919). 특히 패전국 중에서도 독일은 모든 국외 식민지를 상실하게 되었고, 프로이센·프랑스 전쟁 당시 획득한 자르강 유역의 알자스·로렌 지방을 다시 프랑스에 양도하였으며, 군비를 대폭 축소하고 막대한 전쟁 배상금을 물어야 하였다.

오답피하기 ① 킬 군항 해군들의 봉기를 계기로 독일에서 혁명이 일어났다. 이 혁명으로 빌헬름 2세가 퇴위하고 임시 정부가 수립되었는데, 이 임시 정부가 연합국 측과 휴전 조약을 체결하면서 제1차 세계 대전은 막을 내렸다(1918).
② 프로이센은 1866년 오스트리아와의 전쟁에서 승리하여 북독일 연방을 결성하였다.
③ 프랑스 2월 혁명 이후 독일 지역의 자유주의자들은 프랑크푸르트 국민 의회를 열어 독일의 통일 방안을 논의하였다.
④ 프로이센의 프리드리히 2세는 오스트리아와의 전쟁에서 승리하여 슐레지엔 지방을 획득하였다.

5 대장정 이후 중국 정세의 변화 이해

문제분석 자료에서 국민당과의 갈등으로 1934년에 시작된 점, 마오쩌둥의 위상이 강화되면서 그의 북상항일론이 힘을 받게 된 점 등이 거론되었으므로, 자료에 나타난 활동은 중국 공산당의 대장정임을 알 수 있다.

정답찾기 ⑤ 국민당의 토벌 작전에 시달리던 중국 공산당은 대장정을 단행하여(1934) 근거지를 창장강 이남에서 화북 지역인 산시성의 옌안으로 옮겼다.

오답피하기 ① 1925년에 쑨원이 사망한 후 실권을 장악한 장제스는 국민 혁명을 완수하기 위해 북벌을 추진하였다. 그러나 이 과정에서 장제스가 중국 공산당을 배척하면서 제1차 국공 합작은 와해되었다.
② 1931년 만주 사변으로 사실상 만주를 장악한 일본은 이듬해 청 왕조의 마지막 황제인 푸이를 형식적인 국가 원수로 옹립하여 괴뢰 국가인 만주국을 수립하였다(1932).
③ 신해혁명 이후 천두슈, 후스 등 중국의 지식인들은 신문화 운동을 전개하였다. 이들은 잡지 『신청년』을 간행하여 유교 문화를 비판하였으며 서양 과학과 민주주의의 수용을 주장하였다.
④ 쑨원 사후 장제스는 북쪽의 군벌 타도에 나서 베이징을 점령하고 북벌을 완성하였다(1928).

6 독일의 전체주의화 과정 파악

문제분석 자료에서 집권과 동시에 폭력으로 정치적 반대 세력을 제거해 나간 점, 총통에 취임한 점 등이 거론되었으므로, (가) 인물은 히틀러임을 알 수 있다.

정답찾기 ㄱ. 독일의 히틀러는 소련과 불가침 조약을 체결하고 폴란드를 침공하였다. 이에 영국과 프랑스가 독일에 선전 포고하면서 제2차 세계 대전이 시작되었다(1939).
ㄷ. 독일의 히틀러는 1938년에 오스트리아를 합병한 후 체코슬로바키아의 수데텐 지방까지 요구하였다. 영국과 프랑스는 더 이상의 영토를 요구하지 않는다는 조건으로 뮌헨 협정을 체결하여 수데텐 지방까지 독일에 넘겨주었다.

오답피하기 ㄴ. 제1차 세계 대전 이후 이탈리아에서는 노동 운동과 농민 운동이 격화되었다. 이러한 상황에서 무솔리니는 파시스트당을 조직하여 민족주의 여론을 등에 업고 세력을 확장하였다. 마침내 이들은 '로마 진군'을 통해 정권을 장악하였다(1922).
ㄹ. 이탈리아의 무솔리니는 국가 지상주의와 군국주의를 강화하며 에티오피아를 침공하였다. 국제 연맹이 이를 제재하려는 태도를 보이자, 이탈리아는 국제 연맹을 탈퇴하였다.

12 냉전과 탈냉전, 21세기의 세계

유형 연습 본문 82쪽

1 ⑤ 2 ①

1 미국의 마셜 계획 추진

문제분석 자료에서 트루먼 독트린을 선포한 점 등을 통해 (가) 국가는 미국임을 알 수 있다.

정답찾기 ⑤ 제2차 세계 대전 직후 미국, 영국, 프랑스, 소련은 패전국인 독일을 분할 점령하였다.

오답피하기 ① 오스만 제국은 종교 공동체인 밀레트를 인정하여 제국의 안정을 꾀하였다.
② 이탈리아는 아도와 전투에서 에티오피아군에 패배하였다.
③ 독일 지역에서 구교와 신교 사이의 갈등으로 시작된 30년 전쟁은 베스트팔렌 조약의 체결(1648)로 마무리되었다.
④ 제국주의 정책을 추진하던 영국과 프랑스는 1898년 아프리카의 파쇼다에서 충돌하였다. 이를 파쇼다 사건이라고 한다.

2 제3 세계의 형성 이해

문제분석 자료에서 아시아·아프리카의 주요 국가들이 모여 인도네시아에서 개최된 회의에서 인도 수상 네루가 연설한 점, 네루가 식민주의의 폐해를 강도 높게 비판한 점 등을 통해 밑줄 친 '이 회의'는 아시아·아프리카 회의임을 알 수 있다.

정답찾기 ① 제2차 세계 대전 이후 식민 통치를 벗어난 아시아·아프리카 신생국 중 다수는 미국과 소련의 영향력을 배제하고, 모든 국가와 우호적인 외교 관계를 수립하는 비동맹 중립주의·독자 노선을 표방하였다. 이러한 움직임 속에 인도네시아 반둥에서 이른바 아시아·아프리카 회의(반둥 회의, 1955)가 열렸다.

오답피하기 ② 러시아에서 1905년 니콜라이 2세에게 청원을 하기 위해 행진하던 군중에게 군대가 총격을 가하여 많은 사람이 죽거나 다친 사건(피의 일요일 사건)이 일어났다.
③ 대서양 헌장을 기초로 1945년 국제 연합[UN]이 창설되었다.
④ 제2차 세계 대전 이후 뉘른베르크와 도쿄 등에서 열린 국제 군사 재판에서 전범 처벌을 논의하였다.
⑤ 미국, 멕시코, 캐나다는 교역 장벽의 단계적 철폐, 공정한 경쟁 조건의 확립, 투자 기회의 증대 등을 목표로 북미 자유 무역 협정[NAFTA]을 체결하였다.

수능 2점 테스트 본문 83쪽

01 ② 02 ③ 03 ① 04 ②

01 마셜 계획의 특징 이해

문제분석 자료에서 미국이 몇 달 전 그리스와 튀르키예에 대한 군사 및 경제 원조를 발표, 마셜 계획을 추진 등을 통해 마셜 계획을 비판한 글임을 알 수 있다. 미국은 공산주의 확산을 막고자 트루먼 독트린을, 서유럽 각국의 경제를 재건하고자 마셜 계획을 발표하였다(1947).

정답찾기 ② 제2차 세계 대전이 끝난 후 동유럽에 공산주의 세력이 확대되고, 그리스와 튀르키예 등지에서도 공산주의 세력이 부상하였다. 이에 미국은 트루먼 독트린을 발표하여 공산주의의 확산을 막고자 하였으며, 서유럽 각국의 경제를 재건하려는 마셜 계획을 발표하였다. 이에 맞서 소련은 코민포름(공산당 정보국), 코메콘(경제 상호 원조 회의)을 창설하였다. 이로써 유럽에서 미국 중심의 자본주의 진영과 소련 중심의 공산주의 진영이 나뉘어 대립하는 냉전 체제가 형성되었다.

오답피하기 ① 오스만 제국으로부터 독립한 세르비아는 발칸 전쟁 전후 처리 과정에서 영토를 더욱 확장하려 하였으나 오스트리아·헝가리 제국의 방해로 실패하였다. 이로 인해 긴장이 더욱 고조되는 가운데 1914년 6월 28일에 세르비아 민족주의를 지지하는 청년이 보스니아의 사라예보를 방문한 오스트리아·헝가리 제국의 황태자 부부를 암살한 사라예보 사건이 발생하였다.
③ 1929년 미국 증권 거래소의 주가 폭락을 계기로 대공황이 전 세계로 확산되었다. 미국의 루스벨트 대통령은 와그너법 등 뉴딜 정책을 추진하여 대공황을 극복하고자 하였다.
④ 로베스피에르의 공포 정치에 대한 불만이 커지면서 1794년에 테르미도르의 반동이 발생하였다. 이로 인해 로베스피에르가 실각하고 총재 정부가 수립되었다.
⑤ 1995년 세계 무역 기구[WTO]가 창설되어 자유 무역 체제를 강화하고 관세 인하와 무역 장벽 철폐 등을 추진하였다.

02 제1차 비동맹 회의의 특징 파악

문제분석 자료에서 티토, 네루, 나세르 등이 주도, 베오그라드에서 개최되었다는 점, 네루가 식민주의에 반대하는 의견을 밝힌 점 등을 통해 밑줄 친 '이 회의'는 제1차 비동맹 회의임을 알 수 있다.

정답찾기 ③ 아시아·아프리카의 많은 신생 독립 국가는 미국 주도의 자본주의 진영과 소련 주도의 공산주의 진영 중 어느 편에도 가담하지 않고 비동맹 중립주의·독자 노선을 표방하였다. 이러한 흐름에서 유고슬라비아의 티토와 인도의 네루, 이집트의 나세르 등이 제1차 비동맹 회의를 개최하였다. 이 회의에서 제3 세계의 협력과 결속 강화가 선언되었다.

오답피하기 ① 제1차 세계 대전의 청산을 위해 파리 강화 회의가 개최되었다. 이 회의에서는 전쟁에 대한 책임과 영토 조정, 평화 유지를 위한 조치 등을 협의하였고, 이에 따라 국제 연맹이 조직되었다.
② 1905년에 영국이 발표한 벵골 분할령은 벵골 지역을 힌두교 중심의 서벵골과 이슬람교도 중심의 동벵골로 나눈다는 법령으로, 반영 운동을 약화하려는 것이 주된 목적이었다.
④ 러시아에서는 19세기 후반 지식인들과 청년들이 농민을 계몽하는 브나로드 운동을 전개하였다.
⑤ 1945년 7월의 포츠담 선언에서 미국, 영국, 중국의 정상들은 일

본의 무조건 항복을 요구하였다.

03 소련의 변화 이해

문제분석 자료에서 공산당 서기장으로 고르바초프가 취임한 점, 미국과 관계 개선에 나선 점, 고르바초프가 페레스트로이카와 글라스노스트를 단행한 점 등을 통해 (가) 국가는 소련임을 알 수 있다.

정답찾기 ① 제2차 세계 대전 이후 미국은 서유럽 경제의 재건을 위해 대규모 기금을 제공하는 마셜 계획을 수립하였다. 이에 대항하여 소련은 코민포름(공산당 정보국), 코메콘(경제 상호 원조 회의)을 창설하였다.

오답피하기 ② 무굴 제국에서 세포이의 항쟁이 일어나자 영국은 무력으로 진압하였다.

③ 프랑스는 플라시 전투 패배 이후 인도차이나반도로 진출하여 프랑스령 인도차이나 연방을 수립하였다.

④ 1914년 8월 일본은 독일에 선전 포고한 후, 중국 산둥반도의 독일 조차지와 태평양의 독일령을 점령하였다. 일본은 위안스카이 정부에게 산둥반도에 대한 독일의 권익 계승을 포함한 각종 특혜를 담은 '21개조 요구'를 제시하였다.

⑤ 미국은 서유럽 각국과 군사 방위 체제를 구축하기 위해 북대서양 조약 기구[NATO]를 결성하였다.

04 유럽 연합[EU]의 특징 이해

문제분석 자료에서 영국이 브렉시트를 단행한 점, '유로'를 사용하는 등 지역 통합을 추진한 점 등을 통해 (가) 기구가 유럽 연합[EU]임을 알 수 있다.

정답찾기 ② 유럽 공동체 소속 국가들은 마스트리흐트 조약을 체결하여(1992) 공동 외교와 안보 정책, 유럽 단일 통화 등을 결의하였고, 그 결과 1993년 유럽 연합[EU]이 공식 출범하였다.

오답피하기 ① 빈 회의에서 유럽 각국의 영토를 프랑스 혁명 이전으로 되돌리기로 결정하면서 빈 체제가 성립되었다.

③ 제2차 세계 대전 중에 연합국 대표들은 미국의 브레턴우즈에 모여 회의를 개최하였다(1944). 이 회의에 따라 국제 통화 기금[IMF]과 국제 부흥 개발 은행[IBRD]이 설립되어 국제 무역을 지원하였다.

④ 국제 연합[UN]은 5개 상임 이사국에 거부권을 부여하였다.

⑤ 소련의 개혁·개방 정책에 영향을 받은 동유럽 국가들에서 개혁의 요구가 거세졌다. 폴란드에서 자유 노조 운동을 이끈 바웬사는 1989년 선거에서 승리하였고, 이후 대통령에 당선되었다.

수능 3점 테스트

본문 84~85쪽

1 ④ 2 ② 3 ⑤ 4 ④

1 냉전 체제의 전개 과정 이해

문제분석 (가)에서 한 달 전 서베를린 주변의 국경을 폐쇄했다는 점, 바르샤바 조약 기구 회원국들은 소련의 주도하에 국경 폐쇄를 위해 일사불란하게 행동하고 있다는 점 등을 통해 베를린 장벽이 건설되기 시작한 1961년임을 알 수 있다. (나)에서 미국 대통령 닉슨과 중국의 마오쩌둥 주석이 만났다는 점 등을 통해 닉슨의 중국 방문이 이루어진 1972년임을 알 수 있다.

정답찾기 ④ 소련의 쿠바 미사일 기지 설치 시도에 미국이 쿠바 봉쇄로 대응하면서 양국 간의 갈등이 심화되었다. 이에 두 나라 정상인 흐루쇼프와 케네디는 메시지를 통해 의견을 교환하며 원만한 타결을 보았다(1962).

오답피하기 ① 1933년 미국 대통령에 취임한 루스벨트는 정부가 경제 활동에 적극 개입해야 대공황의 위기를 극복할 수 있다는 생각을 가지고 대규모 공공사업을 핵심으로 하는 뉴딜 정책을 추진하였다.

② 1943년에 열린 카이로 회담에는 미국, 영국, 중국의 대표가 참석하였다.

③ 러일 전쟁의 결과 체결된 포츠머스 조약(1905)을 통해 일본은 대한 제국에 대한 독점적 지위를 인정받았다. 또한 러시아로부터 랴오둥반도에 대한 이권과 사할린 일부를 넘겨받았다.

⑤ 1945년 11월부터 약 1년 동안 나치 전범 처리를 위한 국제 군사 재판이 독일 뉘른베르크에서 열렸다.

2 아시아·아프리카 회의(반둥 회의) 파악

문제분석 자료에서 아시아, 아프리카의 29개국 대표가 참석한 점, 식민주의 정책을 비판한 점 등을 통해 밑줄 친 '이 회의'가 아시아·아프리카 회의(반둥 회의)임을 알 수 있다.

정답찾기 ② 1955년 인도네시아 반둥에서 열린 아시아·아프리카 회의(반둥 회의)에서 평화 10원칙이 채택되었다.

오답피하기 ① 대서양 헌장은 1941년에 공표되었으며, 이를 바탕으로 1945년에 국제 연합[UN]이 창설되었다.

③ 1944년에 개최된 브레턴우즈 회의를 통해 자유 무역이 확대되고 경제 성장의 기반이 마련되었는데, 이를 브레턴우즈 체제라고 한다.

④ 옐친의 주도로 독립 국가 연합[CIS]이 출범하고 소련이 해체되었다(1991).

⑤ 1972년에 미국과 소련은 제1차 전략 무기 제한 협정[SALT]을 체결하였다.

3 톈안먼 사건 발생 시기 파악

문제분석 자료에서 후야오방 전 서기장 사망을 계기로 시위가 일어난 점, 톈안먼 광장에서 연좌 농성이 진행된 점, 지지부진한 정치 민주화와 인플레이션, 공산당 간부의 부정부패에 대해 중국 인민들이 분노했다는 점 등을 통해 밑줄 친 '시위'는 톈안먼 사건임을 알 수 있다.

정답찾기 ⑤ 1989년 학생과 지식인들이 톈안먼 광장에서 부정부패 추방과 정치 민주화를 요구하며 시위를 전개하였는데, 덩샤오핑 등 중국 공산당 지도부가 이를 무력으로 진압하여 많은 인명 피해가 발생하였다(톈안먼 사건). 톈안먼 사건은 (마) 시기에 발생하였다. 미중 수교는 1979년에 이루어졌고, 홍콩은 1997년에 영국으로부터 중국에 반환되었다.

4 신자유주의 사상 이해

문제분석 자료에서 마가릿 대처의 연설이라는 점, 석유 파동에 따른 경제 위기를 극복하기 위해 내세운 점 등을 통해 (가) 경제 사상은 신자유주의임을 알 수 있다.

정답찾기 ④ 1970년대 후반부터 영국의 대처주의와 같이 자유 시장과 규제 완화를 강조하는 신자유주의가 대두하였다. 이러한 상황 속에 신자유주의적 양상을 띤 세계화가 더욱 확산하여 1995년에는 세계 무역 기구[WTO]가 출범하였다.

오답피하기 ① 탄지마트는 19세기에 대내외적 위기를 타개하고, 서양 문물을 적극적으로 받아들여 부국강병을 추구하려고 하였던 오스만 제국의 개혁이다.

② 제2차 세계 대전이 끝난 후 동유럽 여러 나라에 공산주의 정권이 수립되고, 그리스와 튀르키예 등지에서 공산주의 세력이 부상하자, 미국은 트루먼 독트린을 발표(1947)하여 공산주의 확산을 막고자 하는 뜻을 밝혔다.

③ 발칸반도의 여러 민족이 오스만 제국에 저항하여 독립하는 한편 영토를 확정하는 과정에서 20세기 초 발칸 전쟁이 발생하였다.

⑤ 1950년대 말 마오쩌둥은 대약진 운동을 선언하고, 농촌에 인민공사를 설립하여 비약적인 경제 발전을 추구하였다. 그러나 대약진 운동은 무리한 계획과 인민의 노동 의욕 저하, 자연재해 등으로 실패하였다.

실전 모의고사 1회

본문 88~92쪽

1 ②	2 ④	3 ⑤	4 ①	5 ①
6 ④	7 ①	8 ⑤	9 ⑤	10 ②
11 ④	12 ②	13 ④	14 ③	15 ④
16 ④	17 ②	18 ⑤	19 ③	20 ③

1 이집트 문명의 특징 파악

문제분석 자료에서 스핑크스라는 신이 제시된 점, 스핑크스를 묘사한 석상이 피라미드 곁에 세워져 있다는 점 등을 통해 밑줄 친 '이 문명'이 이집트 문명임을 알 수 있다.

정답찾기 ② 고대 이집트에서는 영혼 불멸과 사후 세계를 믿어 죽은 자를 위한 안내서인 「사자의 서」를 제작하였다.

오답피하기 ① 메소포타미아 문명의 수메르인은 여러 도시에 지구라트라는 신전을 세워 수호신을 섬겼다.

③ 샤일렌드라 왕조 때 보로부두르가 자와섬에 조성되었다.

④ 고대 그리스인들은 스스로를 '헬레네스'라고 부르며 4년마다 올림피아 제전을 개최하여 결속을 다졌다.

⑤ 인더스 문명의 사람들은 하라파와 모헨조다로 등의 계획도시를 건설하였다.

2 뤄양에 대한 이해

문제분석 자료에서 유수가 왕망의 급진적인 개혁으로 사회가 혼란스러워지자 호족의 지원을 받아 거병하였다는 점, 황제에 즉위하여 옛 왕조의 부흥을 선포한 유수가 도읍으로 삼았다는 점 등을 통해 밑줄 친 '이곳'이 뤄양임을 알 수 있다.

정답찾기 ④ 북위의 효문제는 수도를 평성에서 뤄양으로 옮겼다.

오답피하기 ① 시박사는 해상 무역 업무를 담당하는 관청으로, 당대에 광저우에 처음 설치되었다. 이후 바닷길을 통한 교역이 더욱 활발해지면서 항저우, 취안저우 등에 시박사가 설치되었고, 이곳에서 대외 무역 사무를 담당하였다.

② 명의 영락제는 베이징에 자금성을 건설하였으며, 난징에서 베이징으로 천도하였다.

③ 동진(東晉)은 건강(난징)을 수도로 삼았다.

⑤ 「청명상하도」는 송대 장택단이 그린 것으로, 청명절에 송의 수도 카이펑의 번화한 모습을 그린 두루마리 그림이다.

3 거란(요)과 금의 특징 파악

문제분석 자료에서 송과 전연의 맹약을 체결하였다는 점, 송과 밀약을 체결한 왕조의 공격으로 위태롭게 되었다는 점 등을 통해 (가) 왕조가 거란(요)임을 알 수 있다. 군대를 일으켜 송과 전연의 맹을 맺었던 왕조를 공격하였다는 점, 송과 밀약을 체결하여 남북으로 협공하기로 하였다는 점 등을 통해 (나) 왕조가 금임을 알 수 있다.

정답찾기 ⑤ 연운 16주는 후진의 건국자인 석경당이 군사 원조의 대가로 거란(요)에 넘겨준 땅이다. 오늘날의 베이징, 다퉁을 중심으로 하며 농경 지대에 속한다. 금은 거란(요)을 멸망시킨 이후 정강의 변을 일으켜 연운 16주가 포함된 화북 지대를 장악하였다.

오답피하기 ① 11세기 중엽 탕구트족이 세운 서하는 동서 무역의 거점(둔황)을 장악하며 경제적으로 번영하였다.
② 효문제 사후 한화 정책으로 소외된 선비족이 반란을 일으켜 북위는 분열되었고, 동위와 서위가 각각 수립되었다.
③ 삼번의 난은 청의 강희제에 의해 진압되었다.
④ 16세기 후반에 명의 장거정은 전국적인 토지 조사 사업을 추진하였으며 이를 토대로 일조편법을 확대 시행하였다.

4 명 태조(홍무제)의 업적 파악

문제분석 자료에서 한족 왕조를 부활시켰다는 점, 승상제(재상제)를 폐지하고 6부를 직접 통솔하였다는 점 등을 통해 (가) 황제가 명 태조(홍무제)임을 알 수 있다.
정답찾기 ① 명을 세운 홍무제는 이갑제를 마련하고 토지 대장과 호적을 정비하였다.
오답피하기 ② 청의 옹정제는 군기처를 설치하고, 모든 정보와 정책 결정권을 장악함으로써 황제 독재권을 강화하였다.
③ 명의 영락제는 정화의 함대를 해외에 파견하였다.
④ 청의 건륭제는 티베트와 신장, 몽골을 포함한 오늘날 중국 영토의 대부분을 확보하였다.
⑤ 당 태종은 율령 체제를 정비하여 '정관의 치'라는 번영을 이루었다.

5 나라 시대의 사회 모습 이해

문제분석 자료에서 헤이조쿄를 수도로 하였던 점, 도다이사를 세운 점, 대불전 내부에 약 15m 높이의 본존불이 있다는 점 등을 통해 밑줄 친 '이 시대'는 나라 시대임을 알 수 있다.
정답찾기 ① 나라 시대에는 『일본서기』를 비롯해 『고사기』, 『만엽집』 등이 편찬되었다.
오답피하기 ② 가마쿠라 막부 시기에 몽골(원)은 두 차례에 걸쳐 일본을 침공하였다.
③ 에도 막부 시기에는 도시의 상공업자인 조닌이 성장하면서 가부키, 우키요에 등 조닌 문화가 발달하였다.
④ 이와쿠라 사절단은 1871년에 일본 메이지 정부가 미국과 유럽 등지에 파견한 사절단으로 불평등 조약의 개정을 위한 예비 협상, 서구 문물 시찰 등을 목적으로 하였다.
⑤ 무로마치 막부 시기에 명과의 감합 무역이 이루어졌다.

6 마케도니아와 아케메네스 왕조 페르시아의 특징 파악

문제분석 자료에서 필리포스 2세의 뒤를 이어 즉위한 국왕이 군대를 이끌고 동방 원정에 나섰다는 점, 이에 맞선 왕이 이소스 전투, 가우가멜라 전투 등에서 패배하였다는 점 등을 통해 (가) 국가는 마케도니아, (나) 국가는 아케메네스 왕조 페르시아임을 알 수 있다.
정답찾기 ④ 아케메네스 왕조 페르시아는 수사에서 사르디스에 이르는 '왕의 길'을 건설하여 제국의 효율적인 통치를 꾀하였다.
오답피하기 ① 기원전 6세기에 아테네에서는 페이시스트라토스가 참주가 되었다.
② 그라쿠스 형제는 기원전 2세기 후반 로마의 호민관이 되어 여러 사회 문제를 해결하기 위해 개혁을 추진하였다.
③ 오스만 제국은 술탄의 친위 부대인 예니체리를 운영하였다.
⑤ 기원전 5세기에 아케메네스 왕조 페르시아는 아테네를 중심으로 한 그리스 세계와 벌인 마라톤 전투와 살라미스 해전에서 패배하였다.

7 셀주크 튀르크의 특징 파악

문제분석 자료에서 아바스 왕조의 칼리프 권력이 약화되었다는 점, 바그다드에 입성하여 술탄의 칭호를 받았다는 점, 세력을 확장하여 서아시아와 중앙아시아를 아우르는 대제국을 건설하였다는 점 등을 통해 밑줄 친 '제국'이 셀주크 튀르크임을 알 수 있다.
정답찾기 ① 셀주크 튀르크가 예루살렘을 정복하고 비잔티움 제국을 위협하자, 이를 빌미로 성지 탈환을 위한 제1차 십자군 전쟁이 1096년에 시작되었다.
오답피하기 ② 굽타 왕조는 에프탈의 침입과 왕위 계승을 둘러싼 내분으로 쇠퇴하다가 6세기 중엽에 멸망하였다.
③ 오스만 제국에서 데브시르메 제도는 예니체리와 관료 육성에 활용되었다.
④ 우마이야 왕조는 서쪽으로 아프리카 북부와 이베리아반도까지 이르는 대제국을 건설하였다.
⑤ 아바스 왕조는 당과 벌인 탈라스 전투에서 승리하였다.

8 오스만 제국과 무굴 제국의 특징 파악

문제분석 자료에서 최대 영역 지도가 주어진 점, 수도로 콘스탄티노폴리스(이스탄불)가 제시된 점 등을 통해 (가) 국가는 오스만 제국임을 알 수 있다. 최대 영역 지도가 주어졌고 수도로 델리, 아그라가 제시된 점 등을 통해 (나) 국가는 무굴 제국임을 알 수 있다.
정답찾기 ⑤ 16세기에 이스마일 1세가 사파비 왕조를 세웠다. 사파비 왕조는 시아파 이슬람교를 국교로 정하였고, 오스만 제국, 무굴 제국 등과 국경을 접하며 성장하였다. 그러나 왕실 내부의 갈등, 아프간족의 침입 등으로 18세기에 멸망하였다.
오답피하기 ① 아이바크가 델리를 점령한 후 이슬람 세력의 승리를 기념하기 위해 쿠트브 미나르를 축조하였다. 또한 아이바크가 이슬람 왕조를 세우면서 델리 술탄 왕조 시대가 전개되었다.
② 비잔티움 제국은 군사력을 강화하고 외침에 대비하기 위해 군관구제와 둔전병제를 실시하였다.
③ 에스파냐는 베네치아, 로마 교황 등과 연합하여 레판토 해전에서 오스만 제국을 상대로 승리하였다.
④ 오스만 제국은 종교 공동체인 밀레트를 인정하여 제국의 안정을 꾀하였다.

9 페리클레스의 업적 파악

문제분석 자료에서 페르시아와의 전쟁에서 승리한 이후 아테네 민주정의 전성기를 이끌었다는 점, 전몰자 추도 연설에서 아테네의 민주주의에 대해 언급했다는 점, 국가에 봉사할 능력이 있다면 가난하다고 정치적으로 배제되지 않는다고 말한 점, 투키디데스가 『역사』에 기록한다는 점 등을 통해 밑줄 친 '그'는 페리클레스임을 알 수 있다.
정답찾기 ⑤ 기원전 5세기 페리클레스 시대에 아테네의 민주 정치는 전성기를 맞이하였다. 입법권을 행사하던 민회에는 모든 성인 남성 시민이 참여할 수 있었고, 공무 수당을 지급하는 정책을 실시하여 가난한 시민도 정치에 참여할 수 있었다. 또한 장군과 같은 특수직을 제외한 대부분의 관직과 배심원직은 추첨으로 뽑힌 시민이 공무를 담당하였다.

오답피하기 ① 클레이스테네스는 기존의 혈연 중심의 부족제를 거주지 중심으로 개편하고 이를 바탕으로 500인 평의회를 설치하여 아테네 민주 정치의 기틀을 마련하였다.

② 로마에서 기원전 3세기에 평민회의 결의가 법적 효력을 갖는 호르텐시우스법이 제정되었다.

③ 옥타비아누스, 안토니우스, 레피두스는 제2차 삼두 정치를 주도하였다.

④ 알렉산드로스는 자신이 정복한 지역 곳곳에 자신의 이름을 딴 도시 알렉산드리아를 건설하였다.

10 클레르몽 공의회와 라틴 제국 수립 사이 시기 파악

문제분석 자료에서 우르바누스 2세가 클레르몽에서 십자군의 필요성을 설파하였다는 점 등을 통해 (가) 시기가 11세기임을 알 수 있다. 십자군이 콘스탄티노폴리스를 점령하였고 라틴 제국을 수립하였다는 점 등을 통해 (나) 시기가 13세기 초임을 알 수 있다.

정답찾기 ② 교황 그레고리우스 7세와 신성 로마 제국 황제 하인리히 4세의 갈등을 비롯하여 교황과 황제의 성직자 서임권을 둘러싼 갈등은 보름스 협약(1122)을 통해 교황이 성직자에 대한 서임권을 가지게 되면서 일단락되었다.

오답피하기 ① 백년 전쟁 이후 영국에서는 왕위 계승 문제를 둘러싸고 장미 전쟁이 1455년에 일어났다.

③ 교회의 대분열 시기에 영국의 위클리프 등은 교회에 대한 비판에 앞장섰다. 이에 로마 가톨릭교회는 콘스탄츠 공의회(1414~1418)를 소집하였다.

④ 1381년에 영국에서 와트 타일러의 난이 일어났다.

⑤ 비잔티움 제국 황제 레오 3세는 예수와 성모, 성자의 상을 만들거나 숭배하는 것을 금지하는 성상 파괴령을 선포하였다(726).

11 베스트팔렌 조약의 내용 이해

문제분석 자료에서 신성 로마 제국의 황제가 독일 북부까지 진격하면서 로마 가톨릭교로 개종시켰다는 점, 독일 신교도가 위기에 처했다는 점, 스웨덴이 개입하였고 프랑스가 지원하였다는 점, 전쟁이 시작된 지 약 30년이 지난 시점에서 조약이 체결되었다는 점 등을 통해 (가) 조약은 30년 전쟁의 결과 체결된 베스트팔렌 조약임을 알 수 있다.

정답찾기 ④ 독일 지역에서 구교와 신교 사이의 갈등으로 시작된 30년 전쟁은 베스트팔렌 조약의 체결로 마무리되었는데, 이 조약으로 칼뱅파가 인정되어 독일 제후에게 칼뱅파를 선택할 권리가 부여되었다.

오답피하기 ① 카롤루스 대제 사후 베르됭 조약과 메르센 조약에 의해 프랑크 왕국이 분열되었다.

② 제2차 아편 전쟁의 결과 베이징 조약이 체결되었다. 베이징 조약을 중재한 러시아는 청으로부터 연해주를 획득하였다.

③ 14세기 초 프랑스 왕 필리프 4세는 교회와 성직자에 대한 과세 문제로 교황과 대립하였다. 그는 삼부회를 소집하여 교황을 굴복시켰고, 이후 교황청은 로마에서 아비뇽으로 옮겨졌다(아비뇽 유수).

⑤ 먼로 선언은 19세기 전반 미국 대통령 먼로가 밝힌 외교 방침으로, 미국의 유럽에 대한 불간섭 원칙, 유럽의 아메리카에 대한 불간섭 원칙을 천명하였다.

12 프로이센과 오스트리아의 특징 파악

문제분석 자료에서 프리드리히 2세가 제시된 점, 폴란드 영토를 분할한 점 등을 통해 (가) 국가가 프로이센임을 알 수 있다. 마리아 테레지아가 제시된 점, 폴란드의 나머지 영토를 러시아 등과 분할하여 차지하였다는 점 등을 통해 (나) 국가가 오스트리아임을 알 수 있다.

정답찾기 ② 상수시 궁전은 프로이센의 프리드리히 2세에 의해 축조되었다.

오답피하기 ① 19세기 중반 러시아는 오스만 제국과 벌인 크림 전쟁에서 패하여 흑해 방면으로의 진출이 좌절되었다.

③ 플라시 전투는 영국과 벵골·프랑스 연합군이 무력 충돌한 사건이다(1757). 플라시 전투에서 승리한 영국은 벵골 지역의 통치권을 장악하였다.

④ 아스테카 문명은 16세기에 에스파냐의 코르테스에 의해 파괴되었다.

⑤ 영국과 프랑스는 플랑드르 지방과 프랑스 내 영국령의 지배권 문제, 프랑스 왕위 계승권 문제 등을 둘러싸고 백년 전쟁을 벌였다.

13 프랑스 혁명의 전개 과정 이해

문제분석 자료에서 '테니스코트의 서약'에서 단결을 공고히 한 현 의회가 「인간과 시민의 권리 선언(인권 선언)」을 발표하였다는 점 등을 통해 (가) 시기가 국민 의회(1789~1791) 시기임을 알 수 있다. 로베스피에르가 제시된 점, 프랑스인이 진정한 민주정을 수립한 세계 최초의 인민이라고 언급한 점, 자유의 적들을 공포로 정복하는 것은 공화국의 창건자로서 정당하다는 점 등을 통해 (나) 시기가 국민 공회(1792~1795) 시기임을 알 수 있다.

정답찾기 ④ 1791년 국민 의회가 제정한 새로운 헌법에 따라 국민 의회가 해산되고 선거를 통해 입법 의회가 구성되었다. 입법 의회는 오스트리아에 선전 포고를 함으로써 혁명전쟁을 시작하였다.

오답피하기 ① 프랑스의 루이 14세는 1685년 낭트 칙령을 폐지하였다.

② 루이 16세가 국민 의회를 탄압하자 파리 시민들은 1789년 7월 바스티유를 습격하였는데, 국민 의회가 「인간과 시민의 권리 선언(인권 선언)」을 발표하기 이전에 일어났다.

③ 테르미도르 반동으로 로베스피에르가 실각한 이후에 5명의 총재를 내세운 총재 정부가 1795년에 구성되었다.

⑤ 루이 16세의 삼부회 소집 이후에 제3 신분 대표들은 삼부회의 표결 방식 변화를 요구하며 국민 의회를 결성하였다. 이 시기는 국민 의회가 「인간과 시민의 권리 선언(인권 선언)」을 발표하기 이전에 해당한다.

14 루이 필리프 활동 이해

문제분석 자료에서 샤를 10세의 뒤를 이어 즉위하였다는 점, 집권 시기에는 이전보다 선거권이 확대되었으나 인구에 비해 너무 적었다는 점, 정권에 대한 불만이 선거권 확대라는 요구로 집약되어 표출되었다는 점 등을 통해 밑줄 친 '인물'이 루이 필리프임을 알 수 있다.

정답찾기 ③ 1848년 프랑스 2월 혁명으로 인하여 루이 필리프는 퇴위하였다.

오답피하기 ① 루이 나폴레옹이 황제에 즉위하면서 제2 제정(1852~1870)이 수립되었다.
② 영국의 찰스 1세는 1628년 권리 청원을 승인한 이후 의회를 해산하였다.
④ 프랑스 혁명 시기에 테르미도르 반동 이후 로베스피에르가 실각하고 5명의 총재가 주도하는 총재 정부가 구성되었다.
⑤ 찰스 2세가 가톨릭교도를 우대하고 전제 정치를 추구하자 의회는 심사법과 인신 보호법을 제정하였다.

15 알렉산드르 2세 재위 시기의 유럽의 사회 모습 이해

문제분석 자료에서 러시아 황제가 선언하였다는 점, 짐이 귀족들에게 개혁을 받아들일 것을 제안하였고 귀족이 농노의 인신에 대한 권리를 포기하였다는 점, 농민은 자유 경작인의 모든 권리를 부여받을 것이라는 점 등을 통해 자료의 법령이 알렉산드르 2세가 선포한 농노 해방령(1861)임을 알 수 있다.

정답찾기 ④ 러시아의 알렉산드르 2세는 농노 해방령을 1861년 선포하였는데, 같은 해 미국에서 남북 전쟁이 발발하였다.

오답피하기 ① 제임스 2세의 전제 정치에 반발하여 의회는 제임스 2세를 추방하고 메리와 윌리엄을 공동 왕으로 추대하였다(명예혁명). 이후 메리와 윌리엄은 의회가 제시한 권리 장전을 승인하였다(1689).
② 종교 개혁에 대응하여 로마 가톨릭교회 측에서는 트리엔트 공의회(1545~1563)를 개최하여 교황과 교회의 권위를 재확인하고 교회 내부의 결속을 강화하였다.
③ 17세기 후반 국경 분쟁을 해결하기 위해 청과 러시아 간에 네르친스크 조약이 체결되었다.
⑤ 백년 전쟁의 혼란 속에서 세금 부담이 늘어나고 일부 봉건 영주들이 농민에 대한 속박을 강화하자 14세기 후반 농민 반란이 일어났는데, 프랑스에서는 자크리의 난이 일어났다.

16 영국, 프랑스, 네덜란드의 제국주의 정책 파악

문제분석 자료에서 인도의 대부분을 지배하였고 미얀마를 식민지화하였다는 내용에서 (가) 국가가 영국임을 알 수 있다. 베트남, 캄보디아 등을 장악하였다는 내용에서 (나) 국가는 프랑스임을 알 수 있다. 인도네시아에서 플랜테이션 농업으로 이익을 얻었으며 수마트라섬과 보르네오섬까지 장악하였다는 내용에서 (다) 국가가 네덜란드임을 알 수 있다.

정답찾기 ④ 제1차 아편 전쟁에서 승리한 영국은 청과 난징 조약 등을 맺었다. 그러나 조약 체결 이후에도 청과의 무역에서 성과를 거두지 못한 영국은 프랑스와 연합하여 제2차 아편 전쟁을 일으켰다.

오답피하기 ① 이탈리아는 1896년 아도와 전투에서 에티오피아에 패배하였다.
② 독일, 이탈리아, 일본은 3국 방공 협정을 통해 결속력을 강화하였다.
③ 나미비아 지역을 점령한 독일은 헤레로족의 봉기를 무력으로 진압하고 헤레로족에 대한 학살을 자행하였다.
⑤ 제국주의 정책을 추진하던 영국과 프랑스는 1898년 아프리카의 파쇼다에서 충돌하였다. 이를 파쇼다 사건이라고 한다.

17 쑨원의 활동 이해

문제분석 자료에서 1912년 난징에 도착하여 임시 대총통부를 설치하였다는 점, 전제 군주제가 종식되고 공화정에 입각한 정부가 난징에서 탄생하였다는 점, 임시 대총통의 직을 이양하기 위하여 사직서를 제출했다는 점 등을 통해 밑줄 친 '그'는 쑨원임을 알 수 있다.

정답찾기 ② 쑨원은 1905년에 청 왕조를 타도하고 새로운 정부를 수립하자는 목표를 가진 혁명 단체들을 모아 중국 동맹회를 결성하였다.

오답피하기 ① 장쉐량은 1936년 중국 시안에서 공산당 토벌을 격려하러 온 장제스를 감금하고 내전 정지와 항일 투쟁을 호소하였는데 이를 시안 사건이라고 한다. 이 사건은 제2차 국공 합작에 영향을 끼쳤다.
③ 국민 혁명을 추진하던 쑨원이 사망한 뒤 실권을 장악한 장제스는 공산당을 탄압하고 베이징을 점령하여 북벌을 완성하였다.
④ 청과의 무역에서 만성적인 적자에 처한 영국은 이를 만회하고자 청에 아편을 들여왔다. 청은 아편 밀수로 발생한 사회 혼란과 국가 재정의 어려움을 해결하기 위해 임칙서를 광저우에 파견하였다. 그는 아편을 단속하고 영국 상인의 무역을 제재하는 등 강경한 조치를 취하였다.
⑤ 홍수전 등은 크리스트교의 영향을 받아 상제회를 조직하였다.

18 제1차 세계 대전 시기 있었던 사실 파악

문제분석 자료에서 3국 동맹과 3국 협상의 대립으로 긴장이 고조되는 상황에서 사라예보 사건을 계기로 발발하였다는 점 등을 통해 밑줄 친 '이 전쟁'이 제1차 세계 대전(1914~1918)임을 알 수 있다.

정답찾기 ⑤ 제1차 세계 대전 중인 1917년에 러시아력 2월 혁명(3월 혁명)이 일어나 니콜라이 2세가 폐위되고 러시아 임시 정부가 수립되었다.

오답피하기 ① 제1차 세계 대전 이후 1920년에 평화를 위한 국제기구로서 국제 연맹이 창설되었다.
② 파리 코뮌은 프랑스가 프로이센과의 전쟁에서 패한 후인 1871년에 파리의 사회주의자와 노동자들이 파리에 수립한 자치 정부이다.
③ 제2차 세계 대전 중인 1944년 노르망디 상륙 작전이 전개되었다.
④ 이탈리아는 대공황으로 경제 사정이 더욱 악화되자 국가 지상주의와 군국주의를 강화하였으며, 1935년 에티오피아를 침략하였다.

19 쿠바 미사일 위기 시기 파악

문제분석 자료에서 쿠바에서 공격용 미사일 기지가 건설 중인 것으로 확인되었다는 점, 흐루쇼프 서기장에게 위협을 중단할 것을 촉구한다는 점 등을 통해 자료의 연설은 1962년 쿠바 미사일 위기에 대하여 미국 케네디 대통령이 발표한 것임을 알 수 있다.

정답찾기 ③ 1961년에 유고슬라비아의 티토, 인도의 네루, 이집트의 나세르 등이 제1차 비동맹 회의를 개최하였다. 미국의 직접적인 군사 개입을 피하고 아시아의 방위는 아시아의 힘으로 한다는 원칙을 담은 닉슨 독트린은 1969년에 발표되었다.

20 아시아·아프리카 회의(반둥 회의) 파악

문제분석 자료에서 제3 세계의 등장 과정이 제시된 점, 인도네시아 반둥에서 열린 회의에 아시아·아프리카 29개국 대표가 참가하였다는 점 등을 통해 (가)에는 평화 10원칙이 채택되었다는 내용이 들어가야 함을 알 수 있다.

정답찾기 ③ 1955년 인도네시아 반둥에서 아시아·아프리카의 29개국 대표가 참가한 아시아·아프리카 회의에서 반식민주의 등의 내용을 담은 평화 10원칙이 채택되었다.

오답피하기 ① 벵골 분할령(1905)은 영국이 벵골 지역을 이슬람교도 거주 지역과 힌두교도 거주 지역으로 분할하려 한 것으로, 반영 운동을 약화시키려는 의도가 담겨 있었다.

② 1949년 중화 인민 공화국의 수립 이후 1950년대 말 중국의 마오쩌둥은 대약진 운동을 선언하고 인민 공사를 설립하여 비약적인 경제 발전을 꾀하였다.

④ 소련 공산당 서기장 고르바초프는 1980년대 중반 페레스트로이카(개혁)와 글라스노스트(개방)를 내세우며 시장 경제의 도입과 정치 민주화를 추진하였다.

⑤ 옐친의 주도로 독립 국가 연합[CIS]이 출범하고 소련이 해체되었다(1991).

실전 모의고사 2회

본문 93~97쪽

1 ①	2 ⑤	3 ④	4 ①	5 ④
6 ①	7 ③	8 ⑤	9 ④	10 ⑤
11 ⑤	12 ⑤	13 ⑤	14 ⑤	15 ④
16 ②	17 ①	18 ③	19 ②	20 ⑤

1 메소포타미아 문명 이해

문제분석 자료에서 티그리스강과 유프라테스강 유역에서 발달, 도시 국가인 라가시, 쐐기 문자 등의 내용을 통해 밑줄 친 '이 문명'은 메소포타미아 문명임을 알 수 있다.

정답찾기 ① 메소포타미아 문명의 사람들은 『길가메시 서사시』를 남겼는데, 이는 도시 국가 우루크의 전설적인 왕 길가메시의 모험담을 담은 작품이다.

오답피하기 ② 고대 그리스인들은 4년마다 올림피아 제전을 통해 결속을 강화하였다.

③ 중국의 상 왕조에서는 점친 내용을 갑골에 기록하였는데 이를 갑골문이라 한다.

④ 이집트 문명에서는 파라오가 태양신 '라'의 아들이자 신으로 군림하는 신권(신정) 정치가 실시되었다.

⑤ 인더스 문명의 사람들은 모헨조다로와 하라파 등의 계획도시를 건설하였다.

2 한 무제의 통치 정책 이해

문제분석 자료에서 흉노를 정벌, 남월과 고조선을 정복 등의 내용을 통해 (가) 황제는 한 무제임을 알 수 있다.

정답찾기 ⑤ 한 무제는 동중서의 건의를 수용하여 유교를 통치 이념으로 삼고, 수도에 유학 교육 기관인 태학을 설립하였다.

오답피하기 ① 수 문제가 9품중정제를 폐지하고 과거제를 도입하였다.

② 청의 강희제는 오삼계 등이 일으킨 삼번의 난을 진압하였다.

③ 명 영락제는 환관 정화에게 여러 차례 대규모 항해를 추진하게 하였다. 이에 정화의 함대는 동남아시아와 인도 및 아프리카 동해안까지 진출하였다.

④ 수 양제는 통제거, 영제거 등 대운하를 건설하여 남북 간의 물자 유통을 원활히 하고자 하였다.

3 금의 통치 정책 파악

문제분석 자료에서 수도 카이펑을 함락하고, 휘종, 흠종을 북방으로 끌고 간 점 등의 내용을 통해 (가) 국가는 금임을 알 수 있다.

정답찾기 ④ 금은 여진족 등은 맹안 모극제로, 한족 등은 주현제로 다스리는 이원적 통치 체제를 실시하였다.

오답피하기 ① 청의 옹정제는 군기처를 설치하여 황제 독재권을 강화하였다.

② 황건적의 난은 후한 말기에 일어났다.

③ 티베트 불교 승려 파스파는 몽골(원) 쿠빌라이 칸의 명령에 따라 몽골 문자인 파스파 문자를 만들었다.

⑤ 송대에 왕안석은 청묘법, 시역법 등 신법을 추진하였다.

4 청 왕조 시기의 사회 모습 이해

문제분석 자료에서 서적을 불사르고 문자옥을 일으킨 점, 많은 서적을 모아『사고전서』를 편찬한 점 등의 내용을 통해 (가) 왕조는 청임을 알 수 있다. 청은 한족 지식인을 통제하기 위해 문자옥을 일으켜 반청 사상을 탄압하였다. 그리고 한족 지식인을 회유하고 사상을 통제하기 위해『사고전서』등의 대규모 편찬 사업을 전개하였다.

정답찾기 ① 청대에는 노래와 춤, 연극이 혼합된 전통 공연인 경극이 성행하였다.

오답피하기 ② 황소의 난은 당대에 일어난 반란이며, 이로 인해 당이 급격히 쇠퇴하게 되었다.
③ 신을 건국한 왕망은 토지를 국유화하고 노비 매매를 금지하는 등의 개혁을 시행하였으나 호족들의 반발로 실패하였다.
④ 원은 지폐인 교초를 발행하였다.
⑤ 수의 문제(양견)는 9품중정제를 폐지하고 과거제를 실시하였다.

5 에도 막부의 특징 이해

문제분석 자료에서 다이묘에게 크리스트교도를 단속하게 한 점, 유럽 선박의 기항지를 나가사키와 히라도로 제한하는 명령을 내린 점, 크리스트교 금지, 외국 무역선 규제 등을 담은 쇄국 정책을 추진한 점, 네덜란드 상관을 데지마로 옮긴 점 등의 내용을 통해 밑줄 친 '막부'는 에도 막부임을 알 수 있다.

정답찾기 ④ 에도 막부는 쇼군이 다이묘들을 통제하기 위해 정기적으로 다이묘를 에도에 머물다 가도록 하는 산킨코타이 제도를 실시하였다.

오답피하기 ① 헤이조쿄는 8세기 초에 나라에 건설되었으며, 이곳을 수도로 삼아 천도한 때부터 나라 시대라고 한다.
② 야마토 정권 시기에 당의 율령 체제 도입을 통해 국왕 중심의 통치 체제를 수립하기 위한 다이카 개신이 단행되었다.
③ 무로마치 막부 시기에 일본과 명 사이에 감합 무역이 이루어졌다.
⑤ 12세기 말 미나모토노 요리토모가 가마쿠라 막부를 개창하였다.

6 사산 왕조 페르시아 이해

문제분석 자료에서 마니가 조로아스터교, 불교, 크리스트교의 교리를 연구하여 마니교를 창시한 점 등의 내용을 통해 밑줄 친 '제국'은 사산 왕조 페르시아임을 알 수 있다. 마니교는 사산 왕조 페르시아에서 등장하였으며, 조로아스터교와의 대립 등으로 탄압을 받기도 하였다.

정답찾기 ① 사산 왕조 페르시아는 로마와의 대립으로 쇠약해진 파르티아를 정복하였다.

오답피하기 ② 무아위야가 세운 우마이야 왕조는 다마스쿠스를 수도로 삼았다.
③ 오스만 제국의 메(흐)메트 2세는 콘스탄티노폴리스를 점령하였다.
④ 비잔티움 제국은 유스티니아누스 황제 사후 제국의 방어를 위해 군관구제와 둔전병제를 실시하였다.
⑤ 아케메네스 왕조 페르시아의 다리우스 1세는 '왕의 눈', '왕의 귀'라고 불리는 감찰관을 파견하여 총독을 감독하였다.

7 오스만 제국의 특징 이해

문제분석 자료에서 위대한 술탄이 거주하는 톱카프 궁전, 예니체리, 술탄의 궁정 등의 내용을 통해 (가) 제국은 오스만 제국임을 알 수 있다.

정답찾기 ③ 오스만 제국은 데브시르메 제도를 통해 정복지의 크리스트교도 청소년 등을 징집하여 이슬람교로 개종시킨 후 술탄의 친위 부대인 예니체리나 관료로 육성하였다.

오답피하기 ① 티무르 왕조는 티무르가 사망한 이후 후계자 분쟁 등을 겪으며 점차 약해지다가 우즈베크인에게 멸망하였다.
② 아케메네스 왕조 페르시아의 다리우스 1세는 페르세폴리스를 제국의 수도로 건설하였다.
④ 이란 지역에서 이스마일 1세가 사파비 왕조를 수립하였다.
⑤ 아시리아는 수도 니네베에 왕립 도서관을 건립하였다.

8 시크교의 특징 이해

문제분석 자료에서 나나크가 창시한 종교, 우상 숭배와 카스트제의 신분 차별에 반대하고 유일신을 숭배 등의 내용을 통해 (가) 종교는 시크교임을 알 수 있다.

정답찾기 ⑤ 무굴 제국의 아우랑제브 황제는 이슬람 제일주의를 지향하며 힌두교 사원을 파괴하고 지즈야를 부활시켰다. 이는 시크교도와 힌두교도의 반란을 초래하였다.

오답피하기 ① 로마 제국의 콘스탄티누스 황제는 밀라노 칙령을 통해 크리스트교를 공인하였다.
② 무아위야는 우마이야 가문에서 칼리프 자리를 세습하도록 하였고, 이 과정에서 이슬람 세계는 수니파와 시아파로 나뉘어 대립하였다.
③ 마우리아 왕조의 아소카왕은 불경을 정리하고 산치 대탑과 같은 불탑(스투파)을 세웠다.
④ 사산 왕조 페르시아는 조로아스터교를 국교로 삼았다.

9 알렉산드로스의 활동 파악

문제분석 자료에서 마케도니아 왕, 페르시아의 다리우스 3세와 전투, 이소스 전투와 가우가멜라에서 벌어진 전투에서 승리 등의 내용을 통해 (가) 인물은 알렉산드로스임을 알 수 있다.

정답찾기 ④ 알렉산드로스는 정복지 곳곳에 자신의 이름을 딴 알렉산드리아라는 도시를 건설하였다.

오답피하기 ① 아테네의 클레이스테네스는 참주의 출현을 막기 위해 도편 추방제를 마련하였다.
② 옥타비아누스는 이집트의 클레오파트라와 연합한 안토니우스의 군대를 악티움 해전에서 격파하고 로마의 지배권을 장악하였다.
③ 로마에서 제1차 삼두 정치는 카이사르, 폼페이우스, 크라수스가 주도하였다.
⑤ 카롤루스 대제는 800년 교황으로부터 서로마 황제의 관을 받았다.

10 십자군 전쟁의 배경 이해

문제분석 자료에서 성지 예루살렘을 지키는 이교도 수비대, 솔로몬 신전, 성묘에 가서 경배를 드린 점 등의 내용을 통해 십자군 전쟁과 관련된 것임을 알 수 있다. 교황 우르바누스 2세가 클레르몽 공의회에서 성지 회복을 위한 전쟁을 호소하면서 1096년부터 십자군 전쟁이 시작되었다. 제1차 십자군은 성지 탈환에 성공하고 예루살렘 왕국을 건설하였다.

정답찾기 ⑤ 셀주크 튀르크가 예루살렘을 점령하고 비잔티움 제국을 위협하자, 비잔티움 제국 황제는 로마 교황에게 도움을 요청하였다. 이에 십자군 전쟁이 시작되었다.

오답피하기 ① 나폴레옹은 영국을 고립시켜 경제적으로 타격을 입힐 목적으로 대륙 봉쇄령을 발표하였다.

② 아테네는 아케메네스 왕조 페르시아의 재침에 대비한다는 명분 아래 델로스 동맹을 결성하였다.

③ 기원전 1세기에 스파르타쿠스의 난이 일어났다.

④ 교회의 대분열 시기에 영국의 위클리프 등은 교회에 대한 비판에 앞장섰다. 이에 로마 가톨릭교회는 콘스탄츠 공의회(1414~1418)를 소집하여 위클리프를 이단으로 규정하는 등의 결정을 내렸다.

11 메로베우스 왕조 시기의 사실 파악

문제분석 자료에서 궁재 카롤루스 마르텔, 투르·푸아티에 전투에서 이슬람군을 격퇴 등의 내용을 통해 밑줄 친 '이 왕조'는 메로베우스 왕조임을 알 수 있다.

정답찾기 ⑤ 메로베우스 왕조를 개창한 클로비스는 로마 가톨릭교로 개종하여 로마인들과의 융합을 도모하였다.

오답피하기 ① 카롤루스 왕조의 카롤루스 대제 사후 메르센 조약이 체결되었다(870).

② 로마 제국의 콘스탄티누스 황제는 니케아 공의회를 소집하여 아타나시우스파의 교리를 정통으로 인정하였다.

③ 백년 전쟁으로 인한 과도한 증세 등에 반발하여 영국에서 와트 타일러의 난이 일어났다(1381).

④ 1555년 아우크스부르크 화의에서 루터파가 공식적으로 인정받게 되었다.

12 국민 공회 시기의 사실 이해

문제분석 자료에서 공안 위원회, 왕정 폐지를 공식적으로 선언 등의 내용을 통해 (가) 의회는 국민 공회임을 알 수 있다. 국민 공회는 공화정을 선포하고 재판을 거쳐 루이 16세를 처형하였다.

정답찾기 ⑤ 국민 공회는 공안 위원회와 혁명 재판소를 통해 반혁명 세력을 제거하면서 공포 정치를 펼쳤다.

오답피하기 ① 루이 16세는 미국 독립 전쟁 지원, 왕실의 사치 등으로 재정이 궁핍해지자 이를 해결하기 위해 삼부회를 소집하였다.

② 엘리자베스 1세는 1559년 통일법을 반포하여 영국 국교회를 확립하였다.

③ '테니스코트의 서약' 이후 국왕이 국민 의회를 탄압하자 파리 시민들은 전제 정치의 상징인 바스티유를 함락하였다.

④ 나폴레옹은 엘바섬을 탈출한 후 재집권에 성공하였으나 영국, 프로이센 등이 연합한 군대와의 워털루 전투(1815)에서 패하여 몰락하였다.

13 차티스트 운동의 전개 과정 이해

문제분석 자료에서 노동자들이 자신들의 정치적 권리를 쟁취하려 한 점, 6개 항으로 이루어진 인민헌장을 내건 점 등의 내용을 통해 밑줄 친 '이 운동'이 차티스트 운동임을 알 수 있다.

정답찾기 ⑤ 1832년 제1차 선거법 개정의 결과 부패 선거구가 폐지되고 도시의 신흥 상공업자에게 선거권이 부여되었다. 제1차 선거법 개정의 혜택을 받지 못한 노동자들은 인민헌장을 내걸고 차티스트 운동을 전개하였다.

오답피하기 ① 제2차 세계 대전이 끝난 후 미국과 소련의 대립이 본격화되었다. 미국은 공산주의의 확산을 막고자 트루먼 독트린을 발표하고 이와 동시에 서유럽 각국의 경제를 재건하려는 마셜 계획을 발표하였다(1947).

② 유럽 각국은 메테르니히의 주도로 나폴레옹 전쟁의 전후 처리와 유럽의 질서 회복을 위해 빈 회의를 개최하였다.

③ 보스턴 차 사건은 1773년 보스턴 주민들이 영국 정부의 중상주의 정책에 반발하여 영국 동인도 회사의 선박에 실린 차 상자를 바다에 던져 버린 사건이다.

④ 레닌은 급격한 공산화에 따른 경제 혼란을 극복하기 위해 1921년부터 자본주의적 요소를 일부 도입하는 신경제 정책[NEP]을 추진하였다.

14 나폴레옹 3세의 활동 이해

문제분석 자료에서 프로이센과의 전쟁에서 황제로서 프랑스군을 지휘한 점, 비스마르크가 파리를 함락한 점 등의 내용을 통해 (가) 인물은 나폴레옹 3세임을 알 수 있다.

정답찾기 ⑤ 2월 혁명으로 공화정을 수립한 프랑스는 새로운 헌법을 채택하고 대통령을 선출하였다. 이 선거에서 나폴레옹의 조카였던 루이 나폴레옹이 대통령에 당선되었다. 이후 그는 국민 투표를 통해 나폴레옹 3세로 즉위하였다.

오답피하기 ① 프랑스의 루이 14세는 콜베르를 등용하여 중상주의 정책을 실시하였다.

② 전쟁 비용 마련을 위해 의회를 소집한 찰스 1세는 의회의 요구에 따라 권리 청원을 승인하였다.

③ 에스파냐의 펠리페 2세는 레판토 해전에서 오스만 제국에 승리하였다.

④ 러시아에서는 자유주의 사상에 영향을 받은 장교들이 입헌 군주제를 지향하며 데카브리스트의 봉기를 일으켰으나, 니콜라이 1세에 의해 진압되었다.

15 미국의 제국주의 정책 파악

문제분석 자료에서 에스파냐와의 전쟁에서 승리한 후 필리핀을 식민지화하였다는 점 등의 내용을 통해 (가) 국가는 미국임을 알 수 있다. 19세기 말 태평양으로 세력을 확장하던 미국은 에스파냐와의 전쟁(1898)에서 승리하여 쿠바를 보호국화하고, 필리핀과 괌섬을 식민지로 삼았다.

정답찾기 ④ 미국 페리 제독은 무력시위를 통해 일본을 개항시켰다.

오답피하기 ① 영국은 인도의 민족 운동을 약화시키고자 벵골 분할령을 발표하였다.
② 에스파냐의 코르테스는 아스테카 제국을 침략하여 파괴하였다.
③ 에티오피아는 아도와 전투에서 이탈리아 군대에 승리를 거두었다.
⑤ 독일은 모로코를 둘러싸고 프랑스와 두 차례 대립하였다.

16 의화단 운동 이해

문제분석 자료에서 교회, 철도, 유선 전신, 학교 등을 파괴, 베이징에 진출하여 외국 공사관을 습격, 프랑스, 영국, 미국 등 8개국 연합군 등의 내용을 통해 밑줄 친 '봉기'는 의화단 운동임을 알 수 있다.

정답찾기 ② 8개국 연합군에 의해 의화단 운동이 진압된 이후, 청 정부는 1901년에 신축조약을 체결하여 열강의 군대가 베이징에 주둔하는 것을 허용하였다.

오답피하기 ① 태평천국 운동의 진압을 주도하였던 증국번, 이홍장 등은 서양 무기의 우수성을 깨닫고 양무운동을 전개하였다.
③ 1936년 시안 사건을 계기로 중국 국민당과 중국 공산당의 연대 분위기가 고조되었고 중일 전쟁 발발 직후 제2차 국공 합작이 이루어졌다.
④ 태평천국은 난징을 점령하여 수도로 삼고 토지의 균등 분배 등이 포함된 천조전무 제도를 발표하였다.
⑤ 제2차 아편 전쟁의 결과 베이징 조약이 체결되었고, 이에 따라 러시아가 연해주를 차지하였다.

17 제1차 세계 대전의 전개 과정 이해

문제분석 자료에서 독일이 영국에 결정적인 타격을 가하기 위해 무제한 잠수함 작전을 전개한 점, 루시타니아호가 격침된 점, 미국이 참전한 점 등의 내용을 통해 제1차 세계 대전(1914~1918)과 관련된 것임을 알 수 있다.

정답찾기 ① 러시아 혁명은 제1차 세계 대전 중인 1917년에 발생하였다.

오답피하기 ② 제2차 세계 대전 중인 1941년에 미국과 영국이 전후 국제 평화 수립의 원칙을 담은 대서양 헌장을 발표하였다.
③ 러일 전쟁의 결과 러시아와 일본은 포츠머스 조약을 체결하였다(1905).
④ 이탈리아의 무솔리니는 제1차 세계 대전이 끝난 직후 파시스트당을 결성하였다. 이후 1922년에 로마 진군을 계기로 권력을 장악하였다.
⑤ 미국, 캐나다, 서유럽 국가들은 공산주의에 대항하기 위한 군사 협력 기구로 북대서양 조약 기구[NATO]를 결성하였다(1949).

18 문화 대혁명 이해

문제분석 자료에서 마오쩌둥이 홍위병들을 하나로 규합한 점 등의 내용을 통해 밑줄 친 '변화'는 문화 대혁명임을 알 수 있다. 문화 대혁명을 추진한 마오쩌둥은 홍위병을 앞세워 반대파를 축출하고 중국의 전통 문화유산을 파괴하였다.

정답찾기 ③ 대약진 운동의 실패로 정치적 위기에 빠진 마오쩌둥은 문화 대혁명(1966~1976)을 일으켰다.

오답피하기 ① 1936년 장쉐량은 내전을 중지하고 공동으로 항일 투쟁에 나설 것을 요구하며 장제스를 감금하였다(시안 사건). 이를 계기로 중국 국민당과 중국 공산당의 연대 분위기가 고조되었고 중일 전쟁 발발 직후 제2차 국공 합작이 이루어졌다.
② 쑨원은 혁명 운동의 체계적·통일적 지도를 위해 1905년 일본에서 중국 동맹회를 조직하였다.
④ 쑨원이 이끄는 중국 국민당이 군벌 세력을 타도하여 국민 혁명을 완수한다는 명분으로 중국 공산당과 협력하면서 1924년 제1차 국공 합작이 이루어졌다.
⑤ 중화민국 성립 이후 천두슈 등은 유교 중심의 전통문화를 비판하고 서양의 과학과 민주주의의 수용 등을 주장하는 신문화 운동을 전개하였다.

19 쿠바 미사일 위기 이해

문제분석 자료에서 서기장, 쿠바에 있는 공격용 미사일 기지 건설 작업 등의 내용을 통해 (가) 국가는 소련임을 알 수 있다. 소련의 쿠바 미사일 기지 설치 시도에 미국이 쿠바 봉쇄로 대응하면서 양국 간의 갈등이 심화되었다.

정답찾기 ② 미국이 공산주의 확산을 막고자 트루먼 독트린을 발표하고 서유럽 각국의 경제를 재건하려는 마셜 계획을 발표하자, 이에 맞서 소련의 주도로 국제 공산당 정보 기구인 코민포름이 창설되었다.

오답피하기 ① 미국 대통령 닉슨은 대외 군사 개입을 최소화하겠다는 닉슨 독트린을 발표하였다.
③ 유고슬라비아의 티토, 인도의 네루, 이집트의 나세르 등이 1961년 베오그라드에서 제1차 비동맹 회의를 개최하였다.
④ 19세기 후반 오스트리아·헝가리 제국, 독일, 이탈리아가 3국 동맹을 맺었다.
⑤ 서독의 빌리 브란트 총리는 동방 정책을 통해 동독 및 동유럽 국가와 관계를 개선하고자 노력하였다.

20 유럽 연합[EU]의 특징 파악

문제분석 자료에서 회원국 간의 공동의 외교 및 안보 정책 이행, 단일 통화인 '유로' 사용, 정치적·경제적 통합 지향, 영국에서 탈퇴 여부를 묻는 투표가 이루어진 점 등의 내용을 통해 (가) 기구는 유럽 연합[EU]임을 알 수 있다.

정답찾기 ⑤ 유럽 공동체 소속 국가들이 1992년 마스트리흐트 조약을 체결하여 공동 외교와 안보 정책, 유럽 단일 통화 등을 결의하였고, 그 결과로 1993년에 유럽 연합[EU]이 정식 출범하였다.

오답피하기 ① 코메콘(경제 상호 원조 회의)은 공산주의 국가 간의 경제 협력 기구로 마셜 계획에 대응하여 1949년에 조직되었다.
② 1955년 아시아·아프리카 29개국 대표들이 인도네시아 반둥에서 회의를 개최하여 식민지 문제에 대해 토론을 벌였고, 비동맹 중립주의를 표방하는 등 평화 10원칙을 채택하였다.
③ 안전 보장 이사회와 상임 이사국을 둔 조직은 제2차 세계 대전 이후 창설된 국제 연합[UN]이다.
④ 1944년에 개최된 브레턴우즈 회의에 따라 국제 통화 기금[IMF]과 국제 부흥 개발 은행[IBRD] 등이 설립되었다.

실전 모의고사 **3회** 본문 98~102쪽

1 ⑤	2 ④	3 ②	4 ①	5 ①
6 ④	7 ①	8 ②	9 ①	10 ③
11 ⑤	12 ④	13 ④	14 ①	15 ②
16 ①	17 ①	18 ①	19 ②	20 ③

1 인더스 문명의 이해

문제분석 자료에서 모헨조다로가 대표적 유적지라는 점, 계획도시라는 점 등을 통해 (가) 문명은 인더스 문명임을 알 수 있다.

정답찾기 ⑤ 인더스 문명의 사람들은 계획도시인 모헨조다로, 하라파 등을 건설하고, 메소포타미아 지역과 교류하였다.

오답피하기 ① 이집트 문명에서는 죽은 자를 위한 안내서인 「사자의 서」를 제작하였다.

② 메소포타미아 지역에 건설된 바빌로니아 왕국의 함무라비왕은 이전의 법을 집대성하여 함무라비 법전을 편찬하였다.

③ 고대 그리스인들은 올림피아 제전을 개최하여 공동체의 결속을 강화하였다.

④ 일찍부터 신석기 문화가 발달하였던 황허강 유역의 황토 지대를 중심으로 청동기와 문자를 사용하고 정치 조직을 갖춘 중국 문명이 출현하였다.

2 한 왕조의 특징 이해

문제분석 자료에서 반고가 황제의 격려와 지원을 받고 책을 편찬하였다는 점 등을 통해 밑줄 친 '황제'가 속한 왕조는 한 왕조임을 알 수 있다.

정답찾기 ④ 향거리선제는 지방관 등이 관할 지역 내의 인재를 중앙에 추천하면 이를 관료로 선발하는 제도로, 한대에 실시되었다.

오답피하기 ① 원대에 곽수경 등은 이슬람 역법의 영향을 받아 『수시력』을 편찬하였다.

② 후금을 건국한 누르하치는 행정 단위이자 군사 조직인 팔기제를 조직하였다.

③ 남송의 주희는 자구 해석에 치우친 훈고학에서 벗어나 우주의 원리와 인간의 본성을 탐구하는 성리학을 집대성하였다.

⑤ 송대에 왕안석은 재정 수입 확대와 부국강병 등을 위해 청묘법 등 신법을 실시하였다.

3 송 왕조 시기 사회 모습 이해

문제분석 자료에서 신종이 서하를 공격한 점, 원우 2년 서하의 사신이 찾아온 점 등을 통해 송 왕조가 존재하던 시기의 상황을 보여 주는 자료임을 알 수 있다.

정답찾기 ② 송은 상거래가 활발해지면서 화폐 사용이 증가하자 동전의 주조량을 늘렸으며 교자 등의 지폐도 만들어 유통하였다.

오답피하기 ① 당은 아바스 왕조와의 탈라스 전투에서 패배하였다.

③ 명의 홍무제는 조세 징수와 치안 유지 등을 담당하는 향촌 조직인 이갑제를 실시하였다.

④ 청의 옹정제는 황제권을 강화하기 위해 군기처를 설치하였다.

⑤ 위진 남북조 시대에는 중정관이 인물의 덕망, 재주 등을 9등급으로 평가하여 추천하면 국가가 이를 바탕으로 인재를 등용하는 제도인 9품중정제가 실시되었다.

4 청 왕조의 특징 이해

문제분석 자료에서 카스틸리오네가 궁중 화가로 활약한 점, 옹정제의 즉위를 기념하기 위해 그림을 그린 점 등을 통해 (가) 왕조는 청 왕조임을 알 수 있다.

정답찾기 ① 『사고전서』는 청 건륭제 때 약 8만 권에 이르는 서적을 경(經), 사(史), 자(子), 집(集)의 4부로 분류하여 편찬한 것이다.

오답피하기 ② 황소의 난은 875~884년에 일어난 농민 반란이며, 이로 인해 당이 급격히 쇠퇴하게 되었다.

③ 티베트 불교 승려 파스파는 몽골(원) 쿠빌라이 칸의 명령에 따라 몽골 문자인 파스파 문자를 만들었다.

④ 명의 영락제 등은 정화의 함대를 해외에 파견하였다.

⑤ 거란(요)은 북면관제와 남면관제로 유목 민족과 한족 등을 이원적으로 통치하였다.

5 에도 막부 시기 사실 파악

문제분석 자료에서 네덜란드 상관장이 막부의 쇼군에게 명령을 받은 점, 기리시탄(크리스트교도)의 종교는 금지한 점 등을 통해 밑줄 친 '막부'는 에도 막부임을 알 수 있다.

정답찾기 ① 에도 막부 시기인 18세기 후반 스기타 겐파쿠 등은 서양의 해부학 책을 일본어로 번역한 의학서인 『해체신서』를 간행하였다.

오답피하기 ② 야마토 정권 시기인 7세기 중반 당 율령 체제의 영향을 받아 국왕 중심의 중앙 집권 체제를 지향한 다이카 개신이 추진되었다.

③ 무로마치 막부 시기에 명과 감합 무역이 전개되었다.

④ 메이지 정부는 1871년 서양 문물 시찰과 미국 등과 맺은 불평등 조약 개정을 위한 예비 협상 등을 목적으로 이와쿠라 사절단을 파견하였다.

⑤ 8세기 말에 일본은 헤이안쿄로 천도하여 12세기 말 가마쿠라 막부가 개창될 때까지 헤이안 시대가 전개되었다.

6 아케메네스 왕조 페르시아의 특징 이해

문제분석 자료에서 살라미스에서 아테네와 전쟁을 한 점, 크세르크세스가 언급된 점 등을 통해 (가) 왕조는 아케메네스 왕조 페르시아임을 알 수 있다.

정답찾기 ④ 알렉산드로스는 동방 원정을 통해 아케메네스 왕조 페르시아를 정복하였다.

오답피하기 ① 파르티아는 알렉산드로스 제국 분열 이후 이란계 유목민이 세운 국가이다. 이후 파르티아는 로마와의 대립으로 쇠약해졌고, 사산 왕조 페르시아에 멸망하였다.

② 오스만 제국은 군사적 봉건제인 티마르제를 실시하였다.

③ 로마 제국의 테오도시우스 황제는 크리스트교를 국교로 선포하였다.

⑤ 우마이야 왕조는 수도인 다마스쿠스를 중심으로 정복 활동을 전

개하여 서쪽의 이베리아반도까지 진출하였다.

7 오스만 제국의 발전 과정 이해

문제분석 자료에서 술탄의 군대가 콘스탄티노폴리스를 점령하였다는 점을 통해 (가)는 오스만 제국의 메(흐)메트 2세가 콘스탄티노폴리스를 점령한 15세기, 헝가리 모하치에서 대승을 거두었다는 점을 통해 (나)는 오스만 제국의 술레이만 1세가 헝가리를 정복한 16세기임을 알 수 있다.

정답찾기 ① 16세기 전반 술레이만 1세의 아버지인 셀림 1세는 이집트의 맘루크 왕조를 정복하고 메카와 메디나의 보호권을 장악하였다.

오답피하기 ② 청년 튀르크당은 1908년 무장봉기를 일으켜 정권을 장악하였다.

③ 10세기 초반 북아프리카 지역에서 파티마 왕조가 일어나 이집트를 정복하고 카이로를 중심으로 발전하였다.

④ 19세기 후반 오스만 제국에서는 미드하트 파샤의 주도로 근대적인 헌법이 제정되었다.

⑤ 프랑크 왕국은 732년 투르·푸아티에 전투에서 이슬람 세력에 승리하였다.

8 무굴 제국의 문화 파악

문제분석 자료에서 사파비 왕조가 있었던 시기에 인도 북부에서 건국된 점, 티무르의 후손으로 알려진 인물이 건국했다는 점 등을 통해 (가) 제국은 무굴 제국임을 알 수 있다. 무굴 제국은 티무르의 후손으로 알려진 바부르가 건국하였다.

정답찾기 ㄱ. 나나크는 힌두교와 이슬람교의 영향을 받아 시크교를 창시하였다. 무굴 제국에서 시크교가 발전하였으나 아우랑제브 황제가 이슬람 제일주의를 지향하는 정책을 펼치면서 펀자브 지방에서 시크교도의 반란이 일어나기도 하였다.

ㄷ. 무굴 제국 시기에 공식 문서나 외교 용어로는 페르시아어가 사용되었지만, 일상의 언어로는 힌두어, 페르시아어, 아랍어 등이 합쳐진 우르두어가 널리 사용되었다.

오답피하기 ㄴ. 굽타 왕조 시기에 칼리다사가 『샤쿤탈라』를 저술하였다.

ㄹ. 아이바크는 델리를 점령한 후 이슬람 세력의 승리를 기념하기 위해 쿠트브 미나르를 세웠다. 또한 아이바크는 델리를 정복한 후 이슬람 왕조를 수립하였는데, 이후 델리를 중심으로 한 이슬람 왕조들이 연이어 세워졌다(델리 술탄 왕조 시대).

9 콘스탄티누스 황제의 업적 이해

문제분석 자료에서 밀비우스 다리 전투에서 대승을 거둔 점, 크리스트교를 공인한 점, 단독 황제로 집권한 점 등을 통해 (가) 황제는 콘스탄티누스 황제임을 알 수 있다.

정답찾기 ① 콘스탄티누스 황제가 개최한 니케아 공의회에서 아타나시우스파의 교리를 정통으로 인정하였다.

오답피하기 ② 로마에서 기원전 3세기에 평민회의 결의가 원로원의 승인 없이 법적 효력을 갖도록 하는 호르텐시우스법이 제정되었다.

③ 스파르타쿠스의 난은 기원전 73년에 일어났다. 스파르타쿠스의 난은 크라수스 등에 의해 진압되었다.

④ 알렉산드로스는 정복지 곳곳에 자신의 이름을 딴 도시인 알렉산드리아를 건설하였고, 정복지에 그리스인을 이주시켰다.

⑤ 디오클레티아누스 황제는 제국을 4분할하여 통치하는 4제 통치 체제를 마련하였다.

10 비잔티움 제국의 특징 이해

문제분석 자료에서 황제 레오 3세가 교회에서 성상을 없앨 것을 요구하는 칙령을 반포했다는 점 등을 통해 (가) 제국은 비잔티움 제국임을 알 수 있다.

정답찾기 ③ 비잔티움 제국은 유스티니아누스 황제 사후 제국의 방어를 위해 군관구제와 둔전병제를 실시하였다.

오답피하기 ① 오스만 제국은 비이슬람교도에게도 지즈야를 납부하면 신앙의 자유를 인정하고 종교 공동체인 밀레트를 허용하여 자치를 누릴 수 있게 하였다.

② 프랑스의 샤르트르 대성당은 중세 서유럽의 고딕 양식을 대표하는 건물이다.

④ 기원전 7세기경 서아시아의 상당 부분을 통일한 아시리아는 수도 니네베에 왕립 도서관을 건립하였다.

⑤ 프랑크 왕국에서 카롤루스 대제 사후 베르됭 조약과 메르센 조약이 체결되었다.

11 십자군 전쟁의 이해

문제분석 자료에서 교황이 예수의 성묘를 탈환하라고 촉구한 점, 클레르몽에서 회의를 소집한 점 등을 통해 밑줄 친 '전쟁'은 십자군 전쟁임을 알 수 있다.

정답찾기 ⑤ 셀주크 튀르크가 예루살렘을 점령하고 비잔티움 제국을 압박하자, 비잔티움 제국 황제는 로마 교황에게 도움을 요청하였다. 이에 십자군 전쟁이 일어나게 되었다.

오답피하기 ① 16세기에 에스파냐, 베네치아, 로마 교황 등의 크리스트교 연합 함대는 레판토 해전에서 오스만 제국에 승리하였다.

② 독일 지역에서 신교와 구교 간의 갈등으로 시작된 30년 전쟁의 결과 베스트팔렌 조약이 체결되었다.

③ 백년 전쟁 초반에는 영국이 우세하였으나, 잔 다르크의 활약 등으로 전세가 역전되어 프랑스가 승리를 거두었다.

④ 제1 제정을 수립한 나폴레옹은 오스트리아, 러시아 등을 격파하고 신성 로마 제국을 해체하였다.

12 루이 14세의 활동 이해

문제분석 자료에서 친정을 선언 후 콜베르가 재정 문제까지 총괄하게 한 점을 통해 밑줄 친 '국왕'은 루이 14세임을 알 수 있다.

정답찾기 ④ 루이 14세는 베르사유 궁전을 건축하여 왕실의 권위를 과시하고 화려한 궁정 문화를 꽃피웠다.

오답피하기 ① 엘리자베스 1세는 펠리페 2세의 무적함대를 격파하고 동인도 회사를 설립하여 아시아 진출을 본격화하였다.

② 영국의 찰스 1세가 의회의 승인 없이 과세하고 청교도를 박해하자 의회는 권리 청원을 제출하여 승인을 받았다.

③ 러시아가 대륙 봉쇄령을 어기고 영국과 통상을 계속하자, 나폴레

옹은 이를 응징하기 위해 러시아 원정을 단행하였다.
⑤ 러시아에서는 자유주의 사상에 영향을 받은 장교들이 입헌 군주제를 지향하며 데카브리스트의 봉기를 일으켰으나, 니콜라이 1세에 의해 진압되었다.

13 국민 공회 시기의 사실 파악

문제분석 자료에서 국왕에게 사형을 선고한 점, 국왕 루이의 처형을 진행한 점 등을 통해 (가) 의회는 국민 공회임을 알 수 있다.
정답찾기 ④ 입법 의회를 대신하여 들어선 국민 공회는 공화정을 선포한 뒤 급진파인 자코뱅파의 주도로 루이 16세를 처형하였다. 국민 공회 시기에 자코뱅파는 권력을 장악한 뒤 혁명 재판소와 공안 위원회를 통해 반혁명 세력을 처형하며 공포 정치를 실시하였다.
오답피하기 ① 제3 신분 대표는 머릿수 표결 요구가 받아들여지지 않자 국민 의회를 구성하고, 베르사유 궁전의 테니스코트에 모여 헌법 제정 전에는 해산하지 않겠다고 결의하였다(테니스코트의 서약).
② '테니스코트의 서약' 이후 국왕이 국민 의회를 탄압하자 파리 시민들은 전제 정치의 상징인 바스티유를 함락하였고(1789), 이후 혁명은 지방으로 퍼졌다.
③ 혁명의 전파를 우려한 주변 국가들이 프랑스를 위협하자, 입법 의회는 오스트리아에 선전 포고하면서 혁명전쟁을 시작하였다(1792).
⑤ 나폴레옹은 엘바섬을 탈출한 후 재집권에 성공하였으나 영국, 프로이센 등이 연합한 군대와의 워털루 전투(1815)에서 패하여 몰락하였다.

14 남북 전쟁 시기 사실 파악

문제분석 자료에서 목화를 재배하는 주들의 인물이 주도한 점, 남부 연합군이 미합중국을 상대로 일으킨 점 등을 통해 밑줄 친 '전쟁'은 남북 전쟁(1861~1865)임을 알 수 있다.
정답찾기 ① 링컨은 남북 전쟁 중인 1863년 노예 해방 선언을 발표하였다.
오답피하기 ② 보스턴 차 사건은 영국 정부의 중상주의 정책에 대한 반발로 1773년에 보스턴 주민들이 영국 동인도 회사의 선박에 실린 차 상자를 바다에 던져 버린 사건이다.
③ 남북 전쟁이 끝나고 1869년에 대륙 횡단 철도가 개통되어 미국의 영토 통합이 진척되었다.
④ 미국 혁명의 전개 과정 중 1775년에 제2차 대륙 회의가 개최되어 워싱턴을 총사령관으로 임명하였다.
⑤ 미국 혁명의 전개 과정에서 초기에 열세에 놓였던 식민지군은 프랑스 등의 지원을 받아 요크타운 전투(1781)에서 영국에 승리를 거두었다.

15 빈 체제 시기 자유주의 운동 이해

문제분석 자료에서 메테르니히의 주도로 개최된 회의에 의해 성립된 체제라고 언급한 점, 독일의 대학생들이 부르셴샤프트(학생 조합)라는 단체를 만들어 저항한 점 등을 통해 밑줄 친 '일련의 사건'에 해당하는 사례는 빈 체제에 저항하는 사례임을 알 수 있다. 오스트리아의 메테르니히 주도로 빈 회의가 개최되었고, 빈 회의에 의해 빈 체제가 성립되었다.
정답찾기 ② 19세기 전반 카르보나리당(단)은 빈 체제의 탄압에 맞서 이탈리아의 자유주의, 민족주의 운동을 주도하였다.
오답피하기 ① 아프리카에서 종단 정책을 추진하던 영국과 횡단 정책을 추진하던 프랑스는 1898년 수단의 파쇼다에서 충돌하였다.
③ 국민 투표를 통해 나폴레옹이 황제에 즉위하면서 제1 제정이 성립되었다. 나폴레옹이 몰락한 이후 빈 체제가 성립되었다.
④ 영국의 찰스 1세가 의회의 승인 없이 과세하고 청교도를 박해하자 의회는 권리 청원을 제출하여 승인을 받았다(1628).
⑤ 미국 혁명의 전개 과정 중 제2차 대륙 회의에서 천부 인권 등을 담은 독립 선언문이 발표되었다(1776).

16 태평천국 운동의 이해

문제분석 자료에서 크리스트교의 영향을 받아 상제회를 조직한 인물을 언급한 점, 황상제를 숭배하라는 점 등을 통해 이 운동이 태평천국 운동임을 알 수 있다.
정답찾기 ① 태평천국 운동 세력은 "만주족을 몰아내고 한족의 국가를 세우자(멸만흥한)."라고 주장하며 한때 난징을 점령하였다.
오답피하기 ② 영국과 독일 등 8개국 연합군은 의화단 운동을 진압하였다.
③ 청 정부가 철도 국유화 조치를 강행하자 쓰촨 지역에서 반대 운동이 일어났으며, 우창의 신군이 봉기하면서 신해혁명이 시작되었다.
④ 아편 중독자가 증가하며 중국에서 사회 문제가 발생하자 청 정부는 임칙서를 광저우에 파견하여 아편을 몰수하고 영국 선박을 단속하였다. 이에 영국이 청을 공격하면서 제1차 아편 전쟁(1840~1842)이 일어났다.
⑤ 입헌 군주제를 추구하던 캉유웨이, 량치차오 등은 메이지 유신을 본받아 변법자강 운동을 전개하였다.

17 간디의 활동 이해

문제분석 자료에서 영국이 부과한 소금세 폐지를 주장하며 단디의 해안까지 행진하려고 한 점, 비폭력 저항 운동을 추구한 점 등을 통해 (가) 인물은 간디임을 알 수 있다.
정답찾기 ① 영국이 롤럿법을 제정하여 인도 민족 운동을 강경하게 탄압하자 인도의 간디는 롤럿법의 폐지와 완전한 자치를 요구하는 민족 운동을 전개하였다.
오답피하기 ② 이란은 영국의 이권 침탈에 맞서 담배 이권 수호 운동을 전개하였다.
③ 제1차 세계 대전 이후 오스만 제국에서는 무스타파 케말이 술탄제를 폐지하고 공화국을 수립하였다.
④ 무굴 제국의 아크바르 황제는 비이슬람교도에 대한 지즈야를 폐지하였다.
⑤ 인도 국민 회의는 콜카타 대회를 열어 인도인의 스와라지(자치), 스와데시(국산품 애용), 영국 상품 불매 등을 내세우며 반영 운동을 전개하였다.

18 제2차 세계 대전 시기 사실 파악

문제분석 자료에서 독일의 무기를 파괴해야 한다는 점, 유럽인들을 억압하고 있는 나치주의자를 제거해야 한다는 점 등의 연설 내용을 통해 자료의 내용이 제2차 세계 대전(1939~1945)과 관련 있음을 알 수 있다.

정답찾기 ① 얄타 회담은 제2차 세계 대전 중인 1945년 2월에 개최되어 소련의 대일전 참전 등을 결정하였다.

오답피하기 ② 독일은 국제 연맹을 탈퇴(1933)하고 재무장을 선언하였으며, 라인란트에 병력을 배치하였다.

③ 1951년에 샌프란시스코 강화 회의가 개최되었고, 그 결과 일본은 주권을 회복하였다.

④ 일본은 1915년 위안스카이의 베이징 정부에 산둥에서 독일이 가졌던 권익의 계승을 포함한 각종 특혜를 요구하는 '21개조 요구'를 제시하였다.

⑤ 무솔리니 집권 시기 이탈리아는 국가 지상주의와 군국주의를 내세우며 에티오피아를 침공하였다(1935).

19 동유럽 공산주의권의 붕괴 이해

문제분석 자료에서 소련 공산당 서기장이 1989년 유럽 평의회에서 행한 연설이라는 점, 타국 내정에 대한 불간섭 정책 등을 통해 (가)에는 고르바초프의 동유럽에 대한 불간섭 정책으로 인해 나타난 사실이 들어가야 함을 알 수 있다.

정답찾기 ② 헝가리는 1989년 다당제와 의회 민주주의를 받아들였다.

오답피하기 ① 미국의 닉슨 대통령은 1969년에 미국의 직접적인 군사 개입 축소 등의 내용을 담은 닉슨 독트린을 발표하였다.

③ 유고슬라비아의 티토, 인도의 네루, 이집트의 나세르 등이 1961년 베오그라드에서 제1차 비동맹 회의를 개최하였다. 여기에서 제3세계의 협력과 결속 강화를 선언하였다.

④ 바르샤바 조약 기구[WTO]는 소련과 동유럽 공산권 국가들이 상호 방위를 목적으로 1955년에 결성하였다.

⑤ 관세 및 무역에 관한 일반 협정[GATT]은 세계 자유 무역 체제의 수립을 위해 1947년에 미국을 비롯한 23개 국가가 맺은 협정이다.

20 대약진 운동 발생 시기 파악

문제분석 자료에서 마오쩌둥에 의해 '많이, 빨리, 질 좋게, 낭비 없이 건설한다.'라는 목표 아래 시작되었다는 점, 소규모 간이 용광로를 이용한 제철에 수많은 민중이 동원된 점, 뜻한 목표를 달성하지 못하고 실패한 점 등을 통해 밑줄 친 '이 운동'은 대약진 운동임을 알 수 있다.

정답찾기 ③ 중국 국민당과의 내전에서 승리를 거둔 중국 공산당은 1949년 10월 중화 인민 공화국을 수립하였다. 1950년대 말 마오쩌둥은 대약진 운동을 선언하고 인민 공사를 설립하여 비약적인 경제 발전을 꾀하였다. 그러나 무리한 계획과 인민의 노동 의욕 저하, 자연재해 등으로 실패하였다. 대약진 운동의 실패로 정치적 위기에 빠진 마오쩌둥은 문화 대혁명(1966~1976)을 일으켰다. 마오쩌둥은 홍위병을 동원하여 덩샤오핑 등 실용적인 경제 개혁을 추진하던 인물들을 몰아내고 권력을 더욱 강화하였다.

실전 모의고사 4회

본문 103~107쪽

1 ①	2 ③	3 ⑤	4 ①	5 ⑤
6 ④	7 ⑤	8 ④	9 ⑤	10 ②
11 ①	12 ⑤	13 ⑤	14 ②	15 ②
16 ⑤	17 ⑤	18 ⑤	19 ③	20 ②

1 이집트 문명의 특징 이해

문제분석 자료에서 람세스 2세, 나일강 유역에서 발달, 파라오 등을 통해 밑줄 친 '이 문명'은 이집트 문명임을 알 수 있다.

정답찾기 ① 이집트인은 파피루스라는 식물을 엮어 종이처럼 사용하였다. 이집트 문명에서는 상형 문자가 고안되어 파피루스에 기록되기도 하였다.

오답피하기 ② 고대 아테네인들은 파르테논 신전을 아크로폴리스에 세웠다.

③ 메소포타미아 지역에 건설된 바빌로니아 왕국의 함무라비왕은 이전의 법을 집대성하여 함무라비 법전을 편찬하였다.

④ 중국의 상 왕조는 국가의 중요한 일을 점을 쳐서 결정하였는데, 점을 친 내용을 갑골에 기록하였다.

⑤ 인더스 문명에서는 하라파와 모헨조다로 등의 계획도시가 건설되었다.

2 사산 왕조 페르시아 이해

문제분석 자료에서 아르다시르 1세의 칙령에 따라 조로아스터교를 제외한 모든 종교가 엄격하게 금지되었다는 점, 멸망시킨 파르티아 영토 내의 신전이 파괴되었다는 점 등을 통해 밑줄 친 '제국'은 사산 왕조 페르시아임을 알 수 있다.

정답찾기 ③ 사산 왕조 페르시아는 비잔티움 제국과의 계속된 전쟁과 왕실의 내분으로 점차 쇠퇴하다가 7세기 중엽 정통 칼리프 시대의 이슬람 세력에 멸망하였다.

오답피하기 ① 오스만 제국은 종교 공동체인 밀레트를 인정하여 제국의 안정을 꾀하였다.

② 그리스 세계는 아케메네스 왕조 페르시아의 재침에 대비하기 위해 아테네를 중심으로 델로스 동맹을 결성하였다.

④ 티무르 왕조는 티무르가 사망한 이후 후계자 분쟁 등을 겪으며 점차 약해지다가 우즈베크인에게 멸망하였다.

⑤ 페니키아는 활발한 해상 활동을 전개하면서 카르타고 등의 도시를 건설하였다.

3 한대의 문화 이해

문제분석 자료에서 대월지를 갔다 온 장건, 흉노 토벌 등을 통해 (가) 황제는 한 무제이고, 황제가 속한 왕조는 한임을 알 수 있다.

정답찾기 ⑤ 한대에 사마천이 『사기』를 저술하였다.

오답피하기 ① 송대에 성리학이 등장하였다.

② 『수시력』은 원대에 편찬되었다.

③ 명 말 중국에 들어온 예수회 선교사 마테오 리치는 명의 학자 서광계와 함께 서양의 자연 과학 서적을 번역하여 『기하원본』 등을 간

행하였다.
④ 「청명상하도」는 북송대 장택단이 그린 그림으로 수도 카이펑의 생활 모습을 잘 묘사한 것이 특징이다.

4 위진 남북조 시대의 사회 모습 이해

문제분석 자료에서 품의 높고 낮음을 매기는 일의 폐단을 지적한 점, 중정관 등을 통해 자료는 위진 남북조 시대의 상황임을 알 수 있다.
정답찾기 ① 죽림칠현은 위진 시대에 속세를 벗어나 청담을 논의하였다.
오답피하기 ② 절도사는 당대에 변방을 지키기 위해 마련된 직책이다.
③ 후한 말에 황건적의 난이 발생하였다.
④ 명의 영락제는 베이징에 자금성을 건설하였다.
⑤ 『사고전서』는 청의 건륭제 시기에 편찬되었다.

5 송대의 상황 파악

문제분석 자료에서 신종의 명을 받아 왕안석이 개혁을 단행하였다는 점, 균수법, 청묘법, 모역법을 도입하였다는 점, 사마광 등 보수파 관료와 대지주의 반대에 직면하였다는 점 등을 통해 (가) 왕조는 송임을 알 수 있다. 송의 왕안석은 황제가 지원하는 가운데 재정 수입의 확대와 부국강병을 위한 개혁 정치(신법)를 단행하였다.
정답찾기 ⑤ 송은 거란(요)과 서하에 물자(은, 비단 등)를 지급하였다.
오답피하기 ① 청대에 지정은제가 실시되었다.
② 당은 황소의 난으로 국력이 쇠퇴하였다.
③ 원대에는 몽골어가 공용어로 사용되고 공문서에 위구르 문자와 파스파 문자가 사용되었다. 파스파 문자는 쿠빌라이 칸 치세에 만들어졌다.
④ 주는 견융의 침입으로 호경에서 낙읍(뤄양)으로 천도하였다.

6 명대 사실 이해

문제분석 자료에서 영락제가 성리학을 장려한 점, 『사서대전』과 『오경대전』, 『성리대전』을 편찬했다는 점 등을 통해 밑줄 친 '이 왕조'는 명임을 알 수 있다.
정답찾기 ④ 명 말에 활동하였던 예수회 선교사 마테오 리치는 「곤여만국전도」를 제작하였다.
오답피하기 ① 송대에는 상업이 발전하면서 교자·회자 등의 지폐가 사용되었다.
② 북위가 자영농 육성을 위해 균전제를 시행하였고, 이는 수·당으로 계승되었다.
③ 중국을 통일한 진시황제는 사상 통제 정책의 일환으로 분서갱유를 일으켰다.
⑤ 청의 강희제는 러시아와 네르친스크 조약을 체결하여 양국의 국경을 정하였다(1689).

7 에도 막부 시기의 상황 이해

문제분석 자료에서 나가사키의 데지마, 네덜란드의 상관을 데지마로 옮긴 점, 난학 발달 등을 통해 밑줄 친 '막부'는 에도 막부임을 알 수 있다.
정답찾기 ⑤ 에도 막부 시기에 쇼군은 다이묘들을 통제하기 위해 정기적으로 다이묘를 에도에 머물다 가도록 하는 산킨코타이 제도를 시행하였다.
오답피하기 ① 나라 시대에 일본의 고전 시가를 엮은 『만엽집』이 편찬되었다.
② 다이카 개신은 7세기 중엽에 추진되었으며, 이를 통해 일본은 당의 율령 체제의 영향을 받아 국왕 중심의 중앙 집권 체제를 확립하고자 하였다.
③ 헤이안 시대에 견당사 파견이 중지되었다.
④ 무로마치 막부가 명과 감합 무역을 전개하였다.

8 우마이야 왕조 이해

문제분석 자료에서 아랍인 우월주의를 내세웠다는 점, 수도 다마스쿠스 등을 통해 (가) 왕조는 우마이야 왕조임을 알 수 있다. 우마이야 왕조는 아랍인을 중용하고 비아랍인을 차별하였다. 이러한 상황에서 아바스 가문은 시아파와 비아랍인 등 여러 세력의 지원을 받아 우마이야 왕조를 무너뜨리고 아바스 왕조를 세웠다.
정답찾기 ④ 정통 칼리프 시대의 뒤를 이은 우마이야 왕조는 수도인 다마스쿠스를 중심으로 동쪽으로 인더스강 유역, 서쪽으로 이베리아 반도까지 진출하였다.
오답피하기 ① 16세기 초 이스마일 1세는 이란 지역에서 사파비 왕조를 세웠다.
② 아바스 왕조는 13세기에 훌라구가 이끈 몽골군의 침입으로 멸망하였다.
③ 정통 칼리프 시대의 이슬람 세력은 사산 왕조 페르시아를 정복하였다.
⑤ 베네치아 상인의 개입으로 제4차 십자군(1202~1204)은 비잔티움 제국의 콘스탄티노폴리스를 점령한 뒤 라틴 제국을 세웠다.

9 오스만 제국 술레이만 1세의 활동 이해

문제분석 자료에서 술탄의 군대가 빈을 포위하고 있다는 점, 증조부 메(흐)메트 2세의 정복 사업을 이어 나갔다는 점, 헝가리를 정복한 점 등을 통해 밑줄 친 '술탄'은 오스만 제국의 술레이만 1세임을 알 수 있다.
정답찾기 ⑤ 오스만 제국은 술레이만 1세 때 헝가리를 정복하고 오스트리아의 빈을 포위 공격하였으며 유럽 연합 함대를 격파하는 등 제국의 전성기를 이룩하였다.
오답피하기 ① 티무르는 몽골 제국의 재건을 내세우며 티무르 왕조를 세웠다.
② 에스파냐의 코르테스는 아메리카의 아스테카 제국을 정복하였다.
③ 오스만 제국의 셀림 1세는 이집트와 시리아 지역을 지배하던 이슬람 왕조인 맘루크 왕조를 멸망시켰다.
④ 몽골 제국의 훌라구는 13세기 중엽 아바스 왕조를 무너뜨리고 훌라구 울루스를 세웠다(1258).

10 무굴 제국의 문화 이해

문제분석 자료에서 황제가 마라타족과 대립하고 있다는 점, 황제가 이슬람 제일주의를 내세웠다는 점, 마라타족이 저항하였다는 점 등을 통해 (가) 제국은 무굴 제국임을 알 수 있다.

정답찾기 ② 무굴 제국에서는 힌두어에 페르시아어, 아랍어 등이 합쳐진 우르두어가 일상생활에서 사용되었다.

오답피하기 ① 마우리아 왕조의 아소카왕이 산치 대탑을 건립하였다.

③ 굽타 왕조 시대에 산스크리트어가 공용어가 되면서 산스크리트 문학이 발달하였다. 칼리다사는 『샤쿤탈라』를 남겼다.

④ 기원전 6세기 무렵 자이나교가 출현하였다.

⑤ 샤일렌드라 왕조 때 보로부두르가 자와섬에 축조되었다.

11 알렉산드로스의 활동 파악

문제분석 자료에서 이소스 전투에서 다리우스 3세 격퇴, 페르시아인들이 그리스 풍속을 따르게 한 점, 페르시아인의 풍속을 따른 점 등을 통해 밑줄 친 '그'는 알렉산드로스임을 알 수 있다. 기원전 4세기에 그리스 세계는 마케도니아의 필리포스 2세에게 정복되었다. 이후 필리포스 2세의 뒤를 이은 알렉산드로스는 동방 원정을 단행하여 유럽, 아시아, 아프리카의 세 대륙에 걸친 대제국을 건설하였다. 그는 원정 과정에서 동방의 전제 군주제를 도입하고 그리스인과 페르시아인의 결혼을 장려하는 등 동서 융합 정책을 추진하였다.

정답찾기 ① 알렉산드로스는 정복지 곳곳에 자신의 이름을 딴 도시인 알렉산드리아를 건설하였다.

오답피하기 ② 옥타비아누스는 이집트의 클레오파트라와 연합한 안토니우스의 군대를 악티움 해전에서 격파하고 로마의 지배권을 장악하였다.

③ 콘스탄티누스 황제는 니케아 공의회를 개최하여 아타나시우스파의 교리를 정통으로 인정하였다.

④ 로마에서 기원전 3세기에 평민회의 결의가 법적 효력을 갖는 호르텐시우스법이 제정되었다.

⑤ 로마 공화정 시기인 기원전 1세기경 군인 정치가가 등장하여 정치를 주도하는 삼두 정치가 실시되었다. 제1차 삼두 정치는 카이사르, 폼페이우스, 크라수스에 의해 전개되었다.

12 카롤루스 대제의 활동 이해

문제분석 자료에서 교황 레오 3세가 서로마 황제의 관을 수여한 점, 크리스트교 보급에 앞장서 정복지에 교회와 수도원을 건립한 점 등을 통해 (가) 인물은 카롤루스 대제임을 알 수 있다.

정답찾기 ⑤ 카롤루스 대제는 궁정 학교를 세워 학문과 고전 연구를 후원하는 등 문화 발전에 힘써 카롤루스 르네상스를 일으켰다.

오답피하기 ① 노르만족은 9세기 후반부터 유럽의 해안과 내륙 일대로 진출하여 노르망디 공국 등 노르만 계통의 국가를 세웠다.

② 신성 로마 제국 황제는 로마 교황과 보름스 협약을 체결하여 교황의 성직자 서임권을 공식적으로 인정하였다(1122).

③ 아테네 민주 정치의 기틀을 마련한 클레이스테네스는 참주의 출현을 막기 위해 도편 추방제를 마련하였다.

④ 비잔티움 제국의 황제 레오 3세가 성상 파괴령을 내리자 로마 가톨릭교회가 이를 거부하면서 동서 교회의 대립이 격화되었고, 1054년 동서 교회가 분열되었다.

13 백년 전쟁 이해

문제분석 자료에서 잔 다르크가 오를레앙성으로 출발한 점, 영국군이 오를레앙성의 포위를 풀은 점 등을 통해 자료의 전쟁은 백년 전쟁임을 알 수 있다. 백년 전쟁 당시 처음에는 전세가 영국에 유리하였으나, 프랑스가 잔 다르크의 활약으로 영국군에 포위된 오를레앙성을 탈환하는 등 전세를 역전시키며 승리를 거두었다.

정답찾기 ⑤ 영국 왕의 프랑스 왕위 계승권 주장과 프랑스 안의 영국령으로 인한 갈등, 모직물 공업 중심지인 플랑드르 지방의 지배권을 둘러싼 영국과 프랑스의 대립이 배경이 되어 백년 전쟁이 일어났다.

오답피하기 ① 왕정복고로 즉위한 찰스 2세가 가톨릭교도를 우대하자 의회는 심사법을 제정하여 이에 대응하였다.

② 영국 의회는 명예혁명에 성공한 뒤 권리 장전을 제출하였고 공동왕으로 추대된 메리와 윌리엄은 이를 승인하였다.

③ 로마 교황은 클레르몽 공의회에서 성지 회복을 위한 전쟁을 호소하였고, 이에 십자군 전쟁이 시작되었다.

④ 루터의 「95개조 반박문」 발표 이후 루터를 지지하는 제후들은 교황과 긴밀한 관계를 맺고 있던 신성 로마 제국 황제와 대립하였는데, 결국 1555년 아우크스부르크 화의에서 루터파가 공식적으로 인정받게 되었다.

14 에스파냐 펠리페 2세의 활동 이해

문제분석 자료에서 레판토 해전에서 오스만 제국을 격파했다는 점, 에스파냐 국왕인 점을 통해 (가) 국왕은 펠리페 2세임을 알 수 있다.

정답찾기 ② 에스파냐의 펠리페 2세는 무적함대를 동원하여 영국을 공격하였으나 엘리자베스 1세에게 패배하였다.

오답피하기 ① 러시아의 표트르 대제는 상트페테르부르크를 건설하여 수도로 삼았다.

③ 프랑스에서 신교와 구교의 대립으로 위그노 전쟁이 일어나자, 1598년 앙리 4세는 낭트 칙령을 발표하여 신교도인 위그노에게 신앙의 자유를 부분적으로 허용하였다.

④ 18세기에 프로이센의 프리드리히 2세는 오스트리아와의 전쟁 끝에 슐레지엔을 차지하였다.

⑤ 오스만 제국의 메(흐)메트 2세는 콘스탄티노폴리스를 점령하여 비잔티움 제국을 멸망시켰다.

15 국민 공회의 활동 이해

문제분석 자료에서 공화정이 선포되었다는 점, 로베스피에르 등 자코뱅파가 공안 위원회를 장악한 점 등을 통해 밑줄 친 '이 의회'가 프랑스 혁명 전개 과정에서 수립된 국민 공회임을 알 수 있다.

정답찾기 ② 국민 공회는 공화정을 선포하고 루이 16세를 처형하였다.

오답피하기 ① 전쟁과 왕실의 사치로 재정이 어려워진 루이 16세는 재정 충당을 위해 삼부회를 소집하였다. 국민 공회 활동 이전의 사실이다.

③ 프랑스의 나폴레옹은 영국을 경제적으로 고립시키기 위해 대륙 봉쇄령을 발표하였다. 국민 공회 활동 이후의 사실이다.

④ 프랑스 혁명의 전개 과정에서 제3 신분 대표들이 국민 의회를 구성하여 '테니스코트의 서약'을 발표하였다. 국민 공회 활동 이전의 사실이다.

⑤ 1830년 프랑스 7월 혁명의 결과 루이 필리프가 국왕으로 추대되

었다. 국민 공회 활동 이후의 사실이다.

16 이탈리아의 통일 과정 이해

문제분석 자료에서 국왕과 가리발디가 나폴리에 함께 입성한 점, 가리발디가 의용군을 이끌고 나폴리 등 남부 지역을 점령한 후 정복지를 국왕에게 바친 점 등을 통해 밑줄 친 '통일 운동'이 이탈리아의 통일과 관련된 것임을 알 수 있다.

정답찾기 ⑤ 사르데냐 왕국은 오스트리아와의 전쟁에서 승리하여 이탈리아 중·북부 지역을 통합하였다.

오답피하기 ① 미국은 트루먼 독트린(1947)을 발표하여 공산주의에 대항하는 국가를 지원하겠다는 뜻을 밝혔다.

② 영국에서는 찰스 1세가 처형된 이후 크롬웰이 호국경에 취임하였다.

③ 독일에서 일어난 30년 전쟁의 결과 베스트팔렌 조약이 체결되었다.

④ 프랑스에서는 샤를 10세가 언론을 탄압하고 의회를 해산하는 등 전제 정치를 시행하였다.

17 미국의 제국주의 정책 파악

문제분석 자료에서 에스파냐 함대를 침몰시켰다는 점, 듀이 제독이 에스파냐 총독에게 포격을 중단하라고 요청한 점, 전투 이후에 에스파냐가 필리핀에 대한 지배권을 상실했다는 점 등을 통해 (가) 국가는 미국임을 알 수 있다. 에스파냐와의 전쟁(1898)에서 승리한 미국은 필리핀을 식민지로 삼았다.

정답찾기 ⑤ 미국은 페리 제독의 무력시위를 통해 일본을 개항시켰다.

오답피하기 ① 러일 전쟁에서 패배한 러시아는 미국의 중재로 일본과 포츠머스 조약을 체결하였다(1905).

② 이탈리아는 아도와 전투에서 에티오피아군에 패배하였다.

③ 아프리카에서 식민지 분할 경쟁을 하던 프랑스와 영국은 1898년 수단의 파쇼다에서 충돌하였다.

④ 영국은 수에즈 운하의 관리권을 장악하고 이집트를 보호국화하였다.

18 의화단 운동 이해

문제분석 자료에서 서양 세력 배척을 명분으로 산둥 일대를 중심으로 확산된 점, 8개국으로 구성된 연합군이 진압에 나섰다는 점 등을 통해 밑줄 친 '이 운동'은 의화단 운동임을 알 수 있다.

정답찾기 ⑤ 의화단 운동이 진압된 이후 외국 군대의 베이징 주둔을 허용하는 내용 등이 담긴 신축조약이 체결되었다(1901).

오답피하기 ① 태평천국 운동 세력은 천조전무 제도를 발표하여 토지 균등 분배를 지향하였다.

② 청의 철도 국유화 조치에 대해 쓰촨 지역 등에서 반대 운동이 일어났으며, 우창의 신군이 봉기하면서 신해혁명이 일어났다.

③ 캉유웨이, 량치차오 등은 메이지 유신을 본떠 변법자강 운동을 전개하였다.

④ 제1차 아편 전쟁에서 승리한 영국은 청과 난징 조약 등을 맺었다. 그러나 조약 체결 이후에도 청과의 무역에서 기대만큼의 성과를 거두지 못한 영국은 애로호 사건(1856)을 구실로 프랑스와 연합하여 제2차 아편 전쟁을 일으켰다.

19 제2차 세계 대전의 전개 과정 이해

문제분석 자료에서 처칠, 대서양 헌장 발표, 나치에 의해 정복된 유럽 국가에게만 적용한 점 등을 통해 밑줄 친 '전쟁'은 제2차 세계 대전(1939~1945)임을 알 수 있다. 대서양 헌장은 제2차 세계 대전 중에 발표된 것으로 국제 연합의 성립에 영향을 주었다.

정답찾기 ③ 제2차 세계 대전 시기인 1944년 6월에 연합국은 노르망디 상륙 작전을 성공시킴으로써 파리 등지를 수복하였다.

오답피하기 ① 제1차 세계 대전의 결과 1920년 국제 평화와 협력을 위한 국제기구로 국제 연맹이 창설되었다.

② 1914년 오스트리아·헝가리 제국의 황태자 부부가 보스니아의 사라예보를 방문하였을 때 세르비아의 민족주의를 지지하는 청년이 황태자 부부를 암살하는 사라예보 사건이 일어났다. 이를 계기로 제1차 세계 대전이 발발하였다.

④ 서유럽 국가들은 공산주의에 대항하기 위한 군사 협력 기구로 북대서양 조약 기구[NATO]를 결성하였다(1949).

⑤ 레닌은 소비에트 정부를 통합하여 1922년에 소비에트 사회주의 공화국 연방(소련)을 수립하였다.

20 베를린 봉쇄 발생 시기 파악

문제분석 자료에서 미국을 비롯한 서방 국가가 서베를린으로 군 수송기를 보냈다는 점, 소련이 미국, 영국, 프랑스가 서독 지역에 새로운 통화 제도를 도입한 것에 반발한 점, 서방 측이 서베를린에 물자를 공수한 점 등을 통해 밑줄 친 '봉쇄'는 베를린 봉쇄(1948~1949)임을 알 수 있다.

정답찾기 ② 미국, 영국, 프랑스가 자신들의 독일 내 관할 구역에 새로운 통화 제도를 도입하자, 1948년 소련은 베를린 봉쇄를 단행하여 물자 공급 등을 차단하였다. 마셜 계획은 1947년에 발표되었고, 쿠바 미사일 위기는 1962년에 일어났다.

실전 모의고사 5회 본문 108~112쪽

1 ③	2 ①	3 ④	4 ③	5 ⑤
6 ③	7 ⑤	8 ③	9 ④	10 ⑤
11 ③	12 ①	13 ④	14 ④	15 ③
16 ②	17 ②	18 ①	19 ③	20 ⑤

1 바빌로니아 왕국의 역사 이해

문제분석 자료에서 제6대 왕 함무라비가 법전을 편찬한 점 등이 거론되었으므로, (가) 국가는 바빌로니아 왕국임을 알 수 있다.

정답찾기 ③ 메소포타미아 지역에서 아카드인은 수메르인의 국가를 정복하였고, 이어서 아무르인이 새로운 지배자로 등장하였다. 특히 아무르인이 세운 바빌로니아 왕국은 메소포타미아 전역을 통일하고, 기원전 18세기 함무라비왕 시대에 이 지역의 옛 법을 집대성하여 『함무라비 법전』을 편찬하였다.

오답피하기 ① 인도를 정복한 아리아인은 자연신에 관한 찬양과 제사 의식을 정리하여 『베다』를 만들었는데, 이는 브라만교의 경전이 되었다.

② 중국의 상 왕조는 은허를 중심으로 황허강 일대를 통치하였다. 은허 유적에서는 정교한 청동기 유물이 대거 출토되었다.

④ 이집트 문명에서는 최고 통치자를 파라오라 불렀으며, 파라오는 태양신 '라'의 아들이자 신으로 군림하는 신권 정치를 실시하였다.

⑤ 헤브라이인이 세운 왕국은 솔로몬왕 때 전성기를 누렸으나, 그의 사후 이스라엘과 유대로 갈라져 이스라엘은 아시리아에, 유대는 신바빌로니아에 각각 멸망하였다.

2 한 왕조 때의 역사적 사실 파악

문제분석 자료에서 『사기』를 지은 점, 궁형의 벌을 받은 점 등이 거론되었으므로, 밑줄 친 '나'는 한 왕조 시기의 사마천임을 알 수 있다.

정답찾기 ① 한 무제는 잦은 대외 원정으로 재정이 어려워지자 소금과 철의 전매제를 시행하여 재정을 확충하고, 균수법과 평준법을 실시하여 물가를 조절하였다. 또한 오수전을 주조하여 전국에 유통하였다.

오답피하기 ② 위진 남북조 시대에는 9품중정제가 시행되었다. 9품중정제는 중정관이 인재를 9품으로 나누어 중앙에 추천하는 제도였다.

③ 주 왕조는 기원전 8세기경 내란과 이민족의 침입으로 더욱 약해져 수도를 호경에서 동쪽의 낙읍으로 옮겼다(동주 시대).

④ 진(秦)은 기원전 4세기경에 법가 사상가인 상앙을 등용하여 적극적인 부국강병책을 추진하면서 전국 시대 7웅 가운데 하나로 발돋움하였다.

⑤ 수 양제는 화북과 강남을 잇는 대운하를 건설하여 남북 간 물자 유통과 경제 통합을 강화하였다.

3 당 태종의 행적 파악

문제분석 자료에서 수도가 장안인 점, 동돌궐을 정복한 점 등이 거론되었으므로, (가) 황제는 당 태종임을 알 수 있다.

정답찾기 ④ 당 왕조를 개창한 고조 이연의 뒤를 이은 태종 이세민은 각종 제도를 정비하여 제국의 기반을 공고히 하고 대외 팽창에 나서 '정관의 치'라고 일컫는 태평성세를 이룩하였다.

오답피하기 ① 수 문제는 9품중정제를 폐지하고 과거제를 처음 시행하였다.

② 진의 시황제는 중국을 통일한 후 전국을 36군으로 나누어 지방관을 파견하는 군현제를 실시하였다.

③ 한 무제는 흉노를 견제하기 위해 장건을 대월지에 파견하여 동맹을 도모하였다.

⑤ 북위의 효문제는 뤄양 천도를 단행하였으며 선비족의 복장과 언어 금지, 한족 성씨 사용, 한족과의 혼인 장려 등 한화 정책을 추진하였다.

4 거란(요)의 활동 파악

문제분석 자료에서 당 멸망 이후에 건국된 점, 나라 세운 이가 야율아보기인 점 등이 거론되었으므로, (가) 국가는 거란(요)임을 알 수 있다.

정답찾기 ③ 연운 16주는 후당을 멸망시킬 때 군사 원조를 받은 대가로 후진을 세운 석경당이 거란에 넘겨준 땅으로, 오늘날의 베이징, 다퉁 일대에 해당하는 지역이다.

오답피하기 ① 원 왕조는 교역의 편의를 위해 지폐인 교초를 발행하였다.

② 청의 옹정제는 군기처를 설치하여 황제 독재권을 강화하였다.

④ 화북 지방을 차지한 금은 이중 지배 체제를 시행하였는데, 여진족 등은 맹안 모극제로 다스리고 한족 등은 주현제로 통치하였다.

⑤ 당 왕조는 정복한 지역에 도호부를 설치하여 중앙 정부에서 책임자를 파견하는 동시에 해당 지역 유력자에게 자치권을 인정하는 기미 정책을 실시하였다.

5 명 영락제의 활동 파악

문제분석 자료에서 난징에서 베이징으로 천도한 점, 자금성을 이용한 점 등이 거론되었으므로, 밑줄 친 '짐'은 명 영락제임을 알 수 있다.

정답찾기 ⑤ 명 영락제는 환관 정화에게 여러 차례에 걸쳐 대규모 항해를 추진하게 하였다. 이를 통해 명은 국력을 과시하면서 동남아시아와 인도 및 아프리카 동해안까지 진출하여 조공 체제의 확대를 꾀하였다.

오답피하기 ① 쿠빌라이 칸(세조)은 수도를 현재의 베이징인 대도로 옮기고 국호를 원으로 정하였다(1271). 이후 그는 남송을 멸망시키고 중국을 통일하여 유목 민족 최초로 중국 전역을 지배하였다.

② 명 태조 홍무제는 재상제를 폐지하고 중앙 정부를 직접 통솔하여 황제권을 더욱 강화하였다.

③ 청의 건륭제 때 약 8만 권에 이르는 서적을 경(經), 사(史), 자(子), 집(集)의 4부로 분류한 『사고전서』가 편찬되었다.

④ 후금에서 청으로 국호를 바꾼 홍타이지(태종)는 몽골과 조선을 여러 차례 공격하였다.

6 아케메네스 왕조 페르시아의 역사 이해

문제분석 자료에서 키루스 2세가 국가의 기초를 마련한 점, '비옥한 초승달 지대'를 장악한 점, 비시툰산 암벽에 부조와 비문을 남긴 점 등이 거론되었으므로, (가) 국가는 아케메네스 왕조 페르시아임을 알 수 있다.

정답찾기 ③ 페르세폴리스는 아케메네스 왕조 페르시아의 새로운 수도로 다리우스 1세 때 건설이 시작되었다.

오답피하기 ① 아시리아는 니네베를 수도로 삼았는데, 이곳에는 왕립 도서관이 건립되어 많은 문헌을 소장하였다.

② 수메르인은 여러 도시에 지구라트를 세워 해당 도시의 수호신을 섬겼다.

④ 사파비 왕조는 시아파 이슬람교를 국교로 정하여 수니파인 오스만 제국 등과 대립하기도 하였다.

⑤ 서아시아 지역에서 등장한 파르티아는 지리적 이점을 활용하여 로마와 인도의 쿠샨 왕조, 중국의 한 왕조를 연결하는 동서 무역로를 장악하여 중계 무역으로 경제적 번영을 누렸다.

7 아바스 왕조와 셀주크 튀르크의 역사 이해

문제분석 자료에서 팔레스타인 점령과 비잔티움 제국에 대한 압박으로 십자군 전쟁이 발발한 점 등이 거론되었으므로, (가) 국가는 셀주크 튀르크임을 알 수 있다. 또한 훌라구가 이끈 몽골군에 의해 바그다드가 함락되면서 멸망한 점 등이 거론되었으므로, (나) 국가는 아바스 왕조임을 알 수 있다.

정답찾기 ⑤ 셀주크 튀르크는 부와이 왕조를 밀어내고 바그다드에 입성하여 칼리프를 보호하였다(1055). 이에 아바스 왕조로부터 술탄이라는 칭호와 정치·군사적 실권을 부여받았다.

오답피하기 ① 파르티아는 사산 왕조 페르시아에 멸망하였다.

② 티무르는 몽골 제국의 재건을 내걸고 사마르칸트를 수도로 하여 티무르 왕조를 세웠다.

③ 당 왕조는 탈라스 전투에서 아바스 왕조 등의 이슬람 세력에게 패배하였다(751).

④ 티무르 왕조가 쇠퇴하자 이란 지역에서는 이스마일 1세가 사파비 왕조를 세웠다(1501).

8 마우리아 왕조의 문화 이해

문제분석 자료에서 알렉산드로스의 인도 원정으로 인한 혼란 속에서 수립된 점, 알렉산드로스의 후계자를 자처하는 셀레우코스 1세의 동진을 차단한 점 등이 거론되었으므로, (가) 왕조는 마우리아 왕조임을 알 수 있다.

정답찾기 ③ 마우리아 왕조의 아소카 왕은 불경을 정리하게 하고 불탑을 세우는 등 불교의 보호와 포교에 힘썼다. 이 시기에는 개인의 해탈을 강조하는 상좌부 불교가 발전하여 스리랑카, 태국 등 동남아시아에 전파되었다.

오답피하기 ① 타지마할은 무굴 제국의 제5대 황제인 샤자한이 아내인 뭄타즈 마할을 추모하기 위해 세운 묘당이다.

② 자와섬에서 8세기에 일어난 샤일렌드라 왕조는 불교를 받아들여 보로부두르와 같은 불교 유적을 남겼다.

④ 쿠트브 미나르는 고르 왕조의 맘루크(용병)였다가 이후 델리 술탄 왕조 시대를 개막한 아이바크가 델리 정복을 기념하여 세운 탑이다.

⑤ 굽타 왕조 때의 시인이자 극작가인 칼리다사는 『샤쿤탈라』라는 희곡을 집필하였다.

9 아테네의 역사 이해

문제분석 자료에서 마라톤 평야에서 페르시아인들과 전투를 벌인 점, 그림 속에 스파르타를 포함하여 다른 폴리스의 흔적이 없는 점, 페리클레스가 활동한 점 등이 거론되었으므로, (가) 국가는 아테네임을 알 수 있다.

정답찾기 ④ 페르시아 전쟁 이후 결성된 델로스 동맹이 아테네의 이익을 우선하는 동맹으로 변질되자 이에 불만을 가진 폴리스들이 스파르타를 중심으로 아테네 중심의 델로스 동맹에 맞서 전쟁을 일으켰다(펠로폰네소스 전쟁). 이 전쟁은 페리클레스가 병사하고 아테네의 민주 정치가 무너지면서 스파르타가 중심이 된 펠로폰네소스 동맹의 승리로 끝났다.

오답피하기 ① 스파르타는 도리스인이 원주민을 정복하고 세운 폴리스였다.

② 로마에서는 기원전 287년에 호르텐시우스법이 제정되어 평민회의 의결 사항이 원로원의 동의 없이도 법적 효력을 갖게 되었다.

③ 아케메네스 왕조 페르시아를 정복한 알렉산드로스는 동방의 전제 군주제를 도입하여 왕권을 강화하였다.

⑤ 아케메네스 왕조 페르시아는 수도인 수사에서 사르디스에 이르는, '왕의 길'이라 불린 도로를 건설하였다.

10 8~9세기의 역사적 사실 파악

문제분석 자료에서 황제인 레오 3세가 칙령을 내린 점, 칙령이 내려진 이후 성상 파괴 운동이 일어난 점, 9세기 중반에 성상 파괴 운동이 일단락되면서 정교 주일이 제정된 점 등이 거론되었으므로, 밑줄 친 ㉠ 시기는 성상 파괴령이 선포된 726년부터 9세기 중반까지임을 알 수 있다.

정답찾기 ⑤ 프랑크 왕국의 카롤루스 대제는 정복 활동으로 옛 서로마 제국 영토의 상당 부분을 차지하였으며, 곳곳에 교회를 세워 크리스트교를 전파하였다. 이에 카롤루스 대제는 로마 교황인 레오 3세로부터 서로마 황제의 관을 받았다(800).

오답피하기 ① 14세기 초 교회와 성직자에 대한 과세 문제로 프랑스의 왕 필리프 4세와 교황 보니파키우스 8세가 대립하였으나 필리프 4세가 교황을 굴복시켰다. 이후 새로운 교황이 교황청을 로마에서 아비뇽으로 옮기면서 약 70년간 교황은 프랑스 왕의 통제 아래 놓이게 되었다(아비뇽 유수).

② 5세기 말 프랑크족을 이끌고 갈리아 지방에 정착하여 메로베우스 왕조를 세운 클로비스는 로마 가톨릭교로 개종하여 현지 주민과의 문화적 마찰을 피할 수 있었다.

③ 6세기 비잔티움 제국의 유스티니아누스 황제는 로마법을 집대성하여 법전을 편찬하였다(『유스티니아누스 법전』).

④ 성직자 서임권을 놓고 교황과 대립하다 파문당한 하인리히 4세는 이탈리아의 카노사로 교황을 찾아가 사죄하였다(카노사의 굴욕, 1077).

11 포르투갈의 활동 파악

문제분석 자료에서 이슬람 세력을 피해 아시아와 직접 거래할 방법을 바다에서 찾은 점, 바스쿠 다 가마를 통해 인도의 캘리컷에 도착한 점 등이 거론되었으므로, (가) 국가는 포르투갈임을 알 수 있다.

정답찾기 ③ 포르투갈은 인도 항로를 개척한 이후 고아, 믈라카, 마카오 등 거점 항구를 장악하고 무역 기지로 삼았다.

오답피하기 ① 프랑스의 루이 14세는 콜베르를 중용하여 중상주의 정책을 추진하였다.

② 프로이센의 프리드리히 2세는 오스트리아와의 전쟁에서 승리하여 슐레지엔 지방을 획득하였다.

④ 에스파냐의 코르테스는 멕시코고원 일대의 아스테카 문명을 파괴하였다.

⑤ 러시아의 표트르 대제는 스웨덴과의 북방 전쟁 과정에서 상트페테르부르크를 건설하여 수도로 삼았다.

12 프랑스 혁명의 전개 과정 파악

문제분석 자료에서 루이 16세와 가족들이 움직인 점, 시민들이 왕궁인 튈르리궁을 점령한 점, 시위대의 승리로 왕권 정지 등을 규정한 법이 통과된 점 등이 거론되었으므로, 밑줄 친 '시위'는 파리 시민들에 의해 전개된 것으로 루이 16세의 왕권을 정지시킨 활동임을 알 수 있다.

정답찾기 ㄱ. 프랑스 혁명 당시 귀족들이 허벅지에 꽉 끼는 반바지인 퀼로트를 입었던 데 반해, 민중들은 통이 넓은 긴 바지를 입었기 때문에 '상퀼로트'라 불렸다. 입법 의회의 선전 포고로 혁명전쟁이 시작된 이후 루이 16세와 보수적인 귀족들이 적과 내통한다는 소문에 과격해진 파리의 상퀼로트가 왕궁 습격을 주도하였다.

ㄴ. 상퀼로트의 왕궁 습격으로 루이 16세의 왕권이 정지되었고, 입법 의회 대신 국민 공회가 들어섰다.

오답피하기 ㄷ. 국민 공회가 수립된 이후 공포 정치를 이끈 로베스피에르는 온건파가 주도한 테르미도르의 반동으로 실각하였다.

ㄹ. 삼부회의 제3 신분 대표들은 머릿수 표결 요구가 받아들여지지 않자, 국민 의회를 구성하고 헌법 제정 전에는 해산하지 않겠다고 선언하였다(테니스코트의 서약).

13 나폴레옹의 행적 파악

문제분석 자료에서 나폴레옹이 프랑스 군대를 이끌고 러시아를 공격하고 있는 점 등이 거론되었으므로, 일기가 작성된 시기는 나폴레옹의 러시아 원정 시기임을 알 수 있다.

정답찾기 ④ 트라팔가르 해전에서 패배한 나폴레옹은 영국을 고립시키기 위해 대륙과 영국 간의 무역을 금지하는 대륙 봉쇄령을 선포하였다. 그러나 러시아가 이를 어기고 영국과 무역을 계속하자 러시아 원정에 나섰다. 러시아 원정에 실패하고 대프랑스 동맹에 패배한 나폴레옹은 엘바섬에 유배되었다가 탈출하여 황제로 복귀하였으나, 워털루 전투에서 패배하여 완전히 몰락하였다. 나폴레옹이 몰락한 후 오스트리아 메테르니히의 주도로 빈 회의가 개최되었다. 빈 회의에서 유럽 각국의 지배권과 영토를 프랑스 혁명 이전의 상태로 되돌리기로 함으로써 빈 체제가 성립되었다.

14 카보우르의 사상과 행적 이해

문제분석 자료에서 마치니, 가리발디와 함께 이탈리아 통일에 기여한 삼걸 중 한 명으로 꼽히는 점, 재상의 지위에 있던 점 등이 거론되었으므로, (가) 인물은 카보우르임을 알 수 있다.

정답찾기 ④ 사르데냐 왕국의 재상 카보우르는 산업을 장려하고 군대를 양성하는 등 내정 개혁에 힘썼다. 이후 프랑스를 끌어들여 오스트리아를 물리치고 이탈리아 북부와 중부 지역을 통합하였다.

오답피하기 ① 제1차 선거법 개정(1832)에서 참정권을 보장받지 못한 영국의 노동자들은 인민헌장을 제정하고 이 헌장의 수용과 이행을 촉구하는 차티스트 운동을 전개하였다.

② 마치니는 프랑스 7월 혁명의 영향을 받아 청년 이탈리아당을 조직하여 자유주의적 통일 운동을 전개하였지만 실패하였다.

③ 가리발디는 시칠리아와 나폴리 등을 점령하여 이를 사르데냐 왕국의 국왕에게 바쳤다.

⑤ 영국은 1832년 제1차 선거법 개정을 통해 부패 선거구를 없애고 도시의 신흥 상공업자에게 선거권을 부여하였다.

15 19세기 이후 독일의 역사 이해

문제분석 자료에서 나폴레옹 3세와 8만 명이 넘는 프랑스군을 포로로 잡은 점, 제1차 세계 대전에서 러시아와 싸운 점 등이 거론되었으므로, (가) 국가는 독일임을 알 수 있다.

정답찾기 ③ 독일의 비스마르크는 통일 이후 유럽의 현상 유지와 프랑스의 고립화를 추구하였는데, 이를 위해 오스트리아·헝가리 제국 및 이탈리아와 3국 동맹을 결성하였다(1882).

오답피하기 ① 러시아의 니콜라이 1세는 흑해 방면으로 남하 정책을 추진하며 크림 전쟁(1853~1856)을 일으켰지만 패배하였다.

② 카보우르가 재상으로 있던 사르데냐 왕국은 오스트리아와의 전쟁에 지원해 준 대가로 사부아(사보이)와 니스를 프랑스에 할양하였다.

④ 19세기 영국에서는 국내 지주를 보호하던 곡물법이 폐지되었고, 점차 자유 무역의 걸림돌이 되어버린 항해법도 폐지되었다.

⑤ 제2 제정을 이끌던 나폴레옹 3세는 프로이센과의 전쟁에서 패하여 몰락하였다. 이후 프랑스에서는 제3 공화정이 수립되었다.

16 18세기 이후 영국의 역사 이해

문제분석 자료에서 여왕이 60년간 왕위를 유지한 점, 산업 혁명 이래 과학 문명을 급속도로 발전시킨 점, 섬나라로 광대한 식민지를 보유한 점, 세계 경제를 지배하는 부강한 나라인 점 등이 거론되었으므로, (가) 국가는 영국임을 알 수 있다.

정답찾기 ② 17세기경 인도에 진출한 영국은 동인도 회사를 통해 인도 무역을 주도하였다. 플라시 전투(1757)에서 프랑스를 물리친 영국은 벵골 지역에 대한 통치권을 확보하면서 인도에 대한 지배를 더욱 강화해 나갔다.

오답피하기 ① 러시아는 제2차 아편 전쟁 이후 베이징 조약을 통해 연해주를 획득하였다.

③ 일본의 에도 막부는 서양 국가 중에서는 유일하게 네덜란드만이 나가사키의 데지마를 통해 일본과 교역할 수 있도록 허용하였다.

④ 바르톨로메우 디아스는 포르투갈의 지원으로 '희망봉'이라고 명명한 아프리카 남단에 도착할 수 있었다.

⑤ 인도에서 영국에 밀려난 프랑스는 청과의 전쟁(1884~1885)에서 승리하여 베트남에 대한 지배권을 인정받았다.

17 일본의 개항 과정 파악

문제분석 자료에서 페리가 내항하여 미국 대통령의 국서를 넘겨준 점, 화친 조약이 체결되고 4년 뒤에 '진정한 개항'이 이루어진 점, 1856년에 발발한 제2차 아편 전쟁으로 강제 개항에 대한 두려움을 갖게 된 점 등이 거론되었으므로, 밑줄 친 '진정한 개항'은 1858년의 미일 수호 통상 조약에 따른 개항임을 알 수 있다.

정답찾기 ② 일본의 에도 막부는 미국 페리 제독의 무력시위에 굴복하여 미일 화친 조약을 체결함으로써 개항하였다(1854). 이어 막부는 미국의 계속된 통상 요구를 받아들여 협정 관세와 영사 재판권 등을 인정한 미일 수호 통상 조약을 체결하였다(1858).

오답피하기 ① 제1차 아편 전쟁 이후 체결된 난징 조약으로 청의 공행 무역이 폐지되었다.
③ 청일 전쟁에서 패배한 청은 일본과 시모노세키 조약을 체결하여 타이완과 랴오둥반도를 할양하고 막대한 배상금 지급을 약속하였다.
④ 제2차 아편 전쟁으로 톈진을 점령당한 청은 외교관의 베이징 주재 허용, 10개 항구의 추가 개항, 크리스트교 포교의 자유 인정 등을 내용으로 하는 톈진 조약을 체결하였다(1858). 그러나 비준 과정에서 청이 조약의 파기를 요구하자, 영국과 프랑스는 베이징을 점령하여 청을 굴복시키고 베이징 조약을 체결하였다(1860). 결국 청은 기존의 톈진 조약을 인정하고 영국에 주룽반도, 러시아에 연해주를 할양하였다.
⑤ 일본의 에도 막부가 체결한 미일 화친 조약(1854)을 통해 시모다와 하코다테가 개항되었다.

18 사라예보 사건의 발생 배경 파악

문제분석 자료에서 오스트리아·헝가리 제국이 같은 게르만족 국가인 독일의 도움으로 발칸반도의 보스니아·헤르체고비나 지역을 차지한 점, 이 때문에 슬라브족이 주도하는 세르비아의 불만이 고조된 점 등이 거론되었으므로, 자료를 활용한 탐구 활동으로는 세르비아와 오스트리아·헝가리 제국의 갈등에서 비롯된 사라예보 사건에 관한 내용 정도가 적절함을 알 수 있다.

정답찾기 ① 발칸반도에서는 독일과 오스트리아·헝가리 제국의 범게르만주의와 러시아와 슬라브계 국가들의 범슬라브주의가 갈등을 빚고 있었다. 이후 발칸 전쟁으로 이 같은 대립과 충돌이 더욱 심화하는 가운데, 세르비아 민족주의를 지지하는 한 청년이 보스니아의 사라예보에서 오스트리아·헝가리 제국의 황태자 부부를 암살하는 사건이 발생하였다(사라예보 사건, 1914).

오답피하기 ② 이탈리아의 무솔리니는 파시스트당을 결성하고 1922년 로마 진군을 통해 집권하였다.
③ 알렉산드르 2세의 농노 해방령(1861) 이후 러시아의 지식인들은 농민을 혁명 세력으로 계몽하려는 브나로드 운동을 전개하였다.
④ 프로이센의 프리드리히 2세는 상수시 궁전을 건립하였다. 상수시 궁전은 18세기 로코코 양식을 대표하는 건축물 중 하나로 꼽힌다.
⑤ 제2차 세계 대전 당시 독일군이 파리를 점령하고 프랑스 남부에 비시 정부가 들어서자 드골은 영국에서 망명 정부를 결성하고 독일에 대한 저항 활동을 전개하였다.

19 태평양 전쟁의 전개 과정 파악

문제분석 자료에서 암호명 '에이에프(AF)'가 미드웨이로 밝혀진 점, 진주만에 이어 그곳에서 벌어질 전투가 항공 모함 간의 맞대결이 되리라는 점 등이 거론되었으므로, 밑줄 친 '다음 전투'는 미드웨이 해전임을 알 수 있다.

정답찾기 ③ 진주만에서 큰 피해를 당한 미국은 미드웨이 해전(1942)에서 일본군을 격파함으로써 태평양 전쟁의 전세를 반전시키고 일본이 장악한 태평양의 섬들을 차지해 나갔다.

오답피하기 ① 레닌과 볼셰비키가 주도한 무장봉기로 임시 정부가 무너지고 소비에트 정부가 수립되었다(러시아력 10월 혁명, 1917).
② 독일은 소련과 맺은 불가침 조약을 파기하고 1941년 소련을 침공하여 모스크바 부근까지 진격하였다. 그러나 독일군은 스탈린그라드 전투(1942~1943)에서 소련군에 패배하면서 동부 전선에서 물러났다.
④ 제1차 세계 대전 당시 프랑스군이 마른 전투에서 독일군을 저지하자, 서부 전선은 교착 상태에 빠져 참호를 파고 서로 대치하는 참호전이 전개되었다.
⑤ 1941년 북대서양의 함상에서 만난 미국의 루스벨트와 영국의 처칠은 전후 평화 수립의 원칙을 천명한 대서양 헌장을 공동으로 발표하였다.

20 브레턴우즈 회의의 의미 이해

문제분석 자료에서 국제 부흥 개발 은행의 설립을 제안한 점 등이 거론되었으므로, (가) 회의는 브레턴우즈 회의임을 알 수 있다.

정답찾기 ⑤ 제2차 세계 대전 중에 연합국 대표들은 미국의 브레턴우즈에 모여 국제 통화 금융 회의를 개최하였다(1944). 이 회의에서는 미국의 달러를 기축 통화로 정하고, 달러를 기준으로 각국의 환율을 고정하기로 합의하였다. 그리고 국제 통화 기금[IMF]과 국제 부흥 개발 은행[IBRD]을 설립하여 국제 무역을 지원하기로 하였다.

오답피하기 ① 1945년 2월에 열린 얄타 회담에서 연합국 정상들은 소련이 독일과의 전쟁 종결 후 일본과의 전쟁에 참전할 것을 결정하였다.
② 1993년 11월 마스트리흐트 조약의 발효와 함께 유럽 공동체[EC]는 유럽 연합[EU]으로 발전하였다. 이 조약에 따라 유럽 시민권이 도입되고 유럽 단일 화폐인 '유로'가 통용되었다.
③ 국제 연합[UN]은 1945년의 샌프란시스코 회의를 거쳐 같은 해 10월에 출범하였다.
④ 1961년 티토, 네루, 나세르 등은 유고슬라비아의 베오그라드에서 제1차 비동맹 회의를 개최하였다.

인용 사진 출처

ⓒ shizhao / CC BY 2.0　마테오 리치의 묘비 탁본(17쪽)

ⓒ **종로도서관**　기하원본(17쪽)

ⓒ National Security Archive　폴로 작전이 담긴 비밀 문서(82쪽)

ⓒ the State Historical Society of Missouri　베를린 봉쇄 풍자화(107쪽)

고2~N수, 수능 집중

구분	수능 입문		기출/연습	연계 + 연계 보완		고난도	모의고사
국어	윤혜정의 개념/패턴의 나비효과		윤혜정의 기출의 나비효과	수능특강 문학 연계 기출	수능특강 사용설명서 / 수능완성 사용설명서	하루 3개 1등급 국어독서	FINAL 실전모의고사
영어	기본서 수능 빌드업 / 수능특강 Light	강의노트 수능개념	수능 기출의 미래	수능연계교재의 VOCA 1800 / 수능연계 기출 Vaccine VOCA 2200	수능 영어 간접연계 서치라이트	하루 6개 1등급 영어독해	만점마무리 봉투모의고사 시즌1 / 만점마무리 봉투모의고사 시즌2
수학	수능 감(感)잡기		수능 기출의 미래 미니모의고사	수능 연계교재: 수능특강	수능완성	수능연계완성 3주 특강	만점마무리 봉투모의고사 고난도 Hyper
한국사 사회	수능 스타트		수능특강Q 미니모의고사	eBook 전용: 수능완성R 모의고사	수능 등급을 올리는 변별 문항 공략	박봄의 사회·문화 표 분석의 패턴	수능 직전보강 클리어 봉투모의고사
과학							

구분	시리즈명	특징	난이도	영역
수능 입문	윤혜정의 개념/패턴의 나비효과	윤혜정 선생님과 함께하는 수능 국어 개념/패턴 학습		국어
	수능 빌드업	개념부터 문항까지 한 권으로 시작하는 수능 특화 기본서		국/수/영
	수능 스타트	2028학년도 수능 예시 문항 분석과 문항 연습		사/과
	수능 감(感) 잡기	동일 소재·유형의 내신과 수능 문항 비교로 수능 입문		국/수/영
	수능특강 Light	수능 연계교재 학습 전 가볍게 시작하는 수능 도전		영어
	수능개념	EBS*i* 대표 강사들과 함께하는 수능 개념 다지기		전 영역
기출/연습	윤혜정의 기출의 나비효과	윤혜정 선생님과 함께하는 까다로운 국어 기출 완전 정복		국어
	수능 기출의 미래	올해 수능에 딱 필요한 문제만 선별한 기출문제집		전 영역
	수능 기출의 미래 미니모의고사	부담 없는 실전 훈련을 위한 기출 미니모의고사		국/수/영
	수능특강Q 미니모의고사	매일 15분 연계교재 우수문항 풀이 미니모의고사		국/수/영/사/과
	수능완성R 모의고사	과년도 수능 연계교재 수능완성 실전편 수록		수학
연계 + 연계 보완	수능특강	최신 수능 경향과 기출 유형을 반영한 종합 개념 학습		전 영역
	수능특강 사용설명서	수능 연계교재 수능특강의 국어·영어 지문 분석		국/영
	수능특강 문학 연계 기출	수능특강 수록 작품과 연관된 기출문제 학습		국어
	수능완성	유형·테마 학습 후 실전 모의고사로 문항 연습		전 영역
	수능완성 사용설명서	수능 연계교재 수능완성의 국어·영어 지문 분석		국/영
	수능 영어 간접연계 서치라이트	출제 가능성이 높은 핵심 간접연계 대비		영어
	수능연계교재의 VOCA 1800	수능특강과 수능완성의 필수 중요 어휘 1800개 수록		영어
	수능연계 기출 Vaccine VOCA 2200	수능-EBS 연계와 평가원 최다 빈출 어휘 선별 수록		영어
고난도	하루 N개 1등급 국어독서/영어독해	매일 꾸준한 기출문제 학습으로 완성하는 1등급 실력		국/영
	수능연계완성 3주 특강	단기간에 끝내는 수능 1등급 변별 문항 대비		국/수/영
	박봄의 사회·문화 표 분석의 패턴	박봄 선생님과 사회·문화 표 분석 문항의 패턴 연습		사회탐구
	수능 등급을 올리는 변별 문항 공략	EBS*i* 선생님이 직접 선별한 고변별 문항 연습		수/영
모의고사	FINAL 실전모의고사	EBS 모의고사 중 최다 분량 최다 과목 모의고사		전 영역
	만점마무리 봉투모의고사 시즌1/시즌2	실제 시험지 형태와 OMR 카드로 실전 연습 모의고사		전 영역
	만점마무리 봉투모의고사 고난도 Hyper	고난도 문항까지 국·수·영 논스톱 훈련 모의고사		국·수·영
	수능 직전보강 클리어 봉투모의고사	수능 직전 성적을 끌어올리는 마지막 모의고사		국/수/영/사/과